LORENZO MONTÚFAR

RESEÑA HISTÓRICA DE LA AMÉRICA CENTRAL (TOMO V)

LA REGIÓN EN LAS GARRAS DE LA OSCURIDAD

ERANDIQUE
COLECCIÓN

RESEÑA HISTÓRICA DE LA AMÉRICA CENTRAL (TOMO V). LA REGIÓN EN LAS GARRAS DE LA OSCURIDAD
LORENZO MONTUFAR

©Colección Erandique
Supervisión Editorial: Óscar Flores López
Diseño de portada: Andrea Rodríguez-Mariana Turcios
Administración: Tesla Rodas
Director Ejecutivo: José Azcona Bocock
Primera Edición
Tegucigalpa, Honduras—Enero de 2025

CAPÍTULO PRIMERO: EL SALVADOR Y GUATEMALA HASTA LA CAÍDA DE GUZMÁN

SUMARIO

1.— Nota oficial. 2.— Contestación. 3.— Nota del Gobernador de Sonsonate. 4.— Otra nota del Gobierno salvadoreño. 5.— Misión de don Eugenio Aguilar. 6.— Manifiesto de Guzmán. 7.— Acompañamiento de Viteri, conducta de él y de sus clérigos. 8.— Guzmán en San Miguel. 9.— Correspondencia entre Viteri y Malespín. 10.— Marcha de Malespín a San Miguel. 11.— Manifiesto de Malespín. 12.— Destierro de Menéndez y Saldaña.

Aycinena, Pavón y Batres no podían sufrir a los coquimbos y creían que era preciso aniquilarlos para que continuara inalterable el bienestar de que la aristocracia disfrutaba desde el 13 de abril de 1839.

"El Amigo del Pueblo" se hacía cada día más insoportable a los nobles. Guzmán lo toleraba diciendo que no podía atentar contra la libertad de la prensa, y los serviles suponían que el Presidente de El Salvador los hostilizaba por cálculo. Carrera se situó en Jutiapa y, recordando sus glorias de Atescatempa, comenzó a hostilizar a los salvadoreños. Armó una partida de facciosos del volcán de Santa Ana, quienes se introdujeron a la hacienda de don Juan Sandoval, donde cometieron varios excesos; en seguida pasaron al valle de Santiago, a cuyo asentista exigieron una contribución, y por último asaltaron la hacienda del señor Miguel Sanz.

Fueron perseguidos por tropas del Gobierno de El Salvador y se pusieron a salvo introduciéndose al territorio de Guatemala. (Documento N.º 1.)

Aycinena contestó negando el cargo, como se negó a don Marcelo Molina todo lo que se hacía para sublevar a los pueblos de Los Altos y como se negó la farsa de Atescatempa que sucesos posteriores pusieron en evidencia.

Aycinena reconviene al Gobierno salvadoreño por la entrada de los coquimbos, diciendo que había hollado solemnes pactos, y vuelve a incurrir en la manía de dar el nombre de Guatemala a tres familias serviles. En este concepto supone que la prensa de El Salvador hostilizaba a Guatemala. (Documento núm. 2.)

Al mismo tiempo Aycinena manifiesta a los salvadoreños que no conviene a Guatemala adherir al Pacto de Chinandega; o lo que es lo mismo, que no conviene ninguna asociación con los Estados. (Documento núm. 3.)

El Gobernador del departamento de Sonsonate dirigió al Ministerio general de El Salvador, con fecha 21 de julio de 1843, una nota en que participa que los señores Marcos Valencia y Juan Lucas Gómez fueron asesinados.

Asegura que los asesinos fueron Anastasio Morales, Julio Saldaña, Juan Moreno, Quirino Salazar y un hermano suyo, quienes llegaron del pueblo de Jutiapa.

Afirma que los asesinos dijeron a Valencia que iban a prenderlo de orden de Carrera y que, a corta distancia de su casa, lo asesinaron, y que en seguida hicieron lo mismo con Lucas Gómez.

Los cadáveres fueron conducidos a Santa Ana y estuvieron por algunas horas a vista del pueblo, que se indignaba al mirarlos, contra Carrera y contra los nobles sus consejeros, porque las víctimas eran laboriosos y honrados padres de familia. (Documento núm. 4.)

La prensa de El Salvador condenó estos nuevos crímenes con toda la severidad que merecen, y los nobles hacían creer a los insensatos que esas publicaciones provenían del odio que se abrigaba en San Salvador contra Guatemala, por envidia a este país.

No solo estos ultrajes sufrían los salvadoreños. En el pueblo de Jutiapa se tenía una llave para abrir las valijas e interceptar la correspondencia y especialmente los periódicos que a los nobles no convenía circularan en Guatemala.

Para evitarlo se dispuso en San Salvador que el periódico oficial fuese dirigido a los Cónsules extranjeros; medida que no bastó, pues no solo continuó sustrayéndose aquel periódico, sino que se tenía la audacia de sustituirlo con proclamas de Carrera.

Los serviles, según dicen sus decretos y proclamas, fueron a Quezaltenango a proteger a los quezaltecos; pero dejaron muy pocos amigos entre sus protegidos y temían todo lo que procedía de Los Altos.

Un infeliz llevaba de Quezaltenango a San Salvador cargas de efectos quezaltecos. Fue asaltado por una partida de tropa que se hallaba en las inmediaciones de Jalpatagua. Se le ultrajó, se le quitaron sus efectos y murió de resultas de los ultrajes en San Salvador. (Documento núm. 5.)

¡He aquí el orden, el decoro y el concierto de que tanto hablaba don Manuel Francisco Pavón!

El doctor en Medicina don Eugenio Aguilar fue enviado por el Gobierno de El Salvador a Guatemala con el fin de arreglar asuntos económicos y políticos y de evitar una guerra.

Se le recibió en Guatemala con mucha atención y cortesía, prodigándosele obsequios; pero no se accedió a ninguna de sus demandas.

Aguilar, después de 12 días de permanencia en Guatemala, regresó a El Salvador lleno de atenciones, pero sin ningún resultado político ni económico favorable. El asunto debía terminarlo Viteri, a quien los serviles esperaban como a un Mesías salvador.

Al fin llegó el Mesías. Una carta escrita en San Salvador con fecha 29 de septiembre de 1843 y publicada en La Gaceta de Guatemala, dice:

"A la madrugada del día 25 las músicas que recorrían las calles anunciaron al pueblo la próxima llegada de su primer Obispo: todos los habitantes se pusieron en movimiento hacia el camino de Apopa por donde debía entrar, y desde el guarda hasta la nueva catedral estaba sembrada la carrera de árboles y arcos triunfales; las calles cubiertas de flores con mucho gusto, y la plaza mayor y lo principal de la ciudad adornada de colgaduras."

Como a las diez de la mañana llegó S. I. en medio de un numeroso pueblo a la iglesia de la Concepción, que es la primera de la entrada, y donde lo esperaba el clero: allí tomó las vestiduras episcopales, y precedido del Pabellón y del tintinábulo, que son los distintivos de la Basílica de Roma, concedidos a la Diócesis de San Salvador, y de las cruces y ciriales de los pueblos, se dirigió procesionalmente bajo de palio, montado en una mula correspondientemente enjaezada, para la nueva catedral. El tránsito de una iglesia a la otra estaba cubierto con tropas de infantería y caballería. En la catedral esperaba a S. I. el Sr. Presidente del Estado y las autoridades supremas bajo sus respectivos doseles, y llegado que fue S. I., tomó el que le correspondía dentro del presbiterio e inmediatamente se cantó el Te Deum, el Confiteor Deo y otras oraciones que previene el ceremonial para tales casos.

El señor cura de la parroquia principal leyó en el púlpito las bulas, gracias y concesiones del señor Gregorio XVI a la catedral de San Salvador, haciendo sobre el particular una breve alocución, después de lo cual el Prelado echó su bendición pastoral sobre toda la concurrencia.

"Acto continuo prestó el juramento de fidelidad al Estado, concluyendo así la posesión. En seguida, acompañado del Presidente y de todos los demás funcionarios y autoridades, pasó a la casa que se le tenía preparada, en donde recibió bajo de dosel los cumplimientos de todas las personas que manifestaban el más grande gozo de ver en aquella ciudad a su prelado: se sirvió un espléndido almuerzo y otra mesa de postres, a la cual no pudo concurrir S. I. por hallarse indispuesto.

"Por la tarde hubo otras demostraciones de regocijo y lo mismo por la noche en que se iluminó toda la ciudad, mostrando el pueblo incesantemente el mayor gusto por haberse cumplido sus deseos. La casa episcopal continuamente estaba rodeada de inmenso concurso, y S. S. I. daba a cada uno muestras de su amor paternal."

El Obispo Viteri dominaba el Estado. La novedad, poderoso atractivo de los hombres, ejercía una influencia extraordinaria en favor de la mitra y del Obispo.

Viteri era joven, su figura esbelta y su aire arrogante.

Tenía suntuosos paramentos. Se llamaba: Conde Palatino, asistente al Sacro Solio Pontificio, e iba precedido por un tintinábulo.

Parecía realmente que había venido el Mesías; pero no pobre y desvalido como se hallaba en el pesebre de Belén, sino lleno de gloria y majestad a juzgar a los vivos y a los muertos.

El Presidente Guzmán dirigió a los salvadoreños el manifiesto que se ve a continuación:

"Manifiesto del Presidente del Estado a los pueblos del Salvador."

Salvadoreños: Ayer hizo su solemne entrada en esta capital y tomó posesión de su Silla Diocesana nuestro primer Obispo, el muy ilustre salvadoreño señor doctor Jorge de Viteri, prestando el juramento de ser fiel a la independencia nacional y del Estado, y de guardar y hacer guardar en la parte que le toque, nuestra Constitución y leyes.

El general contento, y las demostraciones de alegría y de júbilo, que a la par de los deseos del Gobierno habéis dado en este grandioso acontecimiento, han llenado a mi alma de la satisfacción más pura, porque habéis probado que a vuestro celo de piedad y religión sabéis unir el entusiasmo de un pueblo libre y civilizado en la completa adquisición de sus derechos.

Éramos independientes en nuestro régimen interior, político y civil de toda intervención extraña; pero no lo éramos en lo eclesiástico, porque estábamos subordinados al Gobierno metropolitano, y por lo mismo nuestra obra no era acabada cual convenía a las libertades del Estado.

Hoy se ha consumado esta empresa, en medio de nuestras desgracias y vicisitudes, y solo resta, para que ella esté rodeada de la dignidad que le corresponde, que le ayudéis al Gobierno en sus extremas escaseces, pagando puntualmente los diezmos que os impone el quinto precepto de la Iglesia y las leyes que nos rigen. De esta manera, el culto religioso será sostenido con la decencia que le corresponde: el Pastor y su Cabildo tendrán con qué subsistir decorosamente, y la educación de la juventud que haya de optar a las letras sagradas tendrá con qué plantearse y conducirse a su perfección, para tener ministros de entre nosotros mismos que enseñen la moral, que la practiquen y auxilien a los pueblos en sus necesidades espirituales.

Si en algún tiempo pudisteis quejaros con justicia de que los diezmos que pagabais no eran invertidos en los fines de su institución, en el día no habrá razón para decir lo mismo: un digno Obispo salvadoreño; un Cabildo compuesto de eclesiásticos respetables del mismo Estado; un colegio en que se educan salvadoreños con visibles adelantamientos y con una enseñanza esmerada; y una Iglesia Catedral elevada al rango de Basílica, con privilegios e indulgencias como la de San Juan de Letrán en Roma, y en la cual es necesario hacer grandes reparos y establecer cuanto es indispensable al culto majestuoso que en ella se celebra, son objetos demasiado visibles, que están entre nosotros mismos, y que ceden en nuestro común provecho y en honra de los salvadoreños.

Yo os invito, pues, a que prontos y gustosos os prestéis a dar el diezmo de vuestros frutos y cosechas, presentándolo a vuestros Párrocos y comisionados que ellos os designen, seguros de que el Jefe que tiene el honor de presidiros será uno de los primeros que lo dé con religiosa exactitud, porque está en sus deberes y en sus principios, como miembro de la Iglesia de Jesucristo y como ciudadano del magnánimo y generoso pueblo salvadoreño.

Ni es solo como ofrenda hecha al culto religioso que debéis estimar la que se os pide, sino igualmente como un pequeño sacrificio hecho a un elemento poderoso de paz, de unión y de seguridad, y que nada significa en comparación de los grandes y costosos que se os han exigido para conseguir esos mismos bienes y la defensa de vuestros derechos. Un Pastor es un ministro de paz y de concordia, es un apóstol de la moral pública, que interesa a la sociedad y es un poderoso auxiliar a la observancia de las leyes y a la conservación del orden. ¿Y quién a objetos tan grandiosos y sublimes no consagra una pequeña parte de su fortuna, en cambio de la seguridad del todo, y de medios tan poderosos de engrandecimiento, de civilización y mejora de costumbres, haciendo que desaparezcan los restos de confusión y trastornos que nos afligieron?

Vuestra magnanimidad, SALVADOREÑOS, vuestro interés y vuestras ansias por lo grande, útil y benéfico, lo hacen esperarlo todo, y yo me prometo que sabréis corresponder ahora a las esperanzas del Gobierno, y a las que significa la Santa Silla Apostólica en su Bula de erección de nuestro naciente Obispado.

San Salvador, septiembre 26 de 1843.

Juan J. Guzmán.

Viteri no solo trajo a la madre Adelaida, sino a dos eclesiásticos ultramontanos que debían auxiliarlo en sus empresas revolucionarias para llegar a la teocracia. Estos eran los padres Vázquez y Gallareta.

Vázquez era colombiano, fraile dominico, hombre de talento, de instrucción, de mundo, de fácil palabra, pero tenía un genio iracundo y su objeto era contribuir a una revolución para establecer la teocracia.

Viteri se propuso obtener las simpatías de todos. Hablaba a unos con mucho entusiasmo de la unión centroamericana y de las buenas relaciones que la nueva república debía establecer con Francia, Bélgica e Inglaterra. Disertaba acerca del Canal de Nicaragua y de la colonización de nuestras costas.

Manifestaba algunas propuestas que traía; se jactaba de haber dejado en Europa valiosas amistades y dirigió a los gobiernos de Centroamérica una circular sobre colonizaciones. Puede verse íntegra en un apéndice al número 28 de la Gaceta de Guatemala.

Viteri, para tocar el corazón de la gente sencilla y crédula y para dominar a los fanáticos, repartió estampas del Divino Salvador y de otros santos, especialmente de la madre María Teresa Aycinena, tía y prima del Marqués de Aycinena, célebre monja carmelita de que se habla en el Capítulo 4.º, Libro 1.º.

Viteri decía que la expresada monja murió en olor de santidad, y ni por pienso mencionaba las disposiciones del Papa Pío VII que se encuentran en el Capítulo 4.º ya citado.

Repartía retratos de él mismo, rosarios, medallas, cuadernitos de indulgencias, coronas y otras varias maravillas que dijo estaban benditas por la mano augusta del Sumo Pontífice.

El 1.º de octubre era domingo y celebró el señor Viteri la primera misa pontifical en la antigua parroquia, convertida ya en Catedral, a la cual Viteri llamaba Séptima Basílica de San Juan de Letrán.

La concurrencia fue inmensa. El Presbítero doctor don Isidro Menéndez pronunció un discurso. (Documento núm. 6.) Ese discurso se halla al fin del presente capítulo.

El 2 de octubre se dijo que el señor Viteri estaba indispuesto y que lo había atacado una enfermedad biliosa a consecuencia de muchos disgustos.

No se sabe qué podría disgustar a un hombre que por todas partes recibía ovaciones y que veía a sus pies, no solo al clero sino al Presidente del Estado.

Todas las clases de la sociedad manifestaban interés por la salud del prelado.

El 11 de octubre hubo banquete en la casa del señor don José Meléndez para celebrar la llegada del señor Viteri y el restablecimiento de su salud, y se pronunciaron brindis expresivos en honor del mitrado.

La gente ignorante hizo rogativas y promesas, pagó misas y se impuso penitencias para que nuevas cóleras no volvieran a derramar la bilis pontifical.

Pero en vez de producir buenos efectos las misas y rogativas, nuevos desates biliosos tuvo Su Señoría Ilustrísima.

El 12 de octubre llegó a San Salvador el coronel Quijano, enviado por el Gobierno de Nicaragua, con el fin de celebrar tratados de paz y amistad con el Gobierno salvadoreño.

El 13, Quijano fue recibido oficialmente y el 15 se le dio un baile en casa del señor don José Meléndez.

En seguida el general Malespín obsequió a Quijano con un lucido banquete del cual da detalles el número 21 de El Amigo del Pueblo.

Al Obispo Viteri disgustó la llegada de Quijano y los obsequios que se le hicieron; y lo incomodó más una resolución del Gobierno salvadoreño que confería el grado de general de Brigada al mismo Quijano y al Comandante de Nicaragua, Casto Fonseca.

El 25 del mismo mes de octubre el Presidente del Estado, Juan José Guzmán, se trasladó a la ciudad de San Vicente llevando el despacho de los negocios.

Viteri aprovechó la ausencia de Guzmán para producir una escisión entre el Presidente del Estado y el general Malespín.

En esos días se dijo que Malespín estaba enfermo y se veía a Viteri visitarlo incesantemente.

Preguntaba a los subalternos de Malespín por la salud del general con gran respeto y miramiento.

Se palpaba que quería inspirar una alta idea de Malespín al preguntar reverentemente por él quien se hacía conducir a la Catedral precedido de un tintinábulo.

El 12 de octubre predicó el Obispo por primera vez en la nueva basílica.

Fue oído con agrado por la generalidad de los concurrentes porque, aunque algo ofendía a las administraciones pasadas, su principal objeto fue hablar de los males que produce la guerra y de los bienes que resultan de la paz.

Viteri exhortó a los pueblos para que afianzaran esa paz y, por último, se dirigió al clero manifestándole que en lo sucesivo no debía mezclarse en asuntos políticos, como se habían mezclado algunos sacerdotes hasta entonces, sino ceñirse a su ministerio predicando siempre la más sana y pura moral.

El 19 por la mañana Viteri predicó en la iglesia de San Juan de Dios. Se expresó con alguna fuerza contra el general Morazán y su partido, por la expulsión del arzobispo y de los frailes y por la abolición de los monasterios.

Este sermón contradice el otro que el mismo Viteri había predicado el 12 del mismo mes en la Catedral, donde tanto recomienda al clero que no se mezcle en asuntos políticos.

En la tarde del mismo día 19, fraile Eduardo Vázquez predicó en la Catedral.

Su sermón fue tan virulento que le produjo el apodo de "fraile veneno".

Dijo el padre Vázquez: "Hace días que se publican aquí papeles irreligiosos, en que de la manera más escandalosa se mezcla lo civil con lo eclesiástico. Valiéndome del mismo principio, no extrañarán los oyentes que trate ahora de ambas cosas y que pruebe hasta la evidencia que el Gobierno eclesiástico no ha dependido, ni depende, ni dependerá jamás del poder civil".

Se extendió mucho sobre esta materia y continuó así:

"Si el pueblo salvadoreño se ha visto afligido por la peste, por el hambre, por la guerra y por la pobreza, es únicamente por la inmoralidad de esos judíos que tiene en su seno. Solo la gente humilde concurre a las iglesias, confiesa y comulga; esos miserables judíos jamás se acercan al altar. Es preciso, para que el Estado sea feliz, que tenga el nombre de religioso, y para que lleve este augusto nombre es indispensable que se deshaga de esos cismáticos que no frecuentan los sacramentos. Yo prometo (decía fingiendo que lloraba) que derramaré la última gota de mi sangre con tal que llevéis a efecto LA ESTIRPACIÓN DE LOS INFIELES Y HEREJES. Si no los estirpáis, nos iremos todos los eclesiásticos sacudiendo el polvo de nuestras sandalias, os dejaremos abandonados y volveréis a sufrir peste, hambre, guerra y miseria."

La revolución estaba hecha. Viteri y Malespín, unidos, apoyaban a fraile veneno.

Guzmán, despertando de su insensato letargo, comprendió que el Obispo no era el hombre que él había presentado como un ángel a los salvadoreños y que la mitra no era el bien que con tanta vehemencia habían anhelado.

A Viteri lo rodeaban Malespín y su fuerza armada y algunos fanáticos de los más estúpidos, entre los cuales figuraban viejas insensatas que no sabían lo que es iglesia, ni lo que es Estado, ni lo que es Evangelio, ni lo que es Biblia, y que estúpidamente seguían las indicaciones del primer tunante que, cubierto con una sotana, les indicara un camino.

Estas decían que jamás habían oído pensamientos tan santos y que ya Dios había mandado un predicador que confundiese a los herejes.

Uno de los individuos llamados judíos y herejes, cuya estirpación se pedía a gritos en la Séptima Basílica de San Juan de Letrán, envió a fraile veneno un ejemplar de la Constitución que había infringido en el púlpito.

Salió El Amigo del Pueblo sosteniendo con moderación sus doctrinas e invitó al padre Vázquez a que sostuviera las suyas no en la cátedra sagrada, donde no se le podía contestar, sino en una cátedra profana o por la prensa.

Frai Veneno no aceptó una proposición tan desventajosa para él.

La ventaja del clero está en hablar en una cátedra que rodea el silencio o al través de una rejilla por donde se dirigen a los oídos de las mujeres, de los niños y de los ignorantes las doctrinas más absurdas.

Frai Veneno, hablando al aire libre donde el debate se hubiera permitido, estaba vencido.

¿Cómo había de aceptar el desafío científico que se le proponía?

El domingo 26 de noviembre por la mañana predicó en la iglesia de la Merced el padre Buenaventura, pro—secretario de Viteri, y, contra lo que todos esperaban, habló con mucha moderación.

En la tarde ocupó el púlpito de la Catedral otra vez Frai Veneno. Su discurso fue un tejido de amenazas, pronunciadas con una ira frenética.

En aquella cátedra se excitó al pueblo directamente contra el gobierno de Guzmán y se prodigaron a Rafael Carrera, tirano opresor de los guatemaltecos, los más altos elogios.

El arcángel Rafael, en boca de Frai Veneno, era inferior a Rafael Carrera.

Las maravillas que cuenta la Biblia hizo el arcángel con el joven y el viejo Tobías, eran nada, comparadas con las maravillas que en los años de 37, 38 y 39 ejecutó Carrera.

El 27 de noviembre por la tarde salió un papel titulado "Deseo de revolucionar por medio del púlpito" y bajo el seudónimo: "Los amantes de la Paz."

Al día siguiente se publicó otro, aunque con fecha 26. Es una pastoral del Obispo que se encuentra al fin de este capítulo. (Documento núm. 7.)

La pastoral mencionada es un documento tiránico. Documentos de esta clase solo en pueblos educados 300 años por España pueden producir efectos favorables a sus autores.

Pretender que solo los clérigos encaramados en los púlpitos pueden hablar de religión y analizar el Evangelio, es un insoportable ataque a la inteligencia humana.

No hay libertad ni progreso en los países donde un clérigo tiene derecho de subirse al púlpito y decir: "Lo que yo expongo es la verdad. Este pueblo es católico, la ley me ampara y nadie tiene facultad de replicarme."

Decía la pastoral que si el predicador abusaba debía ser acusado al Obispo, que era su único juez.

Esto era añadir al atentado contra la libertad del pensamiento la injuria y el ultraje.

¿Quién había traído a esos clérigos para que predicaran? Viteri.

¿Quién mandaba que esos clérigos predicaran en la forma en que lo hacían?

Viteri.

¿Quién decía la pastoral que era el único juez en el asunto?

Viteri.

Era un insulto, pues, decir en un documento oficial que no había derecho de hablar, ni de escribir contra los predicadores que abusaban de la cátedra sagrada y que el único medio que tenían los pueblos para corregir los excesos de los padres era acudir a Viteri.

Si en el mundo no se hubiera permitido el debate, si la imprenta y la tribuna hubieran estado siempre encadenadas por el clero católico, el planeta estaría hoy cubierto de tinieblas.

El clero católico enseñaba que la tierra es una superficie plana.

Textos de San Crisóstomo, San Agustín, San Jerónimo, San Gregorio, San Basilio y San Ambrosio favorecían ese miserable error.

Si se hubiera sostenido la doctrina de Viteri sobre que solo los Obispos y los clérigos pueden analizar el Evangelio y las doctrinas de los santos padres, todavía estaríamos creyendo que la tierra es una superficie plana.

Los teólogos enseñaban que las estrellas fueron creadas para alumbrar al hombre sobre la tierra. Giordano Bruno, italiano que nació después de la muerte de Copérnico, publicó una obra sobre lo infinito de los mundos.

Esa obra produjo la prisión de su autor, y no habiendo querido abjurar las doctrinas en ella consignadas, porque todos los días meditaba más y palpaba con más claridad las verdades que había enunciado, fue quemado vivo en Roma el 16 de febrero de 1600.

Hoy ni los niños de escuela ignoran que las estrellas son infinitos mundos que giran en la inmensidad del espacio, y el sacrificio de Bruno se considera como un acto de barbarie y de estupidez eclesiástica.

Al año de 1600 quería el Obispo Viteri que volvieran los salvadoreños en 1843.

Viteri estaba acostumbrado a oír en las casas altas de La Habana esta amenaza de los amos a sus esclavos: "Te arrojaré por el balcón," y el Obispo de San Salvador, en casas cuyo único piso se hallaba al nivel de la tierra, y cuyas ventanas se encontraban en su totalidad cubiertas por rejas de hierro, como están hoy las ventanas de Guatemala, amenazaba a todos los que le daban alguna cólera con arrojarlos por el balcón.

Esta amenaza se hizo tan conocida que los estudiantes, para ridiculizar a Viteri, se amenazaban recíprocamente con arrojarse por el balcón.

Viteri, para atraerse a Malespín, decía que Malespín y Carrera estaban encargados por Dios de sostener sus mandamientos.

Los estudiantes comparaban la conducta de Malespín y de Carrera con el decálogo y con el Evangelio y hacían del Obispo Viteri la burla más lastimante.

Viteri lo sabía y lanzaba contra los estudiantes aquellas hermosas interjecciones que son tan frecuentes en España y en las repúblicas que antes fueron sus colonias. Los estudiantes, repitiendo las palabras de Viteri textualmente, decían: "¡Qué hermosa es una interjección episcopal!" y se preguntaban unos a otros cuántos días de indulgencia traería anexa.

Guzmán se había trasladado a San Miguel, viaje al que los revolucionarios dieron siniestras interpretaciones.

Hombres que verdaderamente pueden llamarse de orden hacían ver al Obispo Viteri que la tranquilidad pública estaba amenazada. Él contestaba que todo se arreglaría y continuaba revolucionando. El comandante y el gobernador estaban a las órdenes del obispo.

Fue preciso informar al presidente, que se hallaba en San Miguel, de todo lo ocurrido.

El 29 predicó Viteri en la iglesia del Calvario. En el púlpito dijo que llevaba de regalo a los calvareños un lignum crucis.

Sin respetar las opiniones de los vecinos de aquel barrio, hirió a personas cuyas tumbas veneran.

Maldijo a los redactores de "El amigo del pueblo", dirigiendo contra ellos expresiones tan vehementes como las que profirió David contra los partidarios de Absalón.

Viteri habló de las elecciones y dijo que debía ser electo un buen cristiano.

El 30 de noviembre predicó el obispo en Candelaria y el 1.° de diciembre en San Jacinto.

Sus sermones fueron, en la sustancia, lo mismo que los anteriores, pero más violentos en la forma.

En el Calvario regaló un lignum crucis, en Candelaria unas reliquias de santos benditos y en San Jacinto unas estampas. He aquí las armas con que el clero derriba a los gobiernos en los países católicos.

El 4 de diciembre llegó a San Salvador orden del presidente Guzmán para que se condujese escoltado a San Miguel a Frai Eduardo Vásquez.

La noticia circuló por todo San Salvador. Malespín se dirigió a casa del Obispo Viteri y pasó todo el día con él.

Era llegado el momento que Viteri apetecía para producir un escándalo.

Viteri no necesitaba dirigir notas a Malespín porque lo tenía a su lado recibiendo sus órdenes; pero era preciso hacer ruido, estrépito y escándalo para tener a su disposición a las viejas más estúpidas y a los fanáticos más insensatos.

Con tal objeto, Viteri dirigió a Malespín la nota siguiente:
"Gobierno del Obispado de San Salvador
Sr. D. Francisco Malespín
Comandante general del Estado
Palacio Episcopal: San Salvador, 5 de diciembre de 1843

Cansados ya de sufrir los atentados atroces que continuamente experimentamos, de parte de un Gobierno que, olvidado de lo que debe a Dios, a la Iglesia y al pueblo salvadoreño, no pierde momento de insultar al primero, tiranizar y esclavizar a la segunda, y precipitar mañosamente al tercero, hemos determinado un dique firme a tamaños insultos: insultos, sí, que atacan a la vez a la religión santa que profesamos (y a cuya observancia se halla él obligado), no permitiéndola regirse según las leyes de su Divino Fundador, y lo establecido por la Santa Iglesia, su esposa; a nuestra sagrada persona y dignidad, encargada de apacentar, regir y gobernar esta Diócesis; al Estado entero del Salvador, que, esperando de su Gobierno la protección de la religión, y un celo vigilante por la paz y prosperidad de sus pueblos, solo encuentra en él un opresor de estos y un perseguidor de aquella; y finalmente un funcionario extraviado en política, que ha tenido la temeridad de violar el derecho de gentes, mandando se prenda, a la medianoche, y conduzca escoltado a su presencia, un ciudadano, un sacerdote benemérito de la república de la Nueva Granada, que corre en amistad con la nuestra, y que por su ilustración y virtudes merece nuestra confianza, y trajimos bajo nuestra especial protección: bajo este supuesto y deseando, en cuanto está de nuestra parte, poner un término ejecutivo a tales demasías, hemos determinado abandonar el Estado llevando en nuestra compañía a los sacerdotes que, fieles a su ministerio, nos acompañaron a esta, y no han desmentido la respetuosa adhesión a nuestra persona; protestando, empero, a presencia del Cielo y de la tierra, que no somos responsables de las alteraciones políticas que puedan seguirse a esta nuestra resolución.

Y no pudiendo emprender esta marcha sin el competente resguardo, esperamos de su notoria religiosidad, Sr. Comandante, se sirva prevenir una escolta de su confianza para el fin expresado de abandonar el Estado.

Al comunicar a U., no sin grave dolor de nuestro corazón, esta determinación, nos cabe la satisfacción de ofrecer a U. todas las consideraciones con que le distingue su S. S. y Capellán afmo.—

Jorge, Obispo de San Salvador.

Cualquiera que lea esta nota verá en ella un tejido de hipocresía, de falsedades y de imposturas, calculadas para hacer caer a Guzmán y levantar un Gobierno que no hiciera más que obedecer ciegamente al Obispo.

¿Cuáles son esos ataques atroces que Viteri sufría de Guzmán?

El Jefe del Estado lo acababa de recibir espléndidamente. Había dado un manifiesto recomendándolo a los pueblos y ensalzándolo hasta lo infinito; se habían dictado cuantas disposiciones podían convenir a la creación de la nueva iglesia y a las comodidades de su Obispo; pero no se había puesto mordaza a los escritores que sostenían "El Amigo del Pueblo," que minaban los cimientos de la aristocracia guatemalteca y que Viteri tenía encargo de hacer callar.

Los nobles de Guatemala no pudieron fascinar a Malespín hasta el extremo de obligarlo a sacar la espada contra esos escritores.

Viteri se proponía enmudecerlos.

El asunto se hubiera arreglado pronto si Guzmán no hubiera respetado la Constitución ni las leyes y hubiera permitido que Malespín diera con su rudo machete un golpe a los escritores y a la imprenta; pero Guzmán no lo permitía y era preciso que el Comandante General chocara con el Jefe del Estado.

Aunque la fuerza armada es esencialmente obediente y jamás deliberante, Malespín el año del 40 creyó conveniente deliberar, y deliberando sacó su machete y derribó a Cañas, que había sido su protector.

Malespín, el año de 41, creyó también conveniente deliberar y deliberando volvió a sacar su machete y destruyó una Asamblea legítimamente constituida.

Era preciso que deliberara también a fines del año de 43 dando órdenes en vez de recibirlas del Jefe del Estado, constituyéndose en juez del gobernante que solo podía ser juzgado en virtud de una declaratoria formal del Cuerpo Legislativo y sacando otra vez el machete para cometer un nuevo atentado.

¿De qué sirve la Constitución si cualquier soldado puede hacerla pedazos alegando que el Jefe del Estado se extravía?

Viteri supone que ningún centroamericano entiende una palabra de Derecho de gentes, pues afirma que es una infracción de este Derecho el procedimiento contra Frai Veneno.

De manera que, según el Asistente al sacro solio pontificio, si un extranjero comete faltas, comete delitos, comete crímenes, hasta el extremo de subirse al púlpito y pedir ahí al pueblo que se levante contra el Gobierno, ¡no se le puede reprimir porque es extranjero!

Esa ley internacional solo existía en la cabeza de Viteri. Si existiera en el gran Código de las naciones, sería imposible gobernar bajo de su imperio.

Los serviles respetan mucho el Derecho de gentes cuando los extranjeros a quienes quisieran proteger son sus instrumentos y sus cómplices, y hieren sin piedad los verdaderos principios de ese Derecho cuando los extranjeros no están de acuerdo con ellos.

No respetaron el Derecho de gentes en la persona de Raoul, francés a quien dos veces pusieron fuera de la ley; no respetaron el Derecho de gentes en la persona del coronel Merino, ecuatoriano a quien extrajeron de un buque que llevaba bandera colombiana, para fusilarlo en San Miguel; no respetaron el Derecho de gentes en la persona de Pierzon, ciudadano de la isla de Santo Domingo, a quien con engaño hicieron venir de México para fusilarlo, no en virtud de sentencia de los tribunales, sino por una disposición gubernativa que, a manera de real orden, dictó Don Mariano Aycinena; no respetaron el Derecho de gentes en la persona de Duplessis, francés a quien fusiló Domínguez en Omoa; ni más tarde lo respetaron en la persona de Crow, a quien desterraron sin más delito que ser protestante.

Comandancia General del Estado del Salvador

Exmo. é Ilmo. Sr. Obispo de San Salvador:

Con el más acerbo dolor y sentimiento he visto la muy distinguida y apreciable comunicación que V. E. I. se ha dignado dirigirme en este momento, y en la que, haciéndome una sucinta relación de los graves motivos que le impelen a abandonar el Estado, me pide desde luego la conveniente escolta para verificarlo con seguridad.

Yo no puedo menos de sentir, cual V. E. I., los acontecimientos que le han determinado a dar un paso de semejante naturaleza; pero tampoco puedo convenirme en que V. E. I. lo lleve a debido efecto. Esto sería, E. Sr., alterar de una manera sensible el orden y quietud del Estado, por el cual tantas pruebas ha dado V. E., y yo le suplico encarecidamente se mantenga quieto y sin moverse, mientras personalmente marcho desde luego hasta abocarme con el Presidente del Estado, y procurar por todos los medios posibles reducirle a una moderada y arreglada conducta con V. E. I. y con todos los individuos que componen el respetable clero y que tienen y deben tener la honra de obedecer a tan Ilustre Prelado. Aguardo, E. Sr., su última contestación sobre esta mi súplica, para mi sosiego y tranquilidad y para tomar desde luego las disposiciones de mi viaje. Quedo de V. E. I. con todas las muestras de amor y respeto, su muy humilde y obediente S. Q. B. sus manos.

Francisco Malespín.

Esta nota demuestra que la insurrección estaba consumada. El Jefe de la nación que intima una orden a un militar que, en vez de obedecerlo, dice que se le van a presentar observaciones para disuadirlo, ya no es Jefe, ya no es autoridad, ya es solo un Rivera Paz.

Bien lo comprendía Viteri, y muy satisfecho dirigió a Malespín la nota siguiente:

Gobierno del Obispado de San Salvador

Sr. General Francisco Malespín, Comandante General del Ejército del Estado

Palacio Episcopal: San Salvador, 5 de diciembre de 1843

Annente a las respetables invitaciones con que Ud. se digna invitarme en esta fecha, para que suspenda la salida del Estado, y deferente en un todo a sus finas demostraciones, queda por ahora suspensa mi marcha y la de los sacerdotes de mi comitiva, hasta que se sirva noticiarme el éxito de su entrevista con el señor Presidente del Estado: pudiendo asegurarle que Jorge de Viteri no será Obispo de farsa, ni permanecerá jamás en un suelo en que la potestad humana coarte las amplias facultades que le conceden, y de que le hacen responsable los Sagrados Cánones.

Al dirigir a Ud., señor General, estas cortas letras, en contestación a su grata de hoy, no puedo menos de suscribirme su siempre aftmo. Capellán y S. S.

Jorge, Obispo de San Salvador.

Viteri, infatigable en sus trabajos revolucionarios, había citado gente de la Vega y San Jacinto, y a las ocho y media de la noche una pandilla de mujeres y muchachos, y algunos viejos, comenzaron a recorrer con música y cohetes las calles de San Salvador. Victoriaban a Viteri, a Malespín y a Frai Veneno, y gritaban: "¡Mueran los judíos, mueran los herejes, mueran los impíos!"

Al acercarse aquella comparsa a las iglesias, se ponían a vuelo las campanas.

Pablo Choto era el personaje que más se distinguió aquella noche, por su entusiasmo, por sus gritos y procedimientos contra algunas personas en cuyos cuerpos comenzaban a extirparse las herejías. El capitán José María Castillo fue golpeado por Choto.

Aquella pandilla pedía a gritos al Obispo y a Malespín que no salieran los benditos padres, y se les ofreció que no saldrían.

Después de las doce de la noche salió Malespín de San Salvador con 125 hombres.

No supo el público qué dirección tomaba, y hasta después de dos días se averiguó que iba a San Miguel a derribar al presidente Guzmán.

En San Vicente dirigió al Gobierno la nota siguiente:

Comandancia General del Estado del Salvador

San Vicente, diciembre 6 de 1843

Señor Ministro General:

Razones de grande interés y trascendencia, de las que tendré el honor de informar al Supremo Gobierno verbalmente, me han puesto en la precisa necesidad de salir de San Salvador en este mismo día, con tal objeto, y entre tanto, me ha parecido conveniente dar aviso al S. Gobierno por el conducto de U., para su noticia, y acompañarle copias de las comunicaciones que se han cruzado el día de ayer entre el Sr. Obispo y la Comandancia de mi cargo; advirtiendo que yo llegaré a esa en todo el día de pasado mañana.

Sírvase U. ponerlo en su superior conocimiento, y aceptar las protestas de mi aprecio. D. U. L.

Francisco Malespín.

Sin esperar respuesta, Malespín continuó su marcha y en San Miguel tuvo la audacia de dirigir al Ministerio otra comunicación que dice así:

Comandancia General del Estado del Salvador
En San Miguel, diciembre 8 de 1843 a las 6 de la tarde
Señor Ministro General:

Por su conducto se da aviso al Gobierno de haber llegado a la misma hora a aquella ciudad, con el fin de manifestarle verbalmente los motivos que dieron lugar a mi improvisa salida de la capital, según se lo tenía ya indicado en su última comunicación de fecha 6 desde la ciudad de San Vicente; y le hacía también una ligera pintura del estado de alteración en que quedaba la capital, por efectos de la medida dictada por el Gobierno de hacer salir del Estado preso a Fray Eduardo Vásquez, y por la marcha que también había dispuesto verificar el señor Obispo; pero que tanto su Ilustrísima como el vecindario habían suspendido su marcha el primero, y el segundo vuelto a su sosiego, por la promesa que les hice de marchar al siguiente día, hasta abocarme con el Presidente, y hacerle ver lo necesario que era su presencia en la capital, para que oyendo las reclamaciones del señor Obispo y del pueblo, acudiese en vista de ellas al remedio.

Para este fin, y de que se impusiera en alguna parte anticipadamente, le hice desde San Vicente acompañar copias de las comunicaciones que se habían cruzado entre su Ilustrísima y la Comandancia. Se anunciaba también que la fuerza que me acompañaba era una corta guardia y seis ordenanzas de caballería, y que al siguiente día a las nueve o diez de la mañana pasaría a la Casa de Gobierno a ponerme a sus órdenes, y hablarle extensamente sobre el único y principal objeto de mi marcha, conforme se lo había indicado desde San Vicente, esperando sí, se sirviese contestarme sobre el particular, debiendo quedar satisfecho, entre tanto, que siempre estaba sumiso a las órdenes del Gobierno.

Francisco Malespín.

"Ministerio del Gobierno del Estado del Salvador
Casa de Gobierno: San Miguel, diciembre 8 de 1843
Señor General de División Francisco Malespín:

Di cuenta al S. G. con su informe de este día al que acompaña las comunicaciones dirigidas por el Obispo Diocesano insultando de un modo injusto y caprichoso al mismo S. G., que no hace más que cumplir con lo dispuesto por la Constitución del Estado y por las leyes generales que le imponen como su primer deber la conservación del orden, la unión y la paz pública; y en su virtud me ha prevenido le conteste:

1.° Que el aparato militar con que le ve entrar a U. en una ciudad pacífica y comercial, sin anticiparle informes circunstanciados de los motivos de su marcha, sin pedir su asentimiento como lo disponen las leyes, el abandono momentáneo de la capital cuando se asegura que está amenazada la tranquilidad y sosiego público, y las órdenes militares que le ve adoptar sin contar con el Gobierno ni participarle sus motivos, le hacen conocer o sospechar, por lo menos, que hay un fin secundario. En tales conceptos, su propia seguridad y, lo que es más, la libertad en que debe estar un Gobierno de un Estado para resolver y deliberar con calma y con acierto, le previene:

2.° Debe escusarse de un acto de extorsión que comprometa no solo a su autoridad nacida del pueblo, sino también al Estado entero.

3.° Amenazando a la capital un trastorno, según las indicaciones que se le hacen y por no cumplir una orden fundada en ley expresa, y en los principios constitucionales, los cuales desconoce el Obispo en su nota inserta, sin duda con la mira de poner al Estado del Salvador a disposición de Guatemala y Honduras, de cuyo segundo Estado se hacen ya amagos seguros a la independencia del Salvador, no debe, por lo mismo, emprender la marcha que se le exige.

4.° Las fuerzas de U. deben regresar a la Villa de Cojutepeque o Ciudad de San Vicente al mando de U. mismo, asegurándole que dentro de tercero día de su salida de esta ciudad, emprenderá su marcha el Presidente del Estado a la Villa de Zacatecoluca, que es punto pacífico y tranquilo, de donde resolverá su marcha hasta la capital, según los informes que le comunique.

5.° Toda otra medida o paso que se viere comprometiendo la dignidad del Gobierno, la libertad del Estado y su seguridad, protesta el Gobierno ante Dios y los hombres que no es en manera alguna de su responsabilidad, pues sus miras y tareas constantes se han dirigido a mantener la paz interior a todo trance, la unión de los salvadoreños, su libertad, su independencia y sus leyes.

Todo lo que tengo la honra de impartir a U. de orden suprema, ofreciéndole mi aprecio y estimación.

D. U. L. Guerra.

A esta nota replicó el General Malespín en estos términos:

"Comandancia General del Estado del Salvador

San Miguel, diciembre 9 de 1843

Señor Ministro General:

Enterado de la apreciable nota de U., fecha de ayer, contestando a la manifestación que, por su conducto, dirigí al Supremo Gobierno inmediatamente a mi llegada a esta plaza, y por la cual indiqué, aunque ligeramente, la causa de mi inesperada presencia en ella, no puedo menos de contestarle en los términos siguientes:

Muy sabido es, señor Ministro, que el principal deber del Gobierno es conservar el orden y la unión de los pueblos que le están confiados; pero también lo es, que si el mismo Gobierno no acude con prontitud, prudencia y tino hacia los del departamento de San Salvador, podrá ser que el principio sentado por la Constitución, de encargar al Ejecutivo de su tranquilidad y orden, no llegue a tener efecto en las circunstancias presentes, si este alto funcionario se sostiene en no querer trasladarse a la capital inmediatamente y oír las representaciones que quiero y debo hacerle.

Un pleno conocimiento del actual estado de cosas en San Salvador, y en los pueblos de aquel Departamento, y después de haber pulsado todos los resortes para contener la efervescencia por la marcha repentina que intentó verificar el señor Obispo, pude conseguir momentáneamente y a fuerza de instancias aquietar los ánimos por un instante, y asegurar la tranquilidad, mientras viniendo a abocarme con el Gobierno lograba convencerle de la necesidad precisa de su presencia pronta y efectiva en la Capital.

Mas, por desgracia, el señor Presidente, desatendiendo el objeto principal y el único de mi viaje, se desahoga con suposiciones que me acumula y de las que estoy y he estado muy lejos de cometer ni he cometido, no aceptando mis explicaciones verbales con él, un momento, para de este modo deshacer las equivocaciones de que advierto está rodeado por lo relativo al estado actual de cosas en San Salvador y al mismo señor Obispo, quien a fuerza de mis ruegos y súplicas en obsequio de la tranquilidad pública, desistió accidentalmente de su viaje hasta el regreso del señor Presidente; y tanto esta detención como la esperanza de que el Supremo Gobierno lo arregle todo con su Ilustrísima contuvo el que se pronunciaran contra la administración los pueblos inmediatos a la Capital.

Y ya podrá figurarse cuáles podrán ser los resultados de unos pueblos que se ven abandonados por el primer funcionario del Estado. Ningún otro fin, causa ni interés privado me ha hecho salir de San Salvador más que el de hacer ver al Gobierno por mí mismo el estado peligroso en que se hallan las cosas en aquella ciudad. Mi salud está demasiado quebrantada por la larga enfermedad que acabo de padecer; pero ni esta ha sido suficiente a contenerme cuando peligra la tranquilidad pública, el crédito del Gobierno, y aun el de la persona misma que le ocupa, sino acude al remedio con sus luces y prudencia.

Toda otra medida o sesgo que quiera darse a este negocio, será, a mi entender, contraria a los deseos de los pueblos y agravará más y más el mal, viéndose acéfalos y abandonados por el Gobierno. Es una suposición graciosa que quiere hacérseme, a la vez que evasiva, según comprendo, para no escucharme, decir que yo he entrado a esta ciudad en medio de un aparato militar, sin dar previos avisos al Gobierno de lo que pasaba. Lo primero ni lo ha habido ni lo hay, a no ser que por tal se llamen cincuenta hombres de la guardia que me acompaña y seis ordenanzas de a caballo, y lo segundo, si al parecer ha sucedido, causa fue la precisión indispensable de mi salida, y el atraso del correo que desde San Vicente dirigí al Gobierno advirtiéndole mi marcha, que las circunstancias me obligaron al término de verificarla violenta y no poder aguardar el resultado de consentimiento al aviso que le diera porque si así lo hubiera hecho quizá no se hubiera podido evitar el mal esperando su resolución Suprema pues estando Este, a larga distancia de la capital, no puede ver ni conocer las cosas que pasan, como ellas son en sí, por más que se le pintaran con la mayor exactitud y precisión, y por esta causa repito, vine yo personalmente a hacerlo, y espero que el Supremo Gobierno se sirva escucharme, para lo cual pasaré entre las doce o la una de este día, a ponerme a su disposición y referirle lo que deseo. Si después que el señor Presidente me escuche, insistiese en que me regrese con la fuerza sin conseguir el objeto principal de mi viaje, lo verificaré, pero no podré efectuarlo hasta pasados dos o tres días, porque lo quebrantado de mi salud no me lo permite, ni tampoco el arreglo militar que debo verificar en esta sección antes de mi regreso.

A pocas horas de mi llegada, se me ha dado parte que anoche muy temprano un sobrino del Presidente andaba sugiriendo los barrios de esta ciudad para un alzamiento contra mí y la fuerza que traigo. He mandado seguir la correspondiente información, y del resultado verdadero daré cuenta al Gobierno oportunamente. Sírvase U., señor Ministro, elevarlo todo al conocimiento del señor Presidente y aceptar las protestas de mi aprecio. D. U. L.   Francisco Malespín.

Al día siguiente, Malespín mandó al Gobierno su ULTIMÁTUM en esta forma:

Comandancia General del Estado del Salvador

San Miguel, diciembre 10 de 1843

Señor Ministro General:

Es la una de la tarde, y he estado aguardando hasta ella el aviso del Supremo Gobierno para acudir a la última entrevista que acordamos el día de ayer se verificaría hoy, para concluir los asuntos correspondientes al arreglo de los pueblos del departamento de San Salvador, y aún no he recibido el correspondiente aviso para mi concurrencia. En tal concepto, espero se sirva U. manifestar al Supremo Gobierno me indique la hora en que debo hacerlo, y U. comunicarme la que señale, de aquí a media hora.

Reitero a U. las protestas de mi aprecio y consideración.

Francisco Malespín.

Se contestó a Malespín que se le recibiría a las cinco y media de la tarde; pero habiendo tenido noticia Guzmán de que se intentaba inferirle personalmente nuevos ultrajes, su ministerio agonizante contestó lo siguiente:

Casa de Gobierno
San Miguel, diciembre 10 de 1843
Señor General Francisco Malespín:
Después de los motivos de alarma y desconfianza que su introducción a esta ciudad, y operaciones militares, han debido infundir en el ánimo de todo este vecindario y en el del Gobierno Supremo, la presencia de nuevas escenas como lo son los ultrajes y positiva intención de apresar al Gobernador y Comandante General de este departamento, cuyos hechos lo han obligado a evadirse de esta ciudad: las violencias cometidas en la persona del Administrador de Alcabalas de esta misma ciudad, porque exigía los requisitos de ley para el pago de las planillas que U. le dirigió: la aprehensión y destierro fuera de Centroamérica de dos salvadoreños contra el tenor de la Constitución y abrogándose las atribuciones del Poder Ejecutivo; y el haberse, en fin, echado sobre la policía del lugar concentrando la fuerza armada y sacando patrullas que arrebataron en la calle a varias personas, revelan de un modo inequívoco no solo una agresión hecha ya positivamente sobre las atribuciones del Poder Ejecutivo, sino también su inseguridad, y el estado de violencia y de aptitud hostil en que se halla la fuerza de su mando.

En tales conceptos, el Supremo Gobierno ha dispuesto se prevenga a U. que si en este día no sale de esta ciudad a esperar las órdenes que se le comuniquen en la Villa de Cojutepeque como el día de ayer se le ordenó, se les denunciará a los pueblos del Estado y aún a los demás Gobiernos que se halla U. en completo estado de revolución.

A ello se agrega que, siendo estos días los designados para que el pueblo elija sus representantes en la persona que haya de ocupar la presidencia, con sus expresadas operaciones y movimientos militares, atenta a la libertad y soberanía del pueblo salvadoreño en el acto más sagrado de sus derechos, por cuya causal se da en este día la orden para que la junta de escrutadores que ha de reunirse aquí vaya a celebrar sus actos a otro punto donde no se crea que la fuerza armada obra en sus deliberaciones.

De orden suprema lo digo a U., suscribiéndome su afectísimo S. D. U. L.

Cuéllar.

Guzmán se retiró a una hacienda y el Estado quedó en manos de Malespín.

Malespín publicó en San Miguel un manifiesto (Documento núm. 8).

En él se jacta de haber desterrado a los señores Máximo Orellana, Miguel Álvarez Castro, José María Espínola y Eduardo Ávilez.

Malespín no puede imputar a Guzmán ningún atentado.

La orden de destierro contra Frai Veneno no es un crimen, sino una medida gubernativa muy conveniente, aunque dictada con muy poca habilidad, porque Guzmán debió comprender que, estando él ausente y ligados Viteri y Malespín, su orden no sería cumplida y no haría más que reducir a la nulidad su poder a los ojos del pueblo.

En concepto de Malespín, era un crimen que el Jefe del Estado, a quien estaba por la Constitución encargada la guarda del orden público, sacara del país a un fraile revolucionario, y no era un crimen que el Comandante General, que solo debía obedecer al Gobierno, sacara del país contra las órdenes del Jefe del Estado a Orellana, Álvarez, Espínola y Ávilez.

Si la expulsión de Frai Veneno hubiera sido un crimen, Malespín no era autoridad legítima para juzgarlo. Era preciso que las Cámaras se reunieran y declararan haber lugar a formación de causa contra el Jefe del Estado.

"El Amigo del Pueblo" era un periódico autorizado por la Constitución y por las leyes.

La libertad de imprenta del Salvador no era ilimitada como es hoy en Colombia.

Había tribunales autorizados para juzgar acerca de lo que muchos políticos timoratos llaman abuso.

El padre Vásquez y el Obispo Viteri pudieron acudir a esos tribunales en demanda de justicia.

Pero, en vez de hacerlo, incurrían en las inconsecuencias más absurdas.

Pedía Viteri en sus pastorales que si sus predicadores abusaban de la cátedra sagrada no se les contestara por la prensa, sino que se les acusara ante él, que les había mandado predicar y abusar del púlpito; y cuando veía papeles en que creía se abusaba de la prensa, no seguía su consejo acudiendo a los jueces de los autores de esos papeles, sino al machete de Malespín.

Hallándose Malespín de regreso en San Salvador, después de haber hollado todas las leyes y de no hacer nada legítimo en el Estado, era preciso dar en un todo gusto al Conde Palatino, quien pedía la expulsión del presbítero doctor don Isidro Menéndez y del presbítero don Ignacio Zaldaña.

Malespín no quería desterrar al doctor Menéndez sin estar al efecto autorizado por el Obispo, a quien se dirigió reverentemente.

Viteri era de aquellos hombres que no sufren réplica, que no soportan que haya personas que les hagan sombra, y dirigió a Malespín la contestación que sigue:

"Gobierno del Obispado de San Salvador,

Palacio Episcopal.

San Salvador, 20 de diciembre de 1843.

Señor Comandante General del Estado Francisco Malespín:

Persuadidos de la justísima causa que U. defiende, cuando en las críticas circunstancias presentes ha tomado bajo su especial protección el salvar al Estado, no menos de los errores del cisma político—religioso que de los desastres de la guerra sangrienta en que se le pretendía envolver, no podemos menos de secundar sus acertadas medidas para el logro de tan noble y patriótica empresa."

"Gobierno del Obispado de San Salvador

Palacio Episcopal, San Salvador, 20 de diciembre de 1843.

Señor Comandante General del Estado Francisco Malespín:

Bien concebimos el sentimiento que a U. afecta, viéndose precisado a extrañar del Estado al señor presbítero doctor Isidro Menéndez; y ciertamente hubiéramos deseado que jamás hubiera llegado este caso, por lo mucho que nos aflige; pero siendo deudores así U. como yo a la religión y al pueblo salvadoreño, y estando por lo mismo ambos obligados a conservar a una y otro su verdadera libertad e independencia, lo mismo que su esplendor y adelantos, ni puede U. prescindir de hacer lo que hace, ni yo de proteger una empresa que afianzará de una vez entre nosotros el decoro de la religión, el orden social, la tranquilidad del Estado y la prosperidad de sus habitantes.

Si para conseguir tan grandiosos objetos es preciso que salga el citado presbítero Menéndez, por las razones que U. alega, que salga; y si lo fuere también que algunos más le sigan, que salgan; pues no es razón que por tolerar a un puñado de hombres ingratos a Dios y a la patria se vilipendie la causa del uno, y se comprometa la estabilidad y reposo de la otra.

Todo lo que tengo la satisfacción de manifestar a U., señor General, en contestación a su grata fecha 18 del corriente, relativa al extrañamiento del citado presbítero doctor señor Isidro Menéndez, aprovechando esta ocasión para reiterarle los sentimientos de aprecio con que le distingue su siempre afectísimo servidor y capellán.

Jorge, Obispo de San Salvador."

La misma pregunta hizo Malespín al Obispo Viteri acerca del padre Zaldaña y obtuvo esta respuesta:

Gobierno del Obispado de San Salvador

Palacio Episcopal, San Salvador, 24 de diciembre de 1843.

Señor Comandante General del Estado:

No es la primera vez que llega a nuestros oídos el cuadro lamentable que en comunicación de hoy se ha servido Ud. trazarnos, sobre la estragada conducta del señor presbítero José Ignacio Zaldaña, cura del Sagrario de nuestra Santa Iglesia Catedral. Hace ya mucho tiempo que veíamos con harto sentimiento los extravíos de un eclesiástico que ocupa un destino brillante en la Iglesia y Estado del Salvador, y que en vez de emplear sus talentos en fiel servicio de la primera y obsequio del segundo, deslumbrado con la sofistería de corrompidas doctrinas, dirige todos sus conatos a perpetuar entre nosotros la herejía, el cisma, el libertinaje y el triunfo de los perversos; que no habiendo todavía saciado bastantemente su saña en nuestras pasadas revoluciones y sufridas desgracias, intenta de nuevo envolvernos en guerras intestinas, en sistemas desoladores y en completa anarquía.

Habíamos sufrido en silencio, esperando del tiempo y de la suavidad la reforma que deseábamos en el citado presbítero; mas viendo que cada día toma nuevo incremento en el mal y que este mal es de tan fatal trascendencia a la religión y al Estado, no podemos prescindir, ni como Obispo de esta nueva Iglesia ni como interesado en la paz y prosperidad de nuestra común patria, de unir nuestros votos a las saludables medidas con que Ud. ha comenzado a purgarla de la mala semilla que por tanto tiempo la tuvo infestada.

En cuya virtud, no solo estamos de acuerdo con la determinación adoptada, relativa al expresado señor Zaldaña, sino que cooperaremos también en lo sucesivo con todas las demás que su prudencia le dicte, para llevar al cabo la noble empresa de salvar la religión y la patria, que tan dignamente se ha echado sobre los hombros el señor General.

El cielo protege su marcha, señor Comandante General, mientras que el pueblo salvadoreño bendice a su bienhechor, y nos, tenemos la satisfacción de significarle el distinguido lugar que ocupa en el afecto de su seguro servidor y capellán.

El Obispo de San Salvador.

Viteri dice que Malespín se ha echado sobre los hombros la religión y la patria.

¡Qué bella figura! Malespín es un grande atleta que lleva sobre un hombro la religión cristiana, como aquel gigante cuya leyenda nos lo presenta llevando a Cristo sobre un hombro; pero Malespín, más fuerte que San Cristóbal, lleva al mismo tiempo el Estado del Salvador sobre otro hombro, como Sansón llevaba las puertas de la ciudad de Gaza.

¿Se habrá podido decir más en favor de un hombre solo?

¿Habremos tenido algún artista que nos presente en un cuadro a Malespín llevando la religión en un hombro y el Estado del Salvador en otro?

Viteri con Malespín se parecía a Nicesias, quien viendo una mosca sobre la frente de Alejandro exclamó: "¡Oh mosca feliz, tú gustas una sangre divina!"

Los destierros se consumaron. Guzmán abandonó el poder y don Pedro Arce apareció gobernando como vice—Presidente del Estado.

Los nobles de Guatemala no pudieron destruir el gobierno de Guzmán por medio de las maquinaciones de Carrera en Jutiapa, ni por medio de las insurrecciones por ellos promovidas en el volcán de Santa Ana; pero lo destruyeron por medio de Viteri.

¡Cuánto vale una mitra bien manejada!

Se hacían entonces elecciones: el candidato de Viteri y de los nobles era Malespín. Sin embargo, ni la mitra ni la espada pudieron obligar al pueblo salvadoreño a elegir a Malespín. No hubo elección popular.

El pueblo salvadoreño no elevó al solio del Estado al general Malespín; lo elevaron, cometiéndose nulidades que se verán después, las Cámaras, que eran entonces lo que el Senado de Roma en el imperio de Tiberio César.

DOCUMENTOS JUSTIFICATIVOS
NÚMERO 1

Casa de Gobierno: San Salvador, junio 2 de 1843
Señor Ministro de Relaciones del Supremo Gobierno del Estado de Guatemala:

Por partes formales que se reciben en estos momentos del Gobernador y Comandante General del departamento de Sonsonate, y de los alcaldes de la ciudad de Santa Ana, ha tenido mi Gobierno la desagradable noticia de que una partida de facciosos del volcán de la expresada ciudad, armados y municionados en Jutiapa, se han introducido a la hacienda del señor Juan Sandoval, en donde, después de otros excesos, se han llevado preso al señor Domingo Sandoval, que después soltaron; que en seguida pasaron al valle de Santiago, a cuyo asentista exigieron seis pesos de contribución; y por último asaltaron la hacienda del señor Miguel Sanz, en solicitud de caballos y armas, siendo capitaneados por Ignacio Asencio, Juan Herrera y Julián Baches. Perseguidos que fueron por una partida de tropa, se han vuelto al territorio de ese Estado.

Semejantes hechos son una verdadera hostilidad y un ataque al orden público de un Estado independiente, cuyo Gobierno no ha prestado el menor motivo para que se le trate de esta manera; y antes bien conserva constantemente sus relaciones de amistad y de armonía con los demás.

No es de creerse que el de Guatemala, que no puede ser indiferente al trastorno de la paz y del sosiego de los pueblos, autorice tales procedimientos, y es por lo mismo de esperarse que dictará enérgicas providencias para cortar en su origen y escarmentar aquellos atentados. Hace días, señor Ministro, que se fomentan el descontento y las facciones en el citado departamento de Sonsonate; y de ello se han reunido abundantes justificaciones que lo comprueban, saliendo las agencias de ese Estado: se dio conocimiento al señor Alvarado, Representante de ese Supremo Gobierno cerca de este, y aunque protestó que había de su parte la mayor buena fe, sinceridad y positivos deseos de mantener a todo trance la paz y el orden general; los sucesos van comprobando los justos motivos del reclamo, y el presentimiento de que se obraba en sentido contrario, si no por el Gobierno, sí por dependientes de su administración.

Repito que no puede persuadirse el mío que nazcan de modo alguno estas ocurrencias de funesto presagio, de autorización o tolerancia del suyo; pero si por desgracia no fuese así, y los males por consecuencia incrementan, el Gobierno del Salvador, a nombre de sus pueblos, de la humanidad, del interés de Centroamérica, protesta que no está de su parte el que se haga una guerra fratricida, sin motivo ostensible para ella, y sin un objeto que consulte la felicidad y bienestar de los centroamericanos: protesta que los perjuicios que se le irroguen, causándole gastos innecesarios para la conservación de una paz que es admirable en el Estado, y los que se infieran a particulares con la táctica inveterada de introducir partidas de tropas, llamando para formarlas a los sediciosos y malvados, caerán contra quien diere lugar, y las patrocine o tolere; y protesta finalmente que el medio empleado, antes de asegurar que tales agresiones parciales son desconocidas a ese Supremo Gobierno que tiene la competente autoridad para reprimirlas en su principio, no podrá subsistir después que esta comunicación le imparte de todo cuanto debe ilustrarlo en el particular.

Entre tanto, el Gobierno del Salvador, que se mantiene firme en el principio de no intervenir y de respetar a los demás, y en el de contribuir a la quietud y armonía general, ofrece por mi medio que no se alterarán las relaciones de amistad y de unión; en la confianza de que se corregirán debidamente los excesos que quedan referidos, y se pondrá diques a los que en adelante puedan comprometer las seguridades pública y particular.

Tengo el honor, señor Ministro, de suplicarle a Ud. se sirva elevar lo expuesto al conocimiento del señor Presidente de ese Estado, y de admitir por la primera vez el aprecio y consideraciones con que soy su atento servidor."

Agustín Morales

"Secretaría del S. G. del Estado de Guatemala
Guatemala, junio 9 de 1843

Sr. Secretario de Relaciones del S. G. del Estado del Salvador:

He dado cuenta al Gobierno de este Estado con la reclamación a que se contrae la nota oficial de U. de 2 del que rige, y de orden suya debo manifestar a Ud.: que habría sido muy de desear que al dirigirse este reclamo, se hubiesen acompañado algunos datos por los cuales se pudiera comprobar la certeza del hecho a que se refiere, pues sobre una noticia vaga no es posible ni aun formar conjeturas que ofrezcan motivos de probabilidad.

Si se hubiese de dar crédito a todos cuantos rumores se hacen circular en este Estado, sería necesario mantenerse en una continua alarma, pues que por todas partes se anuncian miras hostiles de parte, no solo de los desafectos que hay en ese Estado contra Guatemala, sino aun de su mismo Gobierno.

Que en estos pueblos prevalezca una grande desconfianza, habiendo un motivo que la haya ocasionado, no debe hacer fuerza a Ud., señor Ministro, mucho más si Ud. trae a la memoria la época en que el Gobierno de ese Estado, desatendiendo la opinión y el derecho de éste y de el de Honduras, obró contraviniendo a lo solemnemente estipulado. Subsistiendo el mismo motivo, es preciso que subsistan también sus efectos, sin que para evitarlos alcance la fuerza de ningún poder humano.

Sin embargo, mi Gobierno, sin dejar de atender a lo que demanda la seguridad de este Estado, ha procurado, de cuantas maneras le ha sido posible, el alejar toda ocasión de queja de parte de ese; y esta misma conducta es la que se propone observar para lo sucesivo.

Si recorre Ud., señor Ministro, los impresos anónimos que recientemente se han publicado por la prensa en esa ciudad, en alguno de ellos encontrará denunciada a la faz del mundo la conducta que ha observado ese Gobierno, mandando, según dice el mismo impreso, un espía pagado para seguir continuamente los pasos del general Carrera. Si, pues, del seno mismo de ese Estado se vierten especies tan ofensivas a este, como indecorosas y denigrantes al Gobierno de ese; ¿qué podrá esperarse? ¿a qué podrá darse crédito? ¿bajo qué bases podrá fundarse la confianza?

A pesar de todo esto, mi Gobierno ha creído más prudente silenciar que entrar en reclamaciones; pero esto no ha podido servir de lenitivo para que los que se sienten ofendidos dejen de exaltarse. Mas es preciso observar, como debe Ud. hacerlo, en la última proclama del general Carrera, que si hay un ánimo resuelto para resistir toda agresión, no lo hay para hacerla, pues que, enseñados los hijos de este Estado por una larga y triste experiencia, no aspiran a otro objeto que a mantener en su Estado una paz que les proporcione medios efectivos de mejorar su condición cada día bajo todos respetos.

NÚMERO 2

Secretaría del S. G. del Estado de Guatemala
Guatemala, junio 9 de 1843
Señor Secretario de Relaciones del S. G. del Estado del Salvador:

Si en ese Estado hay descontentos; si ellos se sublevan; y si cometen excesos, no es por instigaciones de parte de este Estado, como se quiere suponer; y si ellos vociferan que cuentan con alguna protección, no es porque la hayan obtenido ni esperen obtenerla, sino porque semejantes voces se divulgan como medios de adquirir prestigio. Estos son ardides tan usados, que por lo mismo ya se ven con absoluto descrédito.

Cualesquiera que sean los rumores que la maledicencia haga circular en ese Estado contra las intenciones pacíficas de mi Gobierno, este, firme y leal en sus principios, ni ha tenido ni tiene contra el del Salvador ninguna mira hostil; por el contrario, desea que ese Estado prospere y que sus hijos, disfrutando de tranquilidad y sosiego, dediquen su atención a objetos de verdadera utilidad.

Al hacer a Ud. esta manifestación, tengo la honra de suscribirme con el más distinguido aprecio su muy obediente servidor.

J.J. de Aycinena.

NÚMERO 3

Secretaría del Supremo Gobierno del Estado de Guatemala
Guatemala, junio 3 de 1843
Señor Secretario de Relaciones del Supremo Gobierno del Estado del Salvador:

Habiendo la Asamblea Constituyente de este Estado tomado en consideración el Pacto de Chinandega, celebrado el 17 de julio del año próximo pasado, después de un maduro examen y de un largo debate, no tuvo a bien aceptarlo por unanimidad de votos, habiendo sido cuarenta y cuatro los representantes que asistieron a la discusión.

La misma Asamblea nombró una comisión de su seno que se ocupa de redactar todos los motivos y razones que se tuvieron presentes para no aceptar el referido Pacto, sin que por esto se entienda que el Estado de Guatemala no se encuentre en disposición de entrar a la celebración de otro que llene los deseos de utilidad común que lo han animado.

Tan pronto como se dé a la prensa el documento de cuya redacción he hablado, será transmitido a ese Gobierno y, por él, se informará de los justos motivos que han obrado en el particular.

Soy de Ud., señor Secretario, su muy atento servidor.

Juan J. de Aycinena

NÚMERO 4

Gobierno del Departamento de Sonsonate
Santa Ana, julio 21 de 1843
Señor Ministro General del Supremo Gobierno del Estado:

Anoche, como a las diez, hubo dos asesinatos en el volcán de esta ciudad, ejecutados por Julián Baches, Anastasio Morales, Julio Zaldaña, Juan Moreno, Quirino Salazar (a) Raja, un hermano suyo, y otros que vinieron del pueblo de Jutiapa, en las personas de los señores Marcos Valencia y Juan Lucas Gómez, el primero nombrado comandante para el volcán, y el segundo, alcalde auxiliar del paraje llamado "Flor Amarilla".

El señor Valencia fue la primera víctima de los asesinos, que, mintiendo la voz, lo llamaron a que les auxiliase en un prendimiento, y entonces abrieron la puerta y lo ataron con un lazo, diciéndole que lo iban a llevar ante el general Carrera, de cuya orden venían a aprehenderle, y a corta distancia de la casa le dieron la muerte más inhumana. Hecho esto, se dirigieron hacia la casa del señor Bonifacio Argumedo, y como antes de esta se halla la de Lucas Gómez, lo llamaron, y con los mismos requisitos también le dieron la muerte.

Los cadáveres han sido traídos a esta, y la multitud de heridas que tienen da a conocer la fiereza de dichos asesinos.

No tengo noticia hasta la hora presente del paradero de ellos; mas el juez se halla procediendo contra los criminales.

Los muertos habían prestado algunos servicios al Estado en las circunstancias actuales, y eran laboriosos y padres de familia.

Sírvase Ud. poner lo expuesto en conocimiento del señor Presidente del Estado, y admitir las muestras de mi aprecio y respeto. D. U. L. P. Castillo.

NÚMERO 5

Ministerio General del Supremo Gobierno del Estado del Salvador

Casa de Gobierno: San Salvador, julio 27 de 1843

Señor Ministro de Relaciones y Gobernación del Supremo Gobierno de Guatemala:

Con noticia mi Gobierno de que en el pueblo de Jutiapa hay una llave para abrir la valija e interceptar la correspondencia, tanto oficial como de particulares, e informado por las administraciones y por otros conductos públicos y de entera fe de la realidad de estos abusos, tuvo a bien disponer que el semanario que se publica en esta capital fuese dirigido a los señores Cónsules extranjeros, y al agente de este, señor licenciado Joaquín Durán, cerrados y marcados con el sello ordinario del despacho; pero aun esta precaución no bastó para evitar el mal, pues se abrieron todos los paquetes en el referido pueblo de Jutiapa, y extrayéndose los números que contenían, los sustituyeron con proclamas del general Carrera, teniéndose la impudencia de atribuirlo a oficiales de este Ministerio.

Mi Gobierno quisiera prescindir de la relación de estos ultrajes tan frecuentes a la fe pública, al respeto debido a los agentes exteriores, al que mutuamente deben darse los Gobiernos y a la seguridad del comercio, y de pedir explicaciones; sino fuera que sus principios de política le prescriben agotar los medios aconsejados por la prudencia para procurar la paz, las buenas relaciones y armonía entre pueblos que pertenecen a una sola familia, y porque quiere dar por dentro y fuera de Centroamérica testimonios de que el Gobierno del Salvador es de todas maneras provocado con hostilidades tan positivas, que la menor de ellas habría causado una guerra entre cualesquiera naciones, y mayormente a vista de una insistencia que nada basta a contenerla.

Al mismo tiempo que esto se practica con la correspondencia oficial y particular, los facciosos del volcán de Santa Ana, Juan Julián Baches, Julio Zaldaña, Antonio Morales, Juan Moreno, Marcos (a) Zapote, Isidro Chacuate, asilados en el distrito de Jutiapa, se han introducido a aquel lugar, y han asesinado con la mayor alevosía e inhumanidad al capitán Valencia y a un comisionado del juez del crimen, ambos sujetos honrados y que constantemente se negaron a las sugestiones trastornadoras de sus asesinos, que al perpetrar su horrendo crimen invocaban el nombre del general Carrera y expresaban que procedían en cumplimiento de sus órdenes.

Pedir la persecución de esos malvados para satisfacer a la vindicta pública, y el escarmiento de los que hayan patrocinado sus crímenes, es el medio sencillo que enseña la razón y el derecho de las naciones; pero mi Gobierno está cansado de ver que se escribe y se contesta de un modo y se opera de otro, marchando siempre en las vías de hostilidad y de las ofensas.

Por tales motivos es que me limito a la relación de los hechos mencionados, omitiendo la de las personas aprehendidas, registradas y torpemente ultrajadas por la partida de tropa situada a inmediaciones de Jalpatagua, y con especialidad el despojo violento de las cargas de efectos de Quezaltenango, verificado en un infeliz que acaba de fallecer en esta ciudad del sentimiento de ver perdida su fortuna e intereses; porque todo hallará razones evasivas o el silencio, como sucedió con el reclamo sobre la cantidad exigida militarmente al señor José Portilla, vecino de este comercio, en su tránsito para Izabal.

Al repetir que me limito a la enunciación de aquellos hechos, tengo también la honra de manifestar a Ud. que con esta fecha los notifico a los señores cónsules extranjeros, y a los demás Gobiernos de los Estados, para que acaben de convencerse de qué parte está la ofensiva y las provocaciones materiales para alterar la paz que se disfruta en Centroamérica, y de cuál el sufrimiento y la defensiva.

Sírvase Ud., señor Ministro, elevarlo al conocimiento del señor Presidente de ese Estado, protestándole de nuevo mis consideraciones y deferencias. D.U.L.

Ramírez

NÚMERO 6
PÁRRAFOS DE UN SERMÓN

La posición política que ocupa este Estado, su distancia de Guatemala, su población, su riqueza y sus necesidades espirituales, demandaban la nueva mitra. Se ocurrió a su Santidad: nuestras súplicas fueron oídas, y nuestra solicitud bien despachada.

Hoy es, señores, el gran día de la patria y del triunfo de la Iglesia del Salvador: hoy se cumplen las esperanzas que nuestros mayores abrigaron tanto tiempo en sus pechos, y que han costado tamaños sacrificios al Estado: hoy se perfecciona nuestra independencia, que antes era incompleta, porque estábamos sujetos a autoridades eclesiásticas que residían fuera del territorio salvadoreño: hoy esta Iglesia parroquial es elevada a la alta dignidad de Catedral, y condecorada por un favor especial de la Santa Sede con las gracias y prerrogativas de la basílica de Letrán, primera Iglesia del orbe católico: hoy escuchamos la voz amorosa del padre universal de los fieles, que, desde la distante metrópoli del mundo cristiano, se digna hablarnos con el lenguaje sublime y patético del sucesor de Pedro, en su carta autógrafa que dirige al señor Presidente del Estado; y hoy, en fin, nuestro primer digno obispo celebra la primera vez de pontifical en el altar consagrado al Salvador del mundo, y ofrece fervoroso el cruento y adorable sacrificio de la misa por los pecados de sus nuevas ovejas, que el Espíritu Santo le ha encargado, publicando las indulgencias que el tierno corazón del Santo Padre concediera a los fieles que asistiesen debidamente a tan santo y majestuoso acto.

Oigamos dóciles la voz de nuestro pastor, y él nos conducirá, como un padre amoroso, por la escabrosa senda de nuestra edificación.

¡Príncipe ilustrísimo de la Iglesia! Yo os felicito, a nombre del pueblo salvadoreño, por vuestro advenimiento al trono de los apóstoles; y creo poder ofreceros, de parte del clero del Salvador, un respetuoso amor filial, cooperación activa, y obediencia pronta.

¡Sucesor legítimo de los Apóstoles! Sois, os dice el mismo Jesucristo, sal de la tierra. Si la sal se deshiciere, ya para nada vale. Evitad, pues, la corrupción de nuestras costumbres con vuestra predicación, con vuestra autoridad, y con vuestro ejemplo.

Sois, además, luz del mundo. Una ciudad que está puesta sobre un monte no se puede esconder, dice el Evangelio, ni encienden una antorcha y la ponen bajo del celemín, sino sobre el candelero, para que alumbre a todos los que están en la casa.

Que vuestra luz, pues, resplandezca en toda vuestra diócesis: instruidnos, disipad las tinieblas de la ignorancia. La civilización es el vehículo de la religión de Jesucristo. Un pueblo idiota no puede ser buen cristiano ni buen republicano. El culto del hombre ignorante degenera fácilmente en idolatría, y sus devociones en superstición.

Las respetuosas consideraciones del señor Presidente del Estado, de las autoridades supremas, de los funcionarios todos; y el júbilo y entusiasmo con que este pueblo heroico os recibe, os presentan un campo libre y bien preparado para vuestras tareas apostólicas; pero si sufrieseis algo, no debéis desalentaros. Ni la pobreza, decía San Pablo, ni el hambre, ni las tribulaciones, ni la persecución, ni la muerte misma, podrán separarme de la caridad de Cristo. ¡Qué no padeció el Salvador! Y el mismo os dice: que no es mayor el apóstol que el maestro.

Instruid, pues, a vuestro pueblo: disipad nuestros errores; y conservad la pureza de la fe, y sana moral. Formad de los salvadoreños un pueblo culto, y entonces será laborioso, republicano, honrado y buen cristiano.

Es halagüeña la perspectiva que se nos presenta: todo lo esperamos de vuestra ilustración, virtudes y patriotismo. El Dios de las misericordias os asista en vuestra empresa.

—Isidro Menéndez.

NÚMERO 7

AL PÚBLICO

Palacio Episcopal de San Salvador, noviembre 26 de 1843

No pudiendo ver sin sorpresa el Exmo. é Ilmo. señor Obispo de esta Diócesis, que manos profanas alarguen sacrílegamente la hoz a su mies; y conociendo, por otra parte, lo mucho que exigen de su ministerio pastoral, así el mismo Dios como la Iglesia Católica, y el católico pueblo que forma el Estado del Salvador, cree S. E. I. que haría traición a los sagrados deberes que le impone su alta y divina misión apostólica, si dejase pasar en silencio el tejido de absurdos atentatorios a la causa moral y aun a la razón, que inconsideradamente se prodigan contra la sublime potestad y libertad de la Iglesia e igualmente contrarios al dogma y a la santa disciplina eclesiástica, que se estamparon el jueves 23 del corriente, en el periódico falsamente llamado el "Amigo del Pueblo."

No era esta la vez primera que el dicho periódico había escandalizado impunemente a este humilde y sencillo pueblo, llevando su lectura a regiones remotas, la execración y el desprecio de sus propios autores. En efecto: ¿quién sino unos fementidos y mercenarios políticos, con muy pequeña dosis de tintura en materias canónicas, son los que se han abrogado el título de amigos del pueblo y censores del ministerio sacerdotal?

¿Amigos del pueblo? ¡Pues qué han hecho en su favor? El pueblo lo sabe y S. E. I. no lo ignora. ¿Qué misión tienen los editores del "Amigo del Pueblo" para ingerirse en el ministerio evangélico? ¿Con qué títulos se atreven a constituirse maestros del orador sagrado? ¿Cómo avanzan torpe y temerariamente a juzgar y condenar la conducta de un ministro del santuario en la cátedra del Espíritu Santo?

¿Son ellos los jueces? ¿Ignoran que hay Obispo en el Salvador? Si el 19 del corriente abusó (como ellos dicen) un orador sagrado en la plática que dirigió a los fieles desde el púlpito de esta catedral, ¿por qué no lo han delatado al tribunal eclesiástico, que debe entender en tales abusos, y está muy dispuesto a proceder en justicia?

¿Cuántos obispos hay en el Salvador? Uno: pues sepan los censores de la predicación que es uno, y no más que ese uno, el autorizado para entender en los abusos o infracciones que cometan los sacerdotes en el desempeño de su ministerio sagrado o arreglo de su conducta pública.

Si algo hay que exponer contra esto, sepan todos los hombres de buena fe que es opresión, tiranía, error imperdonable, y doctrina proscripta por la Iglesia Católica, madre de todos los fieles, soberana en el uso de su jurisdicción, y columna y firmamento de la verdad tiranía Error imperdonable, y doctrina proscripta por la Iglesia Católica, madre de todos los fieles, soberana en el uso de su jurisdicción, y columna y firmamento de la verdad; sepan que no mereciendo otra contestación el citado papelucho, se invita a sus autores a que formalicen la delación y queja que les parezca contra el expresado orador sagrado, ante el tribunal competente de su Obispo, quien con conocimiento de causa, dictará las medidas más oportunas, y entonces quedarán esclarecidas las imputaciones que se hacen al predicador.

Y sepan los redactores del Amigo del Pueblo que, interín esto no realicen, serán delatados a la verdadera opinión pública y tenidos por impostores, calumniadores, cismáticos, atentadores contra la soberanía de la libertad eclesiástica y sembradores de perversas doctrinas, que perturban las conciencias y atacan la tranquilidad pública, al tiempo que adulan a los gobernantes, a quienes más de una vez precipitaron en el abismo, para después ocupar las sillas vacantes y realizar los planes furibundos que concibieron en las tenebrosas cavernas de los clubs revolucionarios que despedazaron la religión y desolaron los pueblos.

Y sepan finalmente los titulados amigos del pueblo que, cansado este de sufrir su hipócrita lenguaje, sabrá un día hacer justicia a los autores que procuran su ruina; y cree S. E. I. que las autoridades supremas del Salvador tomarán en materia tan interesante todas las medidas que les dicte su religiosidad, protegiendo así la religión santa del Crucificado, proclamada incesante y fervorosamente por el pueblo salvadoreño y protegida por la ley fundamental del Estado.

De orden de S. E. I.

Buenaventura de Gallarrete, Pro—Srio.

NÚMERO 8
El Comandante General del Estado del Salvador

A los pueblos del mismo:

Repetidos partes había recibido de que en la ciudad de San Miguel se trabajaba con empeño disponiendo la separación de aquel departamento, para dar principio de esta manera a la guerra en que, por diferentes medios, se ha procurado comprometer al Estado; mas descansando yo en que la presencia allí del señor Presidente Juan J. Guzmán debería cortar toda medida que traicionase a los intereses del mismo Estado, esperaba con seguridad que hiciese desaparecer aquellos conatos.

Pero por desgracia, no estaba a mi alcance que puede tanto el extravío en el hombre que, aunque revestido del primer poder del Estado, pudiese, por miras siniestras de interés privado o de cubrir responsabilidades de su administración, tomar una parte principal en aquella perfidia.

En el momento, pues, que se me hizo entender que el expresado Presidente reunía fusiles y elementos de guerra, y que le rodeaban todos los hombres que abiertamente han trabajado por el trastorno, hice una marcha precipitada con una pequeña fuerza, con el objeto de sofocar en su origen la revolución, e informar al mismo Supremo Gobierno el descontento general que por otros puntos ocasionaban las medidas violentas que había dictado contra un sacerdote, y las faltas que igualmente se habían tenido hacia el Ilmo. señor Obispo de esta Diócesis.

El 8 del corriente he llegado a esta ciudad, tomando de sorpresa a los revolucionarios, y en el momento he manifestado al Supremo Gobierno mi sumisión y respeto; mas temeroso de que yo entendiese los pasos avanzados que había dado con los que traicionaban al Estado, quiso que saliese de la ciudad antes de ponerla en seguridad como creí de mi deber en aquellas extraordinarias circunstancias.

Sin embargo, no perdí momento de informarle del modo más positivo de lo que pasaba, y se me demostró a toda luz que, si hubiera tardado un día más el remedio, el Salvador habría sido envuelto en todas las desgracias que se le preparaban: el Estado y el Ilmo. señor Obispo todo hubiera desaparecido.

Tamaños males necesitaban medidas fuertes del momento; hice, pues, embarcar en el puerto de la Unión con destino al Sur a Máximo Orellana, Miguel Álvarez Castro, José María Espínola y Eduardo Avilez, cuyos individuos, abusando del asilo que generosamente se les diera en el Salvador, y que nunca merecieron, han trabajado incesantemente en promover el desorden y la anarquía a que siempre han propendido.

Puse en seguridad el armamento y útiles de guerra que se habían reunido en este punto, y estoy acordando las demás medidas y providencias que son convenientes a la tranquilidad y seguridad de estos pueblos, por haberse ausentado de esta ciudad el expresado señor Presidente, y dejarlos en cierta manera acéfalos, para regresar a la capital desde donde informaré al público más extensamente de todo lo ocurrido, así como al Cuerpo Legislativo en su inmediata reunión, con los documentos que acreditan la conspiración referida.

Mientras tanto, yo protesto conservar a todo trance la paz y tranquilidad que tanto necesitáis, y por cuyos caros intereses sabrá sacrificarse, si fuese necesario, vuestro amigo y compatriota.

San Miguel, 11 de diciembre de 1843

El General de División,
Francisco Malespín.

CAPÍTULO SEGUNDO: COSTA RICA
SUMARIO

1. El doctor Castro 2. Relaciones con Guatemala 3. El partido de Nicoya 4. Don Mariano Montealegre 5. Observaciones 6. Regreso de don Manuel Aguilar 7. Asamblea Constituyente 8. Universidad 9. Observaciones 10. Instalación de la Asamblea Constituyente y primeros trabajos de ella 11. Bases constitucionales 12. Observaciones 13. Decretos dictados por la Asamblea 14. Muerte de don Mariano Montealegre 15. Sociedad Económica Itineraria 16.

Muerte de don Agustín Gutiérrez 17. Chatfield 18. Se publica la Constitución.

1. Continuaba en 1843 don José María Alfaro como Jefe del Estado, con los poderes que le habían conferido las Actas de septiembre, y el doctor don José María Castro en calidad de Ministro General.

Castro es un hombre notable por su talento y por su ilustración. Tiene el don de la palabra y escribe fácilmente. Entonces era joven y tenía ambición de gloria. Había hecho sus estudios en la Universidad de León y recibido allí el grado de doctor en leyes.

En el Ministerio que servía en época de transición se presentaban graves cuestiones de economía política, de derecho público constitucional e internacional; y el doctor Castro hizo frente a todo con una lucidez que honra al país que lo vio nacer.

El doctor Castro publicó como bases de su conducta internacional, los principios que el ilustre Enrique Gregoire, Representante en la Convención francesa y digno Obispo de Blois, propuso como leyes fundamentales. He aquí:

"Artículo 1.°—Los pueblos están entre sí en el estado de naturaleza, y tienen por lazo la moral universal.

2.°—Los pueblos son respectivamente independientes y soberanos, cualesquiera que sean los individuos que los componen y la extensión de territorio que ocupen. Esta soberanía es inalienable.

3.°—Un pueblo debe obrar respecto de los otros, como desea que se obre respecto de él: lo que un hombre debe a un hombre, un pueblo debe a otro pueblo.

4.°—Los pueblos deben hacerse en paz el mayor bien, y en guerra el menor mal posible.

5.°—El interés particular de un pueblo está subordinado al interés general de la familia humana.

6.°—Cada pueblo tiene derecho de organizar y mudar las formas de su Gobierno.

7.°—Un pueblo no tiene derecho para mezclarse en el gobierno de otro.

8.°—Conforme a los derechos de los pueblos no hay más gobierno que el que está fundado sobre la libertad y la igualdad.

9.º—Lo que es de un uso inagotable e inocente como la mar, pertenece a todos, y no puede ser propiedad de ningún pueblo.

10.º—Cada pueblo es señor de su territorio.

11.º—La posesión inmemorial establece el derecho de prescripción entre los pueblos.

12.º—Un pueblo tiene derecho para rehusar la entrada a su territorio y despedir a los extranjeros, cuando su seguridad lo exige.

13.º—Los extranjeros están sometidos a las leyes del país y deben juzgarse por ellas.

14.º—El destierro por crimen, es una violación indirecta del territorio extranjero.

15.º—Las empresas contra la libertad de un pueblo, son un atentado contra todos los demás."

16. Las ligas que tienen por objeto una guerra ofensiva, los tratados o alianzas que pueden dañar al interés de un pueblo, son un atentado contra la familia humana.

17. Un pueblo puede emprender la guerra para defender su soberanía, su libertad y su propiedad.

18. Los pueblos que están en guerra deben dejar un libre curso a las negociaciones para restablecer la paz.

19. Los agentes públicos que se envían los pueblos, son independientes de las leyes del país a donde son enviados, en todo lo que concierne al objeto de su misión.

20. No hay diferencia entre los agentes públicos de las naciones.

21. Los tratados entre los pueblos son sagrados e inviolables."

22. El doctor Juan José Aycinena y su círculo aristocrático, manejaban entonces a su antojo al Presidente de Guatemala don Mariano Rivera Paz y pretendían manejar del mismo modo a los jefes de todos los Estados.

Las ideas del año de 26 volvían a estar en boga; pero ejecutadas de diferente modo.

Ya no se mandaba a Milla a Honduras para quitar a un jefe y poner a otro; se mandaba un agente como Jáuregui, que injiriéndose en la política y tomando en él elevados puestos oficiales, sometiera el Estado al poder aristocrático.

Ya no se mandaba al Salvador ejércitos que sucumbieran en Milingo y en Mejicanos. Se procuraba dar reputación a un hombre débil como Cañas para elevarlo al Poder Ejecutivo; se enviaba en seguida una legación amenazadora, con Carrera a la cabeza, llevando de agregado a un Malespín y se le dejaba a Cañas de jefe de armas, para disponer por medio de ese jefe arbitrariamente de la suerte de los salvadoreños, y no siendo bastante todo esto se les mandaba un Obispo como Viteri para que estableciese la teocracia.

La posición geográfica ha salvado a Costa Rica de muchas desgracias que la fatalidad ha hecho caer sobre los otros Estados de Centroamérica.

Costa Rica en 1843 no había experimentado revoluciones desastrosas, ni sido víctima de la anarquía, y conservaba toda la virilidad que es indispensable para resistir con brillo el maquiavelismo y las intrigas exteriores.

Aycinena había sugerido a los Estados del Salvador, Honduras y Nicaragua la idea de que se hicieran representar en Guatemala por hombres aquí empleados y residentes.

La razón ostensible era la falta de fondos, la necesidad de hacer economías y la de evitar, por lo mismo, gastos extraordinarios en legaciones.

El motivo verdadero era no tener en Guatemala representantes de los otros Estados, sino dependientes de la aristocracia.

Honduras, en virtud de esas insinuaciones, mandó poderes a don Pedro Nolasco Arriaga, y Nicaragua y el Salvador a don Joaquín Durán, y así se hicieron y firmaron en Guatemala los célebres tratados de 7 y 16 de octubre de 1842 (páginas 129 hasta 133 de este volumen).

Aycinena pide al doctor Castro que apruebe esos tratados y tiene la audacia de proponerle que nombre por comisionado a un vecino de Guatemala (Documento núm. 1).

El Marqués de Aycinena creyó que se entendía con un niño, por la juventud de Castro, que los dos tratados serían aprobados sin examen en el Gabinete de San José, y que se mandarían plenos poderes a un servil de Guatemala para que los nobles dispusieran de él, como disponían de Arriaga y de Durán; pero bien pronto tuvo un triste desengaño.

El doctor Castro conocía las tendencias de los partidos, y en el Ministerio se hallaba a la altura de la situación.

Él contestó a don Juan José Aycinena que se daría cuenta a la Asamblea para que aquel alto Cuerpo resolviera de la manera más conveniente.

Aycinena tuvo otra exigencia. Pretendió que se reunieran comisionados de todos los Estados, nombrados en la forma que él deseaba, esto es, comisionados de solo el Estado de Guatemala dirigidos por él, para que revieran el Pacto de Chinandega, al cual no adhería el Gobierno servil guatemalteco.

El doctor Castro rechazó también esta pretensión (Documento núm. 2).

Los serviles de Guatemala, sobre quienes pesa exclusivamente la pérdida de Soconusco, según se ha demostrado con documentos auténticos en el capítulo 4.º de este libro, pretendieron lavar sus faltas envolviendo en una guerra a toda la América Central y pidieron a Costa Rica un comisionado en la forma que ellos querían fuera nombrado, para que se asociara a sus pretensiones y, a merced del Gobierno aristocrático de Guatemala, Costa Rica corriera los azares de la guerra.

El doctor Castro se hallaba en una posición muy difícil. Su dignidad y su decoro no le permitían abdicar atribuciones eminentemente costarricenses en el Gobierno aristócrata de Guatemala, como sin pudor había abdicado en ese Gobierno atribuciones inherentes a la soberania de Honduras el general Ferrera.

Tampoco Castro podía ser indiferente a la mutilación de Centroamérica, y salvó la dificultad rechazando las pretensiones de los nobles en lo relativo a conducir ellos a Costa Rica de la manera que quisieran en el asunto, pero dirigiéndose él mismo a México para protestar a nombre del Estado, como nación centroamericana, contra el ataque a la integridad de Centroamérica (Documentos núm. 3 y 4).

El doctor Castro se hallaba al frente de otra cuestión; la relativa al partido de Nicoya. La Constitución federal dice:

"Art. 5.— El territorio de la República es el mismo que antes comprendía el antiguo reino de Guatemala, a excepción por ahora de la provincia de Chiapas.

Art. 6.— La Federación se compone actualmente de cinco Estados que son: Costa Rica, Nicaragua, Honduras, El Salvador, y Guatemala.

La provincia de Chiapas se tendrá por Estado en la Federación cuando libremente se una.

Art. 7.— La demarcación del territorio de los Estados se hará por una ley constitucional con presencia de los datos necesarios."

El partido de Nicoya pertenecía a Nicaragua.

El año 1824, con motivo de las revoluciones que entonces devoraban aquel Estado, hubo actas en Nicoya de anexión a Costa Rica, y el partido quedó anexado.

La primera constitución política que Costa Rica tuvo fue emitida el año de 1825 y no comprende el partido de Nicoya en su territorio.

Dice así:

"El territorio del Estado, se extiende por ahora de Oeste a Este desde el Río del Salto que lo divide del de Nicaragua hasta el río de Chiriquí, término de la República de Colombia, y de Norte a Sur, de uno a otro mar, siendo sus límites en el del Norte, La Boca del Río de San Juan y el escudo de Veraguas, y en el del Sur la desembocadura del Río de Alvarado, y la del de Chiriquí."

Comprenden a Nicoya disposiciones posteriores y entre ellas un decreto de la Asamblea Constituyente instalada en tiempo del General Morazán, resolución que se halla a la página 637 volumen 3.º de esta Reseña.

La primera Constitución que Nicaragua tuvo fue emitida el año de 1826, y comprendió el partido de Nicoya en su territorio.

De la anexión de Nicoya a Costa Rica se formó expediente y de él se dio cuenta al Congreso federal.

Aquel alto Cuerpo resolvió el 9 de diciembre de 1825, por medio de un decreto que dice así:

"El Congreso federal de la República de Centroamérica, teniendo en consideración las reiteradas solicitudes de las autoridades y cuerpos municipales de los pueblos del Partido de Nicoya, sobre que este sea segregado del Estado de Nicaragua, y agregado al de Costa Rica; la unión, que de hecho verificaron los mismos pueblos a dicho Estado de Costa Rica, en la época de las conmociones de Nicaragua; y la situación local del propio Partido, ha venido en decretar y

DECRETA:

Art. 1.º Por ahora, y hasta que se haga la demarcación del territorio de los Estados, que previene el artículo 7.º de la Constitución, el Partido de Nicoya continuará separado del Estado de Nicaragua, y agregado al de Costa Rica.

Art. 2.º En consecuencia, reconocerá dicho Partido a las autoridades de Costa Rica, y tendrá en su Legislatura la representación que le corresponda.

Art. 3.º Este decreto se comunicará a las Asambleas de Nicaragua y Costa Rica. Pase al Senado. Dado en Guatemala a 9 de diciembre de 1825".

La revolución y otros motivos impidieron que se fijaran los límites a que se refiere este decreto, y el Congreso desapareció sin haberlos fijado.

He aquí el origen de una cuestión que tanto ha agitado a la América Central, y que más de una vez ha servido al extranjero para desenvolver aspiraciones contra la integridad del territorio nacional.

El Gobierno de Nicaragua decía al doctor Castro, que Costa Rica estaba convicta por su propia Constitución que fija como límite el Salto y no la Flor.

El doctor Castro contestaba que la Constitución se emitió antes del decreto federal del 9 de diciembre y, por consiguiente, no pudo comprender a Nicoya en el territorio costarricense; pero que después del decreto federal, las leyes fundamentales de Costa Rica lo comprendieron.

En 1843 don Simón Orosco, hombre de talento y de instrucción, como lo manifiesta su correspondencia con Chatfield en defensa de la integridad de Centroamérica, era Ministro de Estado en Nicaragua, y pedía al doctor Castro la devolución del partido de Nicoya.

El Gobierno nicaragüense envió a Costa Rica a don Toribio Tijerino para que hiciera su reclamo en toda forma.

El doctor Castro nombró para tratar con Tijerino a don Juan Mora, ciudadano que, como ya se ha visto, fue el primer jefe constitucional que tuvo Costa Rica y ejerció el mando durante dos períodos constitucionales. La biografía de Mora y su retrato se hallan en "El Bosquejo", escrito por don Felipe Molina.

Mora y Tijerino formaron un voluminoso protocolo, cuya inserción no cabe en los estrechos límites de una Reseña histórica, y nada definitivo se resolvió entonces. Véase el tomo 2.º, pág. 229.

En aquellos días, un costarricense distinguido por su capital y por su inteligencia, padre de una numerosa familia que ha ejercido grande influencia en la suerte de aquel país, don Mariano Montealegre, hizo una publicación importante sobre política y economía. En ella manifiesta que antes había guardado profundo silencio porque estaba ahogada la libertad de imprenta por las leyes de Carrillo. He aquí una severa censura contra aquel Jefe lanzada por uno de los hombres más respetables que ha tenido Costa Rica.

Dignas de notarse son estas palabras del señor Montealegre:

"El Jefe Carrillo exigió a los propietarios 30,000 pesos que malgastó en el camino de Matina".

Es un costarricense, y un costarricense de elevada posición el que habla.

Ya hemos visto en el examen de las leyes de Carrillo todas las atrocidades que aquel jefe cometió para hacer el camino de Matina, que al fin quedó en proyecto.

Pronto veremos una junta itineraria, impelida por el progreso y guiada por la inteligencia, realizar obras verdaderamente útiles al país, sin vejar a nadie y con el apoyo de todos.

Dice el señor Montealegre:

"Carrillo, con los reglamentos de hacienda, constancia y grande eficacia, hizo subir las rentas del Estado a una prosperidad increíble; pero mientras los empleados no tomaban sus sueldos, ni los cosecheros de tabaco el valor de sus cosechas, los cuarteles recibían todos los días refuerzos de fusiles, cañones, sables, plomo, etc., y los almacenes de pólvora se repletaban de barriles de este terrible elemento."

Carrillo hizo subir las rentas del Estado; pero, ¿de qué manera? Aumentando los impuestos y las exacciones. El señor Montealegre lo dice. De modo que aumentó las rentas gravando al país. ¿Y cuál fue la ventaja de ese gravamen? Ninguna.

El camino de Matina, que tantas víctimas produjo y tanto dinero hizo desaparecer mediante resoluciones arbitrarias y despóticas, quedó en proyecto y se cita como un mito.

¿Los fusiles, los cañones, los sables, el plomo y la pólvora de que habla el señor Montealegre fueron útiles? No. Con todo ese aparato militar, Carrillo sucumbió en el Jocote.

¿Y por qué? Porque todo el ejército, en cuyo armamento y equipo se habían gastado todas las contribuciones y exacciones, se pronunció contra el Jefe del Estado.

Carrillo carecía del primer elemento de Gobierno, que es la opinión pública. Déspota y arbitrario hasta el extremo de declararse vitalicio e irresponsable, jamás dio importancia a lo que pudiera decirse, dentro y fuera del país, acerca de un Gobierno cuya norma era la política tenebrosa que el doctor José Gaspar Rodríguez de Francia siguió en el Paraguay.

Don Joaquín Bernardo Calvo, persona bien conocida y respetada en Costa Rica, hablando de los caminos dijo:

"Se han descuidado tanto desde mucho tiempo al presente y muy particularmente desde la supresión de las Municipalidades, que en el invierno se hace imposible, o por lo menos muy penoso, el tránsito de un pueblo a otro, porque los malos puentes y pasos y los pocos desechos amenazan la seguridad del que trafica. Según todas las noticias de los viajeros, el camino que conduce al exterior por el Sur tiene algunas mejoras hasta Puntarenas; pero no corresponde al interés que en él tienen los habitantes del Estado: el del Norte, que es el llamado de Matina, se halla en tal situación, que dudan los hombres pasar por él, y puede decirse que no hay camino, pues el antiguo está casi obstruido, y el nuevo que se ha intentado abrir con el gasto de gruesas cantidades, será camino si se consumen nuevas y cuantiosas sumas y se sacrifican víctimas y más víctimas, como se hizo en los últimos años. Por más que se haya querido ponderar el progreso en punto a caminos, parece que todo no pasa de exageración, porque los hechos predican la realidad, y contra las evidencias no hay pruebas. Nosotros nos remitimos en esta parte al testimonio de todo el Estado, y sacamos por consecuencia que es inoficioso el gasto de los ciento y tantos pesos mensuales que se consumen en el presidio urbano, destinado a la composición del camino general, y reducido hoy a tres reos que hacen los trabajos forzados y que por lo mismo no pueden dar utilidad alguna. La opinión pública reclama el remedio de estos males y espera del Supremo Gobierno se sirva inclinar sus miradas hacia un objeto que tanto interesa al común de los Pueblos, y acordar las medidas que en el caso parezcan más conformes para satisfacer la expectación general, y llenar los deseos de los agricultores y comerciantes."

Aquí tenemos un cuadro tristísimo del estado en que Carrillo dejó los caminos.

Sus partidarios lo alaban por haber fomentado los intereses materiales.

Puede preguntarse a esos partidarios si es posible fomentar los intereses materiales sin vías de comunicación.

El señor Calvo señala la causa del mal: la supresión de las Municipalidades.

¿Y quién las suprimió? Carrillo. ¿Para qué? Para centralizar el poder, porque aspiraba a que toda la autoridad del Estado se hallara en sus manos.

No solo don Joaquín Bernardo Calvo habló contra la supresión de las Municipalidades; la opinión pública estaba pronunciada contra esa medida. Don José León Fernández, vecino de Alajuela, hablando de la instrucción pública asegura que había caído por la supresión de las Municipalidades; que el decreto de 10 de agosto de 1842 que las restablece es benéfico y sus buenos resultados tangibles. Agrega que en Alajuela se había establecido una escuela de enseñanza mutua por el sistema de Lánkaster, y continúa disertando juiciosamente en favor del régimen municipal.

Don Santiago Fernández, ciudadano de elevada posición, empresario laborioso a quien se deben muchas mejoras materiales, pidió al Gobierno la vuelta de don Manuel Aguilar, desterrado por Carrillo, y al instante se acordó su regreso, haciendo honorífica mención del Jefe legítimo a quien Carrillo arrebató el mando.

Fernández no pidió la vuelta de don Braulio, ni el Gobierno de Costa Rica la decretó.

Un costarricense distinguido hablando de la Reseña Histórica ha dicho:

"Es imposible disculpar a Carrillo teniéndose a la vista el catálogo de sus leyes y un análisis prolijo de ellas; pero el autor de la Reseña ha sido injusto, no hablando de la pureza con que Carrillo manejó los fondos públicos."

Probablemente al decirse esto no se tuvo presente la página 208 del tomo 2.º donde se encuentran estas palabras:

"Don Braulio Carrillo no salió de Centroamérica, circunstancia que no le permitió extender sus conocimientos bajo grandiosos horizontes, y prescindir de pequeñas preocupaciones que no es posible se aniquilen solo bajo el grato cielo de la patria. Los costarricenses que tanto viajan hoy y que tantas ideas nuevas traen del extranjero, comprenderán perfectamente la verdad de estos asertos. No se sabe si Molina escribió la apología o la censura de don Braulio Carrillo. Aquel historiador dice: 'Carrillo se afuscó, hasta el extremo de declararse Jefe perpetuo e inviolable de Costa Rica, emitiendo con fecha 8 de marzo de 1841, la que llamó Ley de Garantías, en que se sobreponía a todos los derechos políticos de los costarricenses, pretendiendo que los pueblos le habían conferido facultades sin límites, para constituir el Estado de la manera que tuviese por conveniente.' Este párrafo se contrapesa con este otro: 'Sobresalía Carrillo por su celo en perseguir el vicio y castigar a los criminales, y por su pureza en el manejo de los caudales públicos, así como por el cuidado que ponía en que todos los empleados cumpliesen exactamente sus deberes, dándoles él mismo el ejemplo de una laboriosidad infatigable".

Está dicho, pues, lo que se desea.

¿Pero de qué sirve al país que el gobernante no tome para sí los caudales de la nación si los derrocha?

Carrillo quedó pobre y su familia en la miseria. Esto honra a don Braulio individualmente sin aprovechar a Costa Rica, porque lo que aprovecha al país no es el género de dilapidaciones, sino que no haya dilapidaciones.

Carrillo publicó papeles en su destierro que fueron contestados severamente en prosa y verso, recordándole sin cesar que, sin más voluntad que la suya, se declaró jefe vitalicio e irresponsable.

Entre estos papeles figura en primer lugar uno firmado por don Félix Mora. No se inserta ni aun como documento justificativo, porque es demasiado virulento. En ese papel se hace cargo a Carrillo del fusilamiento de Acosta, de los sargentos Gregorio Chávez y Silverio Padilla, de Manuel Dengo y de un alcalde del pueblo de Ujarrás. En ese papel se encuentran estas palabras.

"El 28 del mismo mes y año, hace el señor Carrillo llamar a Feliciano Acosta; este acude a casa de aquel y, al entrarse, le echan encima varios soldados apostados a este fin, y le conducen al patíbulo sin que hubiese procedido juicio ninguno, siendo fusilado sin tardanza. El señor Carrillo, para cohonestar tan horrible atentado, reúne la tropa en la plaza y anuncia que ha ejecutado a Acosta porque este tenía celebrado un pacto con el diablo, como lo comprobaban unos papeles que mostró en su mano, y aseguró haberlos sacado de las bolsas de aquel".

Esta superchería es indigna de un hombre de Estado y de un hombre de bien. Es un ultraje inmenso a los costarricenses, porque los supone capaces de creer que hay un espíritu maligno que celebra pactos y contratos y que otorga documentos para justificar sus compromisos. Puede decirse en conclusión que Carrillo, al principio de su carrera, produjo a Costa Rica una gran sublevación de los pueblos contra San José, y al fin de ella el llamamiento del General Morazán.

Don Manuel Aguilar regresó a Costa Rica en abril de 1843.

La prensa oficial y extraoficial lo saludó.

Un gran número de amigos y de personas que habían recibido beneficios durante su administración visitaron incesantemente su casa.

El Gobierno de Guatemala nombró a Aguilar Representante en San José. Aguilar aceptó y fue reconocido en su país con este carácter; pero nada hizo que pudiera favorecer las miras del partido servil guatemalteco.

Aguilar no era ni podía ser uno de esos agentes del servilismo que tanto necesitaba la aristocracia guatemalteca.

El 5 de abril de 1843 se emitió un decreto convocando a los pueblos a elecciones de diputados a una Asamblea Constituyente.

El doctor Castro se esforzaba en el desarrollo de la instrucción pública. Él no podía soportar que los costarricenses, para obtener una carrera literaria, tuvieran necesidad de ir a León de Nicaragua o de venir a Guatemala.

Quería que dentro de los límites del Estado se encontrara todo lo que pudiera elevar la inteligencia y presentó a don José María Alfaro un decreto que crea y establece la Universidad costarricense (Documento núm. 5).

9. El doctor Castro es sin duda alguna el fundador de la Universidad de Costa Rica.

Con mucha razón y justicia se ha mandado colocar su retrato en el salón principal de ese plantel de enseñanza.

Juzgado el decreto de que se trata a la luz del año de 1881, es pobre y deficiente; pero es preciso contar con las ideas que en Centroamérica dominaban en el año de 1843, con la escasez de elementos de vida y de progreso que entonces había, y con las preocupaciones que dominaban no solo en Centroamérica, sino en toda la América Latina.

El doctor Castro, para emitir ese decreto y para darle cumplimiento, tuvo necesidad de luchar con una serie de dificultades de todas clases, comenzando por las que le presentaba el mismo Jefe del Estado, quien, sin tener a su lado al doctor Castro, en lo que menos hubiera pensado habría sido en la Universidad de Costa Rica.

La Asamblea Constituyente se instaló con gran pompa el 1.º de junio de 1843. He aquí el decreto de su instalación:

"Nosotros, los Representantes de los Pueblos de Costa Rica, con amplios poderes, y reunidos a virtud de la convocatoria de 5 de abril último, habiendo prestado el juramento de ley, hemos venido en decretar y

DECRETAMOS:

Se halla por instalada solemne y legítimamente la Asamblea Constituyente del Estado libre de Costa Rica.

Comuníquese al Poder Ejecutivo para su cumplimiento, y que se imprima, circule y publique.

Dado en la ciudad de San José a primero del mes de junio de mil ochocientos cuarenta y tres.

Juan de los Santos Madriz, diputado por San José, Presidente. Juan Mora, diputado por San José, Vicepresidente. Juan José Lara, diputado por Alajuela. Rafael del Carmen Calvo, diputado Suplente por Cartago. Joaquín Bonilla, diputado por Heredia. Manuel J. Palma, diputado por Heredia. Rafael Ugalde, diputado por Alajuela. Vicente Aguilar, diputado Suplente por San José. Casimiro Quezada, diputado por Escazú. José Segreda, diputado por Heredia. Juan de D. Marchena, diputado por el Paraíso. Joaquín Bernardo Calvo, diputado por San José, Secretario. Manuel Castro, diputado por Alajuela, Prosecretario".

Sus primeros trabajos fueron resolver las cuestiones pendientes sobre la legalidad con que funcionaba el Jefe del Estado, sobre el nombramiento de vicejefe y la organización de la Corte de Justicia.

Una comisión de la Asamblea dictaminó sobre la materia. El dictamen es un documento histórico porque exhibe la situación política del país, la importancia que se daba a las actas de septiembre y las creencias dominantes acerca de ellas (Documento núm. 6).

Este dictamen fue aprobado en la sesión del día siguiente, y quedó fija la duración del Jefe del Estado y llenos algunos vacíos que circunstancias anormales habían presentado.

Se nombró vicejefe del Estado a don Francisco María Oreamuno, que era diputado por Cartago.

Fueron nombrados magistrados don Ramón Castro, padre del señor Ministro Castro, don Juan Rafael Ramos, don Juan González y don Santos Velásquez.

El primero debía funcionar como presidente y el segundo como fiscal.

Parece que se cuidaba de que en la Corte hubiera personas de todas las ciudades principales de Costa Rica. Castro era de San José, Ramos de Alajuela, González de Heredia y Gómez de Cartago.

El doctor Castro presentó a la Asamblea una memoria extensa que comprende los negocios en que se había ocupado el Gobierno provisional.

En ella se explicaron las disposiciones dictadas contra Carrillo, de que se habla en el capítulo 1.º de este volumen.

El doctor Castro dice así:

"A las agitaciones y vaivenes había sucedido desde fines de noviembre la calma más completa: en todo el Estado reinaba la tranquilidad y la confianza, entregándose sus moradores con ardor a sus respectivas tareas. El Gobierno se lisonjeaba por lo mismo, con la halagüeña perspectiva de fijar todos sus conatos y fatigas a la curación de los males de que habían sido víctimas los costarricenses. Todas sus tendencias se dirigían a hacerles olvidar, a fuerza de dulzura y cuidados paternales, los trabajos, persecuciones y calamidades sin número con que en más de cuatro años se les había atormentado; cuando por diversos conductos se dieron avisos, apoyados en pruebas evidentes, de que los satélites del licenciado Braulio Carrillo fraguaban atrevida y activamente un trastorno con el inicuo fin de restablecer el sangriento régimen de terror en la Jefatura inamovible, irresponsable e infalible.

Para cortar el cáncer radicalmente, expidió el Ejecutivo el decreto núm. 10 de 24 de diciembre último: decreto propiamente de circunstancias y que el mismo Ejecutivo es de sentir que no se debe dejar subsistente por más tiempo; aunque en su oportunidad produjo los saludables efectos de contener a los facciosos, que veían en él la espada de Damocles pendiente de un pelo sobre sus cabezas, y de ahorrar así mismo las tristes consecuencias que a los incautos seducidos les pudiesen sobrevenir, sin que tales ventajas hasta el día hayan sido empañadas ni por el menor acontecimiento desgraciado".

"Por el decreto de 3 de enero de este año, marcado con el núm. 1.º, expulsó el Gobierno a los que con más empeño trabajaron por el restablecimiento referido, medida dictada en obsequio de dichos individuos, que entonces obcecados persistían en sus conatos, con lo cual se preveía que muy en breve sería indispensable dejar pesar sobre ellos la cuchilla de la ley. Muy a su pesar, se armó de severidad el Ejecutivo, y únicamente el íntimo convencimiento de que su templanza a tiempo iba a preservar de convulsiones al Estado, y de su ruina a los promovedores del trastorno, hubo de arrancarle aquel decreto. Se ha relajado ya respecto de uno de los individuos a que se contrae, permitiéndole ingresar al Estado, en cuyo territorio se halla al presente. ¡Quiera el cielo aproximar el día venturoso en que ningún costarricense ande fuera de su patria por efecto de la proscripción política!".

Estas palabras del Ministro General de Alfaro son muy significativas y prueban la opinión que de don Braulio Carrillo se tenía entonces en Costa Rica.

Dice el doctor Castro que Carrillo quería restablecer el sangriento régimen de terror en la Jefatura inamovible, irresponsable e infalible.

¿Puede haber una censura más severa de la conducta de don Braulio que estas palabras del Ministro General del Gobierno que sucedió a Morazán?

Pero el doctor Castro puede muy bien justificar sus palabras. Muchos dicen en Costa Rica y especialmente en Cartago que el sistema de terror creado por Carrillo enseñó un disimulo que en algunos individuos se hizo habitual.

La sangre de Acosta, de los sargentos y de otros ciudadanos ilegalmente derramada por don Braulio, acredita que su régimen era sangriento.

Su decreto, llamado absurdamente de bases y garantías, dictado por él mismo, erigiéndose en dueño y señor de la patria escarnecida, prueba que era inamovible e irresponsable.

Su "Código Penal" demuestra que se tenía por sagrado e infalible.

Las ofensas hechas a Carrillo se consideraban hechas al Estado.

Uno de los artículos del "Código General", que se varió en la segunda edición hecha en tiempo de Mora, dice que la declaración del Jefe del Estado es plena probanza.

Todos los hombres se podían equivocar, y era indispensable dos declaraciones para constituir prueba; pero don Braulio no se equivocaba: su declaración era la verdad misma, y para que la diese no era preciso que ante él se presentara un juez. Le bastaba tomar la pluma y escribir un certificado.

Carrillo salió del país por los tratados del Jocote que aprobó una Asamblea Constituyente, compuesta de costarricenses respetables. En ella figuraban don Juan Mora, don Rafael Moya, don Joaquín Bernardo Calvo, don Félix Sancho y otros muchos; pero contra esa Asamblea se puede decir que se hallaba bajo el poder de Morazán. El General Morazán cayó; subió al mando el hombre que en Alajuela se pronunció contra él, y uno de sus primeros actos fue dictar disposiciones contra Carrillo.

Se instaló después una Asamblea Constituyente, en la cual figuraban enemigos de Morazán, y ante ella leyó el doctor Castro la Memoria de que se habla, la cual fue aprobada.

Dedúcese de aquí evidentemente que no un círculo, sino una gran mayoría del Estado, comprendía muy bien que en el siglo XIX los gobiernos no pueden ser inamovibles, irresponsables e infalibles.

Carrillo dejó algunos amigos, porque no hay gobernante que no los tenga. Los tuvo el doctor Francia, los tuvo Rosas, los tuvo García Moreno, los tuvo Carrera, los tuvo Malespín.

Entre los amigos de Carrillo, se hallan hombres de buena fe, ligados con aquel jefe por vínculos de parentesco, como don Manuel Antonio Bonilla, y otros arrastrados por vínculos de gratitud.

No hay tirano que no favorezca a determinadas personas. El pedestal de los tiranos no es la ley ni la opinión: es el terror y el entusiasmo con que los sirven sus validos; y para tener validos necesitan dispensar muchos favores.

Sin embargo, la gratitud de estos, más aparente que sólida, no llega hasta la adversidad, ni se extiende hasta más allá de la tumba.

El Jefe provisional del Estado solicitó permiso para separarse del mando durante un mes, y la Asamblea Constituyente acordó de conformidad en la sesión del 29 de junio.

A consecuencia de esta licencia, se hizo cargo del Poder Ejecutivo el vicejefe del Estado don Francisco María Oreamuno, y cumplida la licencia volvió a funcionar el señor Alfaro.

La Asamblea expidió las bases sobre las cuales debía levantarse la ley fundamental (documento núm. 7).

El artículo 3.º manifiesta que todavía no había en Costa Rica el pensamiento, que se formó después, de que se declarara el Estado, República soberana e independiente.

No solo el artículo 3.º de las bases demuestra esta verdad; la demuestra una serie de publicaciones de hombres notables y decretos de la misma Asamblea.

El artículo 5.º resuelve la cuestión sobre límites con Nicaragua y Colombia según los principios que Costa Rica sostenía.

Esta clase de artículos, si bien no pueden terminar una cuestión internacional que solo concluye por tratados de límites o arbitrajes, sirve de punto de apoyo para futuras negociaciones y evita que el Estado o Estados con quienes se cuestiona tengan la prueba terrible de confesión de parte, que se deduce de una mala declaratoria de límites, hecha por el Poder Legislativo.

Cuando el Estado no puede fijar sus límites con la precisión con que los fijó Costa Rica en el artículo 5.º de sus bases, es preferible adoptar la vaguedad que emplea la Constitución guatemalteca emitida en 1879.

El artículo 8.° introduce un cuarto poder llamado Conservador.

No es extraño. Entonces estaban en boga las doctrinas de Royer—Collard y de Benjamin Constant, que se diseminaron en toda la América Latina como grandes dogmas políticos, para caer poco después con la monarquía de Luis Felipe.

El artículo 9.° no establece dos Cámaras; pero la Asamblea las decretó.

Los políticos del nuevo mundo se han ofuscado con las doctrinas monárquicas respecto de las dos Cámaras, y con la Constitución de los Estados Unidos.

Las dos Cámaras tuvieron razón de existir cuando no había igualdad ante la ley. Entonces el Estado se dividía en brazos, y cada brazo era representado por una Cámara.

La igualdad ante la ley hizo que el Estado fuera uno, y siendo uno, debió ser una la representación nacional.

En las monarquías las dos Cámaras tienen razón de existir, porque en ellas hay dos elementos opuestos que se destruyen: el Rey y el pueblo; y para que coexistan sin dificultad, se interpone la Cámara alta, que no es tan heterogénea para el Rey como el pueblo, ni tan heterogénea para el pueblo como el Rey.

Sin embargo, hay constituciones monárquicas, como la de Grecia, que no establecen más que una Cámara.

En las repúblicas federativas existen dos Cámaras porque hay dos representaciones: la del pueblo, que forma la nación entera, y la de los Estados como cuerpos políticos.

La Cámara de Diputados representa al pueblo y el Senado representa a los Estados.

En las repúblicas unitarias, las dos Cámaras no tienen razón de existencia.

En las repúblicas pequeñas como Costa Rica, el tren y las complicaciones de las dos Cámaras no hacen más que dificultar la marcha de los negocios públicos.

Algunos sostienen las dos Cámaras para evitar sorpresas en el Cuerpo Legislativo, y para que no se dicten disposiciones con festinación y sin examen.

Esto se salva con un artículo de la Constitución que señale discusiones en diversos días para cada asunto de importancia.

Un buen artículo constitucional sobre las formas indispensables para dictar la ley equivale a un Senado.

El artículo 11 de las bases dice que ejercerá el Poder Ejecutivo un tribuno de cuatro que debían nombrar los electores.

Este sistema encontró oposición.

El comandante general, don Antonio Pinto, publicó un impreso para combatir ese nuevo régimen.

El artículo 13 fue objeto de largas discusiones.

Lo combatieron todos los fanáticos, sin embargo, no establece más que una simple y miserable tolerancia religiosa.

Ese artículo sirvió para que la Gaceta de Guatemala exclamara: "¡Ya volvemos a las andadas!"

Los periódicos serviles atribuían a la tolerancia religiosa la insurrección del año de 37.

No había quien contestara a Pavón, Aycinena ni a Batres en la capital del Estado de Guatemala, y sus asertos quedaban consignados como dogmas sacrosantos.

La revolución del año de 37 no la produjo un decreto, sino una serie de trabajos incesantes del partido servil.

Ese partido fue vencido con la independencia el año de 21; con la independencia absoluta el año de 23; con la República federativa el año de 24; con la caída de la aristocracia y de los establecimientos monacales el año de 29.

Desde entonces hacía esfuerzos por sobreponerse.

Invadió al país por medio de Arce y fue vencido en Escuintla de Soconusco; izó la bandera española en el Castillo de Omoa, y fue vencido por Agustín Guzmán; se insurreccionó por medio de Cornejo y fue vencido por el general Morazán.

Ese partido seguía sin descanso trabajando de todos modos por levantarse.

Presentó al pueblo, para insurreccionarlo, los temblores del año de 30 como un castigo de Dios por la caída de los monasterios; presentó al pueblo la erupción del volcán de Cosigüina como una señal de que el último día del mundo se aproximaba para castigar a los liberales; un eclipse fue presentado entonces al pueblo como amenaza del cielo de privarnos de la luz del sol por la expulsión del arzobispo y de los frailes; una alocución del Papa Gregorio XVI contra los gobiernos de España y Portugal se presentó como dictada contra los liberales de Centroamérica, se leyó en los púlpitos y se excitó a los pueblos a la insurrección.

Pero nada de esto bastaba: los pueblos no se conmovían.

Los indios habían sentido muchos temblores antes del año de 30, habían visto la erupción de muchos volcanes y en sus tradiciones hay recuerdos de acontecimientos tan notables como el de Cosigüina; habían visto muchos eclipses que explican, según sus mismas tradiciones, de una manera muy diversa del origen que les atribuían los serviles; los indios no tenían ningún interés en que hubiera arzobispo; la mayor parte de ellos iban a misa para librarse del cepo y de la picota, y al salir de la iglesia se dirigían a los montes a dar culto a sus dioses primitivos. Gálvez colocó en un museo varios ídolos de los indios, tomados entonces y especialmente uno que se encontró en San Juan Ostuncalco, divinidad que adoraban con más fervor que los antiguos romanos a Júpiter.

Ninguna de las supercherías serviles pudieron mover a los indios; pero llegó el cólera asiático que los diezmaba. Los clérigos predicaron que el Gobierno envenenaba las aguas, y esta infame calumnia produjo la revolución y el gobierno guatemalteco de los 30 años. Véanse los documentos que se hallan en el capítulo 21 del libro 4.º correspondiente a la página 351, tomo 2.º

Costa Rica difiere mucho de Guatemala. Más de las dos terceras partes de la población guatemalteca se compone de indios, y la población de Costa Rica es homogénea. Casi todos los costarricenses son propietarios y el grande asunto que los mueve es el cultivo de sus tierras y el trabajo de todas clases.

El año de 35 procuraron mover a ese pueblo los fanáticos con motivo de la abolición del diezmo y de algunos días de fiesta.

La Diócesis no estaba dividida. Don Desiderio Cuadra era Vicario Capitular y residía en León.

Desde León de Nicaragua dirigía cartas subversivas al clero de Costa Rica para insurreccionarlo.

El padre Quijano emprendió igual tarea. Véanse algunas de esas cartas en las páginas 219, 220, 221 y 222, tomo 2. º

Pero estas maquinaciones clericales no fueron lo que conmovió a los pueblos. Lo que produjo esa conmoción fueron las maquinaciones para fomentar el espíritu de localismo que tanto se había ostentado durante la célebre ambulancia. Véase la exposición de los vecinos de Alajuela que se halla al folio 212 del libro 2.º. Véase la exposición de los vecinos de Cartago que se encuentra en las páginas 214, 215 y 216 del mismo tomo 2.º. En esos documentos se habla de la religión, pero de paso y accidentalmente. Los fundamentos son otros, entre los cuales figura la tiranía de Carrillo.

Esa tiranía y motivos de localismo exhiben otros documentos, y especialmente el que se halla a los folios 239, 240, 241, 242, 243 y 244 del tomo 2.º.

Dedúcese de aquí que el año de 35 se puso en movimiento el fanatismo para producir la revolución; pero ese fanatismo no la hizo estallar, porque no tenía fuerza para tanto en una población laboriosa y homogénea.

Lo que hizo estallar la revolución del año de 35 fue el espíritu de localismo, fueron medidas inconsideradas que agitaban ese espíritu; fue la presencia de Carrillo, en la cual se dibujaba ya al usurpador que un día había de declararse inamovible e irresponsable.

La Asamblea Constituyente de Costa Rica dictó una ley de garantías con el nombre de declaratoria de los derechos del hombre, en la cual se encuentran muchos de los artículos que contenía la ley de garantías dictada por la Asamblea de Guatemala el año de 37.

El 1.º de septiembre la Asamblea Constituyente erigió un colegio en la ciudad de Cartago.

Es el célebre colegio que se llama de San Luis y que más tarde tantos alumnos instruidos produjo bajo la inteligente dirección del distinguido español don Valeriano Fernández Ferráz.

También se dio una ley sobre libertad de imprenta, pero con limitaciones.

Se dio entonces un decreto que produjo la actual población de San Ramón (Documento núm. 8).

El doctor Castro formó los estatutos que debían regir la nueva Universidad costarricense, y fueron aprobados por la Asamblea (Documento núm. 9).

Uno de los decretos de más trascendencia es el que se dictó entonces relativo al Pacto de Chinandega. Véase el capítulo 12 de este libro.

El 18 de noviembre de 1843 murió en la ciudad de San José el señor don Mariano Montealegre, con quien el general Morazán conferenció, el 15 de septiembre de 1842, algunos instantes antes de ser inmolado, y a quien el ex—Presidente de Centroamérica hizo recomendaciones confidenciales que el señor Montealegre supo cumplir.

La muerte de Montealegre fue un acontecimiento político y social.

El entierro se verificó con la pompa correspondiente y, al inhumarse el féretro, el doctor don José María Castro, Ministro General del Gobierno, pronunció una oración fúnebre en la cual se hallan estas palabras dignas de eterna memoria:

"¡Montealegre ha muerto! El esposo que dio ejemplos de amor y de ternura; el padre que dio lecciones de bondad y de prudencia; el emprendedor que alimentó multitud de familias indigentes; el ciudadano que dio pruebas de moderación y patriotismo; el costarricense fiel, pacífico y honrado acaba de dejarnos para siempre!"

El 25 de noviembre se dio un decreto para que se organizara una Sociedad Económica itineraria.

Esta Sociedad se reunió en San José el 4 de diciembre y nombró para individuos de la comisión directora a los señores Buenaventura Espinach, Eduardo Wallerstein, Rafael Moya y Mariano Montealegre, hijo del señor Montealegre que acababa de morir.

El Gobierno agregó a los señores Juan José Lara, Vicente Aguilar, Manuel Mora y Santiago Fernández.

Fue nombrado presidente de dicha comisión el señor Wallerstein, vicepresidente el señor Aguilar, secretario don Felipe Molina, autor del Bosquejo Histórico de Costa Rica, prosecretario don Santiago Fernández y tesorero don Joaquín Alvarado.

Esta Sociedad Económica itineraria trabajó con asombrosa actividad e hizo más en dos años que la Sociedad Económica de Guatemala en todo el presente siglo y parte del pasado.

La Sociedad Económica itineraria de Costa Rica no era un nido de retrógrados que suspirara por todo lo añejo que nos dejó España, sino un cuerpo activo y emprendedor.

Sus huellas están trazadas en la construcción y reparaciones de todos los grandes caminos del Estado, y especialmente en la carretera de San José a Puntarenas, que tanto se deseaba y que tantas dificultades fue preciso salvar para obtener.

El presidente de la Junta itineraria no era un canónigo que solo pensara en las horas de coro y en la congrua correspondiente; era un inglés, era un hombre de negocios que venía del viejo mundo y no ignoraba la manera con que la raza sajona desarrolla los intereses materiales.

Conociendo la población entera las capacidades de la Junta, le prestó su apoyo de una manera decisiva, y la carretera apetecida quedó concluida.

Hace honor a Costa Rica la cooperación de las señoras, quienes, comprendiendo los intereses de sus hijos, de sus padres y maridos, no estaban metidas todo el día en las iglesias, ni pensando solo en confesores, en misas y devocionarios.

Cualquier extranjero que entre a Costa Rica, por el puerto de Puntarenas, encontrará en el lugar que se llama "Jesús María" un puente de piedra muy bien construido que tiene esta inscripción:

"Puente de las damas."

El puente lleva este nombre porque fue hecho con dinero, que al efecto dieron las señoras y señoritas que a continuación se expresan:

Magdalena Castillo de Millet.

Luisa Millet.

Gertrudis Gutiérrez de Jiral.

Salvadora Gutiérrez de Bonilla.

Dolores Gutiérrez de Mora.

Rita Castillo de Devars.

Pacífica Fernández de Castro.

Mariana Aguado de Salazar.

Josefa Salazar y hermanas.

Guadalupe Salazar de Fernández.

Guadalupe Mora de Cañas.

Dolores Salazar de Aguilar.

Pilar Bonilla de Mora.

Mercedes Castillo de Quirós.

Ana María Mora de Montealegre.

María Peralta de Carazo.

Froilana Carranza de Carrillo.

Joaquina Ramírez de Carranza.

Eduviges Alvarado de Mora.

Jerónima Fernández de Montealegre.

Mercedes Pinto de Carranza.

Petronila Pinto de Carranza.

Catalina Navas de Bonilla.

Rafaela Bonilla de Granados.

Mercedes Bonilla de Espinach.

Don Agustín Gutiérrez, de quien se habla en la página 204 del tomo 2.º, murió el 9 de diciembre de 1843.

Su necrología dice así:

"El licenciado Agustín Gutiérrez murió en la noche del 9 último y en la mañana del 11 fue conducido su cadáver al panteón en medio de un numeroso y lucido concurso. Este respetable anciano, amigo del pueblo, fue uno de los primeros atletas de nuestra independencia de la Metrópoli Española: siempre dedicado al estudio para hacer bien al país, jamás olvidó sus deberes paternales, y en su modesto semblante llevaba esculpido su entusiasmo por las libertades públicas y por los sagrados derechos patrios. Tributemos a su memoria un rasgo de nuestro reconocimiento. Arrojemos sobre su losa tranquila una flor de nuestro respeto".

A esta necrología puede agregarse que el señor Gutiérrez era padre de una numerosa familia, muy ramificada por los enlaces de sus hijas con los señores Oreamuno, Jiral, Bonilla y Mora; de manera que la defunción de que se habla enlutó una parte selecta de la sociedad costarricense.

No solo los intereses materiales y de política constitucional llamaban la atención del Gobierno, sino también los internacionales.

El Cónsul inglés, Federico Chatfield, dirigió un ultimátum al Gobierno de Nicaragua, exigiéndole sin tardanza el pago de algunas deudas. El Gobierno de Costa Rica tuvo a bien ofrecer su mediación y el doctor Castro envió a Chatfield una nota en favor de los intereses de Nicaragua y de Centroamérica (Documento núm. 10).

Chatfield, antes de contestar esta nota, mandó otra a Costa Rica incluyendo una fórmula de declaratoria que pretendía hiciera el Gobierno costarricense (Documento núm. 11).

El doctor Castro no podía dejar a su Gobierno y a su país bajo el peso de esta comunicación, y contestó al Cónsul inglés de una manera enérgica y digna (Documento núm. 12).

Por primera vez reconoció Costa Rica, en calidad de Estado soberano, a un cónsul extranjero.

M. Raymundo Baradere fue reconocido en calidad de Cónsul General de Francia en la América Central, en virtud de patente firmada por Luis Felipe de Orleans, rey de los franceses.

En esos días se presentaron en San José los señores doctor don Nazario Toledo y licenciado don Matías Martínez, en calidad de enviados del Gobierno de Guatemala.

Toledo tenía un asunto judicial contra don Eduardo Wallerstein.

Don Felipe Molina no era abogado; pero tenía conocimientos generales sobre diversas materias y había estudiado los Códigos de Costa Rica. Molina era el defensor de Wallerstein.

El doctor Toledo llevó a Martínez para que peleara con Molina, habiendo obtenido antes del Gobierno de Guatemala que confiriera al expresado Martínez un carácter oficial.

El asunto versaba sobre una cantidad que se aseguraba debía Wallerstein al señor Mattey, suegro del doctor Toledo.

Peleaban tres guatemaltecos: Molina, Martínez y Toledo; pero don Felipe Molina se hallaba establecido en Costa Rica, tenía ocupaciones en el país y era considerado entonces como un costarricense.

Martínez llegaba de fuera con el objeto de sostener un pleito, lo que fue mal mirado en el país por suponerse que no había confianza en ninguno de los abogados del Estado.

Martínez era un abogado respetable; pero su reputación no estaba a la altura de la que gozaban don Venancio López ni don Miguel Larreynaga.

No había salido de Guatemala ni conocía el mundo, y se hallaba agobiado por las preocupaciones que acongojan a la generalidad de los hombres que no han respirado más aire que el aire que rodeó sus cunas.

Martínez no conocía más leyes que la parte de leyes españolas que entonces se estudiaba en Guatemala.

Las leyes de Costa Rica eran para él una cosa nueva y defectuosísima.

Con estas desventajas iba don Matías Martínez a pelear en un país desconocido con don Felipe Molina, hombre astuto y sagaz.

El pleito tuvo mal resultado para el doctor Toledo y algo contribuyó a tocar la política del Estado.

Molina dio en la secuela de esa causa nuevas pruebas de talento y de habilidad para mover todos los resortes que pudieran darle un resultado favorable; pero la generalidad de sus pedimentos no se puede presentar como modelo en una cátedra de práctica forense.

Molina se olvida de las consideraciones y respetos que los hombres cultos se deben en sociedad: hiere a sus adversarios de una manera atroz e inhumana.

Martínez usaba de represalias algunas veces; pero carecía de la habilidad de Molina para herir con la punta de la pluma, y el expediente es una colección de libelos infamatorios.

Martínez abandonó la diplomacia y el foro costarricense, y regresó a Guatemala. Toledo quedó en Costa Rica, y obtuvo destinos de alta importancia en el país.

Toledo y Molina jamás se perdonaron, y en todos los actos de su vida pública se palpa siempre un resentimiento profundo.

Durante las cuestiones con Chatfield, el reconocimiento de Baradere y demás asuntos internacionales, el Gobierno objetó el proyecto de Constitución llamado "De los Tribunos" y se redactó otro bicamarista según el cual debía ejercer el Poder Ejecutivo un jefe, como anteriormente, y todos los funcionarios de los Supremos Poderes serían elegidos por el pueblo.

Acabamos de ver a don Felipe Molina como abogado. Véamoslo ahora como historiador. Él dice en sus apuntamientos históricos:

"Abril 11. Hallándose en ejercicio del Poder Ejecutivo, don Francisco María Oreamuno, en concepto de segundo jefe, nombrado provisionalmente por la Constituyente, manda esta promulgar la nueva Constitución, disponiendo en decreto de esta fecha, el orden y fórmulas con que debían proceder a prestar el juramento de estilo, todas las Autoridades y empleados del Estado. El General Pinto rehúsa jurar, pidiendo tiempo para consultar con el jefe Alfaro y con su hermano don Florentino, Comandante de Alajuela, y trata de oponer resistencia armada a las órdenes de la Legislatura y del Gobierno. Este, sostenido por el vecindario y por el Coronel don José Manuel Quirós, depone a Pinto, y encarga a Quirós la Comandancia General de Armas del Estado, concediéndole el grado de General de Brigada. Entonces se publicó la Constitución con grandes fiestas, y el jefe Alfaro presentó su dimisión, continuando en el mando el señor Oreamuno. Según aquella Constitución, el Poder Legislativo residía en dos Cámaras, que trabajaban unas veces separadamente y otras veces unidas, y todos los funcionarios de los Supremos Poderes eran elegidos directamente por el pueblo de todo el Estado, por sufragio universal."

El Mentor costarricense se expresa así:

"Fue tan grande el entusiasmo y satisfacción con que el Pueblo recibió el anuncio de que era dada la Carta y que estaba jurada por las primeras autoridades, que de varios modos se hizo ostensible, ya por las descargas de artillería, músicas de las tropas, repiques de campanas, aclamaciones populares y concurrencia de un número considerable de vecinos notables; como por los muchos preparativos que se han tomado para solemnizar un suceso que con tanto empeño había procurado el patriotismo y reclamaba con ansia el interés general de los Pueblos.

En medio de tan extraordinario placer, un incidente no esperado sobrecogió los ánimos y dio lugar a que el Pueblo demandase, del Poder Ejecutivo, el cumplimiento de las leyes. El encargado del mando de las armas del Estado protestó ante el señor vicejefe que no prestaría el juramento de la Constitución, porque era preciso verla con los oficiales militares de Alajuela, y acordar con ellos lo que debía hacerse, pidiendo treguas para el caso: el Ejecutivo dio cuenta a la Asamblea, y esta declaró no ser en su arbitrio prescindir de lo dispuesto por su decreto del 9. El señor vicejefe, en consecuencia, mandó recado por medio del Ministro General al comandante para que se prestase al juramento, y en vez de obedecer se dirigió al cuartel a dar sus órdenes; en tal caso, el señor vicejefe declaró destituido de la Comandancia al encargado de ella, la depositó en el oficial que tuvo a bien, y libró en el acto las órdenes propias de aquellas circunstancias; ellas fueron cumplidas sin retraso, el honrado Pueblo josefino se agolpaba incesantemente en auxilio del Gobierno, y muy luego la oposición quedó burlada.

Ha sido tal el entusiasmo y decisión por el orden y la Carta, que no se ha quedado Pueblo que de algún modo no lo haya manifestado al Gobierno. El Comandante de la heroica Alajuela disolvió las fuerzas que había reunido en auxilio del Gobierno y se trasladó a esta Capital, donde lo recibió el Pueblo con el mayor júbilo y alegría. El vecindario de la preciosa Cartago, que desde el momento que tuvo aviso de ser amenazada la tranquilidad, se alarmó y mandó una división que sirviese a las órdenes del Gobierno, se dirigió a felicitar a este por medio de una comisión: ella fue recibida con aparato triunfal y al día siguiente, con motivo de haber venido un número considerable de los principales vecinos y Pueblo de aquella Ciudad, los de esta han hecho manifestaciones que indican el gusto que causó su venida, y el placer que todos reciben de verse identificados en sentimientos, unidos en relaciones, estrechados por la amistad.

Los pacíficos vecinos de Heredia tomaron las armas y se agolparon en su plaza para sostener la Carta y el Gobierno. Una compañía de bravos de Escazú voló a la Capital a prestar sus servicios en ella, y a otro tanto se preparaba la de la Villa de Barba. En suma, todos los pueblos del interior han manifestado esta vez que aprecian sus instituciones liberales, que nadie podrá subvertir el orden trazado por ellas, que detestan la servidumbre, y que unidos estrechamente en sentimientos e intereses solo tienden a sostener a todo trance la causa sagrada de los principios y de la libertad".

Lo que dice Molina y lo que refiere el Mentor acerca del general Pinto es la parte de la comedia humana que se ve desde las lunetas; pero el historiador tiene derecho de subir al escenario y de registrar lo que hay detrás de los bastidores.

Muchas personas de las que figuraban en primera línea no querían que el general Pinto estuviera al frente de la fuerza armada, por motivos que no referiré ahora, y buscaban medios de quitarle el mando.

Don Juan José Guzmán, jefe del Estado del Salvador, había decretado una espada a Pinto, que nunca se le llegó a mandar, porque entre el decreto y la ejecución hubo un cambio en la política salvadoreña.

La Asamblea de Costa Rica había aprobado la conducta de Alfaro en esta forma: "Se aprueba la conducta oficial del jefe Supremo provisorio, señor J. María Alfaro, desde el 27 de septiembre de 1842, en que se encargó del ejercicio del Poder Ejecutivo del Estado."

Nótese que no queda aquí aprobado el fusilamiento del general Morazán verificado el 15.

Pinto deseaba que su conducta fuera aprobada y no lo obtuvo de una manera categórica. La Asamblea Constituyente dijo: "El señor general Antonio Pinto ha contraído un mérito por haberse ocupado del restablecimiento del orden público, alterado por los acontecimientos del 11 al 15 de septiembre del año de 1842."

A Pinto molestó esta reticencia y, usando de la hipérbole, decía: "A Alfaro le aprobaron toda su vida, y a mí no me han querido aprobar tres días".

Personas que deseaban separarlo del mando le aconsejaron que no jurara la Constitución, para que esta desobediencia a las supremas autoridades y a las leyes fuera el fundamento de su despojo.

Pinto cayó en la red, se expresó con violencia contra las autoridades y preparó la artillería.

Amigos sinceros del general Pinto le hicieron ver el precipicio en que se le colocaba, y lo indujeron a prestar el juramento exigido por la ley.

Él concurrió entonces a jurar la Constitución, y hallándose ante la cruz y el Evangelio, personas a quienes respetaba le hicieron señas para que no jurara, y a la primera manifestación de duda se declaró que no quería prestar el juramento constitucional.

Pinto, como se ha dicho, era portugués, no hablaba con maestría el castellano, y refiriendo el suceso dijo muchas veces: "Yo fui, no me quisieron jurar".

Quería decir: "Concurrí y no quisieron juramentarme".

El general Pinto estaba destinado por la suerte a ser víctima de equivocaciones fatales. En septiembre de 1842 se ejerció influencia sobre él para arrancarle una orden de muerte contra las leyes, y en abril de 1844 se ejerció igual influencia, aunque por muy diferentes personas, para despojarlo del mando militar.

Sin embargo, continuó con el goce de sueldo hasta el año de 1852. Entonces se le quitó el sueldo diciéndose que, no habiendo servicios que remunerar, no debía haber pensión.

Don Antonio Pinto no necesitaba un sueldo para vivir, pero consideró como una grande ofensa la resolución que lo privaba de él, y puede asegurarse que bajó a la tumba censurándola con acrimonía.

La publicación de la ley fundamental coincidía con el aparecimiento de la Universidad de Costa Rica, que fue inaugurada solemnemente por el vicejefe del Estado en ejercicio del Poder Ejecutivo don Francisco María Oreamuno.

El fundador de la Universidad, Ministro de Relaciones y catedrático de leyes doctor don José María Castro, pronunció un discurso florido y erudito.

Contestó el presbítero doctor don Juan de los Santos Madriz, primer Rector, y cuyo retrato se mandó colocar en el salón de actos públicos.

Hablaron en seguida los señores Ministro de Hacienda y Guerra, don Joaquín Bernardo Calvo; don Vicente Herrera, maestro en artes y catedrático de latinidad; don Nicolás Gallegos, maestro en artes y catedrático de filosofía; don Francisco Calvo, catedrático de Teología; don Rafael Ramírez, y don José María Zeledón, secretario de la Universidad.

Cada uno, en diversa forma y en estilo diferente, enalteció al Gobierno por la creación del nuevo plantel y auguró días de ventura, siguiendo el país en la senda del progreso no solo material, sino literario y científico.

La ley que establecía la nueva Universidad se hallaba en un suntuoso cuadro, y al colocarse en el lugar que le estaba destinado, el doctor don Nazario Toledo pronunció un discurso con que terminó el acto.

Los intereses materiales no se desatendían ni por un momento.

La Junta Itineraria continuaba sus incesantes trabajos con empeño y perseverancia.

Todas las clases de la sociedad la apoyaban.

El Puente de las Damas, de que se habla en la página 397, exigió mayores gastos, y las señoras y señoritas continuaron suscribiéndose para ver concluida la obra.

Una nueva suscripción nos presenta los siguientes nombres:

Agustina Gutiérrez de Oreamuno, Josefa, Trinidad e Isabel Gutiérrez. María Dolores Castro de Ramírez. Rosario Fernández de Fernández. Beatriz Flores de Quirós. Juana Mora de Chamorro. Josefa Bolandi de Echandi. Señoritas Montealegre. Florencia Solares de Ulloa. Teresa Solares de Salinas. Melchora Solares de Zamora. María Josefa Salinas de Moya. Hilaria Flores de Palma. Juana Flores de Zamora. Josefa Trejos de González. Mercedes Zamora de Segreda. M. Cervantes de Morales. Evarista González de Fonseca. Josefa Polanco de Murillo. Francisca Garita de Ortiz. Soledad Sancho de Solórzano. Petronila Arias de Solera.

No se han podido tener a la vista todas las listas de señoras y señoritas contribuyentes; pero puede añadirse que en Cartago se suscribieron con una suma, que se dice llegó a quinientos pesos, doña Dolores Jiménez de Sancho y hermanas; y que también contribuyeron con sumas más o menos importantes, doña Teodora Ulloa de Bonilla y algunas otras señoras.

El puente era indispensable para completar la carretera nacional de Cartago a Puntarenas; y esta carretera iba a dar vida al país.

A ella debe Costa Rica su progreso.

Antes de que estuviera concluida era preciso conducir al mar los frutos exportables en mulas, por veredas, atravesando desiertos, trepando cuestas y vadeando ríos.

El costo era correspondiente a la dificultad del transporte, y el desaliento impedía nuevas empresas y paralizaba las existentes.

La carretera nacional facilitó la exportación.

El café, principal fruto que Costa Rica tiene, pudo conducirse fácilmente y sin experimentar averías en carros hasta las márgenes del Pacífico, y los agricultores, llenos de animación, aumentaron sus plantíos, y nuevos empresarios comenzaron otros, que antes de mucho tiempo elevaron la cifra de quintales exportados.

Terrenos sin cultivo en las inmediaciones de la carretera nacional se vieron pronto fructificar con el trabajo y la industria; y una serie de caseríos presentó al viajero, en diferentes extensiones del camino, la grata ilusión de creerse en medio de un poblado.

Levantáronse casas nacionales a distancias proporcionadas, en diferentes puntos de la vía, para alojamiento y comodidad de los exportadores de frutos e introductores de mercaderías extranjeras; y todas estas mejoras, sin esfuerzo, produjeron otras.

Hubo cómodas posadas en el tránsito, y en seguida hoteles en las poblaciones de San Antonio de Belén, Atenas, San Mateo, Esparza y Puntarenas.

RECTIFICACIÓN

En la página 396, línea 38, se dice: Wallerstein era inglés; era alemán de origen que había residido mucho tiempo en Inglaterra.

En la página 389, líneas 8 y 9, después del nombre Juan González y antes de Santos Velásquez, debe leerse Ramón Gómez.

DOCUMENTOS JUSTIFICATIVOS
NÚMERO 1

Estado de Guatemala.

Secretaría del Supremo Gobierno.

Señor secretario general del Supremo Gobierno del Estado de Costa Rica:

Guatemala, noviembre 4 de 1842.

Por el correo de la semana pasada tuve el honor de dirigir a ese Ministerio, por orden de este Gobierno, copias autorizadas de los tratados celebrados el 7 y 19 del pasado por los comisionados de este y de los Gobiernos del Salvador, Honduras y Nicaragua, invitando al de ese Estado a aprobar dichos tratados y a entrar por este medio en el lazo de unión establecido para conservar sus derechos y atender a su seguridad interior y exterior, en tanto que se logra la organización de una autoridad que, con la representación de todos los Estados, pueda atender a estos importantes objetos y mantener las relaciones exteriores.

Ahora, a nombre de este Gobierno, animado siempre del mejor deseo de estrechar sus relaciones con todos los Estados centroamericanos, tengo la honra de excitar al de ese Estado, para que, si lo tuviere a bien, se sirva nombrar un Comisionado que permanezca cerca de este Gobierno, autorizándolo como lo están los de los otros Estados para entrar en cualquier convenio o tratado que pueda exigir la necesidad, o que redunde en provecho común de todos los Estados, reservándose, como es debido, la facultad de ratificarlo.

Esta medida, aun cuando no llegase el caso de efectuar ningún convenio, nunca podría perjudicar, y sí podría servir de mucho en circunstancias extraordinarias, y que no es posible prever con anticipación.

Como aquí residen algunos hijos de ese Estado, y otras personas de quienes ese Gobierno puede tener entera confianza, sería más oportuno que escogiese alguno de ellos para conferirle la comisión, ahorrando de esta suerte demoras de tiempo y gastos, en circunstancias de escasez de recursos, como hay en todo el país.

Sírvase Ud., señor Ministro, aceptar el aprecio y consideración con que me suscribo de Ud. atento seguro servidor.

J.J. de Aycinena

NÚMERO 2.

Casa de Gobierno; San José, diciembre 6 de 1842.

Al señor Ministro de Relaciones del Supremo Gobierno del Estado de Guatemala.

Di cuenta a mi Gobierno con la atenta carta oficial de Ud. datada en 28 de octubre último, en la que inserta la que con igual fecha dirige al Gobierno del Salvador, manifestando la deferencia de ese a que un consejo de comisionados de los Estados examine el pacto acordado por la Convención instalada en la ciudad de Chinandega, para que conforme a él, si fuere conveniente, y a las bases estipuladas en el convenio de unión firmado en esa ciudad el día 7 de octubre, procedan a concluir el pacto firme de confederación centroamericana; a cuyo grandioso objeto invita también ese Supremo Gobierno al de Costa Rica.

Este no ignora, señor secretario, la necesidad que todos los pueblos de Centroamérica sienten de reconocer un centro común que vincule la gran familia, ni los males que han pesado sobre la República por la falta de un Gobierno que la represente, y por lo mismo, desea con toda vehemencia el momento en que se confederen los Estados.

Estos sentimientos se hallan anticipadamente consignados en una de sus circulares de 5 de noviembre próximo pasado, de que ya debe tener conocimiento ese Supremo Gobierno; y, de consiguiente, la persuasión de que por parte del de este Estado, no habría demora en autorizar a sus comisionados, si especialmente se hallase facultado para el caso; pero no estándolo, tiene con sumo dolor que aguardar se reúna la Asamblea Constituyente, y someter a este alto Cuerpo, a quien corresponde, un asunto de tanta magnitud y trascendencia.

Con este fin, y con otros que afectan los primeros intereses del pueblo, mi Gobierno hubiera ya convocado a las elecciones de los individuos que deben componer la representación del Estado, para de esta manera acelerar, en cuanto penda de él, las resoluciones que no le son absolutamente cometidas; pero la facción que inquietaba en el golfo de Nicoya ha puesto hasta ahora obstáculos para obrar aquel bien.

Lo expuesto, señor secretario, es lo que el jefe Supremo Provisorio me ha ordenado decir en contestación a su citada, para que lo eleve a conocimiento del señor Presidente de ese Estado, asegurándole la sincera amistad y deferencia de mi jefe, y a mí, permitiéndome renovar a Ud. el respetuoso afecto con que tengo la honra de firmarme su atento humilde servidor.

J.M. Castro.

NÚMERO 3.

Al señor Ministro de Relaciones del Supremo Gobierno del Estado de Guatemala:

Tuve el honor de recibir, y elevar a conocimiento del jefe Supremo Provisorio, la respetable nota oficial de Ud. fechada en 28 de octubre último, en la que, refiriéndose a la ocupación violenta e ilegal ejecutada el 14 de agosto por tropas mexicanas, solicita ese Supremo Gobierno, que el de Costa Rica le autorice para hacer, a nombre de este, las reclamaciones y protestas que demande aquel acontecimiento; y en su vista, el mismo jefe Supremo me ordena manifestar a Ud., para que lo indique al señor Presidente de su Estado: que no siendo las tendencias de aquella fuerza, a obrar especialmente contra los derechos de Costa Rica, y habiendo los Estados, en la disolución del antiguo pacto, reasumido todos los derechos de su soberanía, quedando absolutamente independientes, entiende que la pretendida autorización debe ser consiguiente de un nuevo pacto.

Y como el Gobierno de este Estado, a su pesar, no puede comprometerse en el celebrado en esa ciudad, el día 7 de octubre, sin someter tan importante asunto a la alta deliberación del Poder Legislativo, según así lo ha expresado en carta oficial de 2 del corriente, se halla, con sumo dolor, en la necesidad de diferir, para cuando Costa Rica entre en el citado pacto, las facultades que ese Supremo Gobierno solicita del mío.

Al terminar, señor Ministro, la presente contestación, pesándome sobremanera los tropiezos que el jefe Supremo experimenta para satisfacer desde luego a los deseos de ese señor Presidente, tengo la honra de repetirle que soy de Ud., con el mayor aprecio y respetuosa consideración, muy atento humilde servidor.

José María Castro.

NÚMERO 4

Ministerio General del Supremo Gobierno del Estado de Costa Rica.

Al Excelentísimo señor Secretario de Estado y del Despacho de Relaciones Exteriores del Supremo Gobierno de México.

Señor:

El infrascrito secretario general del Supremo Gobierno del Estado de Costa Rica, correspondiente a la Unión Centroamericana, de orden de su jefe, se dirige a V. E. manifestándole, para que se sirva elevarlo al conocimiento del Excelentísimo señor Presidente de esa República: que, si mediante la crisis peligrosa en que se ha hallado la de Centroamérica, con el objeto laudable de mejorar sus instituciones, los Estados que componían la Unión Federal han tenido que reasumir las atribuciones conferidas antes a las autoridades que los representaban en común; esto no obsta para que se consideren virtualmente unidos, mientras que por un nuevo pacto elijan un Gobierno Nacional, y su actual independencia los autoriza a dirigirse de un modo inmediato a las Naciones con quienes tienen que relacionarse.

En este concepto, el Gobierno de Costa Rica, informado de la ocupación del distrito, interinamente neutral, de Soconusco por tropas del Gobierno Mexicano, se considera en el deber de hacerle presente: que le es muy sensible haya ocurrido este motivo de diferencia entre ese Gobierno y los de estos Estados (no pudiéndose quejar la República de agravio ni agresión alguna por parte de su limítrofe) con menoscabo de los derechos positivos de este, y con infracción de los pactos celebrados entre ambas Naciones.

Señor: la razón y el derecho natural, anterior a cualquier otro derecho, debió tácitamente obligar a las secciones americanas, al tiempo de separarse del Gobierno español, erigiéndose en otras tantas Naciones, a reconocer recíprocamente los mismos límites señalados a cada uno de los Gobiernos establecidos por la monarquía española, con independencia los unos de los otros. La justicia y la conveniencia pública, así como la paz y la armonía, cuya conservación dictaba el buen sentido a las nuevas Naciones que tenían que pasar por las dificultades y conflictos de su nuevo Estado, demandaban imperiosamente que estas comenzasen respetando sus derechos, estableciendo en cuanto a territorio, el uti possidetis, que cortaba toda dificultad en cuanto a límites, por hallarse ya anteriormente señalados.

Había otro motivo para hacerlo así: la extensión de los territorios americanos y su escasa población respectiva dieron lugar al señalamiento de lindes naturales (ya por tierras desiertas, ya por altas montañas, ríos caudalosos, etc.) a los Gobiernos establecidos por el Rey: cosa muy conveniente por evitar diferencias entre los limítrofes; y así es como, en general, se han conservado las nuevas Repúblicas sin choques, y con muy pocas alteraciones, motivadas, o por la erección de algún nuevo Estado independiente o por transacciones resultantes de las guerras de independencia.

Solo a Centroamérica le ha cabido la desgracia de tener que disputar acerca de límites con la grande y poderosa Nación Mexicana, la que ha tenido a bien traspasar los naturales que había entre las dos Naciones, promoviendo la adhesión aparentemente voluntaria de Chiapas, y ahora del distrito de Soconusco que le faltaba, dándole igualmente a esta agregación el aparato de espontaneidad, en que pretende fundar un derecho de posesión legítima.

Pero, señor Secretario: Chiapas, que de nada le sirve a México, le perjudica a Centroamérica por su agregación, inutilizando las barreras que había puesto entre las dos Repúblicas la naturaleza, y ha venido a ser, y lo es actualmente, la manzana de la discordia entre ellas.

La cuestión de si una parte de un Estado puede separarse espontáneamente del resto, e ir a ser parte de otro o constituirse por sí, el Gobierno mexicano la ha resuelto negativamente en el negocio de Texas. Luego Chiapas no pudo agregarse ni aun libremente a México: es una consecuencia rigurosa, a menos que no existan dos reglas contrarias de justicia para un mismo caso; y la libertad con que Chiapas se pronunció por México no es positiva.

Las razones que van expuestas, y la reciente infracción de los convenios que existían entre el Gobierno de Centroamérica y el de México, obligan ahora al de Costa Rica, como parte integrante de la Unión centroamericana, a reclamar de la justificación de ese, la evacuación del territorio de Soconusco por las tropas y autoridades de México, dejándolo en el estado de neutralidad en que estaba, y a excitar a ese Supremo Gobierno a someter al arbitramiento de otro imparcial la cuestión de la legitimidad con que la Nación mexicana posee a Chiapas.

El Gobierno de Costa Rica entiende que en el estado actual de las cosas, la asociación de Centroamérica, como si antes no hubiese tratado nada con México, tiene un derecho después de la infracción de sus tratados, de reclamar a ese Gobierno el territorio íntegro de Chiapas, provincia del antiguo Reino de Guatemala, con la reposición de sus límites conocidos, y hace presente a ese alto Gobierno: que se constituye por la presente reclamación, parte integrante con los demás Estados de la Unión centroamericana, en la demanda de reincorporación del territorio chiapaneco; deseando se verifique por los medios que la razón, la justicia y la conveniencia de ambas Naciones está dictando el arbitramento propuesto, pues no es de creer que el ilustrado y poderoso Gobierno mexicano quiera usar de la preponderancia de sus fuerzas para establecer un derecho sobre este territorio de Centroamérica, careciendo de otros títulos para fundarlo.

Al dirigir a V. E. la presente comunicación, el infrascrito Secretario general del Gobierno de Costa Rica, se honra con ofrecer a V. E. las muestras de su distinguida consideración y respeto.

NÚMERO 5

El Jefe Supremo del Estado de Costa Rica,

Deseoso de ofrecer a los costarricenses el manantial más fecundo de felicidades públicas, y

CONSIDERANDO:

1.° Que solo la ilustración pone al hombre en el importante conocimiento de sus derechos y obligaciones; que refrena y dirige sus pasiones; que siembra en su corazón los gérmenes de la dignidad y del honor, y que inspirándole sublimes y nobles sentimientos, le hace justo, útil, benéfico y patriota.

2.° Que de esta manera la ilustración es el baluarte indestructible de la libertad de los pueblos, el firme apoyo de su tranquilidad, el paladión de sus derechos y la primordial causa de su engrandecimiento y prosperidad.

3.° Que por lo mismo, es el primer deber de un buen Gobierno promover la instrucción pública, adoptando las medidas que parezcan más seguras para obtener este grandioso e importante objeto, y para llenar así los vehementes y justos deseos del Pueblo su comitente.

4.° Que el medio más acertado para verificarlo es el de plantear un establecimiento científico general, con las dependencias convenientes, donde el entusiasmo de la estudiosa juventud se sostenga y avive con la esperanza lisonjera de las condecoraciones y que el talento y las luces, adquiridas a costa de privaciones y desvelos, tengan la recompensa y distinción de los grados científicos.

5.° Que si las circunstancias de Costa Rica han estado hasta ahora en oposición a esta importante medida, burlando los esfuerzos del patriotismo y obligando a los jóvenes del Estado a salir del seno de sus familias a buscar, a grandes distancias y en extraño país, las ideas y los títulos del saber; a las mejoras que Costa Rica cuenta en su riqueza y al aumento de sus habitantes corresponde que el Gobierno haga cualesquiera sacrificios porque en el Estado se cultiven las ciencias y se proporcionen sus honores a la juventud que las adquiera.

6.° Que siendo esta ciudad la más grande de todo el Estado; la que ocupa el centro del mismo y de sus principales poblaciones; la única que tiene una casa de enseñanza, cuyos fondos y rentas son considerables, y la que posee más elementos para la educación científica; la razón, la justicia, la conveniencia pública y la economía exigen que sea en ella donde se plantee el establecimiento general literario; ha tenido a bien decretar y

DECRETA

Artículo 1.º

Se erige en Universidad la Casa de enseñanza pública de esta Ciudad, quedando bajo los auspicios de Santo Tomás, antiguo patrono de dicha Casa.

Artículo 2.º

Se dota la Universidad con todos los fondos y rentas de cualquiera clase, que hasta ahora han pertenecido a la expresada Casa de Santo Tomás, y con la cuarta parte del producto líquido del tabaco que se expenda en todas las tercenas del Estado.

Artículo 3.º

Para que ni aun en las urgencias del Tesoro general, se tome la cuarta de que habla el art. anterior, aplicándola a otros objetos, ni con calidad de reintegro, se verificará la deducción cada vez que los tercenistas hagan sus enteros en la Administración del ramo, entregándose inmediatamente al Tesorero de la Universidad la cantidad resultante.

Artículo 4.º

Los estatutos que deben organizar y regir la Universidad se expedirán oportunamente; y no obstante su falta, el Gobierno establecerá desde luego, o sucesivamente, las clases que tuviere a bien, debiendo los Catedráticos permanecer en ellas aun después de la publicación de dichos estatutos, considerándose como que las han optado con las formalidades que ellos prevengan.

Artículo 5.º

En la cabecera de cada uno de los departamentos del Estado, habrá una clase de latinidad, y otra de filosofía, dotadas por el Tesoro de la Universidad, fuera de alguna otra que pudiese costearse por los fondos de propios del respectivo departamento.

Artículo 6.º

El presente decreto no se opone ni altera, en manera alguna, al expedido en 1.° de septiembre del año anterior, y será puesto en conocimiento de la próxima Legislatura del Estado.

Dado en la Ciudad de San José, a los tres días del mes de mayo de mil ochocientos cuarenta y tres.

José María Alfaro.

Al Ministro general del Despacho, señor doctor José María Castro.

NÚMERO 6

Asamblea Constituyente.

La Comisión especial a quien os servisteis mandar pasar las dos proposiciones que anteceden, contraídas, la primera a que se tome en consideración y resuelva sobre la elección del Jefe Provisorio y a que se nombre Vicejefe, y la segunda, a que se provea de Tribunales Superiores de Justicia, las ha examinado con la atención y detenimiento que demandan, y, después de haberlas analizado por todos sus aspectos, pasa a manifestar su juicio del modo siguiente.

Por consecuencia de los estrepitosos sucesos que tuvieron lugar en los días 11, 12, 13 y 15 de septiembre del año pasado, el Estado quedó sin autoridades que lo rigiesen, y las leyes perdieron un tanto su vigor y su fuerza.

En crisis tan peligrosa y cuando era de temerse un contraste, fecundo en resultados funestos, el virtuoso pueblo de Costa Rica ocurrió a precaver los males de salvarse a sí mismo, a cuyo fin celebró las actas de 23 y 24 del referido septiembre: por ellas quedaron desconocidos los Poderes públicos Legislativo, Ejecutivo y Judicial, y por ellas fue nombrado Jefe Provisorio el señor José María Alfaro, a quien se recibió juramento y dio posesión de la manera que en las mismas se había establecido. Desde aquella época, este honorable ciudadano ha desempeñado, con aplauso de los buenos costarricenses, las funciones que se le encomendaran; ha consagrado sus tareas a reconciliar los ánimos divergentes, fruto doloroso de las disensiones que nos habían precedido, y de las pasiones exaltadas al choque violento de las opiniones; y en fin, después de haber terminado las diferencias con el Jefe de las fuerzas navales que nos inquietaba en el Pacífico y observando que en el Estado reinaba ya la paz y el orden, convocó a los Pueblos para que, reunidos por medio de Representantes con amplios poderes, llenasen los vacíos que hubieran en el actual régimen provisorio del país, y diesen la Constitución que le fuese más análoga.

Se congregaron los Representantes del Pueblo, la Asamblea se ha instalado, el Jefe les dio cuenta de su administración y continúa en el ejercicio de sus funciones. Las actas de septiembre nada dicen en orden a su duración, y se cree que, habiendo reaparecido el Poder Constituyente, en quien está depositada la Soberanía del Estado, el Jefe ha cesado en su destino y debiera, por consiguiente, procederse a llenar este vacío; pero si se fija la consideración en el objeto y espíritu de dichas actas, que fue dar al Estado la Autoridad Suprema Ejecutiva de que carecía, nombrando para ello Jefe Supremo Provisorio sin señalar término a su duración; es evidente que las miras del pueblo, que por las mismas actas reconocía todas las disposiciones anteriores que no tendiesen a hostilizar los otros Estados, fueron las de sujetarse a lo que estaba resuelto en cuanto a la duración del Jefe Provisorio que había desaparecido; que es decir: se consideraba que ella era para mientras las circunstancias permitían se constituyera el Estado.

En una palabra: el cambio fue en cuanto a la persona encargada del Poder Ejecutivo Provisorio, y no en cuanto a las disposiciones que fijaron su duración, y, de consiguiente, la del actual Jefe, debe considerarse y es por todo el tiempo que se necesite para constituir el Estado y mientras, promulgada la Constitución, se reemplace por los medios que esta designe.

Esto no obstante, se han suscitado en el público algunas dudas en este concepto, y es muy conveniente hacerlas desaparecer para que ni ahora ni en tiempo alguno quede flanco a la malicia por donde una siniestra interpretación pudiera turbar nuestro reposo, o argüir de nulidad en los actos administrativos posteriores. Así pues, la Comisión, sin desconocer la fuerza de las actas de septiembre sino, antes bien, acatando los principios consignados en ellas como emanados directamente del pueblo en circunstancias, tal vez, las más extraordinarias que se han presentado a Costa Rica, os propone el siguiente proyecto de decreto:

La Asamblea.

Considerando:

Que las actas de 23 y 24 de septiembre de 1842, por las que se nombró Jefe Supremo Provisorio del Estado al señor José María Alfaro, a quien, según ellas, se juramentó y posesionó, no expresan terminantemente el término de su duración; que una mala inteligencia en este concepto podría ser el origen de funestas consecuencias o por lo menos de disputas desagradables; que no habiéndose desconocido por aquellas actas el vigor de las disposiciones legislativas y ejecutivas, que no comprometieran a Costa Rica en la discordia con los demás Estados, es vigente el decreto número 20 de 28 de agosto de 1842 que previene sea la duración del Jefe Provisorio para mientras se constituye el Estado; que la representación de este es el órgano e intérprete de la voluntad general, y que es de la primera importancia expresarla en términos claros y precisos que no dejen el menor rastro de duda ni motivos de interpretación, ha venido en declarar y

DECRETA:

La duración del Jefe Provisorio del Estado, señor José María Alfaro, es la que señaló el decreto de 28 de agosto de 1842, esto es, mientras se constituye el Estado; y promulgada la Constitución, se practica con arreglo a ella la elección y posesión de las Supremas Autoridades que en lo sucesivo lo han de regir.

Nada tiene que reflexionar la Comisión con respecto al nombramiento de Vicejefe porque, habiéndose desconocido por las mencionadas actas los Poderes Legislativo y Ejecutivo, y reemplazándose el encargado de este, es claro que también fue la intención del Pueblo que se reemplazase el que debía subrogarle, y como hasta ahora no se ha hecho, es necesario se verifique para los casos que puedan ocurrir.

En punto a la Cámara Judicial, siente lo mismo la Comisión que con respecto a Vicejefe, con la circunstancia de que es tanto más necesario su nombramiento, cuanto que lo reclama con el mayor interés el voto público, y la recta administración de justicia, según que así lo ha manifestado el Poder Ejecutivo en la memoria presentada por el Ministro el 2 del corriente, pidiendo se provea inmediatamente de una Corporación de que no puede carecer por aquel tiempo la sociedad.

En tal concepto, y observando que uno de los objetos de vuestra augusta reunión, es el de llenar de pronto los vacíos que se encuentran en el actual régimen provisorio del Estado; y que para esto tenéis amplios poderes del pueblo, como que esto contribuye a la reorganización y constitución del mismo, la Comisión os propone el siguiente proyecto de Decreto.

La Asamblea

Considerando:

1.° Que por consecuencia de los sucesos de 11 al 15 de septiembre de 1842 y actas de 23 y 24 del mismo, el Estado quedó sin autoridades Supremas que lo rigiesen.

2.° Que por las mismas actas solo se proveyó de Jefe Supremo Provisorio.

3.° Que el interés público reclama se provea de Vice—Jefe y Magistrados para la Cámara Judicial.

4.° Que es un deber de la Asamblea Constituyente llenar los vacíos que haya en el actual régimen provisorio del Estado, en uso de sus amplias facultades.

Decreta:

Art. 1.° La Asamblea Constituyente procederá a nombrar Vice—Jefe del Estado y Magistrados para la Cámara Judicial, que funjan provisoriamente en sus respectivos destinos.

Art. 2.° La misma Asamblea recibirá juramento y dará posesión a los que resulten nombrados.

Art. 3.° La duración del Vice—Jefe y la de los Magistrados de la Cámara Judicial, es la misma que por decreto de esta fecha núm. 2 se ha señalado para el Jefe Supremo Provisorio.

Esto parece a la Comisión; pero vos con vuestra acostumbrada sabiduría resolveréis, como siempre, lo mejor.

San José, junio 5 de 1843.

NÚMERO 7.

BASES CONSTITUCIONALES

1.° El Estado se compone de todos sus habitantes.

2.° El Estado es libre, soberano e independiente, y no es ni puede ser el patrimonio de ninguna familia ni persona.

3.° El Estado es uno de los que componen la República de Centroamérica, y concurrirá con sus Representantes a formar el nuevo pacto de asociación general, cuando convenidos los otros Estados, se reúnan en Congreso que emane directamente del pueblo.

4.° El Estado es un asilo inviolable para todo extranjero que se acoja a él, y se sujete a sus leyes, y para el esclavo que deseando ser libre se ampare a su territorio.

5.° El Estado reconoce por límites de su territorio, al Oeste, desde la desembocadura del Río de la Flor en el Pacífico y continuando la línea por el litoral del Lago de Nicaragua y Río de San Juan al desagüe de este en el Atlántico; al Norte, el mismo mar desde la boca de San Juan hasta el escudo de Veraguas; al Este, desde este punto al Río Chiriquí; y al Sur, desde la desembocadura de este Río a la del de la Flor.

6.° El Estado se denomina:

ESTADO LIBRE DE COSTA RICA.

7.° El Gobierno del Estado Libre de Costa Rica es y será siempre popular representativo, y su objeto la felicidad y prosperidad del mismo Estado.

8.° El Supremo Poder del Estado estará siempre dividido en Legislativo, Conservador, Ejecutivo y Judicial. El ejercicio de cada uno es con absoluta independencia, y sus depositarios renovados periódicamente.

9.° El Poder Legislativo será conferido a una Asamblea de Representantes electos por los pueblos, y su número no será menos de quince.

10. El Conservador a un Cuerpo de Consejeros electos por el pueblo, cuyo número no podrá bajar de tres.

11. El Ejecutivo a uno de los cuatro Tribunos que nombren los Electorados, en el modo y forma que se establece en esta Constitución.

12. El Judicial a un Tribunal Superior de Justicia, compuesto por lo menos de siete individuos, y a los Tribunales y Juzgados subalternos electos por el pueblo en la forma que se dirá.

13. El Estado libre de Costa Rica sostiene y protege la Religión Católica, Apostólica, Romana, que profesan los costarricenses, y no persigue el ejercicio de ninguna otra.

NÚMERO 8.

Art. 1.° En los terrenos baldíos del sitio nombrado los Palmares, cabeceras del Río Grande en la jurisdicción de Alajuela, se destina una legua cuadrada que se dividirá en cuatro partes iguales, debiendo servir la primera para población, la segunda para labores, la tercera para pastos y la cuarta para ejidos.

Art. 2.° A cada una de las familias establecidas en dichos terrenos y que se establezcan dentro de cinco años contados desde esta fecha, se le dará un solar para que pueble en el punto que se designe a este objeto, y además se le dará dos manzanas por cada una de las personas de que se compone, en cada una de las porciones destinadas a labores y pastos.

Art. 3.° Se pone la población que se forme bajo la protección de San Ramón Nonato, cuyo nombre tendrá.

Art. 4.° La Municipalidad de la Ciudad de Alajuela comisionará dos personas para que reconozcan la legua, y previa la medida correspondiente por un agrimensor que pagarán los interesados, la dividan en las cuatro partes ya dichas, dándole a cada una su destino, y hagan la distribución de solares y tierras de labores y pastos. Dicha comisión durará cinco años, y cada cuatro meses los individuos de ella darán a la misma Municipalidad cuenta de los trabajos, aumento y progresos de la población para que, en consecuencia, dicte las medidas convenientes y que estén en sus facultades.

Art. 5.° En el lugar más propio que señale la Comisión en el punto que se ha de poblar, se abrirá por los pobladores un campamento de dos manzanas para Iglesia y plaza, y se fijará en él, desde luego, una Cruz. Las calles de la población tendrán la anchura de que habla la resolución de 22 de diciembre del año próximo pasado y los caminos la de treinta varas.

Art. 6.° Se reserva el Gobierno la propiedad de todas las vetas de cualquier metal descubiertas y que se descubran en la legua referida, y también las minas de cal y de canto para establecer en ellas un fondo municipal; pero se permite el libre uso de estas para los edificios y obras públicas, y para las de particulares que se construyan en el término fijado.

Dado en la ciudad de San José, a diez y nueve de enero de mil ochocientos cuarenta y cuatro.

José María Alfaro.

Al Ministro general del Despacho, señor doctor José María Castro.

NÚMERO 9.

Art. 1.° Se aprueban los Estatutos de la Universidad de Santo Tomás expedidos por el Poder Ejecutivo en 1.° de septiembre del año pasado, y compilados con doscientos once artículos.

Art. 2.° Esta aprobación no obsta para que las Cámaras Legislativas que se planteen a virtud de la Constitución del Estado acuerden en punto a ellos las reformas o alteraciones que sugiera la experiencia.

Art. 3.° Entre tanto, la Asamblea Constituyente asegura al Ejecutivo que es de su beneplácito el empeño que ha tomado por concluir satisfactoriamente esta obra importante.

NÚMERO 10.

San José, febrero 6 de 1844.

Al señor Federico Chatfield, Cónsul de S. M. B. en la América Central.

Señor:

Por varias comunicaciones oficiales de los Gobiernos de los otros Estados de Centroamérica, es informado el de Costa Rica de que el señor Cónsul se ha servido acoger los reclamos que los súbditos de S. M. B., Manning y Glenton, hacen a las autoridades de Nicaragua por consecuencia de contratos particulares con súbditos nicaragüenses, y que el señor Cónsul también ha tenido a bien librar el ultimátum sobre dichas autoridades para que se haga efectivo, entre un término perentorio, el pago de las cantidades que reclaman los señores Manning y Glenton.

Ha sido altamente sensible al Gobierno de Costa Rica semejante incidente, y desearía que fuese terminado por medios armoniosos y de amistad. La deferencia con que S. M. B. ha mirado siempre a los Estados independientes de América, la necesidad de cultivar las buenas relaciones que se han sostenido entre los Gobiernos de estos nacientes Estados y el de la Nación culta y grande de Inglaterra, y los principios del derecho internacional adoptados y respetados en todo el mundo civilizado, autorizan al Gobierno de Costa Rica para dirigirse por esta vez al señor Cónsul de S. M. B., interponiendo su mediación en el asunto que ocupa las meditaciones del señor Cónsul y las del Gobierno de Nicaragua.

Si es cierto que el Gobierno de S. M. B. es autorizado para hacer valer los derechos de sus súbditos en cualquier punto del globo, también lo es que los demás Gobiernos deben, previamente, ser oídos y convenidos en las grandes cuestiones que se susciten de Nación a Nación, así como en las contiendas de particulares deben observarse los trámites y términos establecidos con anterioridad por las leyes respectivas. A lo que puede alcanzar el Gobierno de Costa Rica, los asuntos de los señores Manning y Glenton no han tenido en Nicaragua el término que la ley dispone en aquel Estado; y que por lo mismo, no ha sido librada la ejecutoria del caso y, de consiguiente, aún no es llegado el de que se expida el ultimátum que el señor Cónsul se ha servido intimar al Gobierno de Nicaragua.

Por tan poderosas razones, el de Costa Rica no duda será atendido por el señor Cónsul de S. M. B. y espera que sobreseerá de su intimación mientras los reclamos de los señores Manning y Glenton tienen en Nicaragua el término que allí han establecido las leyes. En otro concepto, se resentiría el derecho de todas las gentes, y al Gobierno de Costa Rica, como a los otros de la República, le obligan la íntima amistad y sus pactos con Nicaragua a usar de su mediación en los asuntos que en algún modo pueden comprometer su honor, independencia y dignidad; y es por esto que suplica el de Costa Rica al señor Cónsul, se digne escuchar su voz y dar término a los reclamos de los señores Manning y Glenton por los medios armoniosos que demandan nuestras circunstancias y las justificadas resoluciones de la Corte ilustrada de la Gran Bretaña.

"Al hacer al señor Cónsul esta manifestación de orden del Gobierno de Costa Rica, tengo la honra de firmarme, con la más atenta consideración y aprecio del señor Cónsul, afectísimo y obediente servidor.

José María Castro".

NÚMERO 11.

Antigua Guatemala, diciembre 7 de 1843.

Al señor Secretario Principal del Supremo Gobierno de Costa Rica, San José.

Señor:

En el mes de enero último, en ocasión que los Representantes de los Estados de esta Unión se hallaban en Guatemala, aproveché la ocasión para manifestar al Gobierno de Guatemala, en términos precisos, la grande solicitud del Gobierno de S. M. B. de que Centroamérica se aplicase al cumplimiento de sus muy atrasados compromisos hacia los tenedores británicos de sus bonos. Al significar una desinclinación de emprender el visitar a los Gobiernos de los varios Estados a causa de la inmensa distancia que los separa unos de otros, y los riesgos del camino, por la sola contingencia de que mi comunicación personal con ellos produjese un resultado favorable, sugerí que el Supremo Gobierno de Guatemala comunicase con sus Estados hermanos respecto al modo más adecuado para llegar a un arreglo sobre el desatendido asunto de su deuda extranjera.

En contestación, el Gobierno de Guatemala me aseguró que copia de mi nota habrá sido transmitida a los Gobiernos de los Estados con una excitación urgente para que se uniesen de buena fe con Guatemala para restaurar el crédito del país en el extranjero, que ha sufrido tanto por esta falta en la ejecución de sus promesas.

Después de casi doce meses, recordando de nuevo la atención del Gobierno de Guatemala a este asunto, he sabido con infinita sorpresa e inesperadamente que, no obstante su alta importancia, los EE. no solamente han omitido atender a las recomendaciones de Guatemala, sino que han permitido quedasen enteramente despreciadas.

Tan extraña desatención de parte de sus gobernantes a uno de los más solemnes compromisos que Centroamérica ha jamás contraído, no podrá dejar de hacer una profunda impresión en el ánimo del Gobierno de S. M. B. A la verdad, la negligencia de los Estados respecto a un arreglo de su deuda extranjera, es tan reprensible que el momento no parece muy distante cuando el Gobierno Británico, por la protección del público, cuyos intereses están confiados a su cuidado, tendrá probablemente que requerir una satisfacción a los reclamos de los tenedores de los bonos.

Las instrucciones que el Gobierno de S. M. B. me ha dado para ejercer mis mayores esfuerzos en poner esta deuda en curso de arreglo no me confieren bastante autoridad para instar a los Gobiernos de Centroamérica a tomar medidas para aquel objeto; pero, a consecuencia de un deseo expresado por los Gobiernos de Centroamérica de que los tenedores de sus bonos en Inglaterra nombrasen un representante en este país para arreglar con ellos el pago de la deuda extranjera de la República, la junta de accionistas ha solicitado del Gobierno de S. M. de permitirla investirme con un poder para obrar en su favor.

El Gobierno de S. M., habiendo sancionado mi aceptación de su poder, el objeto principal de la presente nota es seriamente el representar al Supremo Gobierno de U. la conveniencia de concertar medidas conmigo para el exacto descargo de sus obligaciones. Al anunciar que estoy preparado, por parte del Gobierno de S. M. y de los tenedores de bonos, para negociar este arreglo, debo observar que los Gobiernos de Centroamérica pueden confiarse con seguridad sobre aquel grado de consideración mostrado por su situación y que el público inglés está siempre dispuesto a extender al deudor que demuestra un deseo de obrar rectamente hacia sus acreedores.

Las circunstancias cambiadas del país, después de los sucesos de septiembre de 1842, hacen esencial que los varios Estados se descarguen, por un instrumento formal, unos a otros de toda responsabilidad por más que su proporción relativa de la deuda extranjera, y aunque cada Estado pueda no haber concurrido de una manera igualmente positiva sobre la proporción por la cual sea responsable, ninguna cuestión puede ser ahora entretenida sobre ese punto.

Además, una división proporcional de la deuda entre ellos es de la mayor ventaja a los mismos Estados, porque, como he explicado ya en otra parte: "Conforme a los principios establecidos de justicia que gobiernan en casos de contratos, la obligación de la extinguida federación respecto de los tenedores de bonos liga a cada Estado por el todo de la deuda", y el Estado que titubee ahora en acceder al convenio de los demás, en la creencia errónea de que por tal negativa salvará su responsabilidad, únicamente traerá sobre sí el peso del todo de la deuda, sobre el principio de que cada codeudor es responsable por el todo de una deuda común.

En consideración a los ruegos de los interesados, el Gobierno de S. M. desea que una distribución de los fondos que han sido remitidos a Londres por ciertos de estos Estados sea hecha; pero como una disposición parece prevalecer entre los Gobiernos de aquellos Estados, que no han todavía propuesto un modo de pagar su cuota de esta deuda, de considerar estas remesas como un pago a cuenta del todo de la deuda, y no simplemente como un pago a cuenta de aquella proporción que el Estado que hizo la remisión ha adoptado: propongo, en justicia a todos, que los Gobiernos de los Estados ejecuten inmediatamente un instrumento formal absolviendo a cada uno de toda responsabilidad por la deuda extranjera más allá de su porción relativa de ella; y con una mira a la conveniencia de ese Supremo Gobierno incluyo con esta el borrador de un descargo ("release") que he preparado y que pienso llenará el objeto propuesto, suplicando que U. se sirva devolverlo ejecutoriado, o enviarme un documento igualmente útil, teniendo que sugerir que espero que el Supremo Gobierno de U. me comunicará lo más pronto posible el nombre de la persona que elija en Guatemala para discutir conmigo sobre el arreglo de su proporción de la atrasada deuda extranjera.

Esperando una pronta contestación a esta sola,

Tengo el honor,

F. C.

NÚMERO 12.

Departamento de Relaciones Exteriores.—Casa de Gobierno.

San José, febrero 7 de 1844.

Al señor Federico Chatfield, Cónsul de S. M. B. en la América Central.

Señor:

El infraescrito Secretario general del Supremo Gobierno del Estado de Costa Rica ha tenido la honra de recibir la nota oficial que el señor Cónsul general se ha servido dirigir con fecha 7 de diciembre último, y a que es adjunta una fórmula de declaratoria que el señor Cónsul solicita expida el Ejecutivo de Costa Rica.

Harto sensible es al Gobierno del infraescrito, que después de haber acreditado al de la Gran Bretaña, por medio de los agentes de este en Centroamérica, sus esfuerzos y sacrificios por pagar la parte que le corresponde en la deuda Nacional con el público inglés, el señor Cónsul le impute indiferencia y desatención a tan solemne compromiso. A nadie mejor que al señor Cónsul le consta que el Gobierno de Costa Rica ha dirigido a la consignación de los señores Jinblay Hodgson y Compañía de Londres, y por medio del señor Juan Fóster, Vicecónsul Británico, añiles en valor de ciento seis mil seiscientos quince pesos cuatro y medio reales, cuya cantidad, tan excedente a la que debe Costa Rica, y mayor aún con las muy probables ganancias que haya reportado la venta de los añiles en el mercado de Londres, es esencialmente destinada a la amortización de los bonos de la referida deuda de Centroamérica en la parte que le quepa a Costa Rica.

En esta virtud fácilmente se persuadirá el señor Cónsul de que el Gobierno del infraescrito no tiene interés alguno en postergar por su parte, ni entorpecer, el arreglo de la deuda Nacional por los trámites legalmente reconocidos; sino que, al contrario, lo tiene muy directo y positivo en que se liquide y divida la deuda de una manera formal y competente. Más como tales operaciones no conciernen exclusivamente al Gobierno de este Estado, y Centroamérica ha carecido de una Representación general, el Gobierno del infraescrito no tiene culpa alguna en que hayan dejado de verificarse. Si de otra parte los cambios políticos ocurridos en este Estado y el trastorno de los demás, que ha ocasionado interceptaciones de la correspondencia, han impedido que lleguen a su conocimiento las excitaciones del Gobierno de Guatemala para tratar sobre tan importante asunto.

Al Ejecutivo de Costa Rica, es muy satisfactorio anunciar al señor Cónsul que, según las últimas comunicaciones recibidas en este Despacho de los Gobiernos de los Estados de Nicaragua, Honduras y El Salvador, está próxima la reunión de la Dieta Confederativa, y que, por la disposición en que se hallan sus Constituyentes, es llamada a tomar en consideración, como el objeto más importante y perentorio de sus primeras tareas, el tan deseado arreglo de la deuda de la América Central.

No desconocerá el señor Cónsul que, por los principios que rigen en la materia, instaurado el Cuerpo confederativo es a él a quien corresponde entender en el negocio de la deuda de la República. Y asimismo no podrá escaparse a su penetración lo conveniente y expedito que le es tratar tan importante asunto con la Dieta de los Estados, o con una Comisión de ellos autorizada al efecto, ni el gran número de obstáculos que se presentan para obtener el arreglo de otro modo.

Por estas razones no es de dudarse que el señor Cónsul espere a dirigirse a una u otra Representación, mayormente si se persuade de la sinceridad y recta intención con que el Gobierno del infraescrito le protesta que procurará, por cuantos medios estén a su alcance, hacer efectiva la pronta reunión de la Dieta. Y si esta no se verificase en todo el mes de abril próximo, autorizará e instruirá un Comisionado para que, en consorcio de los demás que nombren los otros Gobiernos deudores, proceda con el señor Cónsul al arreglo de la mencionada deuda de la República.

El Gobierno de Costa Rica cree firmemente que el documento que el señor Cónsul quiere que expida, y cuyos términos se ha tomado la molestia innecesaria de redactar, en el estado en que se halla el negocio que fuera su origen, no tiene legítimamente lugar, pues juzga el mismo Gobierno que una declaratoria de tal naturaleza, no pudiendo ser más que una consecuencia de la liquidación y repartimiento legal de la deuda, debe ser análoga al resultado de tales funciones; y por esto no le es dado, sobre este punto, otra cosa que ofrecer al señor Cónsul que a su debido tiempo despachará la que convenga.

El infraescrito Secretario General tiene la honra de terminar esta contestación suscribiéndome del señor Cónsul, muy atento y obediente servidor.

José María Castro.

LEY DE GARANTÍAS

1.° Todos los hombres nacen libres e independientes y tienen ciertos derechos inenajenables e imprescriptibles, y entre estos se enumeran con más especialidad, el de defender la vida y la reputación, el de propiedad, igualdad, libertad y el de procurarse por cualquier medio honesto su bienestar.

2.° Para asegurar el tranquilo goce de estos derechos, se instituyen los Gobiernos. El poder y autoridad que estos ejercen es inherente al pueblo, y conferidos solo con el único objeto de mantener entre los hombres la paz, haciendo que todos mutuamente se respeten sus derechos individuales.

3.° Siempre que algún Gobierno, cualquiera que sea su forma, no llena el objeto de su institución, manteniendo la paz pública por la observancia de las leyes justas, el pueblo tiene un derecho incuestionable, previos los reclamos que establece el derecho de petición, para alterarlo en todo o en parte, o abolirlo o instituir otro, según crea que mejor conviene a su seguridad y felicidad.

4.° Los funcionarios públicos no son dueños, sino depositarios de la autoridad, sujetos, y jamás superiores a las leyes legítimamente establecidas para garantizar los derechos individuales, y por su mantenimiento conservar el orden social que no es, ni puede ser, otra cosa que la efectiva conservación de aquellos derechos.

5.° Toda determinación, sea en forma de ley, decreto, providencia, sentencia, auto u orden, que proceda de cualquier poder, si ataca a alguno o algunos de los derechos naturales del hombre, o de la comunidad, o cualquiera de las garantías consignadas en la ley fundamental, es ipso jure nula, y ninguno tiene obligación de acatarla y obedecerla.

6.° El poder civil no tiene facultad para anular en la sustancia ni en sus efectos, ningún acto público ni privado, ejecutado en conformidad de una ley anterior al tiempo de su verificación o sin la prohibición de una ley preexistente, y cualquiera ley, decreto, sentencia, orden o providencia en contravención de este principio, es ipso jure nula y de ningún valor, como destructora de la estabilidad social y atentatoria de los derechos individuales.

7.° El orden de procedimientos en las causas civiles y criminales debe ser el más pronto y eficaz para su terminación, y las leyes que la arreglan deben ser estrictamente justas y razonables, para que no peligren la vida, el honor y los bienes de los asociados, y para que el crimen jamás quede impune.

8.° Todo hombre puede libremente comunicar sus pensamientos por la palabra, por la escritura y por la imprenta sin previa censura; pero siendo responsable ante la ley por el abuso de esta libertad.

9.° Ningún hombre puede ser inquietado, molestado ni perseguido por sus opiniones de cualquiera clase y naturaleza que sean, con tal que por un acto positivo no infrinja alguna ley, pues en este caso quedará sujeto a la pena por ella establecida.

10.° Ninguno podrá ser detenido, arrestado, acusado ni castigado, sino en nombre, con las formas y según las disposiciones de la ley.

CAPÍTULO TERCERO: GUATEMALA

1—Piedad delos serviles—2. Consagracion del señor Garcia Pelaez. 3. Regreso del Arzobispo Coadjutor—4. Decretos de la Asamblea Constituyente de Guatemala—5. Caida de esta Asamblea —6. Relacion de Barrundia.—7. Nómina de los diputados.

Los serviles habían obtenido ya los primeros frutos de la reorganización del episcopado centroamericano.

Se había pedido en San Salvador la extirpación de los infieles y herejes, y se había lanzado de la silla del poder Ejecutivo a don Juan José Guzmán, porque aunque protegió la creación de la Diócesis y la Mitra del primer Obispo, su santa piedad no se elevó hasta el extremo de matar ni aun desterrar herejes.

Pavón, disimulando su pena porque la mitra de Guatemala no había sido conferida al doctor Aycinena ni a fray Bernardo Piñol, sino al doctor García Peláez, se animaba con el pensamiento de que ya había Arzobispo.

El señor Pavón, repitiendo lo que dice Juarros, recordaba que desde el Papa Paulo III, que erigió el obispado el año de 1534, hasta Benedicto XIV, que en 1743 estableció el arzobispado, tuvo Guatemala 18 obispos, y desde entonces hasta fray Ramón Casaus había tenido ocho arzobispos.

La mayor parte de estos obispos y arzobispos se encuentran retratados en la sacristía de la Catedral de Guatemala.

No son figuras de cuerpo entero como los retratos de los obispos de Nicaragua, y se hallan colocados en alto y sobre una cornisa; así es que aquella sala no puede hacer al viajero la impresión que hace el salón de los obispos nicaragüenses.

El primer obispo fue don Francisco Marroquín.

Él, dice Juarros, "plantó la fe en estos países".

Podemos asegurar que al señor Marroquín se debe en gran parte la situación en que nos hallamos.

Si él hubiera traído el Evangelio sin superstición y sin fanatismo, Guatemala habría florecido.

Pero trajo el Evangelio desfigurado por los monjes, por los obispos y por los frailes.

Trajo una doctrina que en nada se parece a la doctrina que predicó Jesús de Nazaret, y prácticas que a Jesús habrían sido más odiosas que la conducta de los mercaderes a quienes con enojo lanzó del templo.

El señor Marroquín venía de un país donde las hogueras de la Inquisición se sostenían con humanos combustibles, y creyendo aquel buen señor que a los americanos hacía un gran bien, les inculcó las doctrinas inquisitoriales que nutrieron a muchas generaciones.

¿Con tal enseñanza podrán abundar en este suelo que se llama privilegiado los progresistas y los libres pensadores?

Fueron sucesores del señor Marroquín los Ilustrísimos señores Bernardino Villalpando, quien pretendió cercenar las prerrogativas de los frailes, los cuales se quejaron al rey, y Felipe II resolvió en favor de ellos; Gómez Fernández de Córdova, nieto del Gran Capitán; fray Juan Ramírez de Arellano, a quien se creía descendiente de los reyes de Aragón; fray Juan Cabezas Altamirano, noble de la ciudad de Zamora; fray Juan Zapata y Sandoval, nacido en Méjico; don Agustín Ugarte y Saravia, natural de Burgos, vino a América, según dice Juarros, de quien tomamos estos datos, con el empleo de inquisidor, lo cual prueba que persistía la Corte en mantener la ignorancia en América; don Bartolomé González Soltero, nacido en Méjico, a quien atribuye Juarros la gloria de haber establecido la fiesta de las lágrimas de San Pedro; fray Payo Henríquez de Ribera, hijo, según dice Juarros, de don Fernando Henríquez de Ribera, duque de Alcalá y Virrey de Nápoles, y de doña Leonor Manrique de Lara, a quien se debe el hábito y la regla constitutiva del convento de belemitas; don Juan de Santo Matía Sáenz Mañozca y Murillo, natural de Méjico y fundador de la célebre archicofradía del Santísimo Sacramento; don

Juan de Ortega y Montañez, de Cartagena de Levante, fiel servidor de la inquisición de Méjico, obispo elogiado porque fundó el convento de carmelitas de Guatemala y protegió obras de este género que le valieron el Palio metropolitano de Méjico y el empleo de Virrey; fray Andrés de las Navas y Quevedo, natural de Baza, fraile que había servido muchas prelacías y que deseaba mantener toda la Diócesis como si cada casa fuera la celda de un convento, conducta que, como era natural, le valió grandes elogios; fray Mauro de Larreátegui y Colón, hijo de la villa de Madrid, predicador de su Majestad el señor don Carlos II el Hechizado, de quien tanto sabemos; fray Juan Bautista Álvarez de Toledo, al cual, dice Juarros, se deben muchos bienes, siendo uno de ellos las capillas del Vía Crucis, que en la nueva Guatemala, por desgracia de la humanidad, van desapareciendo; don Nicolás Carlos Gómez de Cervantes, a quien se elogia por la fundación del convento de las reverendas madres Capuchinas; don Juan Gómez de Parada, natural de Compostela, quien se esforzó en obtener el jubileo circular que tantas indulgencias ha producido; fray Pedro Pardo de Figueroa, natural de Lima y último obispo de Guatemala.

A su piedad, dice Juarros, se debe la magnífica obra del suntuoso templo del Santo Cristo de Esquipulas, imagen que, si hemos de dar crédito a una infinidad de cuadros que se hallan en su santuario, ejecuta extraordinarias maravillas, de las cuales, por desgracia, no ha visto todavía una sola el autor de estas líneas.

Fray Pedro Pardo fue el último Obispo de Guatemala, no porque disminuyera la piedad de los fieles, sino porque aumentaba multiplicándose las iglesias filiales, conventuales y parroquiales, las capillas y oratorios hasta el extremo de que casi no se andaba una cuadra sin encontrar una iglesia.

Las ovejas necesitaban ya un pastor más condecorado. Fray Pedro Pardo lo comprendió muy bien y, a sus repetidas súplicas a la corte de Madrid, no menos que a las preces, se debe la bula de Benedicto XIV dada en Roma a 16 de diciembre de 1743, que erige en metropolitana la Catedral de Santiago de los Caballeros de Guatemala, con tres sufragáneas que son las de Chiapas, Nicaragua y Honduras.

Entonces El Salvador formaba parte de la Diócesis de Guatemala y Costa Rica era parte integrante de la Diócesis de Nicaragua.

Segregado Chiapas con motivo de los sucesos que expresa el capítulo 4.° de este tomo, al arzobispo de Guatemala solo le habían quedado dos iglesias sufragáneas, a saber: Nicaragua y Honduras; pero la erección de los obispados de El Salvador y Costa Rica hecha en Roma con la calidad de que fuesen sufragáneos del arzobispo de Guatemala, permite que el Concilio provincial presidido por el metropolitano pueda componerse de cinco príncipes de la Iglesia, como dicen los teólogos y canonistas.

Fray Pedro Pardo no debía quedar desairado después de tantos sacrificios, y él fue el primer arzobispo de Guatemala.

Le sucedió don Francisco José Figueredo y Victoria, entre cuyas grandes virtudes, según Juarros, brillaba una: era muy afecto a los jesuitas e hizo mucho en favor de ellos. En recompensa, los hijos de Loyola lloraron su muerte amargamente y, por su justo precio, se encargaron de sus funerales y enterramiento.

Sucedióle don Pedro Cortés y Larraz, natural de Belchite en el reino de Aragón.

Al señor Larraz le tocó presenciar lo que se llama la ruina de la Antigua, verificada más por la mano de los hombres que por el movimiento de los volcanes.

Se pusieron en acción grandes intereses y una serie de intrigas para favorecer la traslación al valle de la Ermita, acontecimiento fatal que despobló a Guatemala y le dio, topográficamente, una muy desventajosa subrogación.

Pero lo quería la real audiencia, lo querían los magnates y era preciso obedecer a su Majestad, y se libró contra Larraz carta de extrañamiento.

Le sucedió don Cayetano Francos y Monroy, primer arzobispo que residió en la nueva Guatemala, quien dio, dice Juarros, a la Catedral seis candeleros de oro y un ornamento bordado.

De esos candeleros fueron sustraídos cuatro la víspera del estreno del nuevo templo Catedral; esto no lo dice Juarros, pero lo saben todos los guatemaltecos, y lo refiere Rivera Cabezas, haciendo jocosas conjeturas, en su famoso periódico llamado "Don Melitón."

El señor Monroy dotó dos escuelas de primeras letras con 20,000 pesos cada una.

Le sucedió don Juan Félix de Villegas, natural de Cobreses, en el obispado de Santander.

En seguida vino el señor Peñalver y Cárdenas, natural de La Habana, quien erigió varios curatos, y no habiendo encontrado en nuestro suelo todas las delicias que los guatemaltecos hallamos en él, renunció la mitra y salió de esta capital secretamente para su país.

Vino en seguida don Rafael de la Vara, obispo auxiliar de Santa Cruz de la Sierra en el reino del Perú, quien murió en Guatemala.

Le sucedió el muy célebre doctor y maestro don fray Ramón Casaus y Torres, natural de Jaca, en el reino de Aragón, quien hizo su entrada solemne en esta capital el 30 de julio de 1811 y desde entonces tomó una parte activa en la política militante hasta que fue desterrado en 1829 y se dirigió a La Habana.

Desde allí mantuvo incesantes relaciones con los revolucionarios serviles, para tener el gusto de ver caído al partido liberal, y no por deseo de volver a Guatemala, a donde jamás pensó regresar.

Casaus fue invitado muchas veces por los serviles, después de su restauración, para volver a Guatemala, y no quiso porque, aunque con menos rentas, se encontraba más feliz en la primera de las Antillas.

En aquellos días se hablaba de los santos que ha tenido Guatemala, entre los cuales figuran el hermano Pedro Betancourt, el padre Margil, el presbítero Jacinto Medina Cueto, el extático Bernardino de Obregón y Ovando, don Manuel de Morga, don Miguel Delgado de Nájera, don Juan Pineda y Perdomo, la madre María Teresa Aycinena y otros muchos.

No dejaba, sin embargo, de contristar a los piadosos varones que ninguno de estos santos se encuentre colocado en los altares, pues todavía Su Santidad, no obstante las grandes virtudes que hay en Guatemala, no ha tenido a bien canonizar a ningún guatemalteco.

2. Cuando el señor Viteri dejó chasqueados a los serviles que le preparaban un espléndido recibimiento, dispuesto en gran parte por el canónigo Larrazábal, y se dirigió desde Zacapa a San Salvador, todo lo que se llama partido de orden y regularidad se indignó contra el nuevo obispo.

Entonces se decía que no habían de lograr los salvadoreños que en su parroquia se consagrara el arzobispo de Guatemala.

Pero como en todas las otras iglesias centroamericanas había sede vacante, no se sabía a dónde enviar al señor García Peláez, hombre de edad avanzada, que no se inclinaba mucho a mirarse sobre las olas de ningún océano.

Los edificantes sermones del padre Vázquez, la energía evangélica de Viteri en San Salvador, la fascinación que produjo en el ánimo de Malespín, la muerte del periódico titulado "El Amigo del Pueblo," el destierro de Orellana, de Álvarez Castro, de Avilés y de otros herejes, y la caída de Guzmán reconciliaron a los serviles con el obispo salvadoreño, y ya no se daba a la Catedral de San Salvador el nombre de parroquia sino el de Séptima Basílica de San Juan de Letrán.

Se dispuso entonces que el señor García Peláez se dirigiera a San Salvador y fuera consagrado por Viteri.

El 5 de febrero de 1844 llegó a San Salvador el arzobispo García Peláez, en unión del señor Viteri, que había salido a su encuentro.

Las autoridades civiles y militares le hicieron grandes honores a la entrada, y fue alojado en la casa que allí se llamaba Palacio Episcopal.

El 11 se verificó la consagración con toda la pompa posible.

El 18 el arzobispo García Peláez celebró de pontifical en la iglesia de Candelaria y Viteri predicó.

3. El 19 salió de San Salvador el señor García Peláez con dirección a Guatemala. El obispo Viteri y una gran parte de las autoridades civiles y militares le hicieron los honores durante la primera jornada y vino con guardia de honor hasta la frontera.

Debía entrar a Guatemala el 3 de marzo.

Ese día en las ventanas de la ciudad se veían cortinas de todas clases, aunque no todas muy elegantes.

A las nueve de la mañana, la corporación municipal, compuesta de hombres de orden y heredera legítima del real Ayuntamiento de la ciudad de Santiago de los Caballeros, salió con sus correspondientes pendones hacia la garita.

A las diez, el canónigo Larrazábal, gobernador de la Mitra hasta aquel día, acompañado de los canónigos y de toda la gente que cantaba en el coro, del clero y de los colegios, salió de la Catedral con dirección a la iglesia de las muy reverendas madres de Santa Clara.

A ese santo templo concurrieron muchos empleados del Gobierno, el estado mayor y gran número de viejos propietarios, de los más sesudos y amantes del cambio que Viteri había operado en San Salvador.

A las once, el señor García Peláez venía atravesando el llano de Ciudad Vieja. Lo rodeaba gente joven que nunca había visto obispos y que deseaba saber cómo miran, cómo andan y cómo bendicen esos señores.

Venían también en su rededor ancianas, cuya única ciencia era algunas de las contestaciones que da Ripalda, aprendidas solo al oído por falta de conocimiento del alfabeto. Estas disertaban sobre la misión divina de los obispos y sobre las leyes de la Iglesia, y maldecían a Morazán.

Desde el momento en que el camino lo permitió —pues entonces se cuidaba más de la salvación de las almas que de tener buenos caminos—, García Peláez se apeó de una mula y subió en un coche.

Don Carlos Antonio Meany, corregidor del departamento de Guatemala; don José Antonio Larrave, miembro del Alto Consejo de Gobierno; y el general Monterrosa, personajes que desde la víspera habían salido, de orden suprema, a encontrar al Arzobispo, tuvieron la honra de meterse con él en el coche.

Algunos individuos del clero, montados a caballo, se disputaban el honor de acercarse al carruaje, y una escolta de lanceros cubría los costados.

Pronto llegó a la garita la comitiva. Allí estaban los herederos del real Ayuntamiento, quienes, con toda reverencia, auxiliaron a su Señoría Ilustrísima a bajar del coche, y después de muchas atenciones, el señor Alcalde 2.°, licenciado Andrés Andreu (entonces todavía no era doctor), a nombre de la ciudad de Santiago de los Caballeros, dirigió una arenga al Arzobispo, quien contestó con la cabeza inclinada, frotándose las manos y con aire modesto, lo mejor que le fue posible.

Allí cambió la escena. Grandes honores se esperaban a otra mula, que se había escogido mansa para que no ocurriera una desgracia.

Este venturoso cuadrúpedo condujo al Arzobispo desde la garita hasta la iglesia de Santa Clara.

Allí cambió otra vez la escena. La misión de la mula se declaró terminada, y aquel histórico animal se retiró después de haber cumplido dignamente sus deberes.

Todos los que venían a caballo se apearon para entrar a la iglesia.

Las monjas, que desde muy temprano habían estado en oración para que no ocurriera ninguna desventura en el camino, tocaron el órgano y cantaron, mientras que su Señoría Ilustrísima cambiaba de traje.

Allí hubo quien quisiera ponerle mitra y conducirlo bajo de palio; pero el canónigo Larrazábal se opuso, diciendo que no le correspondían esos honores estando vivo fray Ramón, a lo cual el señor Peláez contestó suavemente:

"Pues llévenme como les parezca" y se hizo lo que quería Larrazábal.

Sin mitra, pero con báculo y capa magna, salió de la iglesia, dejando a las monjas hechas un mar de lágrimas, para dirigirse a la Catedral, en donde entró a las doce y media cansado de bendecir.

Aquel día se obtuvieron a torrentes todas las gracias espirituales que produce la bendición episcopal.

El prelado tomó posesión en la sala capitular y coro.

Allí estaba presente la corporación municipal con sus pendones, y los alcaldes tomaron asiento en el coro, interpolados con los canónigos, gran prerrogativa otorgada por Su Santidad a la ciudad de Santiago de los Caballeros, para hacer gracia y merced a los reyes de Castilla.

Después de todo esto se cantó el Te Deum, que tanto se acostumbra en momentos solemnes; pero aquel día fue espléndido.

En seguida el Arzobispo bendijo a las autoridades y al pueblo, y se metió en su palacio deseoso de que lo dejaran quieto.

Pero el señor Larrazábal lo había dispuesto de otro modo, y era preciso que la función continuara. Faltaban las visitas y algunos discursos, no menos que espléndidos almuerzos con helados y postres que el venerable cabildo eclesiástico había preparado.

García Peláez se dirigió en coche con algunos eclesiásticos a la casa del Gobierno, que era la que se hallaba en la esquina opuesta a la iglesia de Santa Rosa.

Allí estaban esperándolo Rivera Paz, a quien llamaban Presidente del Estado; los individuos de su consejo; el Regente de la Corte; el Presidente de la Asamblea; el Prior del Consulado, personaje que en todos los actos públicos representaba principal papel; algunos jefes militares y otros funcionarios.

El señor don Juan José Aycinena, secretario de Relaciones Exteriores, mirando atentamente las vestiduras pontificales, recibió a la puerta del salón al Arzobispo como si el prelado eclesiástico fuera un embajador.

García Peláez pronunció un discurso muy breve en que manifestaba vivos deseos de concurrir al bien general en la nueva dignidad que se le había conferido.

Rivera Paz hizo ver su gran satisfacción por aquel acontecimiento que colmaba, según él dijo, los deseos religiosos de los muy católicos pueblos del Estado.

Ya estaba visitado el Presidente por el Arzobispo; faltaba que el Arzobispo fuera visitado por el Presidente. Esta ceremonia no se hizo esperar. Rivera Paz y todos los personajes que con él se hallaban se dirigieron al palacio arzobispal entre dos filas de tropa que se habían formado durante la visita y que marchaban en pos de la comitiva.

En el palacio arzobispal había más de doscientos convidados.

Hubo tres espléndidos almuerzos, gracias a la habilidad y previsión del canónigo Larrazábal, y reinó la mayor satisfacción y regocijo, según asegura la Gaceta.

Es excusado decir, porque debe suponerse, que durante todo el día hubo salvas de artillería y de cohetes, y estrepitosos repiques de campana.

El periódico oficial asegura que los convidados recorrieron todo el palacio arzobispal y que manifestaron un gozo indescriptible mirando el edificio donde despachaba el doctor Gálvez y donde tantas leyes reformistas se dictaron, convertido en mansión de un Arzobispo, y en habitaciones de clérigos, sacristanes y monaguillos.

Por la noche hubo iluminación en la ciudad; esto es: faroles con velas encendidas en las ventanas de las casas, y fuegos artificiales en la plaza, donde tocó algunas sonatas una música de cuerdas, y en seguida se oyeron las bandas militares.

Esta festividad nocturna no se debe a la habilidad del canónigo penitenciario don Antonio Larrazábal, sino al señor Corregidor don Antonio Meany, que con el penitenciario competía en deseos de celebrar el nuevo régimen.

Todavía falta algo de la función. El general de Brigada, Doroteo Monterrosa, dio una proclama elocuentísima en concepto de muchas piadosas señoras que de la festividad hablaban día y noche.

Respetándose, como es debido, tan juiciosa opinión, es conveniente referir lo que uno u otro estudiante atrevido osó pensar de Monterrosa.

"Que hable, decían, el canónigo penitenciario, obispillo in partibus, se comprende; que se pongan las monjas en oración para que no tropiece y caiga la mula que al señor arzobispo trae, se comprende también; que ande Pavón felicitando a las gentes porque se ha establecido el orden, la regularidad, el concierto, el decoro, y porque solo se ven actos de justicia desde el día 13 de abril de 1839, se comprende más que todo; pero que el general Monterrosa publique una proclama para darnos a reconocer a un arzobispo, parece un poco raro."

La proclama dice así:

Doroteo Monterrosa, general de Brigada y mayor general del ejército del Estado de Guatemala, a los pueblos que lo componen.

Compatriotas:

Al fin están ya cumplidos los deseos de los pueblos, teniendo entre nosotros un digno y virtuoso prelado de nuestra iglesia, que ha estado huérfana hace tantos años.

El ilustrísimo señor doctor Francisco García Peláez es el destinado por la Divina Providencia para tomar a su cargo la penosa tarea del Gobierno Eclesiástico; y debemos confiar en sus buenas y paternales intenciones y cuidados, a fin de que la santa religión y ley evangélica nos conserve en paz, viviendo como hermanos y haciendo por este medio la felicidad de la patria.

Debemos también ser gratos a nuestro Gobierno Supremo y autoridades, que han procurado con todos sus esfuerzos llenar las necesidades espirituales y temporales, que hace tiempo han sido el objeto de un clamor general.

A mí me toca la satisfacción, así como a nuestro general y demás individuos del ejército del Estado, de haber contribuido con nuestros esfuerzos y con nuestra sangre a que se realice tan grande obra, que ahora necesita consolidarse con la cooperación general; sin olvidarnos que, como cristianos, estamos obligados a concurrir con la satisfacción del diezmo según nuestras proporciones, a fin de que el culto de la iglesia se pueda sostener con el decoro debido.

Solo así podremos tener párrocos, colegios de enseñanza y los demás establecimientos necesarios para la regeneración de nuestro Estado, bajo los buenos principios religiosos y morales, que son el apoyo de la verdadera felicidad.

Tales son, conciudadanos, los deseos que pido a Dios sean cumplidos, y procurará sostener en cuanto alcancen sus fuerzas vuestro amigo,

Doroteo Monterrosa.

Esta proclama, entre sus piadosos fines, encerraba el muy laudable de exhibir la punta de la espada a los infelices hacendados que, debiendo pagar los diezmos, estaban obligados a sostener el decoro y el concierto de que hablaba sin cesar don Manuel Francisco Pavón.

En todas estas espléndidas ceremonias se hace sentir la falta del primer personaje del Estado: Rafael Carrera.

¿Cómo es que Carrera no estuvo en el convento de Santa Clara cuando las monjas oraban por el feliz arribo del ilustre caminante; ni en la Catedral a la hora del Te Deum; ni en la casa del Gobierno cuando fue visitada por el Arzobispo; ni en el Palacio Arzobispal cuando fue visitado por el Gobierno; ni en los almuerzos preparados por el Canónigo Larrazábal; ni en los fuegos artificiales dispuestos hábilmente por don Carlos Antonio Meany?

Carrera se ocupaba entonces en asuntos que debieron ser muy conformes con la santa religión y la ley evangélica, de que tanto se hablaba a nombre de aquel caudillo.

El general Carrera se hallaba fuera de la ciudad, preparando la caída de la Asamblea Constituyente, por medio de una ficción semejante a la ficción de Atescatempa, que tanto honra a los nobles de Guatemala. Véanse los números 43 y 45, Capítulo 1.°, Libro 6.° de esta Reseña, que corresponden a las páginas 344, 347, 48, 49 y 50 del tomo 3.°.

4.— La Asamblea Constituyente de Guatemala no sabía lo que le esperaba, y muy tranquila había continuado dando decretos importantes para afianzar más y más todos los días el orden y el concierto festejados por Pavón.

El 14 de mayo de 1842 afianzó ese orden dando un decreto cuya parte resolutiva dice:

"La Asamblea Constituyente del Estado de Guatemala,

Habiendo tomado en consideración que, conforme al artículo 2.° del decreto de 4 de octubre del año pasado reglamentario del Consejo de Gobierno, deben nombrarse individuos que desempeñen este cargo. Y en cumplimiento de lo acordado en este día y de la elección verificada en consecuencia,

Ha decretado:

Art. 1.° Son Consejeros de Gobierno:

1.° El señor Teniente General Rafael Carrera, General en Jefe del Ejército del Estado.

2.° El señor Ldo. Luis Batres, diputado a esta Asamblea.

3.° El señor Ldo. José Antonio Azmitia, diputado a esta Asamblea y Magistrado Conjuez de la Suprema Corte.

4.° El señor Juan Matheu.

5.° El señor Ldo. José Mariano Rodríguez, diputado a esta Asamblea.

Art. 2.° Estos funcionarios sustituirán al Presidente del Estado conforme a lo prevenido en el decreto ya citado."

El 1.° de junio otorgó a la compañía belga prórroga para el cumplimiento de la contrata de colonización.

El 19 de agosto aprobó un tratado con Bélgica para arreglar la manera de suceder y adquirir bienes los naturales de uno y otro país.

Aprobó la Asamblea con mucho gusto, placer y júbilo el célebre tratado de 7 de octubre de 1842, celebrado por Arriaga, Durán y Pavón, que los serviles han visto como la base del Derecho Público centroamericano y como la piedra angular del grande edificio del fraccionamiento de la patria.

El 14 de octubre emitió un extenso decreto que señala los límites del terreno concedido en Santo Tomás a la compañía belga y da reglas, que no se observaron, para llevar adelante la empresa, que no se realizó.

Aquella augusta Asamblea no desatendió un momento la preciosa Sociedad Económica que había mandado restablecer por su importantísimo decreto de 24 de septiembre de 1840, y en 4 de noviembre de 1843 dictó el decreto número 182 que dice así:

"La Asamblea Constituyente del Estado de Guatemala,

Habiendo tomado en consideración la solicitud de la Sociedad Económica de Amigos del País, dirigida por el Gobierno y contraída a que se le proporcionen fondos para subvenir a los objetos de su institución, oído el dictamen de la Comisión de Industria,

Ha decretado:

Art. 1.° Se pagará para fondos de la sociedad:

1.° Por cada corrida de toros que se dé en esta ciudad, ocho pesos.

2.° Por cada función teatral, cuatro pesos.

3.° Por cada función de volatines, pruebas de equitación o cualquiera otra de esta clase, cinco pesos.

Art. 2.° La contribución que paga anualmente el Consulado de Comercio será de doscientos pesos en lugar de ciento cincuenta que daba.

Pase al Gobierno para su publicación y cumplimiento.

Dado en el salón de sesiones, Guatemala, a cuatro de noviembre de mil ochocientos cuarenta y tres.

José Mariano Rodríguez, diputado Presidente.

Andrés Andreu, Secretario.

Manuel Ubico, Secretario.

Casa del Supremo Gobierno.—Guatemala, noviembre 11 de 1843.

Por tanto: Ejecútese.

Mariano Rivera Paz

La Sociedad Económica y el Consulado de comercio eran los dos establecimientos que don Manuel Francisco Pavón miraba con más predilección. Él sabía por qué los amaba tanto.

Aquella Asamblea había restablecido el colegio de Abogados el 11 de noviembre y exigido firma de letrado de conformidad con las prescripciones de la ley 1.ª título 16 libro 2.° de la recopilación de Castilla.

Aquel augusto Cuerpo, que siempre estaba haciendo modificaciones en el Consejo, dictó en la misma fecha un decreto que dice así:

Art. 1.° Son consejeros del Gobierno:
1.° El señor Teniente General Rafael Carrera.
2.° El señor José Nájera.
3.° El señor Ldo. Luis Batres.
4.° El señor Ldo. José Antonio Larrave.
5.° El señor José Coloma.

Art. 2.° Estos funcionarios prestarán ante el Presidente del Estado el juramento de ley y desempeñarán su cargo hasta que por la Asamblea sean subrogados.

Dio otros muchos decretos que pueden verse en la colección respectiva, entre los cuales se halla el que faculta al Gobierno para suplir el consentimiento paterno a los menores que quieran contraer matrimonio.

Pero la ley que más satisfecha dejó a la Asamblea es la de 4 de julio de 1843, de que ya se ha hablado y cuyo tenor es el siguiente:

"La Asamblea Constituyente del Estado de Guatemala;

Habiendo tomado en consideración la solicitud que han dirigido al Gobierno el señor Provisor e individuos del Venerable Cabildo Eclesiástico y Clero de esta capital, su Corregidor, individuos de la Municipalidad y otras personas notables, sobre el restablecimiento de la Compañía de Jesús en el Estado; con vista del informe del mismo Gobierno, en apoyo de dicha solicitud; y en atención a las ventajas que pueden resultar en favor de la instrucción pública y de la educación moral y religiosa de la juventud; con lo que expuso la Comisión de Negocios Eclesiásticos, y de conformidad con su dictamen; ha tenido a bien decretar y decreta:

1.° Se declara que los Padres de la Compañía de Jesús pueden venir al Estado de Guatemala, y ejercer en él su instituto religioso.

2.° El Gobierno queda autorizado para promover el establecimiento de la mencionada Compañía de Jesús.

3.° Y si para el efecto indicado fuese necesario hacer algún gasto de los fondos públicos, el Gobierno lo consultará previamente a la Asamblea.

Pase al Gobierno para su publicación y cumplimiento.

Dado en el salón de sesiones, Guatemala, a tres de julio de 1843.

José Mariano Rodríguez, diputado Presidente.

Buenaventura Mejía Paz, diputado Secretario.

Manuel Santa Cruz, diputado Secretario."

Guatemala, julio 4 de 1843.

POR TANTO: EJECÚTESE.

Mariano Rivera Paz.

Hubo quien propusiera cambiar el escudo de armas del Estado, lo cual dio lugar a una discusión que hizo inmortal a uno de nuestros poetas, que, hallándose en las galerías, la consignó con algunas hipérboles en octavas dirigidas al periódico titulado "La Aurora", cuyos redactores, aunque eran liberales, podían llamarse conservadores de sus vidas, y no quisieron publicarlas; pero se publicaron más tarde en "El Progreso", periódico salvadoreño. He aquí esas octavas:

Ilustres editores de la Aurora
(que afanados estáis contra Natura,
en hacer que esa Diosa precursora
de la luz, se aparezca en noche oscura),
perdonad el paréntesis y ahora,
si libres las juzgareis de censura,
y la prudencia no os pusiere trabas
dignaos insertar estas octavas.

En cierta célebre sesión
de las muchas que tuvo la Asamblea
hubo una acalorada discusión,

112

que a poco para en corporal pelea:
La materia era esta: ¿qué blasón,
o escudo de armas conveniente sea
para representar a Guatemala
con todo su esplendor, su pompa y gala?

Al jinete Santiago uno pedía
que en volátil corcel se describiera;
el doctor Hormiguillo proponía
por vivaz a la ardilla, y por ligera;
un tal a quien Caimán se le decía
propuso que un lagarto se pusiera;
y uno que nada habló sobre el escudo,
por ser as dijo: "que se pinte un mudo".

Quedó la tal cuestión sin resolver
por tanta variedad en las opiniones:
hubo quien se atreviera a proponer
pintar en el escudo camaleones:
diputados que estaban sin comer
apoyaron la de este con razones,
para lograr que la sesión se alzase
y a su casa cada uno se marchase.

Y así, en efecto fue, el Presidente
tocó la campanilla de platina:
levantó la sesión, quedó pendiente
esta cuestión tan rara y peregrina;
curioso voy a la sesión siguiente:
nadie sobre el escudo a hablar se inclina,
y hasta ahora nada cierto se dispone,
si es ardilla o caimán lo que se pone.

Mas como a mí me agrada cada cosa,
representar por signos verdaderos,
voy a dar mi opinión nada valiosa,
sí fundada en motivos muy sinceros:

del Estado, la paz en que reposa,
píntese con manadas de carneros.
Pero en lugar de su patrón Jacobo
mejor se pone un justiciero lobo.
La humilde Compañía preceptora
que un tal Íñigo nos dejó fundada,
y que fuera proscrita en mala hora
ha de verse muy luego restaurada;
y si de ella se espera gran mejora
y es Compañía de Jesús nombrada,
pónganse en el emblema a aquellos dos
que acompañaron en la cruz a Dios.

De la marcha admirable y portentosa
en que va la ilustrada Goathemala,
debe también decirse alguna cosa
y de ella en el escudo hacerse gala:
la más rápida ave es despaciosa,
la tortuga, a mi ver, menos le iguala,
píntese, pues, (salvo el mejor consejo)
dos jesuitas, un Lobo y un Cangrejo.

Volvióse a tomar el asunto del escudo de armas en consideración por la Asamblea y se dictó el siguiente decreto:

La Asamblea Constituyente del Estado de Guatemala.

Habiendo tomado en consideración la iniciativa del Gobierno, de 31 de diciembre del año próximo pasado de 1842, y la exposición que dirigió en 17 de agosto de este año, contraídas a representar la necesidad de que se hiciese una variación en el escudo de armas del Estado, mediante el cambio político que ha habido, en virtud de la disolución del pacto federal e independencia del Estado de Guatemala. Oído el dictamen de la comisión de gobernación,

HA DECRETADO:

Art. único. Las armas del Estado serán las que Centroamérica ha usado en el anverso de su moneda de oro, pero dispuestas de manera que el sol y los volcanes queden colocados en el centro de un escudo, cuya leyenda será: Guatemala en Centroamérica, 15 de septiembre de 1821; llevando en el carcaj una corona de olivo.

Pase al Gobierno para su publicación y cumplimiento.

Dado en el salón de sesiones, Guatemala, a veinte y seis de octubre de mil ochocientos cuarenta y tres.

José Mariano Rodríguez, diputado Presidente.

Manuel Santa Cruz, Secretario.

Manuel Ubico, Secretario.

Casa del Supremo Gobierno.—Guatemala, noviembre 14 de 1843.

POR TANTO: EJECÚTESE.

Mariano Rivera Paz.

La Asamblea, llena de satisfacción por todos los bienes que había hecho y creyendo que el general Carrera la coronaría de laureles por todas las adulaciones que le había prodigado, puso fin a sus trabajos el 4 de noviembre de 1843, con el noble designio de continuarlos el 1.° de abril de 1844.

Don Manuel Francisco Pavón publicó un extenso artículo que puede verse en el número 136 de La Gaceta Oficial correspondiente al 15 de diciembre de 1843.

Pavón se encanta hablando de los grandes servicios de aquella ilustre corporación y de los grandes triunfos que por su medio se habían obtenido contra los pérfidos innovadores, enemigos de todo orden y de todo concierto.

Pero don José Milla y Vidaurre en su discurso de 15 de septiembre nos dijo:

"La Asamblea Constituyente se valió para reconstruir de algunos materiales ya casi olvidados, inútiles, perjudiciales, y que no decían bien con la situación; lo cual había dado a la política de aquella época cierto carácter retrógrado, y le había valido además la calificación de ultramontana y reaccionaria."

No nos dice Milla cuáles eran esos materiales ya casi olvidados, inútiles y perjudiciales de que la Asamblea se valió para reconstruir.

¿Serían los diezmos, los monasterios y los frailes, el fuero eclesiástico y las capellanías, la Sociedad Económica y el Consulado, los tratamientos monárquicos y las farsas de hidalguía?

No lo sabemos.

El señor Milla tiene ahora la pluma en la mano y puede llenar el vacío que entonces dejó.

La desgracia quiso que hubiera quien introdujera en la cabeza del héroe de Atescatempa la idea de que aquella corporación tenía por principal fin enriquecer a tres familias.

El héroe decía que esa Asamblea había sido llamada a dar una Constitución que jamás dictaba, y que era preciso llamar a hombres nuevos que correspondieran a los altos deseos de los pueblos, los cuales estaban indignados y no podía contenerlos.

Carrera en esos días recorría los pueblos, y con este motivo no concurrió a la espléndida función de la entrada del Arzobispo.

Fingió una sublevación en Pinula donde se aglomeraban campesinos a quienes se les atribuía el malévolo designio de invadir la ciudad.

La Comandancia General, después de haber deleitado al público con los vistosos aparatos que la ordenanza española para tales casos prescribía, anunció al vecindario que velaba por sus intereses.

Ese "sus", que tanto se presta al equívoco en la lengua española, fue interpretado siniestramente por algunos estudiantes, quienes se atrevían a pensar que la palabra "sus" significaba los intereses de la Comandancia.

Carrera fue llamado al instante y, a caballo, recorrió las calles de Guatemala para indicar al público que quien velaba por la suerte de todos, para que no hubiera engaños, falsedades ni perfidias, se hallaba al frente del ejército protector de la religión.

Carrera mandó fuerzas a contener a los rebeldes y se rompió el fuego.

Ese fuego no era solo de pólvora. Los fusiles de uno y otro bando estaban cargados con bala, y cayeron muchos muertos y heridos.

Los partidarios de Carrera suponen que su héroe era un hombre de talento. ¿Quién podrá pensar que tenía talento el que imaginó que todo el vecindario de Guatemala tendría como una realidad aquella sangrienta y criminal farsa que concluyó por una capitulación fingida?

He aquí la capitulación de que se habla:

"El teniente general Rafael Carrera, general en jefe del Ejército del Estado de Guatemala, y los jefes de las dos divisiones de los pueblos aliados que operaban hostilmente sobre la capital, hemos convenido, en obsequio de la paz pública y de la sangre centroamericana, en que se atiendan las peticiones racionales de dichos jefes y los intereses del Estado bajo los puntos siguientes:

1.° La autoridad de la Asamblea Constituyente debe ser subrogada por un Consejo de Gobierno con tanta autoridad como la misma Asamblea. Este cuerpo constituirá el Estado, será electo popularmente y se compondrá de un individuo por cada departamento. Para ser electo miembro de este Consejo, se tendrán las cualidades siguientes: 1.° Ser hijo del Estado y del departamento, mayor de edad, de conocida probidad y saber, y que en todas épocas haya demostrado ser verdadero patriota que ama el bienestar de los pueblos. 2.° Ser propietario, para que esta circunstancia lo constituya en conservador de la paz. Que se ocupe en observar la inversión de los caudales públicos y en representar las necesidades de sus poderdantes para que se promueva su fácil remedio.

De esta reducción de representantes resultará más violencia en los asuntos, menos oposición al bien general, más economía al erario, y lo que es más, la desaparición del aspirantismo.

2.° La constitución que dé el Consejo será sancionada por otro Consejo, compuesto de doble número de representantes, electos en los términos expresados en el artículo anterior; y este Consejo, que no tiene más objeto que sancionar, podrá ser carga concejil.

3.° Que al Presidente del Estado se le den bastantes facultades por la Asamblea actual antes de disolverse, sin más condición que cada año deberá dar residencia de su administración al Consejo.

4.° Como la administración de justicia está algo desvirtuada, y los pueblos creen que por el interés se les despoja de ella, es indispensable que estos destinos y el de los escribanos sean servidos puramente por sueldos y sin cobrar cosa alguna, y por personas que se renovarán según su buena o mala administración por el mismo Consejo, el cual también nombrará a los letrados de probidad y honor que deben dirigir a las partes litigantes en sus asuntos; pues de esto resultará más prontitud en el despacho, menos parcialidad y más rectitud en la administración de justicia.

5.° Que se dé un nuevo arreglo a la hacienda pública: que se disminuyan los empleados civiles y aun los militares si fuere forzoso. De esto resultará menos gravámenes a los pueblos, menos apuros para el Gobierno y una economía para aumentar los fondos públicos, los cuales tarde o temprano servirán al ejército, sin necesidad de vejar a los propietarios, pues estos deben ser protegidos por las leyes.

6.° Promoverá el Supremo Gobierno y el Consejo la prosperidad efectiva de los pueblos con hacer obras públicas de beneficencia, construcción de puentes y fábricas para las poblaciones industriosas que se hallen limitadas a sus tejidos, hilados, etc.

7.° Nombrará el Supremo Gobierno, de acuerdo con el Consejo, un solo juez de tierras y un agrimensor para cada dos departamentos, los cuales serán escogidos entre los más honrados de la profesión, quedando sujetos a la formación de causa y pérdida de honorarios si obran mal en su ejercicio.

8.° Que se sobrecarguen los derechos a aquellos efectos extranjeros que se introduzcan y puedan fabricarse en el país.

9.° Que los eclesiásticos no se mezclen en cosas políticas y, de consiguiente, no podrán ser electos para destinos públicos, para que la verdadera religión no pierda su prestigio y reverencia.

10.° Que se conceda el fuero de guerra a las milicias del Estado, que en el día lo gozan únicamente los que están en actual servicio.

"11. El ejército de los pueblos aliados, siempre sumiso al Supremo Gobierno y a su benemérito caudillo y general en jefe del ejército, deseoso de dar pruebas de que, si están con las armas en la mano, no es con miras perversas, sino con la de solicitar la mejora de los habitantes del Estado, desde luego quieren que la reforma se haga con toda libertad, y depondrán las armas tan luego como se reúna la Asamblea, y que el Estado se halle organizado según los artículos precedentes, quedando entonces encargado de la realización y cumplimiento de este convenio el Exmo. señor Teniente General y General en jefe del Ejército, debiendo advertir que este nuevo régimen adoptado durará por todo el tiempo en que resulten beneficios al Estado, quedando en libertad los pueblos para variarlo según les convenga.

Y por conducto del Gobierno se dé cuenta a la Asamblea Constituyente del Estado con el presente convenio.

Cuartel General en la Villa de Guadalupe, 11 de marzo de 1844.
Rafael Carrera.
Antonino Solares.
José Clara Lorenzana.
Manuel Figueroa.
Pedro Velásquez.
Manuel Solares.
Manuel Álvarez."

El artículo 9 era un golpe dirigido a la cabeza del doctor Aycinena, quien, siendo clérigo, desempeñaba el Ministerio de Estado y era diputado.

En la historia de Centroamérica hay peripecias extraordinarias. El año de 1838, los señores diputados Barrundia, Molina Gómez y Padilla pidieron a la Asamblea que ningún eclesiástico pudiera ser elector, ni elegido para ningún destino público, y los liberales don Bernardo Escobar y don Domingo Diéguez se opusieron. Véase el capítulo 8, libro 5.° de esta Reseña, que corresponde a la página 91 del tercer volumen.

Se ve allí que la oposición provino de temores a los pueblos y a Carrera, y ahora el mismo Carrera pide a nombre de los pueblos que los eclesiásticos no se mezclen en asuntos políticos.

La proposición triunfó el año de 1838, a pesar de las oposiciones de Escobar y Diéguez, y se emitió de conformidad con ella el decreto de 1.° de mayo.

Ese decreto no podía regir de inmediato, porque reformaba la Constitución.

Era preciso que lo ratificara otra legislatura.

Operóse el cambio de 13 de abril de 1839, y vino una Constituyente compuesta en su principio de tantos clérigos que parecía un concilio.

¿Quién había de pensar entonces en el decreto de 1.° de mayo?

Carrera se fatigó de aquella Asamblea cuando ya tenía pocos clérigos, y dio a estos el golpe que lanza el artículo 9.° del supuesto tratado de la Villa de Guadalupe.

Para oprobio de los serviles que dominaban la Asamblea, ellos mismos tuvieron que ratificar el tratado, confesando así públicamente que los nobles de Guatemala se hallaban en aquellos momentos bajo el yugo de Carrera.

Carrera obsequió al público con la proclama siguiente:

El teniente general Rafael Carrera, general en jefe del ejército del Estado, a los pueblos que lo componen, y a los jefes, oficiales y tropa de las divisiones pronunciadas, y del Supremo Gobierno que operaban en los días diez y once de marzo:

Compañeros de armas:

Una parte del ejército, en número de 2,300 hombres, empuñó las armas para reclamar una reorganización en el sistema gubernativo, como único remedio para los males políticos; y aunque al principio, guiado yo por la severidad de la ordenanza, me había propuesto castigarlos, se moderó mi ardor al ver el respeto que ellos en sus comunicaciones protestaban al Supremo Gobierno y a mi autoridad, y en las cuales no solicitaban nada para sí, sino para la generalidad de los pueblos.

Mi ausencia retardó mis operaciones, y por esto la capital, aunque constaba su división de 900 plazas, contando con el valor y decisión de los jefes, oficiales y tropa de los cuerpos de milicias, que en el momento se presentaron con el mayor entusiasmo a tomar las armas, se mantuvo a la defensiva, guardando el mejor orden y disciplina que siempre les caracteriza.

A la una de la tarde del día 10 llegué a las garitas de esta capital, y con una escolta de honor que me acompañaba y algunas otras pequeñas fuerzas que me reforzaron en el tránsito, comencé mis operaciones. Y esta valiente tropa, despreciando los títulos que los ligara a los pronunciados, no vio más en ellos que a unos enemigos que se presentan a su frente con las armas en la mano, y cuyo acto consideran un delito que intentan castigar a costa de su sangre, y para lo cual esperan la orden de su jefe.

Después de algunas pequeñas acciones, apareció para mí el día más glorioso de mi vida, porque vi renacer la paz, y porque no me he visto en la necesidad de ver sembrado el campo de batalla de mis súbditos y antiguos compañeros de armas. Es verdad que algunos de estos acaban de perecer; pero la sangre de estos mismos valientes será el precio de los bienes que vais a disfrutar reorganizando el Estado según los artículos que acabamos de pactar.

Veréis vuestros votos cumplidos, porque la Asamblea Constituyente, cuyos individuos habéis electo popularmente, no titubeará en ratificarlos, puesto que han sido llamados a velar por los intereses de los pueblos; es llegado el caso de que cumplan con este sagrado deber, y mucho más cuando es la voluntad general de las masas que lo componen.

El pacto se ratificará, y vosotros volveréis a vuestros hogares y al seno de vuestras familias, llevando por galardón un nuevo sistema que hará la felicidad de éstas y la gratitud de las poblaciones que habéis ocupado, por la moralidad y honor con que os habéis conducido, no vejando ni exigiendo un solo maravedí.

Yo, pues, os doy las gracias por el respeto a las personas y propiedades, y porque, sumisos a las órdenes de vuestros jefes, os habéis comportado como buenos centroamericanos. Volved, pues, teniendo presente que esta misma reorganización que acabáis de promover debe ser sostenida por vosotros mismos como parte del ejército que sostiene los derechos del Estado: encargándoos solo la subordinación que siempre habéis guardado, y que en esta época ha llenado de admiración a vuestros conciudadanos y a vuestro general y caudillo.

Rafael Carrera.

La Asamblea fue convocada y, consignando en un decreto su eterna deshonra, dijo:

1.° Queda ratificado en todas sus partes el convenio celebrado en 11 del corriente por el teniente general y Comandante de las armas del Estado, señor Rafael Carrera, con los jefes de las fuerzas pronunciadas.

2.° El Gobierno, en uso de las amplias facultades de que queda investido, arreglará todos los ramos de la administración según mejor convenga al bien de los pueblos.

3.° En consecuencia, queda disuelta la Asamblea, dejando encargados los destinos del Estado y de sus habitantes al mismo Gobierno y al señor general Carrera.

Pase al Gobierno para su publicación y cumplimiento.

Dado en el salón de sesiones. Guatemala, a catorce de marzo de mil ochocientos cuarenta y cuatro.

El Marqués de Aycinena fue subrogado interinamente por don Pablo Llerena.

¿Y por qué?

Porque el artículo 9.° del tratado de la Villa de Guadalupe dice que los eclesiásticos no se mezclen en cosas políticas, y que no puedan ser electos para los destinos públicos a fin de que la verdadera religión no pierda su prestigio y reverencia.

Aycinena, irritadísimo con su amigo, protegido y protector, lo volvió a llamar antropófago, como en aquellos días aciagos e inolvidables en que el señor Marqués intentaba hacer dictador a Morazán. Véase el capítulo 16, libro 5.° de esta Reseña, página 175, tomo 3.° Pero sus declamaciones eran privadas, y no públicas como en otro tiempo, porque el ex—Ministro de Rivera Paz sabía muy bien, a vista de lo que sucedió con el padre Ugarte en los Altos (capítulo 8, libro 6.° de esta Reseña), que el Teniente General en momentos de enfado no respetaba coronas.

Más filósofo se manifestó Pavón.

Don José Milla y Vidaurre, en la célebre Biografía de Pavón, nos dice:

"El señor Pavón empleó todo su influjo con los diputados (algunos de los cuales no estuvieron por la disolución) para hacerles ver la conveniencia de no provocar una medida violenta y de dejar que las cosas siguiesen su curso natural. Era una de las máximas políticas del señor Pavón el no oponer jamás una resistencia caprichosa a los sucesos ni a aquellos cambios que las circunstancias van haciendo indispensables. Siguiendo invariablemente ese principio, y sabiendo estudiar y comprender las tendencias y las necesidades sociales, es como puede únicamente un hombre de Estado conservar erguida la cabeza sobre los acontecimientos que van desarrollándose con la variedad consiguiente a las cosas de los hombres."

Entonces apareció en La Gaceta una renuncia con fecha atrasada del señor Marqués de Aycinena que dice:

Señor Presidente del Estado:

Los reiterados ataques que experimenta mi salud, harto achacosa después de algún tiempo, y el asiduo trabajo que exige el despacho de la Secretaría, mayormente en circunstancias difíciles como las presentes, me obligan a suplicar de nuevo al señor Presidente se sirva aceptar la renuncia que tengo muchas veces hecha del cargo referido.

Han pasado ya, señor, los tiempos en que había peligros, porque la buena causa tenía enemigos poderosos; y hoy mi situación exige de mí el retiro.

No dudo, señor Presidente, que Ud. tendrá la dignación de hacerme esta gracia, que recibiré como una recompensa de mis pequeños servicios.

"Soy, señor, con toda consideración de Ud., muy obediente servidor.

Guatemala, marzo 7 de 1844.

Juan J. de Aycinena."

Don José Francisco Barrundía, en su Revista de los partidos, refiere la caída de la Asamblea de esta manera:

"Mas la sublevación de Pinula, dispuesta por Carrera para destruir la Asamblea Constituyente, que jamás terminaría por sí misma, fue la obra maestra de su habilidad, y la que puso el sello a su honradez y genio militar. Hacía tiempo que este Cuerpo Legislativo, a pesar de su subordinación a todos los caprichos y proyectos lisonjeros con que se esmeraban en complacerle los adeptos más impudentes de la tiranía, hacía sombra a Carrera; y había también dado algunos decretos en que se gravaban ramos de su especulación y monopolio. Era, pues, necesario destruirlo, y destruirlo de una manera imponente y deshonrosa. Una revolución de montañeses era de grande oportunidad. Carrera la forma, la traza, le señala día, y marcha a sus correrías.

De improviso, un día aparecen masas de campesinos por Pinula que amenazan invadir la ciudad. El libertador no estaba. ¡Qué conflicto! Se despachan cien avisos. Mas él aparece luego entre ellos, y marcha denodadamente a combatirlos. No es ilusión: hay un gran tiroteo. Pero aquel ardor guerrero cuesta algunos muertos y heridos a los pobres campesinos llevados por él mismo al combate de la parte contraria. Él defiende la ciudad alborotada con la mayor bizarría; y derrama la sangre inocente del que fingiera su enemigo. ¿Qué le importa? El simulacro concluye con una capitulación, disolviendo a la Asamblea Constituyente y convocando un Consejo que hará sus veces.

Ya se ha visto cuál fue la manera heroica con que terminó sus días la Asamblea Constituyente. Ella correspondió a la dignidad de los medios que empleó su gran regenerador. A la Asamblea Constituyente se le hizo proclamar, en uno de los artículos de su decreto, que fue suprimido en la publicación, que no merecía la confianza pública. Esta era una ingratitud, un deshonor insoportables. Mas, ¿cuáles son las condiciones, por más viles que sean, por las que no haya pasado este noble partido por obtener de Carrera alguna participación, alguna limosna de su ruin despotismo?

Desapareció la Asamblea Constituyente y dejó su página memorable escrita junto con la muy célebre de la sublevación y tratados de Pinula.

En la Asamblea había diputados que pertenecían al partido liberal como el doctor Colom, Pineda, Dardón (Marcos) y algunos otros. Había diputados que a todos inspiraban confianza como don Venancio López. Pero la mayoría era esencialmente reaccionaria.

En el número 115 de La Gaceta de Guatemala se encuentra lo siguiente:

Lista de los Representantes que actualmente componen la Asamblea:

Por Guatemala: Señores Mariano López, Marcos Dardón, licenciado Manuel Francisco Pavón, Juan Antonio Martínez, Manuel Marín Castro, licenciado Manuel Ubico y José Nájera.

Amatitlán: Señores presbítero doctor Antonio Colom y Santiago Solórzano.

Escuintla: Señor Francisco Benítes.

Guazacapán: Por elegir uno.

Jalpatagua: Señor Sotero Carrera.

Cuajiniquilapa: Por elegir dos.

Antigua Guatemala: Señores Basilio Segura, Sebastián Aceña, Basilio Porras y Vicente Casado.

Chimaltenango: Señores licenciado Venancio López y Manuel Gálvez.

Tejar: Señor licenciado Francisco Valenzuela.

San Juan: Señores Francisco Xavier Aguirre, Vicente Solís, Macario Santa Cruz.

San Martín: Señores Francisco Arrazola, Pedro Gálvez y licenciado Luis de la Roca.

Patzún: Señores Pablo Hernández y presbítero doctor Manuel José Salazar.

Cobán: Señores presbítero doctor Juan José de Aycinena, José Coloma y Martín Henríquez.

Cajabón: Señor Manuel Colmenares.

Petén: Señor licenciado Luis Batres.

Tactic: Señores Mariano Aycinena y Juan Matheu.

Salamá: Señor Antonio Palomo Valdez.

Rabinal: Señores licenciados Manuel Piñol y José María Urruela.

Chiquimula.—Señor Serapio Vásquez y por elegir uno.

Esquipulas.—Señores presbítero Juan N. Rodezno y José Dolores Nuño.

Mita.—Señores Alejandro Marure y Pedro Pablo Aguilar.

Zacapa.—Señores doctor Andrés Andreu y licenciado Juan B. Asturias.

Acasaguastlán.—Señor Francisco González.

Sansaria.—Por elegir uno.

Jalapa.—Señor presbítero Buenaventura Quiroz.

Santa Rosa.—Señor Cayetano Arrivillaga.

Sololá.—Señores licenciados Matías Martínez, Benedicto Sáenz, doctores Quirino Flores y Eusebio Murga.

Totonicapán.—Señores Manuel Pineda, licenciado José Mariano Rodríguez, licenciado Gregorio Orantes, Francisco Castillo, licenciado Manuel Arrivillaga y José Gándara.

Huehuetenango.—Señores Manuel Arellano, Ignacio Córdova, Raymundo Arroyo y Miguel Ferrer.

Cuilco.—Señor Manuel Taboada, y por elegir uno.

Quezaltenango.—Señores licenciados Manuel Santa Cruz, Mariano Croquer, Domingo Diéguez y por elegir dos.

Suchitepéquez.—Señores licenciado Buenaventura Mejía, José María Estrada, licenciados José A. Larrave y Manuel Echeverría.

Barrio de San Marcos.—Señores licenciado José Antonio Azmitia, José Batres Montúfar y Pedro Lara Pavón.

He aquí los hombres contra quienes se hicieron los preinsertos y supuestos tratados de la Villa de Guadalupe.

El día de la disolución de la Asamblea, los serviles concibieron la idea de destruir a Carrera. Al efecto, hubo conferencias entre los jefes de ambos partidos. Esas conferencias son la prueba más grande que los liberales tienen de que los nobles consideraban a Carrera en el poder tan salvaje como lo consideraban en la montaña, y como lo presentaron en los periódicos que todavía están a la vista de todos, titulados: "El Observador" y "El Apéndice."

Estas conferencias son la más completa confesión de que los nobles se valían de Carrera, no porque lo creyeran civilizado ni civilizable, sino porque lo necesitaban como instrumento de sus maquinaciones.

Los jefes del partido liberal comprendieron que se trataba de hacerlos servir de instrumento para la caída de Carrera, volviéndose las armas después contra ellos, y no accedieron a ninguna proposición.

Algunos meses después hubo otros proyectos serviles contra Carrera en combinación con algunos jefes liberales; pero las desconfianzas que se inspiran hombres que jamás pueden coincidir en ideas ni en principios políticos hacían fracasar las conspiraciones. Los serviles, entre tanto, lograban volverse a apoderar del ánimo de Carrera y continuaban destruyendo con el machete todo lo que podía tender al progreso y a las nobles aspiraciones de una juventud que se empeñaron en embrutecer y que efectivamente anonadaron.

CAPÍTULO CUARTO: EL SALVADOR Y GUATEMALA

SUMARIO

1.— Reunión de las Cámaras del Salvador. 2.—Toma posesión de la presidencia del Estado el general Malespín. 3.—Muerte de don

126

Antonio José Cañas. 4.— Política del Gobierno. 5.—Política del obispo Viteri.6.—Invasión de Arce. 7.— Nuevo ministerio en Guatemala. 8.—Movimiento militar en el Salvador. 9.— Ministerio de Pavón y de Azmitia en Guatemala. 10.—Destierro de Arce. 11.— Proclama de Rivera Paz. 12.—Publicaciones hechas en Guatemala contra el Estado del Salvador. 13.— Himno de don José Milla y Vidaurre contra los serviles. 14.—Nota de la Confederación Centroamericana y respuesta de Pavón. 15.— Conclusión del movimiento militar. 16. —Estado del tesoro guatemalteco. 17.— Tratados de Quezada. 18.—Daños causados en Jutiapa. 19.— Entra Viteri a Guatemala. 20.— Extensión del misticismo. 21.— Se ratifican en Guatemala los tratados de Quezada. 22.— Malespín se reconcilia con los nobles y procede de acuerdo con ellos.

El 30 de enero de 1844, las Cámaras del Salvador se instalaron solemnemente.

Los nombres de los diputados y senadores se hallan consignados en el decreto de instalación. (Documento núm. 1.).

El primer asunto de aquella Asamblea era abrir los pliegos que contenían la elección de Presidente mandada practicar por orden de don Juan José Guzmán, para declarar jefe legítimo al que hubiera tenido mayor número de votos, o nombrar, en caso de no haber elección popular, entre las personas que la Constitución indicaba.

Ningún ciudadano tuvo el número de sufragios exigidos por la Ley fundamental, y la Asamblea eligió al general Malespín.

Inmediatamente expidió un decreto declarando la elección. (Documento núm. 2.)

El general Malespín debía suponerse que conservaría las mejores relaciones con el general Carrera porque se hallaban ligados por vínculos muy estrechos.

Malespín combatió a los salvadoreños en los días 18 y 19 de marzo de 1840.

Malespín se distinguió por sus crueldades en la segunda expedición de Carrera a Los Altos.

Cuando se verificó la célebre misión del año de 1840 del general Carrera y don Joaquín Durán, Malespín iba con ellos, y después del ignominioso tratado Durán, Carrera, Barberena y Lacayo, ambas partes contratantes convinieron, por exigencias de Carrera, en que el general Malespín quedaría al lado de Cañas con el mando de las armas.

No siendo grato, por una serie de circunstancias posteriores, el honrado, sencillo y bondadoso Cañas a los nobles de Guatemala, quienes antes lo habían colmado de elogios, el general Malespín lo derribó.

Malespín, en 1841, contribuyó a disolver la Asamblea y a desterrar diputados, senadores y magistrados por creerlos morazanistas.

Malespín estaba ligado al obispo Viteri, quien le sugirió la idea de derribar al Presidente legítimo don Juan José Guzmán, porque este jefe no prohibió que en el Estado del Salvador se escribiera contra los nobles de Guatemala, ni era en todo un instrumento del obispo.

Malespín cumplió la consigna y cayó Guzmán.

Con estos títulos de merecimiento, asomó bajo el dosel el general Malespín el 5 de febrero de 1844.

Malespín leyó ante las Cámaras un discurso en que se habla de leyes, de paz y de justicia. (Documento núm. 3.)

Este discurso parece emanar de los labios de un liberal y de un hombre modesto que solo aspira al bien y a dar garantías al Estado.

Muy creíble es que Malespín en aquellos momentos sintiera muchos de los conceptos que leía; pero su educación, sus costumbres, sus hábitos inveterados y la fatal influencia de hombres que, en provecho suyo, fascinándolo, lo dominaban, a cada momento lo separaban de la brillante senda que el discurso inaugural le trazaba.

El doctor Victoriano Nuila, Presidente de la Asamblea, contestó a Malespín diciéndole que el Estado aguardaba el cumplimiento de sus promesas y le habló de religión y de concordia. (Documento núm. 4.)

En este discurso no se ven esas adulaciones que tanto se prodigan a los gobernantes cuando se hallan en su Oriente y el cénit de su carrera, y que tanto disminuyen cuando se aproximan al ocaso.

Nuila habla de la religión como si fuera un monje.

No debe extrañarse porque el Obispo Viteri ejercía entonces una grande influencia en el Estado y gustaba mucho de ese lenguaje.

No comprendía entonces el señor Nuila que era peligrosísimo el hablar así a Malespín, porque tales ideas tendían a convertir al

Presidente, todavía más de lo que entonces estaba, en ciego instrumento de Viteri.

Malespín, como es costumbre, fue felicitado por las municipalidades. La primera que celebró su ascenso fue la de Santiago Nonualco y la segunda la de Sensuntepeque; pero es digno de notarse que no todos los pueblos del Estado hicieron coro, y que sordos rumores predecían acontecimientos muy siniestros.

El 24 de febrero de 1844 murió en la hacienda del Joco don Antonio José Cañas.

Se ha presentado a Cañas en esta Reseña como un ciudadano débil e incapaz de salvar a la patria en momentos difíciles. Esta es una verdad notoria, como lo demuestran los capítulos 9 y 10 del libro 6.º

Cañas, con un poco de energía, habría salvado a Centroamérica en mayo de 1840 del machete de Carrera; pero su debilidad, sus temores, su carácter meticuloso, sus relaciones con los nobles de Guatemala y el respeto que estos le inspiraban lo condujeron a referir a don Joaquín Durán, que se hallaba al lado de Carrera en San Salvador, la actitud en que se encontraban los barrios y las disposiciones hostiles contra Carrera, a quien apenas custodiaban 200 hombres desmoralizados por la embriaguez y el pillaje, cuyos atentados todavía se recuerdan.

Cañas era conservador, perteneció al partido de Cornejo y cayó con él. Se le condujo, como otros muchos ciudadanos, preso a Guatemala, donde permaneció cinco años sin tacha en su conducta.

Este destierro y las causas que lo produjeron ligaron a Cañas aún más con los nobles, y en 1839 era uno de los personajes que firmemente pensaban que Morazán se oponía a la reorganización de Centroamérica.

En 1840 ejerció el Poder Ejecutivo en el Salvador y la fatalidad lo condujo a ratificar el tratado Durán, Carrera, Barberena y Lacayo, que puede verse íntegro en el capítulo 9.º, libro 6.º, de esta Reseña.

Cañas tuvo un desengaño cruel, pero tardío.

Llegó al fin a comprender que no era Morazán sino los nobles de Guatemala el obstáculo para que viéramos flamear la bandera centroamericana. Trabajó en favor de la Convención que se instaló en Chinandega el 17 de marzo de 1842 y fue colocado al frente del Gobierno nacional provisorio, como expresa Marure en el párrafo 303 de las Efemérides.

Aquel Gobierno no llegó a tener efecto, y Cañas trabajó en favor del nuevo pacto que se hizo en Chinandega el 27 de julio del mismo año.

Las Cámaras del Salvador honraron su memoria por medio de un decreto notable. (Documento núm. 5.)

Mandando Malespín bajo la influencia inmediata de Viteri, era imposible que el país no se encaminara a la edad media, a pesar del espíritu democrático y eminentemente liberal de los salvadoreños.

Se vio restablecido el fuero eclesiástico, se autorizó al Gobierno para establecer monasterios, y al Obispo para pedir auxilio al brazo secular, aunque solo en asuntos contra los eclesiásticos.

El decreto indica la repugnancia con que se dictaba por las estudiadas restricciones que contiene. (Documento núm. 6.) No era así como se legislaba en Guatemala y en Honduras.

Las Cámaras dictaron una ley de extranjería que puede verse al fin del presente capítulo. (Documento núm. 6.)

Don Joaquín Eufrasio Guzmán fue electo vice—Presidente del Estado. Este renunció con varios pretextos. Guzmán, de quien se habla en el apéndice al capítulo 10 del libro 6.º, no aspiraba al mando; se hallaba radicado en la ciudad de San Miguel; era un rico comerciante y sus intereses reclamaban toda su atención.

La renuncia no fue admitida y Guzmán tuvo necesidad de asumir las responsabilidades que las leyes imponen al segundo jefe del Estado.

Malespín decretó un indulto en favor de los complicados en las revoluciones del volcán de Santa Ana y ordenó el sobreseimiento de los juicios pendientes.

Esto era lógico, dadas las circunstancias de actualidad.

El movimiento de los volcaneños se había operado para producir una revolución reaccionaria.

El Marqués de Aycinena había dicho en notas oficiales, que se publicaron en todos los Estados, que no se podían contrariar los impulsos de los volcaneños, como no se pudieron contrariar los impulsos de los montañeses del año de 1837 en Guatemala.

Los que fomentaban la insurrección del volcán de Santa Ana se proponían destruir el periódico titulado El Amigo del Pueblo, desterrar a sus redactores y derribar a don Juan José Guzmán.

Todo esto se había obtenido en diciembre de 1843; ya no se necesitaba, pues, la cooperación de los volcaneños.

Reservábase ese elemento reaccionario para ponerlo otra vez en movimiento en primera oportunidad.

El Obispo Viteri había obtenido la expulsión de los que se oponían al triunfo de sus ideas teocráticas y un cambio completo en el personal del Gobierno y, sin embargo, no estaba satisfecho.

El clero gozaba de inmunidades; pero no en el caso de que atacara la soberanía nacional, ni el orden público, ni cuando se le probara la perpetración de algún delito de aquellos que merecen pena más que correccional.

Los jueces eclesiásticos podían aplicar los cánones en las sentencias; pero en el orden de enjuiciar se hallaban sometidos a las leyes del Estado, y se encontraba expedito el recurso de fuerza en los casos designados por derecho, para proteger la jurisdicción nacional.

Viteri podía pedir a las autoridades civiles y militares los auxilios que necesitara para hacer efectivas sus providencias; pero solo contra los eclesiásticos y jamás contra los que no lo fuesen.

Viteri podía establecer monasterios; pero al efecto necesitaba la cooperación del Poder Ejecutivo.

Se habían restablecido los diezmos; pero no se podía emplear para exigirlos la fuerza coactiva como se empleaba en Honduras y en Guatemala.

Si se atiende a que el partido liberal de Centroamérica estaba abrumado por la caída y la muerte del general Morazán, a que en Guatemala y Honduras dominaban los reaccionarios de la manera más absoluta, y a que en El Salvador ejercían una gran presión Viteri y Malespín, las restricciones que las Cámaras impusieron al Obispo son dignas de elogio.

Viteri estaba indignado contra esas Cámaras, no solo porque limitaban su autoridad, sino porque las discusiones eran públicas y el pueblo oía lo que Viteri deseaba que nadie escuchase.

El mismo Malespín solía hablar a Viteri de Cámaras y de leyes, de soberanía nacional y del sistema democrático, y esto era insoportable para todo un asistente al Sacro Solio Pontificio.

Viteri había derribado a Guzmán, pero quedaba en pie la Constitución. Era preciso un nuevo trastorno, cualquiera que fuera su costo y sus consecuencias, para destruir esa Constitución.

Viteri mismo escribía un proyecto de ley fundamental a medida de sus deseos y de sus aspiraciones teocráticas.

Pero, ¿qué medios debía emplear el Obispo para hacer convocar una Asamblea Constituyente que adoptando su proyecto episcopal lo impusiera a los salvadoreños?

La aristocracia y el clero tienen un medio para obtener sus fines que es una verdadera palanca de Arquímedes: la ignorancia y la barbarie.

El Marqués de Aycinena empleó para uncirnos al yugo de un imperio un sistema hasta entonces desconocido: la reunión y votos de los cabildos. Este sistema ha sido empleado muchas veces por los retrógrados de una manera muy útil para sus maquinaciones.

Un gobierno reaccionario elige a su placer las personas que deben formar las municipalidades y cuando le place reúne a estas municipalidades para que apoyen cuanto él quiere hacer.

Así consiguieron los serviles que las municipalidades de Don García, de Gualán y de Zacapa auxiliaran a la municipalidad de Guatemala, compuesta de los señores Manuel Piñol, Pedro Lara Pavón, Andrés Andreu y otros individuos de su mismo color político, cuando los nobles combatían el pensamiento de que se renovaran las autoridades del Estado, según la Constitución de 1825. (Véase el capítulo 25 libro 5.º de esta Reseña.)

Bajo este sistema de elecciones consiguió Viteri que la municipalidad de San Salvador se formara a placer del Obispo. Era gobernador Ciriaco Choto, uno de los más conocidos instrumentos de Viteri, y el 9 de abril de 1844, la municipalidad de San Salvador dirigió al Gobierno una exposición redactada en el palacio episcopal. (Documento núm. 8.)

Se adula en ella a Malespín.

Se dice que es infatigable, que trabaja y medita por las mejoras y prosperidad del país, que tiene abiertos sus oídos para todos los habitantes. Así se le habla para hacerlo propicio a la idea que se quiere realizar por medio de él.

Se dice que el sistema constitucional es dispendioso, y que no hay recursos para sostenerlo.

Había diezmos, había primicias, había derechos de estola: el Estado había tenido dinero para dar al Obispo Viteri gruesas sumas por cuenta de sueldos, de viaje a Roma, de bulas, de regreso, de instalación y de todo lo que pedía. El lujo del Obispo Viteri hacía contraste con la sencillez republicana.

Para todo esto había dinero, y se deseaba que hubiera más; pero se pretendía que no se gastara un peso en sostener la división de los poderes, sin la cual no hay república posible.

¿Qué pretendía Viteri por medio de Ciriaco Choto? Que el Obispo fuera todo y lo dominara todo.

Las municipalidades de Olocuilta, Santa Ana, Suchitoto, Guayabal y Jalpa, guiadas por el Obispo y bajo la influencia opresora de Malespín, celebraron las actas que se hallan al fin de este capítulo. (Documentos números 9, 10, 11, 12 y 13.)

Los militares, para probar una vez más que la fuerza armada no es deliberante y que no deben hacerse peticiones con las armas en la mano, presentaron a Malespín una solicitud que Viteri había preparado, imponente para las Cámaras. (Documento núm. 14.)

¿Cuál es esa marcha segura y económica y esa simplicidad que se hace pedir a los militares?

Es el Gobierno de un hombre solo.

Estas pretensiones de Viteri prueban que su Señoría Excelentísima, aunque había viajado, no conocía el mundo, que aunque era americano no sabía cuáles son las tendencias y las aspiraciones de la América, que aunque había leído, ignoraba por completo la extensión y las raíces que los principios del Derecho público constitucional tienen en la tierra.

El pontificado de Viteri, si bien por una parte ha costado mucha sangre y muchas lágrimas, por otra ha sido muy útil a los centroamericanos, porque ha puesto en evidencia las verdaderas aspiraciones clericales.

En aquellos días era grato oír en San Salvador a las señoras hablar vehementemente contra el jefe de la Curia diocesana y contra los abusos del clero.

Viteri pretendió hacer creer a los salvadoreños que era un semidiós, y obtuvo por resultado las creencias de que la fatalidad había colocado en la primera silla de la nueva Diócesis a un revolucionario pernicioso.

Malespín, con presencia de las actas que él mismo había mandado formar, dictó el decreto que sigue:

Art. 1.º— Se convocan extraordinariamente las Cámaras Legislativas del Estado para el día 1.º de junio próximo.

Art. 2.º— Téngase por toda minuta de convocatoria, la excitativa para llamar una Asamblea Constituyente, dentro del término más pronto posible, para que se ocupe de reformar en su totalidad la ley fundamental dada en San Salvador a 18 de febrero de 1841, y mandada promulgar el 22 del mismo.

Art. 3.º— El ministro de Hacienda librará la orden a la Tesorería General, para que ésta imparta las suyas a las diversas administraciones de los departamentos, en donde se suministrará el correspondiente viático a los señores senadores y diputados, a fin de que no hagan falta en esta capital el día prefijado.

Art. 4.º— Los gobernadores departamentales quedan obligados a citar a los individuos de la lista legislativa, a quienes también se citará con expreso por el Ministerio de Relaciones.

Lo tendrá entendido el ministro de este ramo, y hará se imprima, publique y circule.

San Salvador, abril 25 de 1844.

Francisco Malespín.

En estas ocupaciones estaba Malespín para dar gusto a Viteri cuando se anunció la invasión al territorio salvadoreño por don Manuel José Arce, ex—Presidente de Centroamérica.

Al instante se envió una circular a los Gobiernos de los Estados que demuestra que se sabía lo que iba a suceder. (Documento núm. 15.)

Arce se presentó en el pueblo de Atiquizaya, excitando a la municipalidad y vecindario a la insurrección.

Llevaba una partida de tropa de Guatemala y conducía un armamento empaquetado que ofreció poner en manos de los hombres que se levantaran contra Malespín.

El enviado de Guatemala en El Salvador, don Juan Antonio Alvarado, costarricense de origen pero radicado en El Salvador donde tenía sus intereses, comprendió, estando en Guatemala, las maquinaciones de los nobles para invadir a El Salvador, e inmediatamente renunció ante el Gobierno guatemalteco el cargo de comisionado, para que ni remotamente fuera a creerse en El Salvador que él tenía parte en la agresión.

Esta nota se ocultó en Guatemala; pero habiéndose hecho público su contenido, fue preciso hacer mérito de ella. (Véase el núm. 159 de "La Gaceta oficial").

Malespín dijo en un manifiesto hablando de Arce:

"En perfecta paz interior, y en las mejores relaciones con los Estados confederados, y aun con el mismo Guatemala, se hallaba el Gobierno del Salvador, ocupándose en proyectar algunas mejoras y hacer otras de fácil ejecución, en todos los ramos de la Administración pública, cuando dicho señor Arce se presentó en el pueblo de Atiquizaya excitando a la Municipalidad y vecindario al desconocimiento de las autoridades supremas del Estado, ofreciendo apoyarlo con una partida de tropa que traía armada de Guatemala, con las armas que también conducía empaquetadas; y con iguales pronunciamientos que aseguró se verificarían en todo el Estado.

Al propio tiempo en Guatemala, se presentó el Enviado de aquel Gobierno cerca de éste, dimitiendo su comisión, porque siendo vecino del último, no quería se pensase que él tomaba parte o aprobaba la invasión que allá se intentaba hacer en el Salvador."

¿Cómo se explica esto? ¿Por qué los serviles de Guatemala invadían el Salvador estando de Presidente el general Malespín, bajo la dirección del Obispo Viteri?

Las relaciones de los nobles y Carrera no siempre habían sido felices.

La aristocracia y el clero levantaron a Carrera por medio de la ficción del envenenamiento de las aguas. (Véase el libro 4.º de esta Reseña); pero no siempre podían dominarlo a su antojo; muchas veces se les escapaba de las manos, y en esos instantes lo combatían. (Véase el sermón de fray Bernardo Piñol y Aycinena y las exhortaciones del canónigo Larrazábal que se hallan en el capítulo 21, libro 5.º de esta Reseña).

En uno de esos momentos en que Carrera se escapaba de las manos aristocráticas, los nobles se arrojaron a los pies de Morazán ofreciéndole la Dictadura, y habiéndolos despreciado el vencedor de Gualcho, pidieron una vez más a Carrera, quien entonces era un faccioso que andaba por los montes haciendo fechorías, que volviera a ellos sus ojos misericordiosos. (Véase el capítulo 16 del libro 5.°).

Después del infausto 13 de abril de 1839, Carrera solía ultrajar a los serviles. De cuando en cuando pretendía mandar en absoluto, y como buen economista quería cerrar las puertas del Estado a las mercaderías extranjeras, lo cual le parecía lo más fácil y conveniente del mundo.

No se le dio gusto y renunció, haciendo ver a la Asamblea que no había recibido el Poder de ella, sino de los pueblos.

La Asamblea, humildemente, se arrojó a los pies del guerrillero de Mataquescuintla y le pidió que continuara honrando a los guatemaltecos como lo había hecho hasta entonces.

Carrera, en una proclama, ultrajó a los nobles y dijo a Pavón, Aycinena y a Batres que eran hijos de antiguos tiranizadores.

Dijo a don Juan José Aycinena que pretendía alucinar con un título que compró su abuelo.

Dijo al canónigo Larrazábal que exigía los diezmos a los pueblos para enriquecerse él y enriquecer a los suyos. (Véase el capítulo undécimo del libro sexto).

Carrera un día redujo a prisión al Presidente del Estado, don Mariano Rivera Paz, y ultrajó a los aristócratas con imponentes amenazas. (Véase el capítulo 15 del libro 6.°).

Carrera acababa de dar a los nobles un golpe atroz, con la ficción de Pinula y los supuestos tratados de la Villa de Guadalupe. (Véase el capítulo anterior).

Los nobles aspiraban algunas veces a que sus miserables escudos de armas y sus pergaminos de hidalguía no estuvieran siempre bajo los caites, y solían hacer esfuerzos para deshacerse de Carrera.

Oportunamente se verá que un día Carrera despojó a los magistrados serviles, lo cual produjo una verdadera indignación a Pavón, Aycinena y a Batres, y algunos reaccionarios conspiraron contra Carrera; pero estando muy adelantada la conspiración, los nobles tuvieron miedo de que, caído su héroe, dominara el partido liberal y casi a última hora volvieron sobre sus pasos, empleando una ficción.

Supusieron que un conspirador moribundo se había confesado con el canónigo Larrazábal y revelado los proyectos, y que Larrazábal había tenido necesidad de denunciarlos. ¡Qué útil es el confesonario!

En el número 41, correspondiente al 2 de octubre de 1880, de El Centroamericano, periódico que se publica en Granada, se encuentra una extensa carta dirigida por don Dionisio Chamorro al general Jerez sobre puntos de historia patria, y en ella se hallan consignadas estas palabras.

"Los mismos hombres que habían contribuido al triunfo de Carrera estaban asustados de su obra. Yo pasé por aquella República en esa época y muchas personas me dijeron: Diga Ud. a su hermano que venga a salvarnos de este salvaje: que esté seguro de que encontrará poca resistencia; pero que no venga con él Malespín, porque entonces tendremos que morir defendiendo a este hombre por librarnos de aquella fiera."

Este párrafo lacónico todo lo explica.

¿Quién era el hermano de que habla don Dionisio Chamorro?

Era don Fruto Chamorro, que entonces se hallaba, legalmente hablando, al frente de los Estados del Salvador, Honduras y Nicaragua en calidad de Supremo Delegado.

¿De qué triunfo habla don Dionisio Chamorro?

Del triunfo del 13 de abril de 1839.

¿Quiénes fueron los hombres que hicieron triunfar a Carrera entonces?

Fueron los Aycinenas, los Piñoles, don Manuel Pavón y don Luis Batres.

He aquí, pues, los hombres que estaban asustados por su propia obra.

Don Dionisio Chamorro es pariente de los Piñoles y tan amigo de ellos que contribuyó a que fray Bernardo Piñol y Aycinena fuera preconizado Obispo de Nicaragua.

Esos hombres hablaban con franqueza a don Dionisio Chamorro y le decían:

"Diga Ud. a su hermano que venga a salvarnos de este salvaje; pero que no venga con él Malespín, que es una fiera."

Si el Supremo Delegado se hubiera acercado a Guatemala sin Malespín, habría entrado en triunfo.

Ya sabemos por la confesión de los nobles que ellos habrían facilitado su entrada.

Pues los liberales habrían victoriado a Chamorro, porque hay una diferencia vasta entre don Fruto Chamorro, cualesquiera que hayan sido sus ideas y sus principios políticos, y el salvaje que los nobles lanzaban como una pantera hambrienta sobre los liberales.

Esta carta de Chamorro revela la perfidia de los nobles de Guatemala.

Ellos comprendían que Carrera era un salvaje y lo presentaban a los ojos del pueblo como un hombre ilustrado y de alta civilización.

Muchos jóvenes no los creían, porque con sus propios ojos miraban el salvajismo de Carrera, y hablaban contra él.

Entonces los aristócratas empleaban esbirros, y los lanzaban sobre la juventud.

La expiación de creer lo que los mismos nobles creían: el salvajismo de Carrera, se verificaba en las bóvedas del Castillo y en el cadalso.

Con presencia de todo esto no deberá extrañarse la intentona sobre San Salvador por medio de Arce.

Malespín era para los nobles un Carrera, que de cuando en cuando se les escapaba de las manos, y sustituido por Arce nada les quedaba que desear en San Salvador.

Mandando Arce en el Salvador, los nobles tenían un apoyo contra Carrera, y un auxilio para evitar que el héroe de Atescatempa les diera otros golpes semejantes al de Pinula y Villa de Guadalupe.

La dificultad estaba en hacer que Carrera mismo contribuyera a un proyecto que abrazaba muchas miras contra él.

Los nobles emplearon la diplomacia. Presentaron a Malespín ante Carrera como un ambicioso, que deseaba dominar a Centroamérica humillando a Guatemala, y Carrera apoyó el proyecto de invasión.

El general Malespín puso en movimiento el Estado del Salvador, y dio cuenta al Supremo Delegado de la Confederación, quien dirigió al Gobierno salvadoreño, por medio del señor Miranda, una nota que dice así:

"Ministerio general del Supremo Delegado de la Confederación centroamericana.—San Vicente, mayo 1.° de 1844.—Señor Presidente del Estado del Salvador.

Tuve el honor de recibir la apreciable oficial comunicación de Ud. fecha 29 del mes de abril último, en que se sirve participarme la invasión que el Estado de Guatemala hace al del Salvador por medio del señor Manuel José Arce; y habiendo dado cuenta con ella al Supremo Delegado de la Confederación, me ordenó, con esta misma fecha, dirigir como lo he hecho, al Consejo consultivo, la comunicación que copio:

Por comunicaciones recibidas en el Ministerio de mi cargo, fechas 25 y 29 del próximo pasado abril, el Gobierno del Estado del Salvador participa al Supremo Delegado de la Confederación: que el de Guatemala le hace una invasión con fuerza armada por medio del señor Manuel José Arce, a quien ha dado un considerable subsidio de armas, dinero y otros elementos de guerra, según resulta comprobado de información de testigos contestes, y de un parte recibido del Alcalde de Atiquizaya, pueblo último del mismo Estado. Como este procedimiento es alarmante para los demás de la Confederación, por cuanto amaga la existencia de uno de los socios que la componen, el Supremo Delegado que por las mencionadas comunicaciones, está igualmente impuesto que el referido Arce se ha introducido al departamento de Sonsonate, territorio del Salvador, dando así principio a las hostilidades, cree: que es llegado el caso, o al menos está muy próximo, de hacer uso del artículo 30 del Pacto de 17 de julio del año de 1842; y que de una u otra manera, se está en el de designar a cada uno de los Estados aliados la parte de las fuerzas y recursos con que deben contribuir para la defensa común, poniéndolas a su disposición para usar de ellas cuando lo crea conveniente y arreglado a sus facultades. Con tal objeto, y persuadido íntimamente que la invasión hecha al Salvador, es de una trascendencia inmediata a los otros Estados de la Confederación, el día de hoy me ha prevenido excitar al Consejo consultivo por el honroso conducto de Ud. para que si lo tiene a bien se digne acordar lo conveniente a este respecto de conformidad con la fracción 2.° del artículo 53 del propio Pacto. No es de más, señor secretario, manifestar a Ud. que el Supremo Delegado, en caso de que el Consejo asienta a su invitación, opina:

que las fuerzas deben levantarse en número de tres mil hombres, con los cuales podrá obrar de una manera ventajosa al sostenimiento de la paz y de los intereses de la Confederación cuando sea necesario.

El Consejo consultivo en la propia fecha contestó con la nota oficial que en lo conducente dice:

"El Consejo, impuesto de la comunicación que en esta fecha le hace el Supremo Delegado, ha abierto dictamen sobre la materia y, conferenciando detenidamente, acuerda:

1.° Se manifieste al Supremo Delegado que está en el caso del artículo 30 de la Constitución Confederal; y que aunque no se quisiese reconocer como potencia extraña al Estado de Guatemala por ser uno de los que componen la República centroamericana, el artículo 31 de la misma Constitución previene: que cuando de hecho ocurra un choque de armas entre los Estados procure evitarlo, y cuando esto no baste usará de la fuerza de los demás Estados; así es, que el Consejo considera oportuno que el Supremo Delegado, si lo tiene a bien, se dirija al Gobierno de Guatemala manifestándole: que la agresión que comete contra el del Salvador prestando armas, parque y dinero, y promoviendo la sublevación entre los descontentos de la actual administración, es ofensiva a los demás Estados de la Confederación y atenta de una manera positiva y directa a la existencia del sistema general que han adoptado.

2.° Que si no tuviese efecto la anterior medida, ni la mediación del Consejo, los Gobiernos de los Estados pondrán cada uno a disposición del Supremo Delegado mil hombres armados con el equipo correspondiente y fondos para su mantenimiento; y que entre tanto concurren aquellas fuerzas, el del Salvador dispondrá una fuerza de dos mil hombres que pondrá a disposición del Supremo Delegado, los cuales serán pagados por los Estados confederados, todo sin perjuicio de aumentarse aquel cupo y este en caso necesario.

3.° Que el Supremo Delegado invite, si lo tuviese a bien, al Director de Nicaragua, para que se sirva interponer su amistad y relaciones con el Gobierno de Honduras, a fin de cortar la guerra con el pueblo de Texiguat de la manera que lo permita la dignidad de aquel Gobierno; y que al mismo tiempo interponga sus respetos con la fuerza sublevada de Texiguat, a fin de que por su parte acepte las medidas generosas que le ofrezca el Gobierno de Honduras, para que el Estado pueda prestar todos sus auxilios en caso necesario, al sostenimiento de la Confederación.

Con inserción de las comunicaciones trascritas me ordenó el Supremo Delegado contestar a Ud., y al hacerlo me previno manifestarle: que ya se participa a los Gobiernos aliados el acuerdo del Consejo para precaver el desagradable acontecimiento de que Guatemala subyugue al Salvador; pero antes de declararse abiertamente la guerra a este Estado por aquel, el Delegado Supremo desea: que por parte de Ud., señor Presidente, se den las órdenes más estrechas a los jefes militares, para que sus operaciones las circunscriban a este Estado, sin introducirse en manera alguna al de Guatemala, aunque fuera persiguiendo partidas insignificantes, que tal vez y sin acaso, tendrán por objeto provocar, para que las fuerzas salvadoreñas invadan aquel territorio, a fin de justificar la injusta agresión meditada tanto tiempo por el Gobierno de Guatemala, madurada con sórdidas maniobras y comenzada a ejecutar de una manera tan irregular como la que vemos; pues de lo contrario, no podría exigirse a aquel Estado con la serenidad y entereza que inspira la justicia, la tremenda responsabilidad en que lo precipita su oscura política.

Reitero a Ud., señor Presidente, mis respetuosas consideraciones, y me suscribo su muy atento servidor.

R. Miranda.

Otra nota que al Gobierno de Guatemala dirigió Miranda, de orden del Supremo Delegado, es bastante severa y se encuentra al fin de este capítulo (Documento núm. 16).

¿Quién era ese Supremo Delegado que con tanta severidad hablaba a los serviles de Guatemala? ¿Sería el nacionalista Barrundia; sería el compañero inseparable de Morazán, general Cabañas; sería el incorregible coquimbo Álvarez Castro, o Máximo Orellana?

No: ya se ha dicho que el Supremo Delegado era Don Fruto Chamorro.

Véase, pues, que hay una diferencia vasta entre algunos conservadores de los Estados y la aristocracia guatemalteca.

7. El artículo 9 de la supuesta capitulación de la villa de Guadalupe había lanzado del Ministerio a don Juan José Aycinena.

Rivera Paz despachaba con jefes de sección, guiados por mentores del partido servil; pero en momentos difíciles la situación no podía continuar así. Se necesitaba un nuevo Ministerio que no estuviera en contradicción con las ideas consignadas en las capitulaciones de la villa de Guadalupe. Al efecto, fue nombrado Ministro de Relaciones y Gobernación el licenciado don José Mariano Rodríguez, y de Hacienda y Guerra don Miguel Rivera y Maestre. En el número 154 de La Gaceta de Guatemala, correspondiente al 19 de abril de 1844, se encuentran estas palabras:

"El señor Presidente del Estado se ha servido nombrar al señor licenciado José Mariano Rodríguez, secretario de Relaciones y Gobernación, y al señor Miguel Rivera y Maestre, de Hacienda y Guerra. Los señores nombrados deberán inmediatamente prestar el juramento de ley y dar principio al ejercicio de sus funciones."

Rodríguez tuvo a bien aceptar, Rivera y Maestre renunció. Él había rehusado el mismo puesto en tiempo del doctor Gálvez, y servido en aquel período histórico en calidad de Director General de Rentas. Tenía conocimientos no comunes en matemáticas y en ciencias económicas, y muchas leyes de Hacienda que honran a Gálvez son obra suya.

Rivera y Maestre comprendió en 1844 que aquel Ministerio era una simple transición para que el Gobierno volviera a la casa de Pavón y de Aycinena, y no quiso aceptar; como tampoco aceptó un poco más tarde la misma cartera que le ofreció el vicepresidente Vicente Cruz.

8. Los salvadoreños, si no estaban conformes con la administración de Malespín y de Viteri, lo estaban menos con la perspectiva que se presentaba de una administración aristocrática por medio de Arce.

La invasión del ex—Presidente de Centroamérica afianzó momentáneamente a Malespín en el Poder. Al primer anuncio de ella, muchos de los principales pueblos del Estado se reunieron con sus municipalidades para protestar su fidelidad al Poder Ejecutivo y ofrecerle toda clase de recursos.

Debido a esta disposición de los ánimos, en muy pocos días y sin esfuerzo alguno, el general Malespín pudo reunir en la capital cuatro mil hombres decididos a perder su vida antes que ser vasallos de los Aycinenas, Pavón y Batres.

El ejército se puso en movimiento.

El comandante de la primera partida de vanguardia, teniente coronel Pedro Escalón, llegó a las siete de la mañana del cinco de mayo al valle de Chingo en persecución de los cabecillas Arce, Aquilino San Martín y Guillermo Quintanilla.

Con solo la presencia de Escalón, los facciosos huyeron hacia Contepeque, donde tenían su cuartel general. Ahí se les cargó y se pusieron en precipitada fuga, dejando en poder de las fuerzas del Gobierno salvadoreño 10 tercios de fusiles, cinco cajones de parque, tres tercios de cartucheras, un saco de piedras de chispa, otro de pólvora gruesa, 24 carabinas y un tercio de varias piezas de fusil.

La segunda sección salió a las cuatro de la tarde a ocupar la hacienda del Coco.

A las dos de la misma tarde salió la sección de vanguardia a ocupar el pueblo de Chalchuapa, dejando en Santa Ana una fuerza con la artillería.

Estos hechos son muy importantes porque de ellos se deducen los motivos por los que Malespín invadió Guatemala. (Véase el documento núm. 17 al fin de este capítulo.)

Un acuerdo firmado por el Ministro de la Guerra, Bosque, y comunicado a los comandantes de los Cuerpos del ejército por el general jefe de Estado Mayor, Isidoro Saget, otorga premios a los jefes, oficiales y tropa que hicieron huir a los invasores. (Documento núm. 18.)

Malespín llegó en marchas triunfales hasta Jutiapa. Su genio, su carácter y el poco respeto a las autoridades, que había aprendido en la escuela de Carrera, lo lanzaron al territorio de Guatemala, contra las órdenes del Supremo Delegado.

Rivera Paz emitió el decreto siguiente:

El Presidente del Estado de Guatemala.

Considerando que tropas del Estado del Salvador han violado el territorio de Guatemala al penetrar en él hasta la villa de Jutiapa, sin previa declaratoria de guerra y cuando estaban las relaciones de ambos Gobiernos sin interrumpirse.

Debiendo defenderse los derechos del Estado y vindicar su honor, el Gobierno en uso de sus facultades, ha tenido a bien decretar y

DECRETA:

1.º El Estado se halla en estado de guerra: en consecuencia, todos sus habitantes, según sus aptitudes, están obligados a tomar las armas para concurrir a su defensa, alistándose desde luego en los diferentes cuerpos organizados por la Comandancia general.

2.º El teniente general y general en jefe del ejército, señor Rafael Carrera, queda encargado de dirigir las fuerzas y providenciar lo conveniente a la defensa del Estado hasta expeler al enemigo de su territorio.

Dado en el Palacio del Gobierno, en Guatemala, a 22 de mayo de 1844.

Mariano Rivera Paz.

Don José Mariano Rodríguez, colocado en una difícil posición que no quiso sostener por mucho tiempo, dirigió a los Gobiernos de Centroamérica la circular que sigue:

Guatemala, mayo 22 de 1844.

Hoy ha recibido el Gobierno noticia de que fuerzas considerables del Estado del Salvador han penetrado en el territorio de este Estado ocupando la villa de Jutiapa, de donde se retiraron las cortas fuerzas que allí había de guarnición.

Este suceso inesperado ha tenido lugar cuando las relaciones entre ambos Gobiernos, no solo no se habían roto, sino que más bien parecían satisfactorias, después que por parte del mío se habían hecho al del Salvador las explicaciones oportunas con respecto al incidente ocasionado por la aparición del señor Arce en la frontera, y aun dado toda especie de seguridad de que por tal causa no se alteraría en lo sucesivo el orden y buena armonía de unos pueblos que por mil títulos deben considerarse hermanos.

Siendo esto así, la agresión y violación del territorio de Guatemala no puede atribuirse a otra causa que al deseo de encender la guerra bajo cualquier pretexto, y sin un fin que no sea ruinoso a los intereses de todo Centroamérica, a su crédito exterior y al bienestar de sus habitantes, cuyas propiedades van a sufrir quebrantos incalculables.

El Gobierno Supremo se ocupa de dictar cuantas medidas exige la defensa del Estado, y libra la responsabilidad de las tristes consecuencias que este hecho escandaloso debe producir, sobre los que, calculando mal los intereses generales, se han dejado arrastrar de ilusiones verdaderamente funestas al acometer empresa tan temeraria.

Siempre firme la administración de Guatemala en los principios que ha proclamado de independencia de los Estados, conforme a lo que está estipulado en los diferentes tratados que existen, y que son para todo Centroamérica la ley del país; ni ha pensado en violarlos, ni ha podido imaginarse que tal pensamiento pudiera albergarse en ningún otro Gobierno, a menos que hiciera traición a los intereses que le están encomendados.

El señor Presidente del Estado de Guatemala cree de su deber hacer esta declaración sin la menor demora a los Gobiernos de todos los Estados, asegurándoles que si bien procurará invariablemente sostener la paz que únicamente puede hacer la felicidad común, no por eso omitirá todos los medios que están en su arbitrio para defender los derechos del Estado que tiene el honor de mandar, manteniendo una actitud imponente hasta que se le dé por el agravio inferido la satisfacción que es debida de parte de los ofensores.

Tengo el honor de suscribirme su muy atento servidor.
J. Mariano Rodríguez.

La guerra no se podía hacer sin dinero y el Gobierno no lo tenía. Fue preciso acudir al público a fin de que diera a los nobles el dinero que necesitaban para sostener una invasión que ellos habían promovido y provocado. Se decretó un empréstito, y no siendo bastante el pedido, Rivera Paz emitió el decreto siguiente:

El Presidente del Estado de Guatemala,

Atendiendo a la urgente necesidad que hay de sostener el heroico ejército que hace la defensa del Estado contra la injusta invasión de las tropas salvadoreñas, con el único fin de devastarlo. No siendo suficientes las rentas comunes, y contando con la buena disposición y patriotismo de este honrado vecindario y propietarios de la capital: usando de las facultades que le competen para el caso,

DECRETA:

Art. 1.º Se hace un pedido extraordinario de sesenta mil pesos que deberán repartirse entre los vecinos de esta capital.

Art. 2.º El máximo de las asignaciones será de dos mil pesos; y el mínimo de doscientos.

Art. 3.º Se incluirán en estos sesenta mil pesos los veinte mil repartidos en las dos anteriores asignaciones de diez mil. Todos los que hubieren hecho enteros por las expresadas asignaciones, o por la de cuarenta mil, se les abonará en cuenta lo que hubieren pagado; teniéndose, además, en consideración la prontitud con que ocurrieron a auxiliar la causa pública.

Art. 4.º Los enteros de la asignación se verificarán en tres plazos: uno de presente, y los otros dos de ocho en ocho días, verificando el primero sin perjuicio de cualquiera reclamación aunque sea justa, pues esta será examinada y atendida para repararse en las siguientes.

Art. 5.º Una comisión compuesta de dos individuos de la Municipalidad, otros dos del Consulado y presidida por el Corregidor, hará estas asignaciones: dentro de veinticuatro horas comunicará la lista a la Tesorería, la que se fijará en la Administración general para conocimiento del público.

Art. 6.º Las reclamaciones justas que se hicieren serán examinadas dentro de ocho días por la misma comisión, agregándose a ella dos individuos nombrados por el Gobierno.

Art. 7.º Ninguno de los individuos de las comisiones referidas podrá excusarse bajo pretexto alguno.

Art. 8.º Este pedido se garantiza con los productos de la alcabala marítima, expidiéndose vales a razón de ochenta por ciento, admisibles por terceras partes.

Art. 9.º Las casas de extranjeros que contribuyan, como es de esperarse, con la asignación que se les haga en justa proporción, según se hace a los demás habitantes, serán reintegradas por la Tesorería luego que cesen las presentes circunstancias, si es que no se conformaren con la asignación de la alcabala marítima.

Art. 10.º Toda resistencia a consecuencia de este decreto será castigada con multa que impondrá la misma comisión, y cuidará de exigirla el Corregidor para emplearla en la defensa del Estado.

Art. 11.—Las cantidades de dinero que hasta la fecha hayan dado los departamentos y las demás que en adelante dieren para la defensa del Estado, serán indemnizadas por el tesoro público en los términos que establece este decreto.

Art. 12.—La Tesorería General llevará cuenta separada de lo que ingrese por este pedido.

Dado en el Palacio del Gobierno en Guatemala, a siete de junio de mil ochocientos cuarenta y cuatro.

Mariano Rivera Paz.

No bastaba procurar la guerra por medio de la injusta invasión de Arce. Era preciso faltar a la verdad a la faz de Centroamérica; era preciso calumniar a los salvadoreños asegurando que el movimiento de sus tropas no tenía más fin que la devastación de Guatemala.

¿Por qué se llama a las armas a los guatemaltecos?

¿Por qué se les impone una contribución forzosa?

Porque los Aycinena, Pavón y Batres tuvieron el antojo de revolucionar el Estado vecino por medio de don Manuel José Arce.

Rodríguez renunció y fue nombrado Ministro de Relaciones, Gobernación y Guerra, don Manuel Francisco Pavón; de Hacienda, don José Antonio Azmitia; y subsecretario general, don Manuel Ubico.

Pavón era el hombre que exigían las circunstancias. Él no tenía los miramientos ni los temores que ligaban a Rodríguez.

Pavón no podía asegurar que Arce no invadió al Salvador; pero decía a todo el mundo, que ni don Pedro Aycinena, ni don Juan José Aycinena, ni don Luis Batres, ni don Mariano Rivera Paz ni el general Carrera, ni ningún individuo notable del partido del orden y del concierto sabía ni aún podía imaginar que don Manuel José Arce tuviera dos tercios de fusiles, ni cinco cajones de parque, ni tres tercios de cartucheras, ni un saco de piedras de chispa, ni otro saco de pólvora gruesa, ni veinticuatro carabinas, ni un tercio de varias piezas de fusil, ni nada de lo que don Manuel José Arce abandonó en Contepeque.

Arce estaba pobre porque cuanto tuvo lo había gastado en locas empresas revolucionarias. ¿Con qué dinero pudo comprar todos los elementos de guerra que le quitó el coronel Escalón?

Don Juan Antonio Alvarado, agente de Guatemala en el Salvador, denunció al Gobierno guatemalteco el movimiento de Arce, lo cual está probado por comunicaciones de Alvarado y por un manifiesto de Malespín en que se alaba la conducta del mismo Alvarado. ¿Cómo, pues, asegura Pavón que el Gobierno de Guatemala no tuvo noticia de ese movimiento que se le había denunciado?

La salida de Arce era pública; de ella se hablaba en las tertulias y en los corredores de la Universidad de Guatemala donde había cuestiones entre estudiantes guatemaltecos y salvadoreños acerca de ese movimiento revolucionario.

¿Cómo, pues, se atreve Pavón a sostener que el gobierno ignoraba lo que todos sabían?

Pavón, para disculpar al Gobierno de un atentado de que se hallaba convicto, lo presenta como el más estúpido de todos los gobiernos.

Un Gobierno que ignorase que en su territorio se ejecutaba todo ese movimiento militar no podría sostenerse.

Pavón no se fija en que hay frecuentes conspiraciones que son descubiertas.

Si el Gobierno es tan imbécil que ignora que se sacan armas para revolucionar a un Estado amigo con cuyo jefe está en perfecta paz, ¿cómo puede vivir y hacer frente a los conspiradores?

Muchas medidas dictaron los serviles para que se les creyera inocentes.

Entre estas se halla un acuerdo que dice así:

Guatemala, mayo 12 de 1844.

El Presidente del Estado, tomando en consideración las últimas ocurrencias habidas en la frontera de este Estado con el del Salvador, por las tentativas del señor Manuel J. Arce; y considerando que su permanencia en este propio Estado comprometería la tranquilidad pública, y sería motivo de reclamaciones por parte del Gobierno del

Salvador: debiendo proveerse cuanto conduzca a fin de precaver uno y otro: siendo de los principales deberes del Gobierno mantener el orden y las buenas relaciones que existen con los demás Estados de la república; y en uso de la facultad que le confiere la ley constitutiva de 29 de noviembre de 1839 en sus artículos 14 y 17,

ACUERDA:

Que el señor Manuel J. Arce debe salir de esta ciudad dentro de veinticuatro horas, y evacuar el territorio del Estado dentro de veinte días, tomando la dirección que él elija.

Se encarga el cumplimiento de este acuerdo a la comandancia general, a quien se le pasará la correspondiente comunicación.

Don Manuel José Arce, en sus Memorias, y todos los que han escrito contra los liberales, censuran amargamente al Congreso Federal por el decreto de 5 de septiembre de 1829 que contiene la expulsión de Arce, porque no se verificó habiendo precedido un juicio con todos los requisitos de las leyes de procedimientos y seguido en todas instancias; y nada han dicho contra los serviles que en 1844 destierran al mismo Arce, no por un decreto del Congreso, sino por un acuerdo del Jefe del Estado.

Verdad es que este acuerdo no es más que una farsa representada con el consentimiento del mismo Arce para callar a los salvadoreños; pero ante la legislación aparece una medida del Jefe del Estado dictada despóticamente.

Los serviles querían de todos modos aparecer inmaculados y presentan a los salvadoreños como responsables de la guerra.

Con tal motivo hicieron que don Mariano Rivera Paz publicara esta proclama:

El Presidente de Guatemala a sus habitantes.

Desde que el enemigo tuvo la audacia de invadir nuestro territorio, ocupando la benemérita villa de Jutiapa, el Gobierno os lo anunció: y ha tenido el placer de ver que todos, sin excepción alguna, habéis acudido a tomar las armas bajo las banderas del invicto jefe que en 1840 salvó a Guatemala de la destrucción, y supo humillar las huestes que venían a saciar en nuestro Estado su voraz rapacidad.

Está ya descubierto el plan. La presente invasión no es otra cosa que la venganza de aquel acontecimiento. Venganza mucho tiempo hace meditada, y a cuyos esfuerzos impotentes el Gobierno de Guatemala no ha hecho otra cosa que oponer la prudencia y una constante lealtad y buena fe, hasta el punto de haber agotado todos sus esfuerzos por satisfacer cuanto la envidia y la superchería han podido inventar para perturbar la paz, que es el bien que ha procurado para todo Centroamérica.

Mientras el Gobierno del Salvador y el general de sus armas se han estado dirigiendo al de Guatemala en términos que parecían desear esta paz, papeles oficiales publicados en San Salvador tratan a este mismo Gobierno de la manera más ofensiva, y demuestran hasta la evidencia la falsedad de una conducta solo inventada con el siniestro fin de dividirnos.

Emisarios dirigidos por mar a la costa de las salinas, para insurreccionar los Altos, han sido aprehendidos con todos sus papeles por el celoso Comandante general de aquellos departamentos; y mientras se decía que solo se había ocupado Jutiapa para entrar en comunicaciones amistosas con Guatemala, se ha invadido el departamento de Chiquimula, y se devastan las haciendas y pueblos de la frontera.

Ya veis, compatriotas, el proceder de los enemigos de Guatemala. No ha bastado la conducta más leal para detenerlos en sus abominables planes, combinados también con la destrucción de nuestro aliado, el Estado de Honduras, al cual se hace al mismo tiempo la guerra por la frontera de Nicaragua.

Pero nada hay que temer. Sus excursiones en los departamentos de donde se retiraron las cortas guarniciones que había, aunque son una ofensa para Guatemala, están muy lejos de ser un triunfo para el enemigo.

Pueblos todos del Estado: oíd atentos la voz del Gobierno y la del general en jefe encargado de vuestra defensa. La unión más estrecha va a salvar la causa más justa que ha podido nunca presentársenos. Nuestro bienestar depende de ella: la gloria del Estado; todas las fortunas particulares, y la libertad e independencia de los pueblos, es lo que vamos a defender. Os hablo con la sinceridad de mi corazón: bien me conocéis.

Guatemala, junio 2 de 1844.

Se habla en esta proclama del invicto jefe que en 1840 salvó a Guatemala. Ese jefe a quien se llama invicto es el mismo a quien las tropas del doctor Gálvez tantas veces hicieron correr en las montañas y a quien el general Salazar puso en fuga el 11 de septiembre de 1838.

Se asegura que el invicto que tantas veces corrió salvó a Guatemala el año de 1840.

Para los Aycinena y Pavón, Guatemala son ellos.

En este concepto es todavía objetable la proclama, porque los liberales si triunfan el año de 1840 no habrían aniquilado a los serviles.

Habrían permanecido estos en sus casas muy tranquilos como permanecieron el año de 1848 y como está hoy don Pedro Aycinena (año de 1881).

Si hubieran triunfado los liberales el año de 1840, se habrían limitado a quitar a los serviles la dirección del Poder Ejecutivo.

De manera que, en concepto del autor de la proclama, salvar a Guatemala es igual a que no se retiren del mando tres casas nobles.

Se dice en ese documento, digno de un detenido análisis, que ya está descubierto el plan, y que este es la venganza de los sucesos de 19 de marzo de 1840.

Los serviles pierden todas las reglas de la crítica y se lanzan a proferir palabras en la confianza de que la mayoría del Estado se compone de indios y de gente que no sabe leer ni escribir.

¿Quién es el que manda las fuerzas que estaban en Jutiapa?

El Presidente del Salvador.

¿Quién es Presidente del Salvador?

El general Malespin.

Es el jefe que paleó contra Morazán al lado de Carrera en los días 18 y 19 de marzo de 1840; es el jefe a quien Carrera elogia en el parte de 23 de marzo del mismo año, que se halla en las páginas 464, 65, 66 y 67 volumen 3.° de esta Reseña.

Es el mismo que acompañó a Carrera en los Altos y lo ayudó a inmolar quetzaltecos que habían cometido el crimen de manifestar júbilo creyendo erróneamente que Morazán había triunfado el 19 de marzo.

Es el mismo a quien Carrera llevó a San Salvador en mayo de 1840 y a quien colocó al lado de Cañas para que combatiera a Morazán y a su partido.

Es el mismo que, con las armas en la mano, rechazó al general Morazán cuando regresaba del Sur.

Es el mismo que aplaudía los infaustos sucesos acaecidos en Costa Rica en septiembre de 1842.

Siendo todo esto evidente, ¿cómo se atreve Rivera Paz a decir que el general Malespin venía en 1844 a vengar el golpe que él contribuyó a dar el 19 de marzo de 1840 y al cual debía su propia elevación?

Se queja Rivera Paz en la proclama de publicaciones hechas en San Salvador contra los nobles.

Aquí hay un cambio de tiempos que solo puede alucinar a los que no piensan.

En el Salvador hubo papeles contra los nobles en tiempo de don Juan José Guzmán, y para que no continuara habiendo esos papeles, y para castigar a Guzmán por haberlos permitido, Malespin y el Obispo Viteri lo arrojaron ignominiosamente del Poder en diciembre de 1843.

Se dice que emisarios dirigidos por mar a las costas de las Salinas para insurreccionar a los Altos fueron aprehendidos con todos sus papeles por el celoso Comandante general de aquellos departamentos.

Puede esto ser cierto; pero llama la atención que no hayan sido publicados esos papeles aprehendidos por tan celoso Comandante general.

Los serviles publican siempre todos los papeles que toman a sus enemigos si creen que pueden ser perjudiciales a estos.

Un periódico titulado "El Descubridor" estableció Jáuregui en Honduras el año de 1844 para publicar las cartas reservadas que se aprehendían a los liberales.

En ese periódico se encuentran cartas de don Joaquín Rivera que sirvieron a Coronado Chávez de pretexto para hacer morir a Rivera en el cadalso.

En "El Descubridor" se encuentran cartas reservadas de Máximo Orellana, de Ramón Vigil, de Miguel Álvarez Castro y de otros enemigos políticos de Ferrera, de Guardiola y de Carrera.

Los serviles publicaron por series las cartas que algunos años después tomaron al general Barrios y a don Manuel Irungaray en San Salvador.

No solo las publicaron, sino que cometieron la falta de mutilarlas para que no viera la luz pública lo que a ellos no convenía, y de hacer intencionalmente cambios de letras para poner en ridículo a sus enemigos.

A vista de esto, ¿cómo es posible creer que solo por bondad, por honradez y por decoro no publicaron los serviles esos papeles aprehendidos por el celoso Comandante?

Rivera Paz dice que a su aliado el Estado de Honduras, se pretende destruir por la frontera de Nicaragua.

Por muy bien prevenido que se tenga el ánimo recordando el carácter suave y bondadoso de Rivera Paz, no puede menos de formarse un juicio severo acerca de su persona al verse la infeliz docilidad con que suscribe párrafos como ese.

¿Quién intenta aniquilar el Estado de Honduras?

Nadie.

Si hay personas que intenten aniquilarlo serán las que, ligadas con Chatfield, reconocieron la Mosquitia que tanto territorio quita a Honduras, y las que pedían bloqueos contra los puertos de Centroamérica.

Ferrera no era más que un agente de los nobles de Guatemala.

La invasión de Arce al Salvador lo disgustó y se escribió contra ella; pero muy pronto el general Ferrera dio a los nobles espléndidas satisfacciones que se publicaron en La Gaceta de Guatemala.

Ferrera perseguía a los liberales en Honduras y había lanzado a muchos del país. Lo mismo hicieron Viteri y Malespin en San Salvador.

Los liberales expulsos de Honduras y el Salvador se hallaban refugiados en Nicaragua.

A vista de esto, ¿con qué sindéresis puede hacerse cargo al general Malespin por los trabajos de los expulsos que se habían refugiado en el Estado de Nicaragua?

Los hondureños arrojados de su país querían, no la destrucción del Estado de Honduras, como dice Rivera Paz, sino la caída de Ferrera y de Guardiola.

Don Joaquín Rivera dirigía el movimiento desde León, según las cartas que publica "El Descubridor".

Esas cartas de que, oportunamente, se hablará con extensión, son un modelo de rectitud y de honradez.

Publicadas en un diario liberal parecerían forjadas para honrar la memoria de Rivera. Publicadas en un periódico servil son irrecusables.

Rivera quería salvar a Honduras de la serie de males que, en su concepto, Ferrera y Guardiola le inferían.

Él da reglas a sus amigos que lo seguían, y estas reglas son principios de justicia, de moral y derecho.

Rivera era muy conocido en Honduras porque había gobernado el Estado constitucionalmente y descendido del Poder por la senda de la ley.

El día que concluyó su periodo constitucional, sin que nadie se lo recordara, dictó este decreto: "Se separa del Ejercicio del Supremo Poder Ejecutivo, el ciudadano Joaquín Rivera por cumplir su periodo constitucional, hoy 31 de diciembre de 1836". Véase el capítulo 18 libro 4.° de esta Reseña, que principia al folio 325 del tomo 2.°.

¿Cómo, pues, se atreve el señor Rivera Paz a decir que un hombre como el que se ha descrito intentaba destruir el Estado en que vio por primera vez la luz?

A Carrera se le hizo publicar un manifiesto que se halla al fin de este capítulo. (Documento núm. 19.)

En ese documento, como en casi todos los que han publicado los serviles desde el año de 26, se fomenta el espíritu de localismo y se presenta a los salvadoreños como enemigos natos del pueblo de Guatemala.

Este sistema ha producido muy buenos resultados a los antiguos hijosdalgo.

Se ha llegado a creer que todo movimiento salvadoreño, ya sea para ejercer represalias y precaver una agresión, como el que terminó en Arrazola; ya para destruir un Gobierno intruso y restablecer el sistema Federal, como el que triunfó en 1829; ya para dar un golpe al foco del servilismo, como el que fracasó en 1840; o ya para vengar una invasión como en 1844, tenía por móvil la envidia que devora siempre a los salvadoreños, contemplando la prosperidad y las bellezas de Guatemala.

El Coronel Vicente Cruz dio también una proclama que igualmente se halla al fin de este capítulo. (Documento núm. 20.)

Muy justo es que el Coronel Cruz tome la espada y salga al campo de batalla; pero es sensible que los serviles le hayan infundido las ideas de que abunda la proclama.

Dice Cruz que fuimos regidos despóticamente hasta el año de 39.

De manera que la dicha y la ventura de los guatemaltecos emanaba de aquel día en que Carrera con la casaca de Prem y el sombrero de la colombiana, cubierto el pecho con escapularios del Carmen, con pantalón de jerga y en un caballo ensillado con albarda, entró a Guatemala al frente de hordas salvajes pidiendo un saqueo ordenado; y de aquel otro día en que Carrera, guiado por los hijosdalgo y conducido por el Padre Arellano, penetró en la capital tiroteando y matando a cuanta gente encontraban sus tropas en los caminos, en las calles y en las plazas.

Don Manuel Francisco Pavón contestó al Supremo Delegado del Salvador, Honduras y Nicaragua por medio de una extensa nota que está al fin de este capítulo. (Documento núm. 21.)

Don José Milla y Vidaurre, en la biografía de Pavón, elogia mucho esa nota, que califica de hábil y concluyente.

La nota de Pavón, en lo sustancial, puede considerarse dividida en dos partes principales. La primera es una diatriba contra el Estado del Salvador, y la segunda contra Malespin por los excesos que había cometido en Jutiapa.

Pavón debía sostener esta proposición: "No hemos invadido por medio de Arce."

Pero como no era posible ya contrariar lo que estaba a la vista de todos, y cubrir todos los ojos, hizo hincapié en que la guerra con Malespin no procedía de la invasión de Arce, sino de la malevolencia de los salvadoreños.

Al efecto, recuerda una serie de ofensas que aunque fueran ciertas, ninguna es oportuna.

Se hace cargo a Malespin de lo que acaecía antes de que él mandara, de lo que ejecutaban sus propios enemigos, y las mismas personas a quienes sacó del país.

Que los liberales hagan cargo a Malespin porque encadenó la imprenta que hería a los nobles de Guatemala, porque expulsó a los liberales, porque holló la Constitución salvadoreña de todos modos, hasta lanzar de la silla del Poder Ejecutivo al Presidente legítimo don Juan José Guzmán, para obligar a las Cámaras, de acuerdo y con la activa cooperación del Obispo Viteri, a dar gusto a los serviles de Guatemala, se comprende y es muy justo.

Pero que los nobles hagan cargo a Malespin, por lo que se escribió en un periódico que él destruyó, por lo que dijeron los liberales que él lanzó del país, y por la conducta de un Jefe a quien él arrojó del solio, es tan absurdo como insensato.

Pavón estaba descubierto, y en momentos de angustia acudía a toda clase de sofismas para salvarse, como agarra todo lo que encuentra un náufrago que se va a pique.

Ningún salvadoreño dejó de tener firme la idea de que la invasión de Arce la hicieron los nobles de Guatemala. Así lo expresan notas oficiales de Jiménez y Espinosa, y así lo expresa un manifiesto posterior de Malespin, publicado cuando ya era otra vez amigo íntimo de los nobles.

La otra parte de la nota de Pavón se refiere a los excesos cometidos en Jutiapa.

En esta parte don Manuel Francisco Pavón se halla en buen terreno. No tiene necesidad de atribuir a unos lo que los enemigos de estos ejecutan, ni de emplear ningún sofisma.

Le basta escribir con exactitud las noticias recibidas de Jutiapa para denigrar a Malespin.

Pero ¿quiénes promovieron la guerra?

Los que armaron a don Manuel José Arce, y armado lo mandaron a San Salvador.

Estos son los responsables de todos los atentados cometidos en Jutiapa.

Mientras con más vehemencia y colores más vivos presente Pavón los atentados de Jutiapa, más se hiere él mismo y más hiere al partido que se propone vindicar.

¿Quién había de pensar que Malespin, con fuerza armada en un campo enemigo, había de sujetarse a los preceptos de las leyes de la guerra?

Malespin era discípulo de Carrera y seguía las lecciones de su maestro.

Había visto a Carrera en Atescatempa, lo había visto y auxiliado en la carnicería humana que hubo en Guatemala el año de 40 y en las horrendas escenas de Quezaltenango, y seguía sus huellas.

¿En qué se ocupaba Malespin cuando el Estado del Salvador fue invadido por Arce?

Se ocupaba en dar gusto al Obispo Viteri, quien con tal motivo lo había ensalzado hasta el extremo de llamarlo atleta que llevaba la Iglesia de Dios en un brazo y el Estado del Salvador en otro. Véanse las páginas 362 y 363 de este volumen.

Se ocupaba en hacer actas municipales y solicitudes militares que le pidieran la caída de la Constitución, porque el señor Viteri no quería Cámaras, ni división de poderes, sistemas dispendiosos, según él decía, sino la más grande y absoluta simplicidad.

Quería, pues, el despotismo. Ningún gobierno es más simple que el despótico.

"Un déspota benéfico es lo que necesitamos." Así hablaba una señora del partido aristocrático.

Era mujer de talento y tenía vasta instrucción en diversos ramos de la bella literatura, pero no había hecho estudios políticos, y no comprendía la dificultad de amalgamar el despotismo con la beneficencia, ni mucho menos la gran dificultad de que el sucesor del déspota sea también benéfico, y de que continúe sin interrupción una serie de benéficos.

Don Felipe Neri del Barrio, Ministro de Guatemala en México, algún tiempo después de estos sucesos, salió de la República mexicana, desterrado por imperialista, vino a Guatemala, habló con Carrera y dijo a los nobles:

"Tienen ustedes al hombre que necesitaban: él los deja hacer todo lo que conviene, y a los enemigos no les permite moverse".

He aquí un sistema de gobierno reducido al más alto grado de simplicidad.

Ese gobierno simplísimo deseaban los nobles de Guatemala en el Salvador.

Malespin, de acuerdo con ellos, por medio de Viteri, lo iba a establecer. Ya se habían publicado actas en ese sentido, y ya se había dado el decreto de convocatoria, de acuerdo con esas actas.

Pero los nobles temían que Malespin, en una de sus veleidades, se les escapara de las manos, como de las manos, de cuando en cuando, Carrera se les escapaba; y mandaron a don Manuel José Arce para no tener la triste precisión, según decía una notabilidad del partido aristocrático, de estar siempre domando fieras.

Tal es el juicio que los serviles habían formado de sus héroes.

¡La opinión de la juventud estaba pronunciada contra los nobles y contra Carrera, y todo lo esperaba de la revolución de Honduras, y del valor que tantas veces habían acreditado los hijos de Texiguat!

Don José Milla y Vidaurre era entonces colegial en el seminario tridentino, y se indignaba por tantas ficciones, tantas farsas y tantas maldades.

El compuso entonces aquel himno patriótico, que muchas veces se ha mencionado, y que por primera vez se publicó en el núm. 18 de "El Progreso" periódico salvadoreño.

He aquí:

Himno Patriótico,en loor del Exmo. Teniente general, R.Carrera Jefe del ejército, ect. con motivo de la expedicion salvadoreña.

Quia pulvis es, et in pulverem reverteris
Porque eres lodo y en lodo te has de convertir.
Hijo de la miseria y de la nada,
Tiranuelo opresor de un pueblo inerme,
Zorra cobarde que acomete osada
A un gallinero que tranquilo duerme.

General, dictador, héroe, caudillo:
Arcángel, ¡qué sé yo cómo te llaman!
Entre bordados mal envuelto pillo,
Ya los pueblos, de ti venganza claman.

Por entre esa comparsa de malvados,
Digna guardia de honor de tu persona,
Ellos van a pasar desesperados

A romper en tu frente tu corona.

En pos del enemigo corres tarde,
Teniente general, pues ha sonado
Al fin tu hora fatal, tiembla cobarde,
Dentro de tus harapos de soldado.

Execrada y maldita tu memoria,
Execrado será cuanto tú hiciste,
Y si ha de hablar de ti, dirá la historia
Que tú ni aun ser déspota supiste.

Lobos, Pais, Carrera, veteranos
Del crimen, y el terror en las banderas,
Farsa vil y burlesca de tiranos,
Parodias de Cartuch con charreteras.

¿Qué hacéis aún allí? Su voz os lanza,
El clarín de Jutiapa en son de guerra:
Imprudentes huid, nuestra venganza
Debajo de las entrañas de la tierra.

Aycinena, Pavón, fuera señores,
Fuera con vuestro rancio servilismo.
¿Soñasteis ser tal vez conservadores,
O darnos una burla del torismo?

Honorable Marqués, no más Bretaña,
No más statu quo ni tiranía:
Vaya que su excelencia... no se engaña,
Sin el statu quo, por Dios, ¿qué haría?

¿Cómo sin él las indemnizaciones?
¿Cómo los sueldos gruesos y continuos?
¿Cómo cobrar sin él, medios millones
Por pérdidas, perjuicios y destinos?

Fuera la camarilla, sea libre
Guatemala por fin, de obscurantistas,
De esos politicones de calibre
Profundos y rellenos estadistas.

Los tigres de Texiguat ya se lanzan,
Tiemble vuestro cobarde corazón
Y ay de vosotros, zorros, si os alcanzan
Con sus fieros lebreles de León!

Ya hundiréis esa frente hoy orgullosa:
Ya al polvo volveréis de do salisteis;
Y entonces Guatemala generosa,
Olvidará los males que le hicisteis.

Y vivid, os dirá, vivid oh viles:
General, mariscales, brigadieres,
Vivid parodia ruin de los Aquiles
Manejando la rueca entre mujeres.

No manchará jamás nobles aceros.
Leyes, inspiraba a los diputados y senadores.

Sin embargo, el instante era peligroso. Malespín se encontraba al frente de Carrera y no era todavía momento oportuno de arrebatarle el poder. La caída de Malespín en aquellos días podía producir un nuevo triunfo a Carrera y nuevos ultrajes al pueblo salvadoreño. Era preciso tener paciencia y aguardar otros meses con resignación.

Los impresos de Guatemala dicen que Malespín no se retiró de Jutiapa por la enfermedad y mal estado de sus tropas, sino por miedo a la espada de Carrera. Una proclama de don Vicente Cruz dice:

Vicente Cruz, Coronel vivo y efectivo, y Comandante general de la primera división Vanguardia de la derecha del Estado de Guatemala. A los pueblos que lo componen.

Compañeros de armas de los pueblos del Estado:

El 17 del corriente abandonó el enemigo el pueblo de Jutiapa, y repasó el Río de Paz, llevando no los despojos de los vencidos, sino la propiedad de los vecinos laboriosos, dejando a aquellos infelices tristes y amargos recuerdos de su dominación pasajera, y justificando todavía en esta ocasión la ninguna confianza que merecen las promesas pomposas de un usurpador.

Huyó desengañado de su empresa temeraria a la noticia de la actitud imponente de un pueblo armado, tan conocido por el valor como por el entusiasmo, por su religión y libertad, y dirigido por acreditados jefes, todos propietarios; garantía la más segura de la libertad y paz de un Estado.

Compañeros: comenzasteis la grande obra: abandonasteis vuestros más caros objetos, para volar a la defensa de nuestra patria invadida: vuestro sufrimiento durante la intemperie de la estación, es superior a todo elogio: la patria, que os reconoce por sus hijos predilectos, recompensará vuestros relevantes servicios.

Los pueblos en donde establecimos nuestro cuartel, me lisonjeo de esto, no tendrán el más leve motivo de queja, y harán justicia debida a vuestra moderación y disciplina: vuestro comportamiento con sus pacíficos habitantes forma un contraste admirable con la conducta observada por los que se abrogaron el capcioso título de libertadores y protectores del Estado de Guatemala.

Sed, compañeros, tan constantes como valientes, y la patria no tendrá que temer a sus enemigos.

Vicente Cruz

Cuajiniquilapa, junio 18 de 1844.

Si los salvadoreños no estaban abundantes de fondos, los serviles de Guatemala también carecían de ellos, como lo prueba un decreto de Rivera Paz, firmado por Azmitia, que dice:

Art. 1.°—Se excita a los pueblos del Estado, para que hagan un donativo voluntario, destinado exclusivamente al socorro del Ejército.

Art. 2.°—Las cantidades que produzca el donativo, serán enteradas en las administraciones por las municipalidades, quienes al hacerlo, presentarán la lista nominal de las personas que hayan contribuido, con expresión de lo que cada una haya dado. Los enteros serán intervenidos por el Corregidor respectivo.

Art. 3.°—Las administraciones remitirán mensualmente el producido íntegro del donativo a la tesorería general, donde no podrá tener otra aplicación que para los gastos de guerra.

Art. 4.°—Los Corregidores cuidarán, bajo su más estrecha responsabilidad, de que, a pretexto de este donativo, no se exija una contribución forzada ni se moleste de cualquiera otra manera a los vecinos de los pueblos.

Este donativo voluntario produjo en algunos pueblos escenas dignas de particular mención.

Poblaciones hubo en que no se ofreciera un solo peso para la guerra. Los señores Corregidores querían agradar al Gobierno mandándole considerables cantidades y agotaban sus esfuerzos sobre sus respectivos vecindarios para obtenerlas.

Se consiguió muy poco, y esto fue tan voluntario en su mayor parte como los soldados voluntarios del general Guardiola en Honduras, que algunas veces iban amarrados.

El Gobierno se dirigió al Prior del Consulado en busca de $30,000 para los gastos de la guerra que él mismo había provocado y los obtuvo concediendo un cincuenta por ciento de beneficio, reembolsables con dos tercios del producto de la alcabala marítima.

Esto prueba una penuria espantosa y una falta de crédito completo.

Rivera Paz dio un decreto cuyo artículo 1.° dice:

"Se suspende por dos meses el pago de sueldos civiles y todo el que no tenga por objeto entretenimiento de fuerzas militares u otro gasto de guerra".

Pavón dirigió al Arzobispo la nota que se ve a continuación:

Ilmo. señor Arzobispo Coadjutor doctor don Francisco García Pelaez.

Palacio del Gobierno. Guatemala, julio 2 de 1844.

En la situación afligida en que se halla el Estado; agotadas sus rentas, y teniendo el Gobierno necesidad de recursos para hacer conservar el orden y restablecer la paz en que todos sus habitantes son interesados; habiendo necesidad de imponer contribuciones y de hacer diferentes pedidos y donativos que aún no bastan; considerando que los Eclesiásticos, y principalmente los Párrocos, pueden ser requeridos por las autoridades locales para que concurran en alguna manera a este objeto; deseando que se concilien de una manera que evite contestaciones y que no se les moleste con más de lo que puedan según sus facultades, de lo cual solamente V.S.I., como su Prelado, puede tener mayor conocimiento, el Gobierno ha acordado:

1.° Que por medio de V.S.I. se excite al Clero todo del Estado para que se suscriba con una cantidad de donativo o préstamo por tres meses.

2.° Que la cantidad que dieren para el socorro de las necesidades del Estado, la entere cada cual en la tesorería de esta capital o en los departamentos respectivos, percibiendo recibo de ella.

3.° Se espera del celo de V.S.I. que, penetrado de la necesidad pública y de las miras del Gobierno, dictará sus providencias para que tenga efecto esta resolución, avisando al Gobierno del resultado y acompañando los nombres de los que se hubieren suscrito, para dictar, en consecuencia, las providencias del caso, a fin de que no sean molestados por este motivo.

Con el mayor respeto, tengo la honra de ofrecerme de V.S.I. muy atento seguro servidor.

Manuel F. Pavón

El Arzobispo contestó como se ve en la siguiente nota:
Señor Ministro de Relaciones Manuel F. Pavón.
Guatemala, julio 5 de 1844.

Entendido por la respetable nota de U. de 2 del presente, de la situación aflictiva del Estado, de los recursos que agota el Supremo Gobierno, y la excitación que se sirve hacerme, para que los individuos del clero concurran con un donativo o empréstito para subvenir a exigencias tan graves, convencido de la misma necesidad, no vacilaré un punto en promover de mi parte este medio de subvención, haciendo se reúna el venerable cabildo e individuos del clero, a fin de que se verifique la suscripción, y se arregle su recaudación: de todo lo cual, verificado que sea a la mayor brevedad, daré el aviso conveniente.

Se servirá ponerlo así en conocimiento del señor Presidente, y U., señor Ministro, aceptar las consideraciones y respetos de su atento capellán y servidor.

Francisco, Arzobispo de Bostra,
Coadjutor de Guatemala.

Sin embargo de esta situación aflictiva confesada por los serviles y comprobada por sus mismos documentos oficiales, ellos tenían la audacia de asegurar en la Gaceta que todo iba bien, y que en todos los departamentos reinaba un orden y un concierto admirables.

El Consulado dio al Gobierno sumas destinadas a los caminos, y se decretó para cubrirlas el aumento de la imposición del peaje.

No se podía salir del país sin acreditar, al pedir pasaporte, que quien lo pedía estaba solvente con la Hacienda pública.

A vista de este cuadro lastimoso, debe suponerse que no tenían menos interés los serviles de Guatemala en hacer pronto la paz, que el vicejefe del Estado del Salvador don Joaquín Eufracio Guzmán.

Lo tenía igualmente el Supremo Delegado, y este, sea dicho en honor de la verdad y de la justicia, lo tenía por verdadero amor al orden y a la regularidad.

Las Cámaras del Salvador que Malespín convocó para que se derogara la Constitución, para que se diera una ley fundamental teocrática que llenara los deseos del señor Viteri y de don Manuel Francisco Pavón, sirvieron para dar decretos relativos a la guerra y para autorizar al Gobierno para que hiciera la paz.

17.— El Gobierno de Guatemala comisionó a los señores Diéguez, Batres y Urruela, llevando en calidad de Secretario al licenciado don Manuel Echeverría; y el Supremo Delegado al Obispo Viteri y al padre Monterrey, y en la hacienda de Quezada celebraron el convenio siguiente:

Convenio de Paz ajustado entre el Supremo Gobierno del Estado de Guatemala y el S. Delegado de los Estados confederados para poner término a la presente guerra.

Animados el Gobierno de Guatemala y el S. Delegado de los Estados confederados del mismo espíritu y deseo que generalmente manifiestan los pueblos en favor de la paz; representado el primero por los señores licenciados José Domingo Diéguez, Magistrado de la Corte Suprema de Justicia, Luis Batres y José María Urruela, individuos del Consejo de Gobierno; y el segundo por el Excmo. e Ilmo. señor doctor Jorge de Viteri y Ungo, Obispo del Salvador, y el señor Presbítero Narciso Monterrey, Rector del Colegio del mismo Estado, Comisionados suyos, a virtud de las facultades que le competen y de estar autorizado especialmente para ajustar la paz por decreto de las Cámaras Legislativas del Estado del Salvador fechado en 10 de junio del corriente año.

Reunidos los predichos Comisionados en la Hacienda de Quezada, en el departamento de Mita del Estado de Guatemala: después de conferenciar sobre los hechos y sucesos desgraciados que han turbado la paz y tranquilidad entre pueblos hermanos, deseosos de que se restablezca entre ellos la armonía y buena inteligencia, y convencidos íntimamente de que solo puede establecerse una paz sólida fundándola sobre principios justos y equitativos, han convenido y acordado los artículos siguientes:

Art. 1.º El Supremo Gobierno del Estado de Guatemala, y el Supremo Delegado de los Estados confederados convienen y declaran, que los gastos causados en el entretenimiento de las fuerzas levantadas para la presente guerra, se tendrán por compensados; y que por consiguiente no se hará, ni podrá hacerse en lo sucesivo ningún reclamo sobre el particular.

Art. 2.º El Supremo Delegado de la confederación, animado del espíritu de justicia que debe presidir en todos sus actos, y deseando consignar en este convenio un público testimonio de la inviolabilidad y respeto que es debido a la propiedad, como lo ha hecho en actos anteriores durante la presente desavenencia, ofrece y se compromete a que el Estado del Salvador devolverá los bienes, muebles y semovientes que fueron trasladados del Estado de Guatemala a su territorio, o bien el monto total del legítimo valor de dichos bienes.

Art. 3.º Esta devolución se arreglará por dos comisionados nombrados, uno por parte del Gobierno de Guatemala y otro por la del Salvador, los que reunidos en la ciudad de Guatemala, en el preciso término de un mes contado desde la fecha de la ratificación, acordarán la manera de hacer el resarcimiento bajo las siguientes bases: Primera: fijar el término en que deba tener efecto la devolución, caso de hacerse en especie. Segunda: fijar, en su caso, por un cálculo equitativo y prudencial, el monto del legítimo valor de los bienes, con presencia de las justificaciones y comprobantes que presenten ambos Gobiernos. Tercera: determinar la forma y términos en que deba realizarse la indemnización, en la que deberá procederse con la posible equidad.

Art. 4.° Las partes contratantes convienen y declaran, que a consecuencia de la declaratoria contenida en los artículos anteriores, quedan restablecidas las relaciones de amistad y comercio entre los Estados de Guatemala y El Salvador, como estaban antes de la presente desavenencia; y en consecuencia acuerdan: que cese entre ellos, de una y otra parte, todo preparativo de hacerse la guerra.

Art. 5.° Deseando el Estado de Guatemala estrechar más y más los vínculos de unión y fraternidad con los demás Estados, y alejar todo motivo de desconfianza; constante en sus intenciones y deseos de concurrir por su parte a arreglo de los intereses comunes y generales, enviará un comisionado cerca del Supremo Delegado como lo tiene acordado su Gobierno en 8 de mayo del corriente año.

Art. 7.° Ratificado que sea el presente Convenio y canjeadas las ratificaciones, para que tenga efecto lo dispuesto en el artículo 4, las fuerzas de ambas partes se replegarán: las de Guatemala a la capital del Estado, y las de El Salvador a la ciudad de San Vicente, donde reside el Supremo Delegado, a cuyas órdenes fueron puestas por las Cámaras Legislativas.

Art. 8.° Para que el presente Convenio sea obligatorio por ambas partes, el canje de las ratificaciones se verificará antes del 8 de octubre próximo por los presentes Comisionados del Supremo Delegado en la ciudad de Guatemala.

Hecho y firmado doble en la hacienda de Quezada, a cinco de agosto de mil ochocientos cuarenta y cuatro.

|F.] José Domingo Dieguez.
[F.] Luis Batres.

[F.] José M. Urruela.

[F.] Jorge, Obispo de S. Salvador.

[F.] Narciso Monterey.

El artículo 2.° de este convenio no es muy grato para Malespin, y sin embargo Viteri lo suscribe. Ese mismo Viteri acababa de comparar a Malespin con Judas Macabeo, agregando que llevaba en sus hombros la iglesia de Dios y el Estado del Salvador.

El Gobierno de la Confederación no quiso ratificar el convenio con motivo de las disposiciones contenidas en el artículo 5.° que alejaban la idea de que Guatemala entrara a la unión nacional, y por otros artículos que creía debían modificarse. Los representantes de Guatemala hicieron la siguiente protesta:

DECLARACIÓN

Los infrascritos Comisionados del Gobierno de Guatemala para tratar con los que se sirvió nombrar el Supremo Delegado de los Estados de Honduras, Nicaragua y El Salvador sobre establecer la paz y buena inteligencia que desgraciadamente se hallaba alterada entre Guatemala y El Salvador:

Habiéndoseles notificado en este acto por los señores Comisionados del Supremo Delegado que el convenio preliminar firmado el 5 del corriente no fue ratificado en la forma debida y que fue expresamente negada la ratificación al otro convenio ajustado en la misma fecha, sobre terminar la desavenencia existente y restablecer la paz; en cumplimiento de las órdenes e instrucciones de su Gobierno, declaran rotos los artículos del referido convenio, y como no estipulados ni firmados; y en consecuencia declaran igualmente a nombre del Estado de Guatemala, que, obligado por la necesidad, se ve en el caso de cerrar desde luego toda comunicación con los pueblos de El Salvador, mientras estén gobernados por una autoridad hostil al Estado de Guatemala, y que no respeta las propiedades ni el derecho de gentes.

Con el más vivo dolor, los infrascritos, al terminar por su parte la negociación de que fueron encargados, en la cual tuvieron la satisfacción de que los señores Comisionados del Supremo Delegado reconociesen como justos los principios que fueron enunciados a nombre del Gobierno de Guatemala; por su orden expresa, ofrecen a dichos señores Comisionados la más cordial acogida en el territorio de este Estado, para el caso de que les convenga permanecer en él, y una entera seguridad en el tránsito hasta la frontera, si prefiriesen volver al Estado de El Salvador.

Quezada, agosto 14 de 1844.

(Firmado) J. Domingo Dieguez.
(Firmado) Luis Batres.
(Firmado) José María Urruela.

Es copia — Secretaría de la comisión de Guatemala en Quezada, agosto 14 de 1844.

Echeverría.

Con este motivo, La Gaceta publicó el párrafo siguiente:

Anoche se han recibido despachos de Quezada del día 14.

El Delegado de San Vicente ha negado su ratificación a los Convenios de Paz firmados por los Comisionados de ambas partes el día 5 del corriente.

Los mismos que promovieron la guerra quieren continuarla; los que saquearon el departamento de Mita y oprimen cruelmente a los propietarios y pueblos del Salvador, no quieren abandonar sus planes de exterminio.

Nuestros Comisionados hicieron en el acto la declaratoria que se publica a continuación; y según avisan, el Exmo. e Illmo. señor Obispo Viteri tenía intención de pasar a esta capital, en donde será sin duda recibido con las demostraciones que le son debidas.

Hay comunicaciones del señor general en jefe del día 13, y el ejército se mantenía lleno del mayor entusiasmo, aguardando las órdenes del Supremo Gobierno.

Los señores Comisionados debían reunirse el día 15 con el señor general en la hacienda del Sitio.

La lógica se había perdido completamente. El Supremo Delegado no promovió la guerra.

La promovieron los que enviaron a Arce al Estado del Salvador.

El Supremo Delegado, que era don Fruto Chamorro, no hizo daño en el departamento de Mita. Los daños fueron hechos por el atleta que, según Viteri, llevaba en sus hombros la iglesia y el Estado.

Carta de don José María Batres

La Gaceta de Guatemala, en el número 162, publica una carta de don José María Batres dirigida a don José Nájera. En el periódico oficial tiene este encabezamiento:

"Invasión y destrozos de las fuerzas del general Malespin en el Estado".

Esta carta dice así:

Señor don José Nájera.
Guatemala, julio 2 de 44.
Amo y muy señor:

Después de saludar a Ud., le doy la funesta noticia de la ruina tan grande que hicieron las tropas salvadoreñas en su hacienda del Sitio; pues vivieron en ella desde el 20 de mayo hasta el 17 de junio que desocuparon. Este mismo día escribí a Ud., y di mula y un peso al correo, y a los dos días me la volvió, diciendo que no podía ya, y ya me fue imposible hallar quien fuera.

Yo, por inspeccionar el campo y dar a Ud. una noticia sobre poco más o menos de lo que tomaron dichas tropas, no fui pronto, como también por esperar al señor general Carrera, que se decía venía pronto; lo que hago ahora para que Ud. sepa y disponga lo que halle por conveniente, y es como sigue: 33 quintales de sal, 120 fanegas de maíz, 25 fanegas de frijol, 95 panes de azúcar, 789 pesos de rapadura.

Una fragua de herrería con toda su herramienta necesaria.

11 aparejos de jerga, 12 de cuero.

12 cerdos, 22 carneros y ovejas.

El servicio de china, loza y barro, redes, piedras de moler, etc.

Sobre mil yeguas que arrearon, de quinientas a seiscientas reses, 30 yuntas de bueyes de arado y mijarra.

25 mulas de silla y carga, como 250 caballos.

La milpa del potrerito, como 8 medios de sembradura; echaron la caballería, y como 5 suertes de caña arruinadas.

Un caballo mío que también se lo llevaron.

Esto es lo que me parece que se perdió, no sé si se me olvidará alguna cosa. De las 500 o 600 reses que digo a Ud. que cogieron de la hacienda no deberá entenderse que las arrearon para aquel Estado, sino que allí mismo mataron 25 y 30 reses todos los días, pues todavía el día que se fueron de la hacienda con toda precipitación dejaron las reses muertas.

Soy de Ud. su obediente servidor que besa sus manos. —José María Batres.

Es copia fiel. José Najera

Pavón dio orden a don Braulio Cividanes, Corregidor del departamento de Chimaltenango y tesorero del ejército, para que pasara a la villa de Jutiapa con el preciso objeto de seguir una información exacta y clara de la conducta y procedimientos de los salvadoreños, tanto en aquella villa, donde permanecieron cerca de un mes, como en los pueblos y haciendas inmediatas pertenecientes al Estado.

Se le encargó especialmente que examinara la situación en que había quedado la iglesia.

Cividanes cumplió con mucha exactitud y celo su comisión, y las cifras de los daños se aumentaron lo más que se pudo, sin llegar a ser muy altas.

No se tuvo la precaución de que Batres datara su carta en la hacienda del Sitio; está datada en Guatemala a 2 de julio de 1844.

Pavón hablaba día y noche de las pérdidas de Nájera, de la necesidad de indemnizarlo, y de la perfidia de Malespín, sin embargo de que los nobles mismos lo habían elevado al poder para lanzarlo como una fiera sobre los liberales salvadoreños.

Pavón se olvidaba de los daños que los nobles habían hecho al Salvador y que pueden verse en el capítulo 9.°, libro 1.° de esta Reseña, y se olvidaba de lo que es la guerra.

¿Qué hubiera dicho Pavón de los estragos de la guerra franco—prusiana?

¿Qué diría Pavón de la guerra de Chile, el Perú y Bolivia?

En el Perú se han perdido fortunas inmensas; se han destruido haciendas que valían millones de soles.

El Cónsul de Chile en Guatemala ha consignado en El Diario de Centro—América, núm. 67, correspondiente al jueves 21 de octubre de 1880, estas palabras dirigidas al Ministro del Perú para disculpar a Chile:

"Si Chile se ve hoy en el caso de desplegar severidad en la guerra con las Repúblicas aliadas, recuérdese que la guerra en todas sus formas es cruel, siempre triste y destructora; por eso deben los pueblos evitarla."

Compárense estos inmensos daños con los doce cerdos, veintidós carneros y ovejas, el servicio de mesa, que no se parecía al que usa el Lord Mayor en Londres, y demás objetos que dice Batres perdió don José Nájera en su hacienda del Sitio.

Nájera era un alto personaje del partido aristocrático y no podía quedarse sin ser completamente indemnizado. Pavón cuidó de esta indemnización dictando un decreto que firmó Rivera Paz a 15 de julio de 1844, cuya parte resolutiva dice así:

"El Estado toma desde luego a su cargo la reparación de los edificios públicos de la villa de Jutiapa, y además, según lo permitan las circunstancias, providenciará cuanto antes lo conveniente para indemnizar a sus habitantes de las pérdidas y padecimientos que han tenido, esto sin perjuicio de las reclamaciones que deben hacerse al Gobierno del Salvador, por todos los daños causados por consecuencia de la invasión referida."

Era preciso que los tratados de Quezada celebrados por los representantes del Gobierno de Guatemala se sostuvieran, aunque el Supremo Delegado, en vez de ratificarlos, los rechazara.

Una de las partes contratantes no ratifica el tratado: lo rechaza y, sin embargo, el tratado se sostiene, subsiste y vale como ley de las naciones.

Viteri se dirigió a Guatemala a sostener su nuevo, bello y magnífico pensamiento y a ejecutar nuevas combinaciones políticas y militares.

Era preciso que Malespín, que no había suscrito por sí, ni por medio de apoderado, los tratados de Quezada que tanto lo deshonraban, los tuviera por válidos y los aceptara como una ley que debía regir a los salvadoreños.

El Obispo Viteri se encargó de esta tramoya.

Los nobles, después de haber infamado a Malespín con los tratados de Quezada que ellos decían ser indispensables para dejar definitivamente consagrado el principio de que no se debe tocar lo ajeno, pretendían ligarse a él.

La combinación en perspectiva era unir a Malespín y a Ferrera y lanzarlos como fieras sobre el Estado de Nicaragua, donde se hallaban los más notables partidarios del general Morazán.

El 18 de agosto de 1844 fue un día de júbilo para los serviles, porque un oficial del ejército llegó con pliegos de los señores Diéguez, Batres y Urruela.

Esos pliegos se escribieron en la Azacualpa el 16 del mismo agosto y anunciaban el regreso de los señores Comisionados; pero no solo con su secretario Echeverría, sino en unión del Obispo Viteri y del padre Monterrey.

Se dijo que venía un Conde palatino, un asistente al Sacro Solio Pontificio.

El canónigo Larrazábal y don Carlos Antonio Meany tomaron sobre sí cargos importantes muy diversos, pero conducentes al mismo objeto.

La noticia circuló por todas partes, y el bello sexo se dispuso a recibir nuevas y excelsas gracias espirituales por medio de las bendiciones de un prelado esbelto.

Larrazábal debía adornar los salones del Palacio Arzobispal destinados a Viteri y Monterrey.

Meany estaba encargado del ornato de la ciudad, para que, como decía Pavón, todo se hiciera con decoro.

La corporación municipal, compuesta, como era debido, de hombres de orden, al instante se reunió para averiguar qué hubiera hecho en tal caso el Real Ayuntamiento, y después de registrar actas se declaró por conclusión que, aunque en la ciudad de Santiago de los Caballeros se habían visto un día resplandores y humo para indicar el sitio donde se hallaba una imagen milagrosa, y se habían notado portentos el día en que se hizo la coronación solemne de la imagen del Señor San José, que se venera en su ermita de esta ciudad, desde el venturoso día 29 de julio de 1524 en que hubo por primera vez cabildo, no se había visto entrar a un Conde Palatino, Príncipe del

Sacro Romano Imperio y restaurador del Obispado, título que a cada momento daba Pavón al señor Viteri.

Siendo el caso nuevo, la Municipalidad se vio en la precisión de proceder, lo mejor que pudo, conforme a las circunstancias de actualidad.

Un correo anunció a las doce del día que Viteri había llegado a la villa de Guadalupe.

En el acto, las tropas de la guarnición formaron en la calzada del Calvario.

Dos piezas de artillería se colocaron en Buena Vista, y cuatro en la plaza mayor.

La calle que hoy se llama sexta avenida, y que algunos todavía denominan Real, por costumbre o por amor a la monarquía, se adornó de colgaduras.

Esa calle se regó de flores, preparadas por las señoras de la aristocracia.

A las cuatro de la tarde, el Ilustrísimo señor Arzobispo Coadjutor montó a caballo y salió acompañado de algunos clérigos, que también cabalgaban, hacia la villa de Guadalupe.

El Corregidor y los individuos de la Municipalidad resolvieron dirigirse a la casa de Gobierno frente a Santa Rosa; casa que, aunque entonces era vieja y estaba deteriorada, tenía el pomposo nombre de Palacio, que hoy nadie pretende darle, aunque se halla reedificada.

El Comandante General, los jefes y oficiales del Estado Mayor y otros empleados y vecinos de los más ricos, reflexivos y notables, se reunieron en aquel Palacio a la misma hora para acompañar al señor Presidente, don Mariano Rivera Paz, que salía hasta Buena Vista junto con los miembros del Consejo: señores don José Nájera, don José Antonio Larrave, don José de Coloma, don José Álvarez Piloña y don Andrés Andreu.

No dice la Gaceta si toda esta gente iba en carruajes, a pie o a caballo; pero debe suponerse que todos iban a caballo, porque no había carruajes para tantos, y entre los concurrentes se hallaban muchos que no podían fatigarse llegando a pie hasta Buena Vista.

Víteri entró en triunfo. Unas veces saludaba como príncipe, y otras bendecía como Obispo.

Llegada la comitiva a la plaza mayor, se dirigió por el frente de la Catedral al palacio del Arzobispo, donde había salones preparados para el Obispo del Salvador y para el padre Monterrey.

El señor Larrazábal y el canónigo Castilla estaban allí. Los acompañaban los jóvenes alumnos de ambos colegios.

Al día siguiente, Viteri visitó a Rivera Paz, lo que prueba que hasta los hombres más reaccionarios comprenden que los Obispos deben respetar a los jefes de las naciones.

Un escritor francés, hablando de los días de Madama de Maintenon, dice que el siglo se hizo ermitaño, que la gloria tomó el velo y que todo respiraba el más sensual misticismo.

Nuestra sociedad, en el año de 44, no se hizo ermitaña porque ya lo era; pero el tinte teocrático que sobre todos los objetos se miraba se avivó muchísimo.

En las tertulias no se hablaba más que de Viteri, de su elegancia, de la suntuosidad de sus paramentos, de sus sermones.

Se anunciaban sus misas pontificales como acontecimientos faustos y venturosos que encantaban al bello sexo.

Cuando Viteri celebraba de pontifical, las señoras y señoritas abandonaban sus importantísimos quehaceres, y las casas quedaban desiertas.

El periódico oficial se convirtió en crónica religiosa, y los nombres de Viteri y Monterrey, del Arzobispo García Peláez y del canónigo Larrazábal se vieron escritos por todas partes.

El general Carrera, que era cristianísimo, tuvo la feliz idea de que el Conde palatino confirmara a una de sus hijas, y de las ceremonias de aquella confirmación se habló por mucho tiempo; pero lo que más llamaba la atención eran las órdenes sagradas que Viteri confería.

El señor Pavón, en la Gaceta, en el Consejo, en el Ministerio, en los salones de las señoras, en las calles y en las plazas, decía sin cesar que el restaurador del obispado centroamericano se empeñaba en hacer sacerdotes para que hubiera quienes enseñaran la doctrina, predicaran, confesaran y cuidaran siempre de precaver a los pueblos de esas novedades a las que no estaban acostumbrados y que tanto daño hacían a la causa del orden, del decoro y del concierto.

El 15 de septiembre se celebró la independencia, y aquella augusta función fue dominada por el poder eclesiástico.

Se cantó el Te Deum y hubo misa pontifical celebrada por el señor Viteri con los ornamentos que solo sirven el día de Corpus. Hubo procesión a que asistió el coro precedido por el Arzobispo y predicó el padre Zacarías, fraile de Santo Domingo.

Concluida la función religiosa, continuó otra que era también religiosa. El cabildo eclesiástico, el Arzobispo y el Obispo Viteri se dirigieron a palacio. Los dos mitrados se colocaron bajo el dosel, a derecha e izquierda de Rivera Paz, y allí oyeron la lectura del acta de independencia y un discurso que leyó el licenciado don Manuel Echeverría.

Echeverría comenzó su discurso con un texto del abate Lamennais.

Al oír los jóvenes, pensamientos gratos y seductores del autor de Las Palabras de un creyente y del inmortal Libro del Pueblo, se imaginaron que iban a escuchar aquel día la dulce voz de Jacob.

¡Pero qué triste desengaño! Pronto apareció la mano áspera de Esaú; no para exhibirse solamente, sino para anunciarnos, sin piedad, la muerte, como aquella otra mano que, en el banquete del rey Baltasar, se dice, escribió en la pared:

"Mané, Thécel, Pharés."

Un pueblo a quien se anuncia que para poder vivir necesita gobernarse por leyes bárbaras, está condenado a muerte, como el rey de Babilonia.

Le valdría más la ejecución instantánea de la sentencia de muerte, que tener una prolongada y miserable agonía, siendo durante toda ella el oprobio y el escarnio de su época.

El discurso del señor Echeverría no fue más que una incesante repetición de los pensamientos reaccionarios, que tan en moda se hallaban, y que tanto inculcaba Pavón.

"Se quiso mudar a la vez, dijo el señor Echeverría, el Gobierno, las leyes, el culto, los usos; y el pueblo, molestado en todos sus hábitos, se fatigó, se agitó, y fermentando sus deseos hizo movimientos para ponerse en todo o en parte, en su estado primitivo."

Los pueblos no se conmovieron por la falta de obispos ni de frailes.

Sus dioses eran ídolos que las tropas de Gálvez aprehendían en las acciones de guerra.

No se conmovían por la libertad de testar, que nada les importaba, ni por no poder fundar mayorazgos que ellos jamás fundaron.

Se conmovieron porque vino el cólera asiático que los diezmaba, y los clérigos y demás agentes del servilismo hicieron creer a los pueblos que aquella espantosa mortandad la producía el Gobierno que envenenaba el agua de las fuentes y de los ríos. Véase el capítulo 21, libro 4.º de esta Reseña.

Por medio de Viteri se contaba ya con Malespín, y el 7 de octubre se ratificaron otra vez en Guatemala los tratados de Quezada en la forma siguiente:

En atención a haberse firmado en la hacienda Quezada el día cinco del mes de agosto del presente año de 1844, un Convenio de paz entre este Estado y el del Salvador por medio de Comisionados nombrados por parte de este Supremo Gobierno y por la del Supremo Delegado de los Estados del Salvador, Honduras y Nicaragua, a cuyas órdenes se hallaban las fuerzas de San Salvador en virtud del decreto que expidieron las Cámaras Legislativas de aquel Estado en 10 de junio último.

Habiendo sido ratificado dicho Convenio por este Gobierno Supremo desde el día 8 del mismo mes de agosto.

Considerando: que aunque al darse por el mismo Supremo Delegado la dicha ratificación se ha suprimido el artículo 5.º, y héchose alguna modificación en los términos del Convenio, en nada se ha alterado su parte sustancial; y con declaración expresa de que la paz que en él se establece solo debe entenderse entre los pueblos de Guatemala y el Salvador, porque solo entre ellos se hallaba alterada.

Habiéndose manifestado, además, por parte de los señores Comisionados del Supremo Delegado, que el Gobierno de San Salvador, con conocimiento de dicho Convenio, tiene dado su consentimiento para que sea aprobado y ratificado por el Supremo Delegado; he venido en aprobarlo y ratificarlo.

Malespín dijo: "El Gobierno del Salvador no tiene interés en trastornar al de Guatemala, menos le ha ocurrido dominar aquel Estado, limitándose a no serlo él mismo. Por esto con la mayor voluntad se prestó a tratar de la paz, y el resultado ha sido, que sacrificando en mucha parte sus derechos, esta se haya conseguido por el tratado."

Habla en seguida contra los liberales que estaban en León, por haberlos arrojado de Honduras el general Ferrera y del Salvador el mismo general Malespín, y los presenta como el foco del desconcierto y como el punto contra el cual deben dirigir sus miradas los hombres de bien.

Desde entonces en los altos consejos del partido reaccionario, Nicaragua quedó condenada a lanzar de su territorio a todos los hombres que no fueran gratos a don Pedro Aycinena, don Manuel Pavón y don Luis Batres, o a sufrir una invasión de Ferrera y Malespín, en la cual los promotores en Guatemala debían aparecer como consejeros y mediadores que sentían las desgracias de los beligerantes.

DOCUMENTOS JUSTIFICATIVOS
NÚMERO 1

Nosotros los representantes que componemos la Asamblea general del pueblo salvadoreño, reunidos en número competente a virtud del decreto expedido por el señor Vicepresidente del Estado el 16 del que cursa, y con presencia del art. 13 de la Constitución, hemos venido en decretar y

DECRETAMOS.

Artículo único—Se ha por instalada solemnemente la Asamblea general del Estado, y abrirá sus sesiones el día 31 del que expira.

Comuníquese al Supremo Poder Ejecutivo—Dado en la ciudad de San Salvador a 30 de enero de 1844—Victoriano Nuila, Presidente—Gregorio Mejía, Vicepresidente—Magdaleno Díaz, senador—Fermín Palacios, senador—Francisco Cañas, senador—Vicente Núñez, senador—José María Castro, senador—Félix Sandoval, senador—Manuel María Novales, diputado—Juan de Dios Acevedo, diputado—Joaquín del Castillo, diputado—Apolonio del Sol, diputado—Francisco María Vinerta, diputado—Juan J. Calderón, diputado—Calisto Velado, diputado—Quirino Escalón, diputado—Francisco Paredes, diputado—Mariano Reyes, diputado—Guillermo Castro, diputado—José María Paredes, diputado—Indalecio Sandoval, diputado secretario—Miguel Castellanos, diputado secretario.

Por tanto: Ejecútese. Lo tendrá entendido el Jefe de la Sección encargado del Ministerio general, y dispondrá se imprima, publique y circule—San Salvador, enero 31 de 1844, Pedro Arce—Al señor Agustín Morales.

NÚMERO 2.

El Senado y Cámara de representantes del Estado del Salvador, reunidos en Asamblea general.

Habiendo procedido a la apertura de los pliegos de elecciones para Presidente constitucional del Estado, y resultando de ellos que ninguno de los candidatos reunió la mayoría absoluta de sufragios populares, en cumplimiento del artículo 42 de la Constitución procedió a elegir entre las dos personas que reunieron las calidades exigidas por ella, y habiendo sido electo el general F. Malespín, ha venido en decretar y

DECRETA.

Art. 1.º—Se ha por Presidente constitucional electo por la Asamblea general, al señor Francisco Malespín.

Art. 2.º—Se ha para suplir las faltas del Presidente, al señor Luis Ayala, designado por la suerte conforme el artículo 43 de la Constitución.

Comuníquese al Poder Ejecutivo—Dado en la ciudad de San Salvador a 5 de febrero de 1844—Victoriano Nuila, diputado Presidente—Indalecio Sandoval, secretario—Miguel Castellanos, secretario.

Por tanto: Ejecútese. Lo tendrá entendido el Jefe de Sección encargado del Ministerio por renuncia del Ministro general del Gobierno, y dispondrá se imprima, publique y circule—San Salvador, febrero 7 de 1844—Fermín Palacios—Al señor Agustín Morales.

NÚMERO 3.
DISCURSO DE MALESPÍN
SEÑORES REPRESENTANTES:

Honorables individuos de esta respetable Asamblea:

La elección nominal que acabáis de hacer en mí, y por la cual me ponéis al frente de la sanción y de la ejecución de las leyes, me ha constituido en este lugar que veneraré siempre como el santuario de la paz, y el templo augusto de la concordia.

En él os acabo de prestar un juramento solemne de entregarme única y exclusivamente al bien de la sociedad. Del cumplimiento de esta promesa, os he puesto por fiador al Ser Supremo, porque la rectitud de mi espíritu y la pureza de mis deseos en orden al procomunal dependen de su singular y extraordinaria asistencia; tanto más, cuanto que vosotros, ¡oh mandatarios incorruptibles, de un pueblo heroico!, en vez de llamar al influyente y sabio, habéis elegido al ignorante y débil, y me habéis designado a mí para gobernarle, a mí que, lejos de estar bastantemente imbuido en los principios y máximas de la ciencia difícil del Gobierno, estoy determinado a formar el conveniente aprendizaje de las reglas que estatuyen entre los de mi profesión la más exacta obediencia.

Mas, puesto que aún no acabo de volver de la sorpresa que me ha causado vuestra nominación; antes de entregarme al análisis de los riesgos y peligros a que quedo expuesto aceptando el alto destino con que habéis querido honrarme, deseo en el arrebato de la gratitud que me transporta al mundo de las ilusiones, ofreceros, como lo hago, en fe de mi sinceridad, que jamás dejaré extinguir en mi alma el sagrado fuego del noble y santo amor de la patria: que la paz será por siempre el ídolo a quien se consagrarán mis inciensos: que mis inocentes placeres, mi descanso y mi propia vida se emplearán constantemente en el afianzamiento del orden, de la tranquilidad común, y en el fomento de la enseñanza e instrucción de la juventud; en los adelantos de la industria, del comercio y de la agricultura; en el desarrollo de las fuentes de la riqueza pública; y en todo cuanto tenga relación estrecha con el aumento de las fortunas y de la seguridad general; para lo que espero me ayudaréis con vuestros consejos y dirección.

Si tal no hiciere, yo os concito en nombre de los pueblos de quien sois los representantes a que volváis a las imprentas, y por medio de ellas os dirijáis ante la opinión: que provoquéis un juicio, y descarguéis sobre mi cabeza la más inflexible severidad, pues antes que dejar de corresponder a los votos que inmerecidamente me han prodigado mis consocios, quiero verme sometido al tremendo fallo de los tribunales; y quisiera más bien tener que sufrir la muerte, que no manchar mi honor y mi fama póstuma, y ser execrado con justicia de la más remota posteridad.

He dicho.

NÚMERO 4.
CONTESTACIÓN DE NUILA.

El Cuerpo Legislativo que os ha oído, aguarda ver en breve cumplidas vuestras promesas: ellas son sin duda la expresión de un corazón magnánimo, y en la puntualidad de su cumplimiento deben basarse simultáneamente con el bien y la aura del primer funcionario la felicidad, el honor y la gloria del Estado.

Desde este fausto día en adelante, ¡ojalá que se cerrasen para siempre las enrojecidas puertas del sangriento templo de Marte! ¡Ojalá que el espíritu de la paz y de la reconciliación fraternal guiase a todos los salvadoreños, para que, aunados a la apacible y deliciosa sombra de los majestuosos árboles de la religión y la libertad, nos pusiésemos al abrigo de nuevos sacudimientos y oscilaciones, efecto necesario de la oposición de un sinnúmero de intereses, de la divergencia de una multitud de opiniones, y de los arrebatos y furores implacables del espíritu de partido!

El espíritu de partido, si ese es el manantial irrestañable de nuestras calamidades y de nuestras grandes desgracias, ¡ya no más delitos! ¡No más reacciones! ¡No más persecuciones y horrores!

Acordémonos, ciudadano Presidente, que en las guerras civiles intestinas el miserable triunfo de algunos pocos ha causado un luto universal, abominable, espantoso, y ha hecho verterse a torrentes las lágrimas de los pueblos.

Sea la moderación quien abra el paso a la actividad por el hermoso sendero de la regularidad legal: que los lauros adquiridos a costa de trabajos y de inmensos sacrificios se hagan de más esplendor por la afabilidad, la complacencia y dulzura, caracteres esenciales que distinguen al gobernante humano, y al varón virtuoso de aquellos vencedores fieros, que no han conocido más brillo que el que, a la luz de un sol oscurecido o de una eclipsada luna, se refleja pálida y tristemente en el campo de los combates.

Sea el amor de la religión y de la patria el que se insinúe más y más a cada instante en vuestro ánimo: sed religioso, sed benéfico, sed humano si queréis ser justo: la beneficencia y la conmiseración son los atributos que más embellecen los días de un gobernante; y cuando estos se terminan, la memoria sobrevive, si no en el mármol y el bronce de las estatuas, por lo menos en la gratitud general de los buenos ciudadanos que saben con su recuerdo y su llanto reanimar las cenizas de los héroes.

He Dicho.

NÚMERO 5.

El Senado y Cámara de representantes del Estado del Salvador, reunidos en Asamblea general,

CONSIDERANDO:

Que las demostraciones públicas en testimonio de la gratitud con que los pueblos libres acostumbran recomendar el mérito de los buenos patriotas que han sabido sostener los derechos del Estado, son el mejor estímulo para grabar en el ánimo de los ciudadanos, el grato y noble sentimiento que debe animar a los miembros de una asociación regida por instituciones libres, y donde el talento y la virtud abran la puerta a la emulación y al ascenso de los primeros puestos; y que, siendo el doctor señor Antonio José Cañas acreedor a estas demostraciones, por haber dedicado toda su vida en favor y servicio de los pueblos con el mayor desinterés, y haber muerto representando al país cerca de la Confederación nacional, ha venido en decretar y

DECRETA:

Art. 1.º—Las Cámaras Legislativas y demás funcionarios del Estado guardarán por tres días un luto riguroso en demostración del justo duelo que ha causado el fallecimiento de un representante del Estado y de un hombre ilustrado por sus virtudes y por su crédito literario.

Art. 2.º—Se recomienda al Gobierno que proteja la orfandad y viudez de los hijos y esposa del finado doctor Antonio José Cañas.

Art. 3.°—Que se coloque el retrato del expresado señor Antonio José Cañas en el salón de sesiones, encargándole al Gobierno la ejecución y cumplimiento.

Comuníquese al Supremo Poder Ejecutivo.—Dado en el salón de sesiones en la ciudad de San Salvador a 27 de febrero de 1844.—Victoriano Nuila, diputado Presidente.—M. Castellanos, diputado Secretario.—C. Velado, diputado Secretario.

Por tanto: Ejecútese.—Lo tendrá entendido el secretario general del despacho, y hará se imprima, publique y circule.—San Salvador, febrero 28 de 1844.—Francisco Malespín.—Al señor Cayetano Bosque.

NÚMERO 6.
La Cámara de diputados del Estado del Salvador,
CONSIDERANDO:

Que no son incompatibles los derechos políticos del Estado con la libertad eclesiástica, y el cumplimiento de los preceptos que el catolicismo impone a los fieles discípulos que practican como deben la doctrina santa de Jesucristo.

Que antes bien es muy conveniente que la Potestad suprema temporal proteja la conservación y progresos de la religión, respetando como es justo las disposiciones canónicas tan adecuadas a evitar la relajación de los Ministros del culto y al aumento de la moralización de los pueblos; que nada es más a propósito para la consecución de tan interesantes como loables y piadosos objetos que consignar de una manera terminante y clara las inmunidades del Estado venerable del sacerdocio; y a fin de que en lo sucesivo no se repitan los enormes abusos que en los tiempos pasados se han cometido por los gobernantes con perjuicio y desprecio de dichas inmunidades.

Estando por otra parte establecida en el Estado por la erección de Diócesis e institución de Obispo la autoridad que debe conocer de las faltas de los eclesiásticos, y conservación de las cosas sagradas, ha venido en decretar y

DECRETA:

Art. 1.°—Se restablece al clero del Salvador bajo la inspección de la autoridad eclesiástica, la inmunidad de que fue privado por el artículo 113 de la ley de 26 de agosto de 1830.

Art. 2.°—Como su ministerio es de santidad, y debe corresponder a las máximas de Jesucristo, no lo disfrutará en los casos en que ataque a la soberanía y orden público; y en la de probársele la perpetración de alguno de los delitos atroces, o de aquellos que merezcan pena más que correccional.

Art. 3.°—Los tribunales eclesiásticos observarán los cánones y en la sustanciación y determinación de los negocios de su competencia, guardarán el orden de procedimientos establecido por las leyes.

Art. 4.°—El Tribunal Supremo de Justicia oirá los recursos de fuerza que se interpongan contra los tribunales y jueces eclesiásticos, en los casos designados por derecho en uso de la protección de la soberanía del Estado.

NÚMERO 6.

Art. 5.°—Las autoridades civiles y militares prestarán a la eclesiástica con oportunidad los auxilios que les pida, para hacer efectivas sus providencias contra personas eclesiásticas.

Art. 6.°—La administración de los capitales y cualesquiera fondos destinados a la conservación y fomento del culto público religioso, quedan bajo la inmediata inspección y competencia de la autoridad eclesiástica, como comprendidos en la inmunidad real de la Iglesia.

Art. 7.°—En cuanto al restablecimiento de conventos de monacales u hospitalarios, queda autorizado el Gobierno para que, obrando de común acuerdo con la Gobernación Episcopal, provean a las solicitudes que ocurrieren sobre este objeto.

Art. 8.°—Con respecto a la inmunidad local, gozará del derecho de asilo la Santa Iglesia Catedral en la capital del Estado y las demás Iglesias matrices de cada Parroquia en todo el territorio de esta Diócesis.

Dado en San Salvador a 1.° de marzo de 1844.—Quirino Escalón, diputado Presidente—C. Velado, diputado Secretario, Mariano Payés, diputado Secretario.

Sala del Senado: San Salvador, marzo 4 de 1844.—Al Poder Ejecutivo—Gregorio Mejía, senador Presidente—José María Castro, senador Secretario—Juan M. Díaz, senador Secretario.

Por tanto: Ejecútese.—Lo tendrá entendido el Secretario general del despacho, y dispondrá se imprima, publique y circule.—San Salvador, marzo 11 de 1844.—Francisco Malespín.—Al señor Cayetano Bosque.

NÚMERO 7.
La Cámara de diputados del Estado del Salvador,

CONSIDERANDO:

1.° Que tanto la Constitución como las demás leyes que se han dado en el Estado sobre calidades de extranjeros son diminutas y oscuras, y han ocasionado abusos de mucha consideración, ya respecto a los naturales, ya respecto a los mismos extranjeros;

2.° Que por falta de claridad vienen a ser ilusorias las leyes, porque los hombres en todos tiempos desatienden las utilidades generales por aprovecharse de las particulares, y que es un deber nivelar los derechos con los deberes, y evitar que se repitan funestos males que ya se han sufrido, ha tenido a bien decretar y

DECRETA:

Art. 1.°—La naturalización es un consiguiente necesario a la adquisición de bienes raíces en el país, cuyo valor alcance a dos mil pesos, y con vecindario de cinco años; al matrimonio contraído con salvadoreña y vecindario de tres en el territorio del Salvador, y a la expedición de carta de naturaleza por el Cuerpo Legislativo: todo en consonancia con el artículo 6.° de la Constitución.

Art. 2.°—El extranjero que después de corridos los cinco años no hubiese adquirido bienes raíces, ni contraído matrimonio con salvadoreña, ni pedido carta de naturaleza, pierde por el mismo hecho su nacionalidad natural, y se entiende que renuncia tácitamente los fueros que por su calidad de extranjero hubiesen en su favor en los delitos y en los que merezcan pena más que correccional.

Art. 3.°—Todo extranjero en los momentos de desembarcar deberá precisamente manifestar su nombre y apellido ante el comandante del puerto en que se desembarque, quien, asentando la fecha en que esto se haga, lo elevará al conocimiento del Gobierno con relación expresiva de su filiación y procedencia, y de haberle tomado juramento de obediencia a la Constitución y las leyes.

Art. 4.°—En consecuencia el Gobierno extenderá a favor de él carta de seguridad para que, permaneciendo en su calidad de extranjero en el territorio del Estado por el término de los cinco años, pueda ejercitarse en sus oficios y labores, disfrutando de las mismas garantías que las leyes conceden a los hijos del país; pero sujeto a los deberes impuestos por el artículo 7.° de la Constitución del Estado.

Art. 5.°—Esta carta de seguridad es valedera por solo los cinco años referidos en el artículo anterior; debiéndose revalidar en cada uno de ellos; y concluido este término quedarán en calidad de naturales como se previene en el artículo segundo de esta ley, y con opción a los destinos que no les prohíba la Constitución.

Art. 6.°—Si el extranjero solo se introdujere de tránsito para otro Estado o para residir únicamente treinta días, la autoridad local le dará un salvo conducto y avisará al Gobierno por medio del Gobernador del departamento.

Art. 7.°—Sin este salvo conducto o sin carta de seguridad, ningún extranjero podrá transitar ni permanecer en el Estado, y por el hecho de no tener estos documentos será detenido y juzgado como infractor de la ley y se le hará salir del Salvador, pagando las costas que ocasionen las diligencias y la expulsión.

Art. 8.°—Los salvo conductos y las cartas de seguridad de que se habla en los artículos antecedentes se han de tener personalmente, sin que valga que un individuo las tenga para otros, aunque sean sus criados, domésticos o dependientes, y solo podrán darse en cabeza de otra persona a los padres para sus hijos menores de veinte años.

Art. 9.°—Las cartas de seguridad se sacarán al llegar al Estado para permanecer más de treinta días, y se renovarán todos los años en el mes de enero. Los que no la renovaren quedarán comprendidos en la clase de los que no la tuvieren.

Art. 10.—Los extranjeros que residan en el Estado podrán ser extrañados del territorio del Salvador siempre que a juicio del Supremo Gobierno sean nocivos a la tranquilidad pública, no obstante que tengan salvo conducto o carta de seguridad. En los delitos comunes que no se rocen con los políticos, gozarán de las garantías establecidas para los hijos del Estado.

Art. 11.—Cuando sean presentados los salvo conductos y las cartas de seguridad a las autoridades locales, estas harán auxiliar y proveer al extranjero, pagando lo que fuere justo y según los precios del país, sin dar motivo a reclamo ni a quejas.

Art. 12.—Cuando un extranjero se quejare de alguna autoridad, observando en la queja lo que está dispuesto por las leyes del Estado en orden a la administración de justicia, será prontamente atendido; y si legalmente comprobare su demanda, será tratada con el rigor de las leyes la autoridad que hubiese causado el agravio, resarciendo al extranjero sus gastos y perjuicios.

Art. 13.—Quedan excluidos de las anteriores disposiciones los españoles de ultramar que hayan residido en el territorio de la República al tiempo del pronunciamiento de independencia, y que hayan prestado juramento de adherirse a ella, o que hayan contraído matrimonio con salvadoreña de cinco años a esta parte.

Art. 14.—Esta ley será obligatoria desde el momento de su publicación para los extranjeros que estuvieren en el Estado; a los dos meses de publicada para los que vengan de los otros Estados de la República; y a los seis meses para los que se introdujeren de fuera de Centroamérica.

Dado en el salón de sesiones de la Cámara de Diputados, en San Salvador, a 28 de febrero de 1844.—Quirino Escalón, diputado Presidente.—C. Velado, diputado Secretario.—Mariano Payés, diputado Secretario.

Sala de sesiones del Senado.—San Salvador, marzo 4 de 1844.— Al Poder Ejecutivo.—Gregorio Mejía, senador Presidente.—José María Castro, senador Secretario.—Juan M. Díaz, senador Secretario.

Por tanto: Ejecútese.—Lo tendrá entendido el Secretario del despacho, y dispondrá lo conveniente a su impresión, publicación y circulación.—San Salvador, 7 de marzo de 1844.—Francisco Malespín.—Al señor Cayetano Bosque.

NÚMERO 8.
Municipalidad de San Salvador.—S.P.E.

Si el Gobernador y Municipalidad de esta ciudad han guardado un profundo silencio para interpelar la autoridad del Gobierno con el objeto de mejorar la administración, ha sido porque han creído que serían desoídos, y que acaso no harían otra cosa que promover especies desagradables y que pudiesen refluir contra la tranquilidad y dignidad de la Corporación, que sumisamente eleva esta a vuestro alto conocimiento; pero observando que el Poder Ejecutivo se ejerce por un salvadoreño, que infatigablemente trabaja y medita por las mejoras y prosperidad del país, que tiene abiertos sus oídos para todos los habitantes sin que los desatienda aun en el caso de ser ridículas sus solicitudes. Llenos de esta confianza nos dirigimos a vuestro Supremo Poder, sin otro objeto que tomar la parte que debemos, para una perfecta organización política que nos conduzca al término que ansiosamente apetecemos, y desea el pueblo a quien representamos.

Hace veintitrés años que el cielo quiso proporcionarnos la emancipación e independencia, que en tres siglos no había sido posible lograrse: obró en consecución de tan gran bien, la fuerza moral formada por la opinión pública que con el más grande entusiasmo gritaba impetuosamente por la libertad de unos pueblos a quienes naturaleza había amurallado admirablemente para defenderlos de la ambición y tiranía de los poderes extraños: se logró sin la menor violencia y, pasando de un extremo a otro, degeneró todo, transformándose en desgracias los bienes que debíamos esperar.

La observación, hija del deseo de mejorarse, nos ha hecho conocer que no es posible llegar al término que se quiere, sin que se dé a la ley fundamental otro colorido, analizando diestramente y recabando principios que no sean los adoptados, cuya práctica ha estado en oposición con el genio y costumbres de los pueblos, y por lo mismo en vano se trabaja al tiempo de emprender bajo otras bases que las que naturaleza ha demarcado a los americanos.

Por otra parte, señor Presidente, se quiere edificar en grande, cuando los elementos aún no son capaces de cubrir el presupuesto, de suerte que, caminando contra lo establecido en la ciencia de economía, que enseña a hacer más con menos, se quiere con menos hacerlo todo, sin regular que una sociedad nivelada a principios para constituirse, debe antes contar con antecedentes que le preparen sus gastos ordinarios, y que exista siempre un superávit para lo extraordinario.

Lo expuesto no admite una justa contradicción, y jamás cesarán nuestros padecimientos, si volviendo en sí no simplificamos el régimen actual, que por otra parte presenta un aspecto lisonjero, estando al frente un Ejecutivo decidido a mejoras efectivas.

Para lograr nuestros deseos creemos de necesidad, que convocándose las Cámaras ordinarias, estas llamen una Constituyente que con datos irrefragables, dé una Constitución acomodada a las necesidades del Estado.

Esta es la opinión pública: esto es lo que creemos conveniente y seguro a plantear la suerte futura de los salvadoreños; y estos son nuestros votos que sumisamente sometemos a la alta penetración y decidido patriotismo del Supremo Ejecutivo, cuyos respetos protestamos y de quienes somos los más fieles y obedientes servidores.

San Salvador, abril 9 de 1844.—Ciriaco Choto.—Vicente Roque.—Dionisio Villacorta.—Vicente Aguilar.—Manuel López.— Francisco Berdugo.—José Salinas.—Vicente Funes.—J. M. Carazo.—M. Castillo.

NÚMERO 9.
S. P. E.

Los individuos que componemos la Municipalidad de Olocuilta, congratulándonos de que después de una larga serie de fatalidades que han afligido a este hermoso Estado, ha llegado en fin la época dichosa en que, sin temor de funestas consecuencias, podemos elevar a la alta consideración del Supremo Gobierno los sentimientos que nos animan en favor del bienestar de los pueblos; no vacilamos un momento en dirigirnos a vuestro Supremo Poder con la exposición siguiente.

Cuando en 1821 tuvo Centroamérica la felicidad de emanciparse del poder hispano, nadie dudaba que en breve tiempo sería este país el más venturoso de todo el Septentrión si con leyes sabias y bien interpretadas se impulsaban todos los elementos de riqueza con que la naturaleza embelleció nuestro suelo; pero, desgraciadamente, el genio novelesco vino a arrebatarnos aquel precioso don, y en vez de prosperidades hemos tenido desde aquella época una cadena horrenda de depredaciones, a cuyo último eslabón nos lisonjeamos en el convencimiento de que no se agregarán otros más, porque tenemos en la silla del Ejecutivo a un buen patriota que lidiará a todo trance por consolidar los intereses caros del pueblo; acabarán las teorías y sucederá el positivismo. Con esta firme persuasión, ocurrimos a vuestro Supremo Poder, pidiendo que os interéséis por una perfecta organización política que nos conduzca a la felicidad a que estamos llamados; para lo cual creemos de necesidad que, convocando las Cámaras, estas llamen una Constituyente que con datos irrefragables nos dé una Constitución acomodada a las necesidades del Estado, pues según nos lo ha demostrado la experiencia, está en oposición a los intereses públicos la que actualmente nos rige: deseamos que se simplifique la administración; que se proteja la industria, la agricultura y las artes; que minorando los gastos del Estado se logre amortizar la deuda pasiva y que se prohíba el tráfico de mercancías extranjeras que demeriten las manufacturas del país, o que al menos se sobrecarguen de modo que, aun cuando se introduzcan, no causen los perjuicios positivos que hasta ahora han causado.

Estos son, señor Presidente, nuestros votos y los del pueblo a quien representamos: esta es a nuestro juicio la opinión general; y esto lo que creemos conveniente y seguro a plantear la suerte futura de los salvadoreños, y que elevamos a la alta penetración del Supremo Poder Ejecutivo, confiados en su decidido patriotismo, que serán realizados; y protestando al propio tiempo sumisamente los respetos y consideraciones debidas, quienes tenemos la honra de suscribirnos vuestros fieles y obedientes servidores.

Olocuilta, abril 13 de 1844.—Hipólito Quintanilla.—Por el Alcalde 2.º señor José Nolasco, y por los regidores Andrés Guerra, Simón Santos, Albino Méndez y Agustín Santos.—Eufracio Castillo, secretario.—Síndico, José Quintanilla.—Síndico, Pedro J. Alfaro.

NÚMERO 10.
S. P. E.

El Cuerpo Municipal de esta ciudad y de acuerdo con su Presidente, señor Gobernador del departamento, deseosos de procurar un bien positivo a esta fracción salvadoreña de quien es representante, al S. P. E. dirige sus votos para conseguir aquel objeto, de la manera más respetuosa, seguros de que ellos serán oídos por el primer Magistrado del Estado, quien ha dado pruebas con un celo infatigable de la mejora y bienestar de todos los salvadoreños. Desde que contamos con nuestra libertad para procurar por una administración que nos haga felices y nos ponga al nivel de las demás naciones constituidas, nuestros funcionarios, ampliamente facultados por estos pueblos, obrando con la mejor fe, han basado nuestro sistema social de una manera que, al practicarse nuestras leyes fundamentales, se ha notado una gran oposición entre su observancia y los intereses comunes.

Bajo esta condición permaneció por mucho tiempo el pueblo salvadoreño cuando nos constituimos en libres e independientes y en el mismo estado nos hallamos aun habiéndole sustituido otra en el año de 1841. Este corto período nos ha persuadido de la necesidad en que nos hallamos de una reforma radical, y en la que, atendiendo a las necesidades públicas, se satisfaga su justo clamor: en vuestro poder está, señor, el que procuréis la felicidad de los salvadoreños, y esta Municipalidad que desea participar de los bienes de que es capaz de proporcionar vuestra autoridad, os pide: que reunáis las Cámaras ordinarias para que, convocando una Asamblea Constituyente, haga todas las reformas necesarias a la actual ley fundamental en obsequio de mejorar la suerte de los salvadoreños, a que por mil títulos están llamados, y al dirigirnos a vuestra autoridad con este objeto, séanos permitido tributaros nuestros respetos y obediencia.

Santa Ana, abril trece de mil ochocientos cuarenta y cuatro.—S. P. E. Ponciano Castillo.—Valentín Barrientos, Alcalde 1.°— Francisco Arcia, Alcalde 2.°—Antonio Moreno—Hermeregildo Aragón.—M. Delgado.—Leandro Duboi.—Nicolás Rodríguez.— Ramón Mojica.—Laureano Bermúdez.—Manuel Rivera.—Teodoro Moreno, Secretario.

NÚMERO 11.
S. P. E.

La Municipalidad de Suchitoto, animada de sentimientos patrióticos y convencida de la necesidad de una reforma constitucional, secundando el voto de la Corporación de esa Capital, elevado al S. P. E. con fecha 9 del presente, cuya exposición ha leído con inexplicable gusto en el Correo Semanario número 123 al folio 98; en sesión de hoy ha dispuesto dirigir al mismo S. P. E. una ligera manifestación sobre tan importante objeto; porque él es de una trascendencia que no se puede ver con desprecio, si atendemos a que sus efectos son sensibles al pueblo que tanto tiempo hace ha luchado constantemente por colmar sus miras. Ellas solo han sido por constituir el país bajo un sistema regular; pero desgraciadamente, a pesar de estar todos de acuerdo en unos mismos principios, la equivocación en los medios que se han adoptado para conseguirlo ha burlado las esperanzas de lograr sus accesos.

Nuestra Constitución presente, señor, está probado que es inadecuada para nosotros, porque inteligible para la mayor parte del pueblo que la observa, solo ha sido un funesto presagio de frecuentes convulsiones: unas veces interpretada maliciosamente: en otras el interés de partido ha desvirtuado sus respetos: y por último, ella ha sido refutada por sus mismos autores como una obra imperfecta que solo ofrece inconvenientes en su práctica.

El convencimiento de estos resultados, y el deseo de ver mejorada la administración pública, ha hecho a esta corporación secundar el voto de la Municipalidad de esa Capital, reproduciendo aquellos mismos sentimientos, para que sean convocadas las Cámaras ordinarias con solo el objeto de decretar una Asamblea Constituyente la que, en vista de la triste experiencia de veintitrés años de una lucha fratricida, nos dé la ley que llene los objetos del deseo común, que es el de regularizar en lo posible la administración pública, como ya se ha dicho, para gozar de una paz imperturbable bajo los auspicios de igualdad, seguridad y justicia.

Estos son, señor, los votos fieles del Cuerpo que suscribe y del vecindario que representa; y al poner esta manifestación en vuestras manos, os suplicamos tengáis la dignación de admitir la expresión sincera del aprecio más distinguido, con la solemne protesta de nuestra sumisión y respetos.

Suchitoto, abril 13 de 1844.

Mariano Fernández.—Isidoro Vaquero.—Francisco Martel.—Evaristo Artiga.—Juan Antonio Coto.—José Eusebio Escobar y Peña.—Eusebio Escobar.—Norberto Peña.—José Dolores Espinoza.—José Resinos.—Francisco Revelo.—Luis Antonio Flamento.—Cayetano Medina, Srio.

NÚMERO 12.

S. P. E.
De la Municipalidad del Guayabal — abril 14 de 1844.

Han transcurrido ya cuatro años, tiempo en que pudiéramos haber sentido los bienes efectivos que se esperaban de las reformas que generalmente se proclamaban; mas desgraciadamente ha sido un término de inquietudes, padecimientos y zozobras para los pueblos del Estado, debidos estos resultados (según nuestro escaso entender) a los innumerables vicios que encierra la Constitución que actualmente nos rige. La ignorancia de principios en política no ha sido bastante para dejar de conocer lo perjudicial que sería a los salvadoreños continuar en ensayos que traerían por fruto la destrucción de nuestro hermoso suelo; pero siempre sumisos hemos guardado un silencio inalterable, en materia de tanta gravedad, temiendo cometer una imprudencia.

La exposición dirigida por la Municipalidad de esa Capital, inserta en el Correo Semanario núm. 123, es un rayo de luz que ha penetrado en nuestros corazones, abriéndole el paso a nuestro limitado espíritu, para implorar del digno Presidente del Estado, su cooperación al mejoramiento y prosperidad de los pueblos que tiene encomendados. No ignoráis, Supremo Magistrado, los padecimientos que vuestros súbditos han sufrido, y el deseo vehemente que les anima de mejorar su suerte futura; pero siendo vos el encargado de procurarlo, esta Corporación, omitiendo el repetir la narración verídica que la expresada Municipalidad hace en la citada exposición, solo os ruega en obsequio del bien general, y a nombre del pueblo que representa, que convoquéis extraordinariamente las Cámaras del Estado, para que estas llamen una Constituyente que dé una Constitución análoga a las costumbres de los salvadoreños.

Esto es lo que creemos esencial al mejoramiento y felicidad de la patria, y el único medio de constituirnos de un modo estable. Con el más indecible afecto, nos cabe el placer de ofrecer, por la primera vez, a nuestro Gobierno Supremo los muy sinceros votos de sumisión y respeto con que nos suscribimos sus humildes servidores.

D. U. L.—Por la Municipalidad, José María Resinos, Secretario.

NÚMERO 13.
S. P. E.

La Municipalidad de Talpa, compuesta de los individuos que tenemos la honra de suscribir, resentidos ya de los males que han afligido a nuestro Estado en el largo transcurso de veintitrés años, sin que hayamos gozado nunca de una perfecta estabilidad; sin que en este triste período nunca nos hayamos saboreado con el goce de la verdadera libertad; y convencidos por la experiencia de que es menester para ser felices desterrar de nuestras instituciones las falsas teorías con que desde nuestra independencia nos hemos querido gobernar como unos pueblos semejantes en civilización a las naciones cultas de Europa, y que en vez de estas enervantes ilusiones debemos adoptar el positivismo, nos apresuramos en esta vez llenos de la mayor confianza a exponer a vuestro Supremo Poder lo siguiente.

Dignaos dar una mirada, señor, sobre la actual situación de los salvadoreños, y observaréis que todos vivimos entre ruinas; que las manufacturas del país nada valen, porque del extranjero se nos introducen libremente de toda clase y con abundancia; el patrimonio de este vecindario era antes los hilados y tejidos de algodón, y al presente no hay demanda ninguna de estas producciones, en razón de que los consumidores se acomodan a las de afuera; veréis que la agricultura no florece porque no se le da impulso; y en vez de hermosas espigas que después de abastecer al Estado hubiera un sobrante para exportar, hay malezas habitadas por las fieras; veréis caminos intransitables, ríos sin puentes, poblaciones en su mayor parte sin cárceles seguras para retener a los malhechores de que abundan a causa del ocio, infinidad de hombres desdichados que perecen en los campos y en los rincones de infelices chozas, agobiados con el peso de graves enfermedades, sin que tengan el amparo de un hospital; y todos estos objetos de interés común no es posible repararlos, porque el Gobierno que debiera hacerlo no puede en razón de que las erogaciones del Estado son superiores a las rentas públicas.

Por todo lo expuesto, creemos de absoluta necesidad que nuestra carta fundamental sea reformada, y que al efecto se convoque una Constituyente por su órgano, para que esta, consultando las necesidades de los pueblos, nos dé una Constitución análoga, que simplifique la administración de manera que, minorando empleados, los gastos ordinarios lo sean igualmente: entonces seremos felices: se amortizará la deuda pasiva del Estado, y en breve tiempo tendremos sobrantes para que el Supremo Gobierno pueda ocurrir fácilmente a los objetos de beneficencia pública.

Esto es, señor Presidente, lo que a nuestro juicio conviene en bien de los pueblos; y esto lo que interpelamos a vuestro Supremo Poder, animados de una confianza íntima de que vuestro patriotismo os inducirá a oírnos y atendernos en obsequio de la felicidad futura del Estado.

Entre tanto, os protestamos la mayor sumisión y obediencia, teniendo la honra al propio tiempo de suscribirnos vuestros decididos servidores.

Talpa, abril 14 de 1844.

Teodoro Espinoza.—Saturnino Reyes.—Por los regidores Pascual Jule, Doroteo Ramírez e Ignacio Castillo, firmo yo, Guillermo Valencia, secretario.—Como Síndico, J. Andrés Campos.

S. P. E.

"El comandante del batallón de este distrito, asociado de los señores jefes y oficiales del mismo cuerpo, se dirigen esta vez al Supremo Poder Ejecutivo del Estado, no con la mira de llamarle la atención en un negocio personal; sino con la de que se digne fijar la vista en un objeto en que la sociedad entera se interesa.

Diversas instituciones han ensayado nuestros legisladores para procurarnos todo el bien posible: para alejarnos de una condición semibárbara; y para hacernos partícipes de los dones de la civilización. Sin embargo, el principio que hasta hoy ha sido preconizado, está muy lejos de corresponder a tan nobles miras. La Constitución actual, si bien contiene máximas saludables, en su conjunto forma un todo monstruoso; y jamás instituciones de pueblos con quienes el nuestro en nada simpatiza, pueden ser las más análogas y convenientes.

Hay más: la pobreza y posición del Estado, su miserable agricultura, la falta de luces, sus preocupaciones antiguas y modernas, forman un cuadro que para nosotros ha sido desconocido por los hombres de los partidos, y por nuestros empíricos legisladores. Las instituciones pasadas y las modernas: he aquí dos extremos, dos escollos.

La prudencia, pues, requiere una reforma constitucional, una marcha más segura; economías, simplicidad. Por lo que:

Al Supremo Poder Ejecutivo, suplicamos con la sumisión y respeto debido, se digne dar el decreto de convocatoria para que se reúnan las Cámaras ordinarias, y que estas, en vista del clamor general de los pueblos, convoquen una Asamblea Constituyente, que con los datos necesarios, y penetrada de las necesidades de los salvadoreños, dicte las reformas convenientes a su prosperidad, ofreciéndonos entre tanto por vuestros humildes servidores.

Santa Ana, abril 13 de 1844.

Feliciano Criollo, comandante del batallón.—E. Isasi, teniente coronel.—Pedro Escalón, teniente coronel.—José Gabriel Martínez, teniente coronel.—Rafael Rodríguez, capitán efectivo.—Dionisio Barrientos, capitán graduado.—José María Barraza, teniente.—José María Méndez, teniente.—Eugenio Rodríguez, teniente.—Enrique Figueroa, teniente.—Francisco Figueroa, teniente.—Simón Vides, teniente.—Manuel Sandoval Figueroa, subteniente.—Bruno Mendoza, subteniente.—Nicolás Méndez, subteniente.—Por el subteniente Pioquinto Chica, Pedro Carranza.—José María García, subteniente abanderado.

NÚMERO 15.

Casa de Gobierno, San Salvador, abril 25 de 1844.

Señor Ministro general del Supremo Gobierno del Estado de El Salvador Desde la instalación de la actual administración de este Estado, se ha procurado captar la confianza del Gobierno de Guatemala por una conducta enteramente franca, amistosa y consecuente, tanto cuanto se creía necesaria para contener las propensiones que de mucho tiempo a esta parte han amagado a los salvadoreños con frecuentes hostilidades; pero subterráneas, maquiavélicas y fundadas en rasgos pérfidos y miras de perturbación para conseguir seguramente, por medio de las inquietudes y desconfianzas que han hecho nacer entre algunos descontentos, traer a estos pueblos a tal extremo de debilidad y de impotencia, que si no imposible, le fuese sobremanera difícil librarse de la dominación a que nunca han dejado de aspirar en Guatemala los que, sacudido el yugo de la antigua metrópoli, pretendieron erigirse en dueños y señores exclusivos de la suerte de los pueblos que tanto han luchado por no reconocer otro imperio ni otro predominio, que el de la equidad, el de la razón y el de las leyes.

La administración pasada se tachaba de poco ingenua, y desleal, atribuyéndosele conatos de sedición y miras de patrocinamiento hacia la causa de independencia que los pueblos de los Altos han alegado al tiempo de protestar contra la injusticia y la violencia de su forzada reincorporación al Estado de Guatemala, y con esta censura y crítica, fundada en las apariencias, intentaban cohonestar las intrigas, y los manejos empleados para alterar el orden interior de este Estado, e impedir no solamente los inocentes goces de la paz y cuantos bienes de ella proceden; sino constituir además al Salvador en una situación tan menguada y tan azarosa que de día en día fuese decayendo hasta tocar en el punto de un degradante sometimiento, o de no poder sostener absolutamente su honor, su soberanía y su independencia.

Mientras esto sucedía, los hombres sensatos, los comerciantes pacíficos, los hacendados, artesanos y demás padres de familia y gentes de buena fe, disculpaban la conducta de los maquinadores de Guatemala por la suposición de que los gobernantes del Salvador, desacreditados ya en varias épocas de la revolución, no inspiraban toda la confianza que era conveniente a los que dirigían el gabinete de aquel Estado.

Mas hoy día que los actuales funcionarios de este han observado una conducta enteramente contraria, y han llevado su condescendencia y contemplaciones por el mantenimiento de la paz y de la buena armonía con los guatemaltecos hasta el extremo de ser censurados e inculpados de connivencia con ellos, así en lo oficial como en lo privado, puede asegurarse, sin temor de equivocaciones, que hasta la evidencia está demostrado que el tiempo y el sufrimiento se agotarán y perderán sin fruto, en tanto que los Estados de la Confederación no levanten uniformemente su voz para reclamar del Gobierno de Guatemala la rectificación de una política la más irregular y peligrosa en la situación presente, y en el estado de desorganización a que, por mucha culpabilidad de aquel Gobierno, se halla reducida la República.

Una prueba de esta verdad son los partes repetidos que de cuatro días a esta parte se han recibido del Gobernador de Sonsonate sobre haberse visto traer de Guatemala para el punto de Jutiapa un convoy de armas, pertrechos y municiones y el susurro general de que el señor Manuel José Arce ha conseguido del general Carrera un considerable subsidio para venir a derrocar el Gobierno de este Estado, cuyo hecho será el primer paso a la centralización del Gobierno general de los Estados que compusieron la extinguida Federación.

Las probabilidades de la realización de esta empresa se vigorizan por la noticia cierta que se tiene de que en Ahuachapán trabajan con unanimidad los señores Aquilino San Martín, Guillermo Quintanilla, Juan Herrera y otros varios en seducir y hacer partido para favorecer las tentativas de Arce, que auxiliado por Carrera y Montoya, no dejará de aprovechar la primera coyuntura que se presente para meternos en nuevos conflictos, y obligarnos a prestar nuevos sacrificios para conservar a cualquier precio la integridad de nuestro territorio, la libertad y la propiedad de los salvadoreños, y la dignidad y el crédito del Gobierno.

En obsequio de tan grandes como nobles y recomendables objetos, el señor general Presidente de este Estado me ha prevenido excitar por el honorífico conducto de Ud. a ese Supremo Gobierno para que, al primer aviso que se tenga de la invasión preindicada, se digne prestar todos los auxilios que estuvieren en sus altas atribuciones, y en cumplimiento de los convenios anteriores preexistentes entre los Gobiernos de la liga confederal, a efecto de contener los efectos de la ambición desenfrenada y los abusos del poder desmandado que alimenta sus injustas y traidoras pretensiones; bajo el seguro concepto de que obtenido el primer triunfo contra las libertades salvadoreñas se hace más fácil y asequible la conquista y subyugamiento de los demás de la Unión.

Quiera Ud., señor Ministro, poner lo expuesto en el alto conocimiento de ese Supremo Gobierno y recibir con esta ocasión las más veraces muestras de aprecio y respeto con que lo distingue su obediente y atento servidor.

D. U. L.

Victoriano Nuila.

NÚMERO 16.

Ministerio general del Supremo Delegado de la Confederación centroamericana.

D. U. L.

San Vicente, mayo 1.° de 1844.

Señor Presidente del Estado de Guatemala.

Instalada la suprema delegación de los Estados soberanos de Nicaragua, Honduras y el Salvador; pero reunida, como un resultado de esfuerzos repetidos y costosos sacrificios, el Gobierno Confederal se dedicó con afán a corresponder los votos de las tres secciones aliadas, procurando la paz en todas y cada una de ellas. Así es, que desde el momento de su instalación, en la ciudad de San Vicente, comenzó a dictar las providencias que a su juicio pudieran llenar objeto tan interesante, no perdiendo de vista la conservación de las más estrechas y fraternales relaciones con los gobiernos de los Estados, que aún no están representados en la Confederación.

No ha cesado el Gobierno Confederal en tareas de tanta importancia, porque está bien persuadido de las ventajas de la paz, y de que sin ella, jamás podrá lograrse la felicidad de los centroamericanos que ansiosamente apetece, siendo a la verdad, señor Presidente, el único y precioso fin de sus trabajos y constantes desvelos; pero cuando el mismo Gobierno Confederal se empeñaba con esmero en el bien común y en afianzar las bases de la reorganización política de los Estados aliados; cuando cabalmente el Gobierno de Nicaragua le participaba las pretensiones inglesas en el puerto de San Juan del Norte; y cuando meditaba un arreglo en negocio tan grave para evitar los efectos lamentables que puede producir a la Confederación centroamericana, el Gobierno del Salvador, por comunicaciones de 25 y 29 de abril último, imparte al Supremo Delegado que el de Guatemala ha invadido su territorio por medio del señor Manuel José Arce, suministrando a este un número considerable de armas, dinero y otros elementos de guerra, para hacerla al mismo Estado del Salvador.

El Consejo Confederal, a quien se dio cuenta con las enunciadas oficiales comunicaciones, y el propio Supremo Delegado se resistieron a creer tan desagradable noticia, porque están penetrados de los buenos principios que han servido de norte a la administración de Guatemala y porque la guerra contra el Salvador es positiva y directamente contraria a los principios de ambos Estados. Sin embargo, los documentos justificativos de la agresión, en que el Gobierno del Salvador apoya sus aserciones, merecen tanto crédito que ha hecho dudoso el concepto que el Gobierno Confederal tenía hecho del de Guatemala, cooperando a esto la constante negativa con que se ha opuesto a entrar en la Confederación y las muchas observaciones que ha publicado contra el Pacto, que, si no es lo más perfecto porque no podía serlo, atendidas las instrucciones que las Legislaturas se vieron obligadas a extender, se encuentran en él los medios de reformarlo, hasta perfeccionarlo sin que trabas de ninguna especie puedan embarazarlo.

Sensibles es decirlo, señor Presidente; pero estos motivos, y otros datos de la mayor importancia, que no quiero recrudecer en esta comunicación, han movido el ánimo del Consejo para excitar al Supremo Delegado a fin de que se manifieste a ese Gobierno: que la invasión hecha al Salvador, prestando armas y dinero, y procurando la sublevación entre sus pueblos, es ofensiva; y lastima en lo más vivo los intereses de la Confederación, porque es atentatoria a su tranquilidad y reposo, y porque tiende a destruir la existencia del Gobierno Confederal. El Supremo Delegado, a quien es sumamente pesaroso un acontecimiento tan aciago, me previno manifestarlo a Ud. así; pero aún todavía se promete que ese Gobierno cortará de un golpe tanta desconfianza, y acreditará a los Estados aliados el respeto que profesa al principio de la no intervención en los negocios interiores de otro, retirando de sus fronteras las armas y parque que haya situado en ellas, o persiguiendo, con el rigor de las leyes patrias, a los que hayan osado perturbar la paz del Salvador y comprometer la de Guatemala.

Con todo, como pudiera ser que ese Gobierno se viese, contra sus propios sentimientos, obligado a continuar la conducta que se le atribuye, el mismo Supremo Delegado ha tenido a bien dictar el día de hoy algunas medidas preparatorias para un caso que todavía no cree con plenitud. Por esto, no debe extrañar el Gobierno de Guatemala los aprestos de guerra que mande levantar, no con propósito de invadir ese Estado, sino con el sagrado de defender la Confederación; porque así como en el individuo su conservación es la primera ley, lo es para él la del Gobierno Confederal, por su honor, y porque en todas épocas ha sabido posponer y sacrificar su vida al bien de la generalidad. Es altamente penoso para el mismo Supremo Delegado salir de ocupaciones pacíficas a quehaceres marciales, y le es tanto más doloroso cuanto que tendrá que emplearlos contra un Estado que ha sido uno de los socios de la disuelta Federación: que por su posición topográfica es llamado a serlo en la actual Confederación, y que tendrá que responder a esta de los gastos que impenda en una guerra que tan injustamente promueve al del Salvador. Así es, señor Presidente, que el Supremo Delegado se promete de Ud. una contestación tan pronta como franca, en que igualmente espera ver la explicación de una conducta pura y fraternal que aleje del todo los motivos fundados que hay de presumir que ese Estado se halla en hostilidad con el del Salvador. Tengo el honor, señor Presidente, de manifestar a Ud. lo expuesto de orden del mismo Supremo Delegado, y el muy particular de ofrecer a Ud. mis respetos y altas consideraciones.

Rafael Miranda.

NÚMERO 17.
San Salvador, mayo 6 de 1844.

En este momento acaba de recibir el Supremo Gobierno la nota siguiente:

Comandancia general del segundo Regimiento.

Santa Ana, mayo 5, a las ocho de la noche.

Señor Ministro de Hacienda y Guerra del Supremo Gobierno del Estado.

En este momento acabo de recibir el parte del comandante de la primera partida de vanguardia, teniente coronel señor Pedro Escalón, en el cual se manifiesta haber llegado hoy a las siete de la mañana al valle de Chingo, en persecución del cabecilla Arce, Aquilino San Martín, Guillermo Quintanilla que se hallaban en dicho punto. Esta Comandancia general, de acuerdo con el general de la división de vanguardia, dispusieron una marcha veloz a la raya del Estado, por el parte que se recibió de una espía que regresó anoche del Chingo y Contepque, en cuyos puntos había dejado los antes referidos. Nuestra fuerza iba demasiado cansada, no pudo llegar en la noche sino hasta la hora que dejo indicada.

El enemigo se hallaba en el Chingo cuando divisaron la partida del teniente coronel señor Pedro Escalón, y con solo la presencia de ésta dejaron abandonado aquel punto, retirándose al de Contepque, lugar que llamaban Cuartel General, en donde, habiéndoles cargado, abandonaron poniéndose en precipitada fuga, dejando en poder de nuestra fuerza diez tercios de fusiles, cinco cajones de parque, tres tercios de cartucheras, un saco de piedras de chispa, otro de pólvora gruesa, veinticuatro carabinas y un tercio de varias piezas de fusil. La velocidad con que da parte el comandante Escalón es la causa por la cual no entro en más detalles.

La segunda sección salió a las 4 de la tarde a ocupar la hacienda del Coco del señor Zabaleta, y hoy a las dos de la tarde ha salido la división de vanguardia a ocupar el pueblo de Chalchuapa, dejando en esta plaza una fuerza respetable con la artillería. D. U. L.

Ponciano Castillo.

NÚMERO 18.

El general Presidente, con vista del parte anterior, se ha servido acordar: que al teniente coronel graduado de infantería, señor Pedro Escalón, se le libre el despacho de vivo y efectivo; que a los oficiales que lo acompañaban y las clases que concurrieron a la sorpresa y ocupación del punto de Contepque, se les ascienda también dándoles un grado en prueba de su valor y patriotismo; y que a los soldados se les dé prest doble de un día en nombre del Gobierno Supremo del Estado, pues este acontecimiento al principio de la campaña anuncia el denuedo de los esfuerzos cívicos de los activos y libres salvadoreños en desagravio de su libertad injustamente amenazada, y a los agresores les servirá de signo natural y seguro del último resultado que debe tener su osada y temeraria empresa, poniéndose en noticia del mayor general del ejército para que se haga saber en la orden general del día.

El Ministro de Guerra.—Bosque.

NÚMERO 19.
MANIFIESTO

Del Teniente General Rafael Carrera, general en jefe de las armas de Guatemala, a los habitantes del Estado y demás de Centroamérica.

Compatriotas: cuando el enemigo apura sus astucias para triunfar, debido es, que ya que me está confiada la defensa de mi patria, no solo lo ataque en el campo de batalla, sino que descubra a los ojos del público sus insidiosas maquinaciones. Maquinaciones que desde 1840, si bien han tenido treguas, nunca han dejado de ser las mismas, con más o menos actividad según las circunstancias.

En efecto, ¿quién ignoraba en Guatemala ni en San Salvador, los proyectos, los planes y las mil combinaciones que sin descanso se estuvieran tramando, desde el momento en que fueron acogidos y empleados por el general Malespín los restos aciagos de la facción nacionalista, que ha sido detestada y repelida de todos los Estados, contra cuya independencia proyecta? ¿Hay alguno que no haya visto de un modo palpable el empeño con que se buscaba un pretexto, por especioso que fuese, para un rompimiento, que si ahora no se ha efectuado, siempre habría estallado y acaso en mejor coyuntura para el enemigo?

¡Guatemaltecos! La envidia y el deseo insano de venir a destruir lo que hace a todo el país algún honor, y sirve de común provecho, es la que arrastra a las huestes devastadoras que pisan nuestro suelo patrio. No han sido bastantes las contemplaciones más esmeradas de nuestro Gobierno para mantener buenas relaciones con el del Salvador, ni el haberse prestado nuestro respetable y virtuoso Prelado a ir a consagrarse en aquella iglesia sufragánea; ni el haberles dado algunas cantidades de los derechos correspondientes a nuestros puertos; ni el habernos desentendido de las obligaciones contraídas con el señor Durán y conmigo en el tratado celebrado en aquel Estado, después que Morazán, auxiliado por él, vino a acometer a Guatemala en 1840.

La política y la razón han sido ahogadas por las pasiones revolucionarias; y el deseo de hacer fortuna en un país hermano, es el que comete el horrendo fratricidio, y nos tiene con las armas en la mano para defendernos.

Compatriotas: después de la cruda guerra que sostuvieron los pueblos para sacudir la opresión que, bajo falaces instituciones, se ejercía sobre ellos, ¿cuál ha sido la conducta que los mismos pueblos y yo como su jefe, por un arcano inexcrutable de la Providencia, hemos observado? ¿Cuál ha sido la política que ha seguido el Gobierno de este Estado? Constantemente moderada y generosa, propia para hacer olvidar las divisiones funestas que tanto mal han causado a nuestro país.

Guatemala prosperaba, procurando no mezclarse con los otros Estados sino para hacerles el bien, de que a la vez ha dado pruebas efectivas; y a la sombra de mi autoridad, que el enemigo pinta despótica y tiránica, las propiedades han sido respetadas; no se han visto proscripciones; se ha restablecido la veneración debida al culto de nuestra religión, y se han satisfecho los deseos de los pueblos en cuanto era dable y lo permitían las afligidas circunstancias, de entre las cuales había nacido este nuevo orden de cosas.

Hablo a todos los centroamericanos que son testigos de los hechos: si hay ideas y esperanzas que no han podido ser cumplidas, a nadie debe culparse: estamos en la infancia y aún no podemos llegar al grado de civilización y de regularidad que gozan otras naciones grandes de Europa; pero en medio de esto sería negarse a la evidencia el no confesar los bienes que ha hecho no solo a Guatemala, sino a todo Centroamérica, la revolución popular que por providencia Divina me tocó acaudillar.

Ahora, pues, ¿por qué con mano infame se viene a arrebatarnos los bienes que a tanta costa habíamos adquirido? ¿Por qué se vuelve a echar sobre todo Centroamérica la copa venenosa de la guerra civil que va a ocasionar su atraso y su descrédito, y a llenar de amargura y de aflicción a tantas familias inocentes? Nada más que por satisfacer la loca ambición de unos pocos viejos y bien conocidos revolucionarios. Nada más que por el empeño de volvernos a uncir al yugo de la pretendida nacionalidad, a cuya sombra vivieron sumisos en los más detestables vicios los opresores sistemáticos del pueblo. Mas su atentado será castigado: no lo dudéis, compatriotas.

Ya está en armas todo el Estado: la opinión es general y uniforme: los mismos pueblos que supieron pelear por conquistar sus derechos, sabrán ahora defenderlos contra los restos desacreditados de su antiguo jefe. El término que a este tocó es el que la Providencia tiene deparado a sus constantes e ilusos secuaces.

Como siempre, hemos visto todos sus pasos marcados por la perfidia. Sus parlamentarios no han sido más que espías, y sus comunicaciones no han tenido otra mira que la de engañar, como si no fuesen conocidos. Se pasean por donde no hay fuerzas que se les opongan, creyendo encontrar amigos y traidores; pero no verán otra cosa que pueblos horrorizados de una agresión tan injusta como alevosa, y que tan luego como se recobran, abandonan sus hogares para incorporarse a las filas que defienden la patria. Testigo todo Centroamérica de tal procedimiento, nadie tendrá que espantarse del castigo que está preparado a tan negro crimen.

Sí, compatriotas; el ejército que tengo el honor de mandar, pelea por su propia seguridad; defiende sus hogares, defiende nuestro Estado y la conservación de los mismos principios porque peleó en 1840.

HABITANTES DEL ESTADO!

¡Todos debéis ocurrir a repeler enemigo tan bárbaro! Que el escarmiento que esta vez se le haga nos dé para siempre tranquilidad, y cure de un golpe las llagas funestas que afligen todavía no solo a nuestro Estado, sino a los buenos pueblos del Salvador, dando así una paz permanente a Centroamérica.

Tengo la más grande confianza en vosotros y en que la Divina Providencia seguirá protegiendo a Guatemala contra sus envidiosos enemigos.

Cuartel General en Guatemala, a 10 de junio de 1844.

Rafael Carrera.

NÚMERO 20.

"Vicente Cruz, Coronel vivo y efectivo, y Comandante general de la división vanguardia de la derecha del Ejército del Estado de Guatemala, a los pueblos que lo componen.

¡Pueblos del Estado!

Yo creo que no habéis olvidado la miserable condición en que la tiranía más absoluta nos tuvo sumidos: creo que tampoco habéis olvidado que el fiero despotismo con que hasta el año de 1839 fuimos regidos, dimanaba del influjo que nuestros enemigos ejercían en los gobernantes de Guatemala. Es preciso, pues, tener presente la verdadera soberanía de que goza el Estado; comparad nuestra suerte actual con la de aquella época.

Entonces existieron para nosotros leyes que tenían solo por objeto arrancarnos el pan de la boca, ultrajar nuestras personas, destruir nuestra religión, oprimir nuestra conciencia, anular nuestros derechos e imponernos toda especie de gabelas y de contribuciones. El producto total de nuestra industria y trabajo apenas bastaba para saciar la codicia de los mandarines que nos dominaban en aquel tiempo.

En el día gozamos de todas las garantías que leyes verdaderamente liberales han decretado en favor de los habitantes del Estado. El comercio, la agricultura y las artes han prosperado. Sin necesidad de partir el fruto de nuestros afanes y tareas, nosotros tenemos libertad, orden y seguridad. Tenemos arbitrio para elegir y adoptar el gobierno que más conveniente nos parezca, y vemos ocupada la silla apostólica con un Prelado virtuoso que atiende a nuestras necesidades espirituales.

Tal es nuestra situación actual. ¡Pueblos del Estado! ¿Queréis perder tan inestimables bienes? ¿Queréis hacer inútiles los sacrificios y la sangre que nos costó adquirirlos? ¿Queréis que un tirano aleve os arrebate el fruto de tantos peligros?

En vosotros consiste la conservación de tantos bienes. Los enemigos de nuestro bienestar y de nuestro engrandecimiento: los que odian nuestra libertad: los que desean nuestro exterminio: los que miran con envidia la paz que disfrutamos, han profanado nuestro territorio. Resentidos por los triunfos que sobre ellos supimos adquirir, se han propuesto asolar nuestro suelo, talando los campos y robando los ganados, para reducirnos a la vergonzosa esclavitud en que por tantos años nos tuvieron.

¡Pueblos del Estado! Vamos a escarmentar la astucia de enemigos tan viles. Vamos a convencerlos de su impotencia y nulidad. Vamos a demostrarles que la perfidia y la mala fe no son las armas con que se conquistan a los pueblos que aman su independencia y la soberanía de que gozan. Vamos a hacerles conocer que sabemos escarmentar a los que atentan contra la patria.

Nuestro invencible caudillo está al frente de nosotros. Marchemos a sus órdenes. La victoria y el triunfo nos esperan; y hasta que lo consigamos, siempre estará con vosotros vuestro constante compañero.

Vicente Cruz.

Cuajiniquilapa, junio 7 de 1844.

NÚMERO 21.

"Señor Secretario del Supremo Delegado de los Estados del Salvador, Honduras y Nicaragua.

Guatemala, junio 28 de 1844.

Sucesivamente se han recibido en este Gobierno el principal de la nota dirigida por la secretaría que está a cargo de Ud., fecha 24 de mayo, el duplicado de la misma nota adicionada el 12 del corriente, y otra de 15 del mismo mes. Al mismo tiempo se recibían también otras notas de 29 de mayo y 3 de junio, dirigidas por la secretaría del Gobierno del Salvador, reducidas al propio asunto. Si el Supremo Delegado quiere considerar lo que pasaba en este Estado mientras que se recibían dichas comunicaciones, y el efecto que debían producir en el ánimo de este Gobierno los términos en que han venido concebidas, en el momento en que los pueblos todos se levantaban para defenderse de la invasión que, sin previa declaratoria de guerra, se ejecutó en él, no podrá dejar de reconocer que no era posible dar contestación alguna.

Recibida ayer la última, en que se propone por parte del Supremo Delegado abrir una conferencia entre comisionados que él nombrará, y los que nombre este Gobierno para que, según se insinúa en la de 12 de junio, se reúnan en el punto que se designe por esta parte, después de deliberar detenidamente, ha acordado el Presidente de Guatemala prestarse a las insinuaciones del Supremo Delegado, declarando antes sus intenciones con la pureza y verdad que son debidas y que han marcado constantemente la conducta pública de esta administración, con cuyo objeto tengo orden de contestar a Ud. en los términos en que paso a verificarlo.

La idea que se tiene de las cualidades privadas de la persona que representa como Supremo Delegado a los Estados del Salvador, Honduras y Nicaragua, inclina a este Gobierno a pensar que, por residir en el centro del Estado del Salvador, no ha podido ser informado con exactitud de los hechos y sucesos que han pasado, pues que de otra manera no podría explicarse el juicio que, sin oír a este Gobierno, ha pronunciado sobre los mismos hechos.

El Estado de Guatemala no es el agresor en la presente guerra, ni ha abrigado jamás las malas y absurdas intenciones que se le atribuyen por la actual administración de San Salvador, y que ha visto también con sentimiento se le han supuesto por el Supremo Delegado. Las tentativas del señor Manuel José Arce y de otros salvadoreños, condenadas altamente por la opinión pública en este Estado, y reprimidas por el Gobierno de una manera eficaz, luego que tuvo conocimiento de ellas, no son una agresión de Guatemala contra el Salvador, ni de ellas pudiera tampoco inferirse con justicia que Guatemala abriga proyectos de conquista. Si los abrigase no habría empleado tan miserables medios, y menos a la persona que por haber figurado antes de ahora en el primer destino de la República, no podía ser instrumento de ajenos planes, y de planes de conquista del país de su nacimiento.

El Gobierno de Honduras se queja ahora de que funcionarios de Nicaragua auxilian a los disidentes de Texiguat, y el Supremo Delegado no por esto ha declarado agresor ni supone miras de dominación al Estado de Nicaragua. Las tentativas de Arce, que pudieron tener algún progreso por consecuencia de la irregularidad que priva a todas nuestras Repúblicas de los medios con que cuentan los países bien establecidos para gobernar; desorden e irregularidad que no son peculiares a Guatemala, sino que existen, acaso en mayor grado, en todos los otros Estados, no han sido más que un puro pretexto.

La intención y el deseo de hacer la guerra a Guatemala no pueden ser ignorados del Supremo Delegado, porque fueron públicos y escandalosos los hechos que pasaron en el Estado del Salvador en fines del año último; pero lo que acaso ignora es, que entre los medios que se emplearon entonces, uno de ellos fue mandar asesinos que atacasen la vida del general Carrera, y emisarios que procurasen sublevar contra Guatemala los pueblos de los Altos: hechos sobre los cuales este Gobierno se limitó a tomar las precauciones convenientes, sin dirigir queja ni reclamación alguna; y si hoy hace mención de ellos es únicamente por la necesidad en que se le pone de acreditar no ser de ahora que el Gobierno del Salvador se halla animado de intenciones poco pacíficas, y aún de odio hacia Guatemala. Por eso encontró consiguiente que se aprovechase con tanta prontitud el pretexto de la tentativa de Arce, y se llevase a efecto el armamento proyectado y frustrado en fines del año anterior: que se haya trabajado con tanta actividad en concitar contra Guatemala a los otros Estados, suponiendo, como consta de documentos oficiales, que fuerzas de este Estado al mando de Arce habían invadido a San Salvador.

Entretanto, y mientras se acumulaban tropas en la frontera, se dieron tales seguridades a este Gobierno que llegó el caso de satisfacérsele por haber tocado inadvertidamente en su territorio una partida de tropa que persiguió a Arce en su fuga; y cuando aquí se descansaba en estas seguridades, se satisfacía de la manera más cordial y sincera al Gobierno del Salvador y se adoptaban medidas eficaces para tranquilizarlo, súbitamente el Presidente de ese Estado, con sus tropas, traspasa la frontera y ocupa este territorio, situándose en la villa de Jutiapa. Después de este atentado se dirigió con engaño al Gobierno de Guatemala en términos insidiosos, asegurando que solo la necesidad de entrar en comunicación con él le había obligado a dar aquel paso, y todavía, a pesar de estos hechos, se creyó aquí que había buena fe y se ofreció nombrar comisionados luego que se retirasen las tropas, supuesto que estaba llenado el objeto que las había obligado, según se aseguraba, a ocupar aquel punto.

Si el Supremo Delegado no ha podido conocer exactamente los hechos que han tenido lugar después del 21 del próximo pasado, supuesto que todavía en 12 de junio se duplica la grave acusación que se hizo en 24 de mayo contra Guatemala, es preciso que este Gobierno los refiera brevemente. Apenas pasaban los primeros días de la invasión hecha, según se dijo, sin miras hostiles y solo para comunicarse con este Gobierno, la villa de Jutiapa fue destruida, su templo profanado, los objetos de la veneración de los habitantes indignamente ultrajados, y las tropas del Presidente de San Salvador se dispersaron en los campos inmediatos que fueron talados, porque se hallaban indefensos a causa de la confianza que, con mucha premeditación, se inspiró a este Gobierno.

Una parte de las tropas fue destinada a ocupar el Departamento de Chiquimula, sin duda con el designio de revolucionarlo. Por la costa de Suchitepéquez se introdujeron en los pueblos de los Altos emisarios que fueron aprehendidos en el acto de desembarcar con todos los papeles que conducían, y según se asegura, el mismo buque traía armas creyendo que encontrarían en aquellos pueblos hombres dispuestos a tomarlas contra Guatemala.

Sorprendido este Gobierno por semejante conducta, bien pronto tuvo ocasión de descubrir la perfidia de que había sido víctima. Desde que la invasión fue ejecutada, el Gobierno del Salvador no guardó ya miramiento, y su imprenta publicó las comunicaciones que, en las mismas fechas en que, dirigiéndose al de este Estado, reconocía su pureza y buenas intenciones, lo pintaba con los más negros colores dirigiéndose a ese Supremo Delegado y a los gobiernos de los otros Estados.

Al momento que fue invadido este territorio, los pueblos del Estado fueron llamados a las armas para su defensa, y en pocos días, por la actividad infatigable del general Carrera, se hallaban organizados y armados más de seis mil hombres. Una pequeña división dirigida sobre Chiquimula bastó para libertar aquel departamento, en donde los invasores, que huyeron precipitadamente, habrán podido informar que no encontraron eco ni simpatía, sino pueblos indefensos y pacíficos que huían por todas partes, considerándolos como enemigos.

Si el Supremo Delegado no ha sido informado exactamente de las circunstancias que acompañaron la evacuación del territorio de este Estado, que se verificó el 17 del corriente, después de haber sido talado todo el que ocuparon las tropas del Presidente de San Salvador, es preciso que este Gobierno las refiera. No ha sido ella efecto de la orden del Supremo Delegado, que no hubiera sido obedecida, como no lo fue la que se sirvió dar en primero de mayo para que no se invadiese este territorio, si la necesidad no hubiese obligado a desocuparlo.

Deshecha por sí misma la división que obró sobre Chiquimula, y reducida a la mitad de su fuerza por la deserción, regresó a Jutiapa al dirigirse sobre aquel departamento indefenso las tropas que salieron a protegerlo. La deserción había sido también tal en Jutiapa que, en la fecha en que debió llegar la orden del Supremo Delegado, las tropas invasoras estaban reducidas a un tercio, desmoralizadas por las continuas correrías en que se les mantuvo, saqueando las haciendas y talando los campos, y sobre todo, espantadas y sobrecogidas por el mismo daño que estaban haciendo en los infelices habitantes indefensos.

Entre tanto, el general Carrera marchaba al frente de fuerzas muy superiores a proteger el departamento de Mita, después de haber libertado el de Chiquimula: y el territorio de este Estado fue abandonado porque no se podía ocupar ya más tiempo. Pero es muy notable y digno del conocimiento del Supremo Delegado el que sepa, si es que lo ignora, como lo cree este Gobierno: que el Presidente del Salvador y las tropas que le quedaban se llevaron consigo todos los efectos, bestias y ganados de que pudieron despojar a los habitantes de aquel departamento, lo cual da a esta invasión un carácter muy poco honroso, si se atiende al artificio que se empleó para mantener indefensa la frontera.

Tales son los sucesos, señor Secretario, que me he visto precisado a recordar, sin otro ánimo que el de rectificar los hechos que han servido de fundamento para acusar a este Gobierno. El Estado de Guatemala se halla colocado en una posición ventajosa. El Supremo Delegado mismo ha declarado su derecho cuando dijo en su comunicación de primero de mayo al Gobierno del Salvador, que si introducía tropas en este territorio no habría justicia para hacerlo responsable de las consecuencias. Es fuerte porque se halla armado y nadie podría contestarle el derecho de hacer la guerra y de usar de represalias, hasta obtener reparación del insulto y del daño que se le ha causado. Pero su Gobierno no quiere la guerra. No la quiere el pueblo de Guatemala, aunque por estar fresca la herida y presente el espectáculo de destrucción y ruina que ofrecen la villa de Jutiapa y sus inmediaciones, sea natural e inevitable la irritación de las tropas que se armaron para defender al Estado. No la quiere el pueblo de San Salvador, ni puede quererla porque no puede querer que se derrame la sangre de sus hijos, y se destruyan y aniquilen sus propiedades, sin causa ni motivo alguno de interés común.

Guatemala ha sufrido inmensos males y los está sufriendo todavía; pero no los ha recibido del pueblo de San Salvador, que, huyendo y desertando de las banderas de su Presidente, ha demostrado que reprueba su conducta. La razón y la humanidad no pueden aconsejar al Gobierno de Guatemala que mande talar los campos de San Salvador, destruir sus propiedades y llevarles la pobreza y la desolación, porque su Presidente, el general Malespín, intentó y ejecutó en parte el designio de causar a Guatemala estos mismos daños.

Su intención es, pues, evitar la guerra y la destrucción hasta donde le sea posible. Está dispuesto a partir de la situación presente para buscar la paz, si es que el desengaño y el clamor universal de los pueblos puede inspirar iguales sentimientos a los que violaron su territorio y muestran tanta enemistad a sus habitantes.

En consecuencia, y una vez que el ejército de San Salvador se halla a las órdenes del Supremo Delegado, y a su dirección el hacer la paz o la guerra, el Gobierno de Guatemala nombrará comisionados tan luego como llegue a su noticia que el mismo Supremo Delegado los ha nombrado por su parte; y los hará pasar a la hacienda de Quezada, punto cercano a la frontera, para que en él se reúnan, conferencien y ajusten, si es posible, un tratado que ponga fin al pie de guerra en que la injusta agresión ejecutada por el general Malespín mantiene a ambos Estados.

Este Gobierno se abstiene de fijar base alguna para dicha negociación, porque se presta a ella con el sincero deseo de cortar la guerra; pero debe declarar que en manera alguna podrá tratarse sobre las que se hallan indicadas en las notas a que esta se refiere: tan grandes son sus deseos de ver restablecida la paz como estrecho su deber y firme su resolución de mantener ilesa la independencia y demás derechos del Estado.

Se da, en consecuencia, al general en jefe de las fuerzas del Estado la orden conveniente para que las mantenga dentro de los límites de la frontera, así como también para que, si se presentaren en ella comisionados del Supremo Delegado, sean recibidos con el decoro que corresponde, y expedidos con anticipación salvo—conductos, si fueren solicitados.

Sírvase Ud., señor Secretario, elevar lo expuesto al conocimiento del Supremo Delegado, y admitir las protestas de mi distinguido aprecio.

Manuel F. Pavón

NÚMERO 22.

"Confederación Centroamericana.
Secretaría del Supremo Delegado.

[D. U. L.—Salón del despacho: San Vicente, julio 15 de 1844.]
Señor Secretario del Gobierno Supremo del Estado de Guatemala.

Recibí y puse en conocimiento del Supremo Delegado de la Confederación la nota de Ud., fecha 28 del próximo pasado, relativa en lo sustancial a manifestar que dispuesto el Gobierno de ese Estado a evitar la guerra con la Confederación, nombrará comisionados que, reunidos con los que de esta parte se nombren, en la hacienda de Quezada, conferencien y ajusten, si es posible, un tratado de paz que ponga fin a la actitud hostil en que al presente se hallan los dos pueblos por consecuencia de la invasión ejecutada por el señor Arce, asilado en Guatemala a fines de abril último.

Si el Gobierno de Guatemala considera imparcialmente la serie de antecedentes que desde épocas muy remotas tienen las provincias del antiguo reino para quejarse del pueblo que fuera su capital y verlo siempre con desconfianza, convendrá también en que el cambio y erección de aquellas en Estados soberanos e independientes, no pudiendo de repente borrar sentimientos arraigados paulatina y profundamente en el espacio de tres siglos, tampoco pueden haber obrado de un momento a otro esa amistad franca y ciega que solo engendra el tiempo, con la repetición de hechos no interrumpidos que la testifiquen.

Y que por lo mismo es una consecuencia necesaria, y muy en el orden natural de todas las cosas, que los propios Estados miren con distinto ojo las ofensas o motivos de quejas que tengan de ese Estado del que observen iguales que se les den por alguno de los otros. Esta es la regla inmutable del mundo, y ella explica bastante la diferencia que Ud. nota en el modo de ver las ofensas que el Salvador y la

Confederación reciben de Guatemala, comparado con el con que se tratan las que Honduras tiene, o cree tener, de parte de Nicaragua.

¿Forzoso es también fijar la atención en los desiguales resultados que deben producir los hechos? Una partida armada de Nicaragua se introdujo a Honduras en persecución de dos supuestos o verdaderos criminales, y Nicaragua dio las explicaciones más satisfactorias; el hecho fue pasajero y su objeto preciso fueron dos personas nicaragüenses. ¿Podrá compararse con la invasión de Arce, que no sofocada en su principio, hubiera causado una guerra general en la República? ¿Podrá pretenderse con justicia que han debido tratarse estos dos hechos con igual atención? ¿Podrán, en fin, obrando con cordura los Estados confederados, considerarse sus recíprocas desavenencias o excesos de la misma manera que los agravios que reciban de Guatemala, en ocasión que no ha querido formar con ellos una sola familia, y concurrir por este medio a crear una amistad franca y sincera, que disipe y sustituya las antiguas prevenciones y rencillas?

Pero, señor Secretario, se trata de hacer la paz que quieren los pueblos de la Confederación y el Gobierno que han instituido, y sería contrariar el fin tras el cual se camina, hacer ahora reseña de los motivos de quejas y sentimientos que tienen de Guatemala los Estados confederados, y erizar las dificultades de la cuestión en vez de aplanarlas.

Partiendo, pues, de aquí, el Supremo Delegado acepta la disposición del señor Presidente de ese Estado, y hoy ha nombrado los dos comisionados que con los que por esa parte se ofrecen, conferencien, arreglen y ajusten, si es posible, un tratado de paz que corte la guerra provocada con la temeraria invasión de Arce en el territorio salvadoreño y confederal.

En cuanto al punto de Quezada, indicado para las conferencias por ese Gobierno, llevarán orden los comisionados de concurrir a él si estuviese libre de fuerzas, y también sus inmediaciones; y de no estarlo ni convenir dejarlo franco, proponer para la reunión la hacienda del Platanar, a condición igualmente de que en todos sus contornos se deje fuera del influjo de las guarniciones. Los mismos comisionados estarán en la frontera de este Estado del 15 al 25 del corriente, y si los ya nombrados no pudiesen ir, serán renovados por otros, de manera que no haya falta en este respecto.

Esta comunicación, estableciendo por su naturaleza misma un armisticio, da por consecuencia precisa que se libren ya órdenes al general en jefe para que en manera alguna lo contraríe, y en esto el Supremo Delegado se promete exacta reciprocidad de parte de ese Gobierno. También, contando con que sus comisionados serán vistos y tratados con todas las consideraciones, decoro y garantías anexas a su carácter y clase de negociación de que son encargados, se abstiene de pretender estipulaciones precisas sobre ello.

NÚMERO 23.

"Al señor Secretario del Delegado de los Estados de Honduras, Nicaragua y El Salvador."

Palacio del Gobierno. Guatemala, julio 16 de 1844.

He dado cuenta al señor Presidente de este Estado con la respuesta que Ud. se sirve dar en 5 del corriente a mi comunicación de 28 del pasado, relativa al nombramiento de comisionados para que, por medio de una negociación, si es posible, se ponga término a la guerra entre este y el Estado del Salvador, y en vista de lo que Ud. manifiesta a nombre del Supremo Delegado sobre estar pronto a nombrar los que deben representarlo, para que concurran a Quezada o al Platanar del 15 al 25 de este, el Gobierno se ocupa de nombrar los que deben ir por esta parte, en el concepto de que si alguna demora de 4 o 5 días hubiere en su llegada al punto designado, esto deberá atribuirse a dificultades invencibles, y a que la irritación justa que ha causado la conducta de las tropas mandadas por el actual Presidente de San Salvador, por las depredaciones cometidas en los puntos que ocuparon, ha detenido al Gobierno en el progreso de los preliminares de esta negociación.

Sin embargo, los comisionados por su parte estarán en todo el curso de este mes en Quezada o Jalpatagua, si es que el primer punto ofreciere inconvenientes o poca comodidad, lo que servirá de gobierno al Supremo Delegado para sus disposiciones, así como también que en esta fecha y al dirigir este pliego se repiten órdenes al general en jefe del Ejército de este Estado para que los comisionados expresados, en llegando a la frontera de Guatemala, sean recibidos en los términos correspondientes según el derecho público.

Contestada la comunicación a que me refiero, no puedo menos que manifestar a Ud. con sentimiento, que este Gobierno ha creído no encontrar en ella una contestación satisfactoria a su nota de 28 de junio. ¿El desentenderse de casi todos los puntos a que se contraía, es acaso porque no se creyeron dignos de respuesta? Este Gobierno no se permitiría igual conducta, y por eso me veo precisado a contestar sobre los hechos y razonamientos que se contienen en dicha comunicación.

No admite este Gobierno como principio que existan quejas justas, ni desconfianzas fundadas en el pueblo de los otros Estados respecto de Guatemala, por haber sido capital del antiguo reino bajo el gobierno español, ni mucho menos que un sentimiento semejante, caso de que existiera, fuese justo; ni que pudiera encontrarse en el orden natural de las cosas, ni que sea conforme a las reglas inmutables del mundo.

El Gobierno de Guatemala hace diferencia entre el pueblo de los Estados, y unas pocas personas que por pequeñas pasiones promueven este odio infundado contra una población, solo porque en otro tiempo le tocara ser su capital. Lo que se observa en el continente americano, así como en Europa, es que las poblaciones que fueron antes capitales han continuado siéndolo, sin que se haya levantado contra ellas ese proceso imaginario de quejas, que no es sino el triste resultado de nuestra inexperiencia y falta de suficiente civilización. Por el contrario, lo que se observa en todo el mundo es que las capitales son el objeto del orgullo y del interés de los pueblos, como que en ellas encuentran el germen de toda especie de beneficios. ¿Por qué solo Guatemala sería la excepción? ¿Y cómo podría pretenderse legitimar los atentados cometidos en este Estado por el Presidente Malespín con una preocupación vulgar?

Señor Secretario: ni Ud. ni el Supremo Delegado pueden abrigar tales sentimientos; pero el Gobierno de Guatemala tampoco puede consentir ni disimular que se aleguen, aun cuando sea como razonamientos aparentes, para disculpar hechos que de todas maneras son indefendibles.

Si, según se colige de la comunicación de Ud., la autoridad establecida por el Pacto de Chinandega, cuando apenas nace y cuando debería llamar en su apoyo la justicia como único medio de fortalecer su existencia, tiene ya dos medidas, una para Guatemala y otra para los otros Estados, y parece poner en la balanza de una parte odios y prevenciones injustas, y de otra la moderación con que Guatemala se ha procurado conducir, no se concibe cómo se pueda hacerle un cargo por haber tenido la previsión y la firmeza de detenerse a entrar en semejante Pacto.

Si el voto unánime de todos sus representantes en la Asamblea no ha dado idea de la opinión que domina aquí sobre este punto, podrán darla los últimos sucesos; y los que vinieron a insultar a este Estado pueden preguntarse a sí mismos si no han encontrado en él una opinión uniforme y compacta, y si se les ha presentado uno solo de sus habitantes dispuesto a atentar contra su independencia.

Después de expresar el juicio que ha formado este Gobierno sobre los hechos y razones contenidas en la nota que tengo el honor de contestar, reitero, sin embargo, que su resolución es invariable con respecto a firmar una paz honrosa, bajo condiciones equitativas, con cuyo objeto concurrirán los comisionados en los términos indicados.

Tengo el honor, señor Secretario, de suscribirme de Ud. muy atento servidor.

Manuel F. Pavón

CAPÍTULO QUINTO: REVOLUCIÓN EN HONDURAS

SUMARIO

1.— Instalación de la Cámara. 2.— Celebración de la caída de Guzmán. 3.— Se declara al general Ferrera Benemérito de la patria. 4.—Mosquitos. 5.— Arancel eclesiástico. 6.—Otras disposiciones. 7.—Clausura de la Cámara. 8.— Revolución de Texiguat. 9.— Continúa la insurrección y se ramifica con Nicaragua. 10.— Acción de Liure. 11.—Acción del Córpus. 12.—Tratados entre El Salvador y Honduras. 13.—Documentos aprehendidos en la acción del Córpus. 14.—Acción de Choluteca. 15.—Acción de Nacaome. 16.— Consecuencias de la acción de Nacaome. 17.—Manifestaciones de desafecto contra el Gobierno hondureño.

Para comprender la situación de Centroamérica y las causas de la guerra contra Nicaragua, de que se hablará en el capítulo siguiente, es preciso dar una mirada retrospectiva sobre Honduras desde enero de 1844.

La Cámara de representantes se reunió el 11 de enero.

La componían los señores diputados: cura Pedro Boquín, Agustín Madrid, Mariano Garrigó, Miguel Laines, Teodoro Boquín, José Rivera y Leonardo Romero.

Este acto fue más religioso que político. Presidía el padre Boquín como en la Asamblea anterior había presidido el padre Castejón.

La serie de Obispos que ha habido en Honduras y la poderosa influencia que ellos han ejercido siempre en los gobernantes y en los pueblos dejan profundas huellas.

Los gobiernos reaccionarios, como el de Ferrera, se empeñaron siempre en aumentar esta influencia, para sacar provecho de ella.

Los pocos gobiernos liberales, que, como un paréntesis, han aparecido en la escena pública, siempre atacados por las reacciones, no han tenido tiempo para combatir esa influencia; y algunas veces les ha faltado energía y hasta voluntad para dominarla.

Nada aparece en la historia hondureña sin el Obispo, sin el Vicario, sin el Cura, sin la Capilla, sin el Te—Deum.

Los obispos, los vicarios, los canónigos y los curas, halagados siempre por la autoridad civil, se han creído indispensables en la marcha regular de la política del Estado.

El 11 de enero de 1844 hubo misa de gracias.

El cura del Sagrario, presbítero Andrés López, cantó con su correspondiente capilla un solemne Te—Deum.

El viejo sacristán de Cantarranas recibió en la Catedral, de manos del padre López, el humo del incienso.

En seguida se dirigió el concurso a la sala de sesiones donde esperaba a Ferrera un incienso más asfixiante.

Allí el Presidente del Estado dirigió a la Cámara el discurso que sigue:

Señores representantes:

Por la última vez me cabe la honra de presentarme ante el Soberano Cuerpo Legislativo en su reunión ordinaria, saludándole gozoso a nombre del pueblo que representa, y manifestándole la situación y exigencias de este.

La paz, que es el voto universal de los buenos hondureños, permanece inalterable, no obstante la existencia de los enemigos de ella en el Salvador y Nicaragua, que son la constante rémora del progreso de los Estados hacia su prosperidad; no obstante la existencia de esa ponzoñosa facción que, como hidra, renace y vive desde que el 15 de septiembre de 1842 le fue cortada la primitiva cabeza; no obstante esto, digo: gozamos aquel don inestimable que hizo dichosas esas naciones que admira el siglo, y cuya sorprendente grandeza no es posible describir.

Una circunstancia feliz: la independencia absoluta de los Estados, ayudada de la torpeza y codicia de los enemigos, ha salvado el país de la borrasca que ellos mismos le tenían preparada. La antigua facción federal, acaudillada por el Jefe Supremo del Salvador y ramificada por todas partes, debió principiar sus hostilidades en Tegucigalpa; mas, aunque en el Salvador obraban imperativamente, no era posible lo hicieran del mismo modo en los demás Estados, donde los agentes de la maldad son vistos como lo merece su profesión, y por esta causa tenían que valerse de intrigas y subterfugios que muy pronto anarquizaron la facción y descubrieron sus negros planes, tales como se habían denunciado anticipadamente por los patriotas, quedando, por consiguiente, libre el Estado de los males que le tenían preparados. Los documentos con que el Ministro respectivo dará cuenta, ponen de manifiesto cuanto queda expresado.

Por lo demás, la administración del Estado sigue regularizada de la misma manera que a la época de la última reunión del Cuerpo Legislativo, así se verá de la memoria que presentarán los ministros en cumplimiento del deber que les impone la Constitución.

Concluyo, pues, haciendoos una respetuosa devolución de las facultades extraordinarias con que os servisteis investirme para conservar la paz en el Estado, y haciendo los más fervientes votos a la Divinidad por el acierto de vuestras disposiciones, pues estas serán el vehículo seguro que conduzca a los hondureños al goce de un perpetuo bienestar. ——He dicho.

Francisco Ferrera.

Se jacta Ferrera de la paz que el Estado disfrutaba, no obstante la existencia de los enemigos de ella en el Salvador y en Nicaragua.

Se hallaba muy atrasado de noticias el Presidente de Honduras al pronunciar este discurso.

El 11 de enero de 1844 debió haber sabido los sucesos acaecidos en el mes de diciembre.

Ya allí no existían esos hombres a quienes Ferrera llama ponzoñosa facción, hidra que renace y vive desde el 15 de septiembre de 1842, día en que le fue cortada su primera cabeza.

¿Quién no conoce aquí el estilo de don Felipe Jáuregui?

El discípulo del padre Garín no hacía más que leer un papel que se le había puesto en sus manos.

Pero su educación monacal, su falta de mundo y de lectura, le hacían creer que aquel papel contenía santas verdades.

Malespín, en San Salvador, había cometido un crimen, sacando la espada contra la autoridad legítimamente constituida y lanzando de la silla del Poder Ejecutivo al Presidente Juan José Guzmán.

Ferrera, en aquellos días, debía estar tranquilo respecto del Salvador.

Los oligarcas creían que, fusilando a Cabañas, a don Gerardo Barrios, a don Miguel Álvarez Castro, a don Máximo Orellana y a tres o cuatro o cinco más, disfrutarían para siempre del poder, teniendo a los pueblos a sus pies y el tesoro público en sus manos.

No comprendían que esas personas que tanto odiaban ejercían influencia y valimiento, no por sí mismas, pues podían estar abrumadas de defectos, sino porque eran representantes de una idea inmortal: la democracia, la libertad, la República.

Esos hombres desaparecieron y las ideas que sostenían viven porque son imperecederas.

Otros hombres las sostienen hoy, y otros las sostendrán mañana, inspirándose en el progreso que diariamente hace la filosofía y en los descubrimientos que la ciencia obtiene sin cesar.

A Ferrera se le incensó en la Cámara más de lo que se le había incensado en el templo.

El padre Boquín lo elogió a sus anchas. El Presidente de la Corte de Justicia, don Miguel de la Peña, dijo que las generaciones venideras habían de considerar el 11 de enero de 1844 como uno de los días más grandes de Honduras.

¿Se estará cumpliendo la profecía del señor Peña?

2 — La noticia de la caída de don Juan José Guzmán fue celebrada en Comayagua con salvas de artillería.

Se reimprimió muchas veces el manifiesto de Malespín.

Hubo discursos de todas clases contra la memoria de Morazán.

Se hace notable uno, pronunciado por don Lupario Romero, Jefe Político del departamento de Choluteca.

Según el señor Romero, no hay crimen que no haya perpetrado el partido liberal, ni virtud que no adorne al general Malespín.

3 — Muchas disposiciones dictó aquella Cámara; pero algunas son notabilísimas. Entre estas aparece la que declara a Ferrera Benemérito de la patria. He aquí:

La Cámara Legislativa del Estado de Honduras, en consideración de los relevantes servicios que ha prestado al Estado el señor Francisco Ferrera, como militar subalterno, como jefe y como Presidente: que durante el período de su administración, ha ostentado una singular adhesión a la soberanía del Estado, energía, prudencia y desinterés, propias de un patriota: que estas particulares cualidades lo han salvado de la anarquía y la guerra civil de que muchas veces se ha visto amenazado; y que, a más de lo dicho, ha cooperado eficazmente a las mejoras que se notan en su período administrativo, de que son testigos todos los hondureños, ha venido en decretar y

DECRETA:

ARTÍCULO ÚNICO

Declárase al actual Presidente, señor Francisco Ferrera, Benemérito de la Patria, y en su consecuencia ratifícase el nombramiento de General de División, que el Supremo Gobierno hizo en la persona de dicho señor el 14 de marzo de 1839 con facultades al efecto.

Pase al Supremo Poder Ejecutivo. — Dado en Comayagua, a 26 de enero de 1844. — Pedro Boquín, R.P. — J. Agustín Madrid, E.S. — Mariano Garrigó, R.S.

Por tanto: Ejecútese. Lo tendrá entendido el Ministro del Despacho de Relaciones, y dispondrá lo conveniente. — Dado en la ciudad de Comayagua, en la casa del Gobierno a 30 de enero de 1844.

Francisco Ferrera. — Al señor Coronado Chávez."

¿Recordarían los padres de la patria, al hablar de Ferrera como militar, que corrió en la hacienda del Espíritu Santo, que corrió en San Pedro Perulapán, y que, declarado por sus mismos partidarios inepto para la carrera militar, buscaron a Quijano para que lo subrogara?

¿Recordarían los padres de la patria aquella célebre nota de Ferrera, que se halla en la página 300, tomo 3.º de esta Reseña, dirigida a la Municipalidad de Guatemala, excitándola para que se sublevara contra el Gobierno y para que abriera las puertas de la ciudad a Rafael Carrera, que se hallaba en Mita?

¿Recordaría la Cámara, al dictar este decreto, que mientras Nicaragua, digna y lealmente, combatía a Chatfield, sosteniendo que no existía en Centroamérica la nación mosquita, Ferrera reconocía a los mosquitos?

Pero si la Asamblea elogia a Ferrera, la Corte de Justicia lo colma de adulaciones. He aquí una felicitación digna de eterna memoria:

Los Magistrados del Supremo Tribunal de Justicia, los Jueces de 1.ª Instancia de este departamento, el Procurador general de pobres y todos los subalternos del mismo Tribunal; al señor general de división, Benemérito de la Patria, Francisco Ferrera.

Señor:

Vos descenderéis al sepulcro porque este es el destino de los mortales; pero cuando os separéis para siempre de los hondureños, no llevaréis la duda de que fuesen reconocidos por esta sociedad los beneficios que con vuestras vigilias, trabajos y privaciones proporcionárais a ella misma.

Si no hubieran desaparecido de entre nosotros aquellos rasgos de prodigalidad que casi con frecuencia practicaban nuestros mayores, y que hoy se vituperan porque pugnan con los principios de economía de que deben usar los gobiernos, claro es que habrían erigido en honor vuestro estatuas, pirámides u otros monumentos que eternizáran la memoria de las virtudes cívicas que habéis practicado, y que han contribuido a dar al país el ser político que de otra suerte no tuviera. Pero aunque sabemos que el buen republicano no quiere llevar otro premio de sus más grandes servicios que la plausible satisfacción de haber obrado en provecho de sus semejantes, la voluntad soberana del pueblo hondureño, representada en la Cámara Legislativa, os ha dado muestras de la gratitud y reconocimiento con que mira los relevantes servicios que vuestro acendrado patriotismo le prestara; y al efecto os ha condecorado el día 26 del mes que expira con el título de Benemérito de la Patria.

Puesto que nosotros somos hondureños, visto es que hemos tenido parte en el voto del Cuerpo que os agraciara. Mas como allá lo expresáramos por conducto de los individuos que lo componen, venimos a ratificarlo materialmente aquí, porque así nos lo dicta nuestra convicción, y porque no seríamos tan desgraciados que no estuviéramos al cabo de saber que la ingratitud es el vicio que tiene más influjo para condenar al hombre al desprecio. Bajo este concepto, os saludamos y damos la enhorabuena, porque en Honduras, en los demás Estados de Centroamérica, y aun en lejanas naciones, verán en caracteres notables los títulos a que vuestros méritos os hicieran acreedor. De manera que si la posteridad saludare las historias encontrará: que si César Augusto mantuvo en paz a los romanos por el largo espacio de 40 años, lo mismo vos a los hondureños en los 4 de vuestra administración. Que si Alejandro, el héroe de Macedonia, lleva el renombre de Grande por sus admirables hazañas y talentos, vos lleváis el de Benemérito porque, cual otro discípulo de Aristóteles, tenéis un entendimiento tan claro que habéis sabido conducir al Estado por el rumbo que infaliblemente lo llevará un día a su mayor grado de prosperidad.

En fin, sabed, señor general, que nosotros deseamos que aun las venturosas generaciones os tributen un amor tan respetuoso, que cuando oigan resonar el eco de tu nombre, manifiesten el gozo que los franceses cuando oyen el del inmortal Napoleón; y que, a efecto de hacer valer vuestros fueros (mientras que simpaticen con los de la patria y os conduzcáis con la sinceridad que hasta hoy), podéis contar en nosotros otros tantos brazos que saldrán a vuestra defensa.

He aquí nuestros más fervientes votos. Dignaos, pues, admitirlos.

Comayagua, enero 31 de 1844.

Miguel de la Peña, Magistrado Presidente. — Mariano Dubón, Magistrado. — Jerónimo Romero, Magistrado Vicepresidente. — Francisco Verde, Magistrado. — Eusebio Orellana, Magistrado Fiscal. — José Antonio Cruz, Secretario. — Ramón Bueso, oficial de la Sala de lo Civil. — Concepción Meza, oficial de la Sala del Crimen. — Benito Urmeta, Procurador general de pobres. — Antonio Camuci, Juez civil en 1.ª Instancia. — Alejandro Bustillo, Juez de 1.ª Instancia del Crimen. — Juan Castillo, Portero.

Ferrera es semejante a Alejandro el Grande, a Octavio Augusto, a Napoleón I. Si esta felicitación estuviera firmada solo por Juan Castillo, para que al portero se le aumentara el sueldo, sería risible; pero firmada por todos los individuos del poder judicial, es una prueba tristísima del miserable estado en que se hallaba aquella sección centroamericana.

Los militares no se quisieron quedar atrás. Ellos le dirigieron la siguiente felicitación:

"El comandante del permanente de esta capital y demás jefes y oficiales del mismo, al señor general de División, Francisco Ferrera, Benemérito de la Patria".

El día de hoy, en que la voluntad soberana del pueblo hondureño ha comenzado a hacer justicia a vuestros méritos sin dejar por eso de ser generosa, hemos recordado con la más dulce alegría las épocas de los siglos pasados, en que la libertad ha producido héroes, y en que el pueblo libre y virtuoso ha sabido coronar con sus laureles a los ciudadanos beneméritos que le dieran existencia y gloria.

Mientras pueda conservarse en las sociedades humanas un mínimo rasgo de civilización, permanecerá y pasará hasta las más remotas edades la memoria augusta de Milcíades, el nombre respetable de Temístocles, la firmeza y ardor del genio orador militar del gran Demóstenes, que restituyó a su patria el carácter republicano que casi había perdido, reduciendo a polvo impalpable las arterías y ambición de Filipo.

Al par de estos grandes hombres, columnas de la libertad de su país, justamente os debemos colocar, señor, cuando recibís de la mano del Legislador una prueba irrefragable de que habéis sabido sacrificaros por el bien de vuestros conciudadanos, y de que, como aquellos luminares de la Grecia, tenéis una patria que habéis sabido conservarla a través de todos los obstáculos que le han presentado la fortuna, el tiempo y sus enemigos. Descansad, señor general, sobre esta idea que tenemos de vos, sobre nuestra afición y respetos con que estamos dispuestos a sacrificarnos a vuestro derredor en las aras de nuestra patria adorada, y de ese don celestial de la libertad.

Comayagua, enero 30 de 1844.

El teniente coronel y comandante del permanente, Santos Guardiola. — El capitán graduado, Remigio Bonilla. — El teniente, Blas Bermúdez. — El subteniente y ayudante veterano, Bonifacio Otero. — El subteniente, Pío Maldonado. — El subteniente, Francisco Gutiérrez. — El subteniente graduado, J. M. Montalván.

Si para el Supremo Poder Judicial Ferrera es un Alejandro, un César Augusto, un Napoleón I, para los militares es un Milcíades, un Temístocles, un Demóstenes.

Si no tuviéramos en las manos estos documentos que se insertan íntegros, ¿quién nos creería?

¿Quién había de creer ahora que todo el Poder Judicial de Honduras y los jefes y oficiales del ejército hondureño habrían tenido valor para colocar al general Ferrera al nivel y aun superando a los primeros hombres de la historia del universo?

¿No comprenderían aquellos hondureños que si dentro del Estado todo esto se soportaba, fuera del Estado se presentaba Honduras en el más triste y lastimoso ridículo?

¿Cuándo se hizo elogiar así Morazán? Aquel jefe siempre fue modesto, y en los documentos en que da parte de las acciones del Espíritu Santo y de Perulapán, habla como si él nada hubiera hecho en aquellas célebres jornadas.

La Cámara no solo no emitió un voto de censura contra el Gobierno que había reconocido la Mosquitia, sino que tuvo a bien felicitarlo por él. El acuerdo fue comunicado en estos términos:

"Secretaría de la Cámara de representantes del Estado de Honduras. — D. U. L. — Comayagua, enero 23 de 1844. — Señor Ministro de Relaciones del Supremo Gobierno del Estado. — Pusimos en conocimiento del Cuerpo Legislativo la muy apreciable de Ud. del día de ayer, y también lo hicimos con los documentos en que constan los tratados celebrados por el Supremo Gobierno con el general Tomás Lowry Robinson de la nación Mosquita; y a su vista, ha dado un día de regocijo a los representantes del pueblo hondureño, pues bien se dejan entrever las grandes ventajas que reportarán al Estado y a sus aliados los moscos. Por un descuido culpable, no se había procurado la civilización y alianza con aquella parte de hombres incultos que a la vez será una parte civilizada, que dará mayor respetabilidad a este Estado.

En vista de todo, la Cámara tuvo a bien acordar que se diga al Supremo Gobierno: que ha visto con el más alto aprecio los documentos y tratados que el Supremo Gobierno celebró con el general Lowry Robinson en 16 de diciembre del año próximo pasado, cuyos documentos manifiestan claramente la pureza de sentimientos de los habitantes de aquella parte incivil de la América en este Estado; que son de su Soberana aprobación dichos tratados, y que el Supremo Gobierno procure que se cultiven con frecuencia las relaciones con los generales de la nación Mosquita; que se vigile constantemente por las autoridades limítrofes para que no sean perjudicados en nada los moscos, guardando religiosamente los tratados; que los servicios del señor Presidente en este grande asunto los aprecia la Cámara en alto grado, de los cuales no se olvidará jamás; que la propia Cámara, a nombre de los pueblos que representa, le da las gracias; y, por último, que el Supremo Gobierno se sirva invitar al señor Obispo electo, para que tan luego como lo permitan sus actuales atenciones, destine sacerdotes de conocida honradez, para que en aquella nación difundan la semilla evangélica, contando antes con la aquiescencia de los gobernadores moscos. Tenemos el honor de poner en conocimiento de Ud. el acuerdo de la Cámara, devolviéndole los documentos referidos, para que existan en el archivo de su cargo. — Dígnese poner lo expuesto en conocimiento del señor Presidente, y aceptar el sincero afecto con que lo distinguen sus servidores.

J. Agustín Madrid, R. S. — Mariano Garrigó, R. S.

Ferrera cuidaba mucho de los asuntos eclesiásticos.

Él quería que el arancel de la iglesia tuviera fuerza de ley en el Estado, y con tan piadoso fin, en presencia de la Cámara reunida, publicó el decreto siguiente, que había comunicado antes al obispo:

"Se permite el pase al arancel de derechos parroquiales, formado por el prelado diocesano, y en consecuencia regirá como una ley del Estado en los pueblos que lo componen."

Se facultó al Gobierno para que extendiera las cartas de naturaleza que solicitasen los extranjeros; se declaró puerto de depósito la isla del Tigre, y lo era de registro el de la Paz.

El Gobierno reconoció al señor Raimundo Baradere en calidad de Cónsul de Francia en el Estado de Honduras.

La patente de Baradere se refería a la República de Centroamérica; pero no existiendo ya esa República, cada uno de los Estados reconoció al Cónsul.

Una patente de Cónsul es un documento muy común; pero conviene conocer la forma que tenía en tiempo de Luis Felipe de Orleans. He aquí:

Luis Felipe, rey de los franceses, a todos los que el presente vean, salud.

Debiendo nombrar nuestro Cónsul general cerca del gobierno de la República de Centroamérica, y estando informados de la inteligencia, probidad, celo y fidelidad del señor Raimundo Baradere, hemos elegido su persona para que se encargue del consulado. Así hemos nombrado, encargado o establecido, y, por el presente, firmado de nuestra mano, nombramos, encargamos y establecemos al señor Baradere Cónsul general, para que como tal ejerza, conforme a las disposiciones, leyes e instrucciones, las funciones que se le han conferido. Queremos que goce de los honores, autoridad, preeminencias y prerrogativas que corresponden a su empleo, con facultad de delegar vice—Cónsules y agentes consulares en los puertos de su circunscripción consular, previas nuestras instrucciones reales.

Ordenamos a todo navegante, comerciante y demás súbditos franceses que le reconozcan y obedezcan. Mandamos a nuestro... que haga reconocer al señor Baradere bajo el carácter de que se le ha investido, para que pueda ejercer libremente sus funciones, sin que se le pongan embarazos en ella, ofreciendo una reciprocidad perfecta cuando seamos invitados y requeridos.

En testimonio de lo cual hemos puesto nuestro sello al presente.

Dado en Eu el día 8 del mes de septiembre de mil ochocientos cuarenta y tres.

Firmados: Luis Felipe — Guizot.

El 9 de marzo la Cámara Legislativa cerró sus sesiones.

El Presidente Ferrera pronunció este discurso:

Señores representantes:

Habéis llenado hoy el período de la ley, y por consecuencia termináis vuestras sesiones y tareas legislativas. No habréis colmado las exigencias de los pueblos, porque no es obra del momento; pero habéis ocurrido a sus mayores necesidades con las providencias que habéis emitido, las cuales juzga el Gobierno que serán recibidas con agrado por los pueblos vuestros comitentes.

No puede hacerse más en el pequeño término señalado por la Constitución sin exponer a errores y equivocaciones lo practicado; luego, a juicio del Gobierno, habéis cumplido satisfactoriamente con vuestro deber, habéis desempeñado dignamente vuestro encargo, y por ello, a nombre de los mismos pueblos, tengo la honra de dirigiros la expresión del más vivo reconocimiento.

Por lo que a mi respecta, carezco de facultades intelectuales capaces de demostrar con exactitud y precisión los sentimientos de gratitud de que estoy poseído, por los inmerecidos honores con que os habéis servido condecorarme y distinguirme; probaré un día mi agradecimiento a la representación del Estado, si llegase la ocasión, sacrificando por la patria cuanto hay de caro entre los goces humanos.

Volved, pues, padres conscriptos de la patria, al seno de vuestras familias, al cuidado de vuestros intereses, satisfechos de que, si no habéis hecho lo mejor, habéis trabajado lo posible por el orden y regularidad de la administración pública.—He dicho.

Comayagua, marzo 9 de 1844.

F. Ferrera

El señor don Leonardo Romero pronunció otro discurso muy conforme al gusto que dominaba entonces. He aquí:

Señores representantes:

El viajero que surcó las ondas del espumoso océano al través de tantos peligros, se restituye feliz al lado de su cara familia. Vuelve el

227

campeón con el símbolo de la victoria en la mano, y el día que la anuncia en su patria, es su día de gloria; pero la dicha que cuentan los dignos representantes hoy que la Carta fundamental que los llamó a ocupar este puesto, los manda volver a incorporarse como simples particulares dentro de sus propios comitentes, es para ellos el día de gozo incomparable. Sí: vosotros, cual buenos padres, dejáis plantada la viña y preparadas las cosechas que han de regalar la mesa de vuestros descendientes.

Justo es que volváis, padres de los pueblos, a extender a vuestros hijos un abrazo de amor. Id a decirles que habéis hecho en su obsequio cuanto ha estado en la órbita de vuestras capacidades; y que si no les habéis dado leyes sabias, vuestros conatos han sido porque de ellas fuesen las que más les convinieran. Estatutos que no harán tan difícil la consecución de sus derechos; magistrados y jueces de sanas y rectas intenciones son los que quedan en vuestro receso: magistrados y jueces que, al mismo tiempo que son la columna de bronce donde debe estrellarse para siempre la impunidad, son el asilo seguro de la inocencia. Decid también a los pueblos que a su nombre habéis premiado los importantes servicios de su padre antiguo; y que a vista de tantas pruebas como les ha dado de amor paternal, no fue necesaria la recomendación de que continúe como hasta aquí, sosteniendo la paz interior del Estado y las relaciones armoniosas con los demás Gobiernos de la República, al mismo tiempo que cooperando con la eficacia que acostumbra a la organización del Cuerpo que represente la nación en el exterior. Vos, señor, no necesitáis de recomendaciones. En las grandes borrascas siempre fuisteis la áncora sagrada, y en el templo de la paz el Sumo Sacerdote.

Representantes: en la silla del Ejecutivo dejáis un Argos soberano asociado de hombres que han puesto a prueba sus virtudes, y predica cada cual en su departamento lecciones prácticas de una sana política; y en el trono de la justicia, dignos Ministros, en cuyo recinto no consienten que viva más que la imparcialidad y la buena fe.

Representantes: hoy cierra la ley vuestras sesiones, y si participo con vosotros el gozo de volver a la vida privada, a mí me cupo la suerte de dar en vuestro nombre, y el de los pueblos que representáis, mil expresivas gracias a los Supremos Poderes, porque han sabido sostener con prudencia el imperio de las leyes, conservar ilesas las garantías de los hondureños y promover todo lo que tiende a su felicidad y bienestar. En manos puras, señores representantes, dejáis tan sagrado depósito.

Comayagua, marzo 9 de 1844.

Leonardo Romero.

En la apertura de la Cámara se habló mucho de la paz; pero algunos pueblos se conmovían, porque estaban acostumbrados a otro régimen, porque pesaban sobre ellos fuertes gravámenes y porque veían proscritos a hombres que, estando en el Poder, les habían dado días de ventura.

Al frente de estos pueblos se hallaba Texiguat, y le seguían el barrio de la Plazuela y Comayagüela. El Gobierno hizo un rápido movimiento sobre ellos por medio del comandante Santos Guardiola, quien ocupó la plaza de Texiguat el 25 de marzo, incendiando a la entrada cinco casas del valle llamado "El Zapotal".

La municipalidad y demás vecinos se retiraron a Nacascol, distante media legua.

El 27, a las seis de la mañana, fueron atacados por Guardiola.

El ataque duró hasta las ocho, hora en que se retiró Guardiola al pueblo de Liure.

La Municipalidad de Texiguat da parte de todo esto al jefe político del departamento de Juticalpa en un lenguaje incorrecto pero capaz de hacer comprender sus sentimientos. —He aquí.

"Sala Municipal del pueblo de Texiguat—D. U. L.—Texiguat, marzo 30 de 1844.

Señor Jefe Político del departamento de Juticalpa:

Hoy mismo, fecha del presente, acordamos ante Ud. que la débil situación en que nos tiene el Supremo Gobierno desde el veinticuatro del que contamos, próximo pasado, cuando el Comandante de operaciones, Santos Guardiola, ocupó este pueblo. En seguida, el veinticinco, a las ocho o nueve de la mañana, cometió el negro atentado y delito criminal de incendiar cinco casas de este vecindario. La Municipalidad y demás habitantes tuvimos a bien retirarnos a un punto extraño, para restablecer nuestra retirada. Seguidamente, el veintisiete del mismo, se dispuso atacarle, lo cual se verificó entre las seis y las ocho de la mañana. Tomamos retirada, como igualmente la tomó el enemigo, desapareciendo de las fronteras de este pueblo; pues en el ataque, no subsistía más que una pequeña fuerza que existía al lado de un capitán y cuatro oficiales, los que se colocaron a la cabeza de sus guerrillas, con pequeño número de fusiles, y el auxilio de cada soldado era de cuatro a seis tiros. Pues la pelea citada fue con distancia de media legua del pueblo, en el punto nombrado El Nacascolo, donde lo hicimos retroceder al momento mismo que tomó marcha con su división, la cual se halla en el punto de San José de Liure. Por tanto, ponemos en conocimiento de Ud. para que se sirva admitir nuestras comunicaciones, si fueran útiles ante Ud., suplicando se sirva admitir las seguridades de nuestro aprecio. —Balentín Hernández. —Damas Hernández. —Benito López. —Atiliano Hernández. —Nicolás Solórzano. —Pedro Ramírez. —Pablo Pérez. —Relles Ramírez. —Prudencio Moncada. —Cruz García.

En otra comunicación dirigida por la misma Municipalidad a la Municipalidad de Juticalpa, se dice lo mismo en el mismo estilo incorrecto y bárbaro, pero verídico.

La misma Municipalidad dirigió a la Municipalidad de Comayagüela y a los vecinos de la Plazuela una nota en que hace ver los ultrajes que experimentaban los pueblos bajo la administración de Ferrera y la espada de Guardiola.

Los vecinos de Juticalpa simpatizaban con los insurrectos; pero, intimidados, celebraron el 7 de abril un acta adhiriéndose al Gobierno.

Proclama del Comandante de la División que obra sobre los rebeldes del pueblo de Texiguat

Soldados:

Hace mucho tiempo que los antiguos enemigos de las instituciones libres dieron al pueblo de Texiguat una nombradía, que si bien la merecieron en otras épocas, fue porque su débil masa la fortalecían los valientes que ahora componen el nuevo pueblo de Liure. Por esta ilusoria idea que les infundieron visionarios que han encendido la tea de la revolución, aquellos permanecen orgullosos, cometiendo la doble falta de insultar bruscamente al Supremo Gobierno y parados en el bárbaro principio de desobedecer en todas sus partes las leyes emitidas por la Soberanía del Estado.

El Supremo Gobierno, pues, cansado ya de sufrir tales ultrajes de parte de aquel pueblo caprichoso e imbécil, y usando del poder que le dan las leyes, ha querido mutilar esta parte corrompida de la gran sociedad hondureña, para que el todo goce con plenitud los placeres y derechos que brinda la regularidad y el orden, como fuente de bienes y grandeza positiva.

Por mi medio les ha hecho excitaciones cordiales, con la dulzura propia de un padre amoroso, para hacerlos entrar al orden, las cuales han despreciado, por lo que se ha hecho ya uso de las armas. Vosotros sois testigos de su rebeldía, pues ochenta de los que ahora me acompañáis opusieron el 27 del mes próximo pasado, con firme denuedo, su resistencia a los tiros que con notable cobardía nos dirigieron los facciosos, que fueron vencidos completamente.

Compañeros: Hoy marchamos segunda vez sobre aquel pueblo a continuar la empresa que el Supremo Gobierno tiene encomendada a vosotros. Nada debéis temer cuando la gloria os espera en el campo mismo donde acabáis de dar pruebas irrefragables de valor y patriotismo, aterrando con él la injusta fama que han tenido aquellos padrastros de los pueblos de este departamento. La obra es grande a la salud de la patria; continuadla con firmeza hasta dar a nuestras armas el lustre que siempre han merecido, no olvidándoos jamás de los deberes de la humanidad, extendiendo un brazo fraternal sobre los vencidos que no son más que hombres en la desgracia: ejerced, pues, en todas vuestras maniobras las virtudes que caracterizan a todos los que, como vosotros, son valientes y filantrópicos.

Disponeos a marchar y a morir por conservar el honor del Estado, con el resuelto designio de castigar a los que han cometido el crimen de atentar contra los derechos de los pueblos soberanos. Estos son los sentimientos de vuestro Comandante, amigo y compatriota.

Choluteca, 11 de abril de 1844.

Santos Guardiola.

Guardiola dice que el 27 venció completamente a los rebeldes.

El triunfo de Guardiola no debe haber sido tan completo, puesto que la guerra estaba en pie.

El Gobierno de Honduras atribuía esta insurrección a don Joaquín Rivera, ex—Jefe del Estado, y a los señores Máximo Orellana,

Álvarez Castro y algunos otros que se hallaban en Nicaragua, y hacia al efecto prolijas investigaciones para comprobarlo.

Ministerio de Relaciones del Gobierno Supremo del Estado de Honduras — D. U. L.

Casa del Gobierno. Comayagua, abril 25 de 1844.

Señor Ministro General del Supremo Gobierno del Estado de Nicaragua:

Con fecha 23 del corriente, el jefe político de Tegucigalpa dice al Gobierno lo que sigue:

El día de hoy se me ha dado parte que el señor Manuel Baraona, recién venido del departamento de Segovia, dice que un vecino fidedigno de aquel le aseguró que en cierto punto del mismo departamento se estaban reuniendo considerable número de tropas venidas de León para pasar a auxiliar la facción de Texiguat; y que en el tránsito de su marcha encontró dos indígenas de Texiguat quienes, habiéndoles preguntado qué había por este Estado, le dijeron que el comandante Guardiola les hacía la guerra de orden del Gobierno para quitarles cuanto tienen, pero que ellos tienen lo suficiente para resistir y deshacer la tropa de Guardiola. Que por la noticia que antes había tenido sobre la reunión de tropas de León, presumió que los dos indígenas iban a replegarse a la ya dicha tropa; y que, habiéndoles preguntado para dónde iban, le contestaron que iban a buscar trabajo al departamento de Segovia.

Diariamente, señor Ministro, se presentan datos de esta misma naturaleza, y aunque el Gobierno procura desecharlos, no puede ser indiferente al descrédito que es consiguiente al de ese Estado, inferido no precisamente de lo que puedan influir estas noticias en el ánimo del general Presidente, sino de su progresiva circulación por todas partes; por lo cual desea obtener una contestación que satisfaga la ansiedad del público sorprendido con tales noticias. Igualmente, adjunto a Ud. lo sustancial de otra declaración relativa al mismo objeto, para que con todo ello se sirva dar cuenta al Supremo Director de ese Estado, y admitir, por consiguiente, la deferencia de su atento servidor.

Coronado Chávez.

En Los Jobos, territorio de Choluteca, se dio muerte a Juan Mata Picado y a Marcos Mayorga por fuerzas leonesas, y con este motivo Coronado Chávez dirigió al Gobierno nicaragüense otra nota en la cual se encuentran estas palabras:

El Gobierno de Honduras desea que, impuesto el de Nicaragua de los horrorosos crímenes cometidos por sus agentes, satisfaga un agravio tan escandaloso, pero que lo satisfaga de una manera tan expresa y terminante cuanto es necesario a restablecer el crédito de ese Supremo Gobierno, hasta el grado de obtener de nuevo la confianza de sus aliados y el aprecio de los que no lo sean.

Esta nota fue contestada por el Ministro don Pío Castellón, insertándose un informe del Mariscal Casto Fonseca, que dice así:

Me he impuesto de su apreciable comunicación fecha de ayer en que me inserta la que le dirigió el Ministro General del Supremo Gobierno de Honduras, y de las diligencias que en copia autorizada me acompaña, relativas al suceso ocurrido en el punto de Los Jobos entre una escolta de este Estado y los criminales Juan Mata Picado y Marcos Mayorga, con el objeto de que informe sobre el particular.

Y en contestación debo decir: que motivos poderosos impulsaron al Supremo Gobierno a dictar las providencias de situar en la frontera del Estado hacia el de Honduras una escolta que estuviese vigilante a cualquier tentativa que se intentase contra este; pero con orden expresa de no traspasar los límites del territorio.

Mientras tanto, se han tomado las dos declaraciones que, originales, tengo el honor de acompañarle, recibidas por el señor Alcalde 1.º de esta ciudad, en que constan planes de asesinatos a las personas del coronel Manuel Quijano, del que suscribe, y de unos partidarios del general Morazán, fraguados por un padre Ordóñez, el comandante Guardiola y Basilio Salinas; y en que se advierte que Goyena, con apariencias de deserción, trataba de internarse al Estado con la tropa de su mando, con objeto de trastornarlo.

Cuando esto ocurría, tuvo parte el oficial de la escolta de la frontera que los asesinos y facciosos Juan Mata Picado y Marcos Mayorga, en unión de otros, se hallaban reunidos en el mencionado punto de Los Jobos, con el fin de dirigirse a esta a verificar, como viles instrumentos, el plan sangriento de asesinatos en las personas dichas, sorprendiendo primero la escolta del Gobierno. El oficial, creyendo que el referido punto de Los Jobos pertenecía al territorio del Estado, se dirigió a él con objeto de capturarlos; mas como le hicieron resistencia hasta el grado de querer Picado quitar la carabina a un soldado, les mandó el oficial romper el fuego, de donde resultaron muertos los enunciados Mayorga y Picado.

En cuanto al reclamo que se hace de perjuicios causados a hondureños, ni constan en las diligencias que me acompaña, ni este mando es sabedor de ellos; sin embargo, pediré el debido informe y daré oportuno aviso a ese Ministerio.

"Por lo que respecta a la influencia que se cree que los partidarios del general Morazán tienen en esta Comandancia General, diré: que tres o cuatro desgraciados de éstos, a quienes se les ha dado asilo en el Estado, por puros sentimientos de humanidad, apenas se les ve en las calles, y no se mezclan absolutamente en la cosa pública; mientras, por el contrario, el Gobierno Supremo del Estado de Honduras, no solamente ha dado asilo, sino que ha empleado a enemigos acérrimos del Gobierno de Nicaragua y sus habitantes, y por consiguiente de su felicidad y bienestar. ¡Quiera Dios que esta comunicación en virtud de la cual se me ha pedido informe, no sea puesta por uno de los facciosos de este Estado, quedando con esto degradada la primera autoridad de Honduras!

Yo deseo que, así como mi mando está libre de la influencia que se supone, lo esté el Gabinete del Gobierno de Honduras de ciertos hombres que, después de haber agotado los recursos para traicionar a su patria, se han refugiado en aquel para seguirle causando males bajo los auspicios de aquellas autoridades. Me es sensible que el señor Presidente de Honduras, que no ignora la buena fe, entusiasmo y decisión con que he sostenido la causa de los Estados, se esté dejando halagar de sujetos que en todas épocas han abrigado sentimientos enteramente opuestos, como lo están acreditando con sembrar la discordia entre aquellas y estas autoridades.

Sírvase, señor Ministro, elevar lo expuesto al conocimiento del Supremo Director del Estado, y aceptar de nuevo las consideraciones de mi aprecio y respeto.

Casto Fonseca.

El 25 de mayo, Ferrera dictó el siguiente decreto:

Art. 1.° Todo individuo o corporación que de esta fecha en adelante se pronunciare bajo la obediencia de la facción de Texiguat, que se adhiriese a sus designios, que le preste auxilios, que hable en favor de su causa y de alguna manera coopere a llevarla adelante, será pasado por las armas.

Art. 2.° Todo comisionado, espía o individuo de dicha facción que transitare por cualquier pueblo del Estado sin un objeto lícito y bien conocido, sufrirá la misma pena.

Art. 3.° Los que ocultaren a los expresados y no dieren cuenta inmediatamente a la autoridad, quedan comprendidos en el artículo 1.°

Art. 4.° Los pronunciados en el mineral de Yuscarán y en cualquiera otro punto, que se presentaren a la autoridad local en el perentorio término de ocho días después de la publicación de este decreto, quedan exceptuados de las penas anteriores y serán castigados con dos años de servicio de obras públicas en esta capital; y no verificando la presentación, serán comprendidos en el art. 1.°

Art. 5.° Todos los antes dichos serán juzgados con arreglo al art. 153 de la ley reglamentaria de justicia emitida el 6 de noviembre de 1840 y sentenciados con la brevedad que exigen las circunstancias de hacer ejemplares para preservar al Estado del contagio revolucionario que amenaza.

Lo tendrá entendido el Ministro de Relaciones y dispondrá lo necesario a su cumplimiento.

Dado en Comayagua, en la casa del Gobierno, a 25 de mayo de 1844.

Francisco Ferrera.

Al señor Coronado Chávez.

El 28 de mayo, el general Ferrera resolvió separarse del Gobierno para marchar sobre Texiguat a la cabeza del ejército. El decreto dice así:

Art. 1.° Se separa en esta fecha el Presidente del ejercicio del P. E. para ponerse a la cabeza de las tropas que obran sobre los rebeldes de Texiguat, dejando el Gobierno a cargo de los Ministros del despacho conforme a la ley.

Art. 2.° Comuníquese a quienes corresponde.

Lo tendrá entendido el Ministro de Relaciones y dispondrá lo necesario a su cumplimiento.

Dado en Comayagua, en la casa del Gobierno, a 28 de mayo de 1844.

Francisco Ferrera.

Al señor Coronado Chávez.

El 3 de junio se expidió un decreto imponiendo contribuciones. He aquí el texto:

Art. 1.º Se exige a los propietarios del Estado, cuyo capital no baje de mil pesos, un empréstito de treinta mil pesos de plata en los términos que expresa el artículo siguiente.

Art. 2.º El Intendente General, Tribunal Superior de Cuentas y Administración General de Hacienda Pública, asociados del Jefe Político de este departamento y de los sujetos que tengan a bien reunir, formarán el detalle de lo que a cada departamento pueda corresponder, atendida su riqueza; y los Intendentes de los otros departamentos practicarán el de lo que a cada propietario corresponda, asociados también de los vecinos que crean conveniente convocar. El de este departamento se verificará en el acto del detalle general.

Art. 3.º Se excluye de este empréstito al departamento de Choluteca, por estar sufragando, tiempo há, los gastos de la fuerza que allí existe.

Art. 4.º Para asegurar la indemnización de los prestamistas, se les dará un vale por el Intendente respectivo, que se cubrirá por cuartas partes en las Aduanas de los puertos, tomando previamente el Tribunal Superior de Cuentas y la Administración General las razones correspondientes de estos vales.

Art. 5.º La Administración General de Hacienda Pública llevará un conocimiento exacto de los gastos que se han hecho en el levantamiento de tropas, dirección de correos y otros gastos peculiares a la pacificación de la facción de Texiguat, y lo continuará hasta su conclusión.

Art. 6.º Las erogaciones hechas con el motivo antedicho serán cubiertas, hasta en la parte que alcance, de los bienes de los rebelados y de todos los que se pruebe judicialmente que han cooperado al sostén y fomento de la actual revolución.

Art. 7.º Este decreto se pondrá oportunamente en conocimiento de la Cámara de Representantes para los efectos de ley.

Lo tendrá entendido el Jefe de Sección encargado del Ministerio de Hacienda y dispondrá lo necesario a su cumplimiento.

Dado en Comayagua, en la Casa del Gobierno, a 3 de junio de 1844.

Casto Alvarado — Coronado Chávez.

Al señor Ramón Bueso.

10 — En Liure hubo una acción en que fue derrotada una parte de los insurrectos. Con fecha 4 de junio, Guardiola da este parte:

Del Comandante de Operaciones de este Departamento. D. U. L.

Choluteca, junio 4 de 1844.
Señor Ministro de Guerra y Marina del Supremo Gobierno del Estado:

El 1.º del corriente se me dio parte positivo de que los facciosos osadamente habían pisado el territorio de este departamento e introducido al pueblo de Orocuina. Este ultraje, la idea de evitar un pronunciamiento y lo triste que de nuestra posición se formarán los otros pueblos al ver que el enemigo se nos paseara por delante impunemente, me obligó a salir de esta plaza con doscientos hombres con objeto de castigar la criminalidad de los perversos. Llegué a Orocuina y no encontré allí más que la huella de aquellos; y habiendo reconocido la animosidad de la tropa, levanté el campo y me dirigí a Liure, a donde creí encontrarlos.

En efecto, al amanecer del tres, se me presentaron en número de doscientos cincuenta, bien armados y municionados, en dicho pueblo, cuyo número y disposición lo supe por el informe que me dio un espía que mandé el día anterior y tenían ellos prisionero. Avistándose el enemigo, dispuse la acción acompañado del Segundo Jefe y Comandante del cuerpo, Teniente Coronel señor José María Matute. Se rompió el fuego por la vanguardia, que la comandaba el intrépido

Capitán Secundino Salinas, quien hizo con treinta hombres una carga a la bayoneta. Esto bastó para que el enemigo desocupase el pueblo y huyera por todas direcciones, dando las muestras más positivas de verdadera cobardía, y habiendo dejado cuatro muertos, una carabina, dos paradas y seis cargas de bastimento.

Desgraciadamente, señor Ministro, sufrí yo la única pero notable pérdida del oficial valiente Francisco Gutiérrez, cuya muerte fue sentida generalmente por toda la división.

Si en los ataques anteriores ha dado la fuerza de mi división muestras de grande valor y patriotismo, en este se llenó mi alma del regocijo más puro al ver, desde el Segundo Jefe señor Teniente Coronel Ignacio Ortéz hasta el último soldado, la mejor disposición y colmados de entusiasmo en favor del Supremo Gobierno. Imponderables son los deseos que mostraron de pelear y el sentimiento de no haber encontrado con quién, por haberse fugado el enemigo a los primeros tiros.

La acción de que hago mérito fue dada por los cobardes y perversos Francisco Sancho y Lorenzo Pérez, quienes, según el dicho de una indígena que se avanzó, comandan la sección u horda de Liures, y Ordóñez y Andrés López la de los Texiguats, los cuales no entraron en acción. Pero se debe entender que, aun unidos, no podrán jamás resistir el imperio de las armas del Gobierno, porque si esta parte que batimos, que se ha considerado siempre por la más ilustrada y valiente, huyó de la manera más vergonzosa al presentarnos en batalla, los otros, que son más incultos y cobardes, no harán más que difundir el desaliento por todas partes.

Todos los motivos antes dichos me forzaron a salirme de las instrucciones y órdenes que el Supremo Gobierno me ha dado; pero aseguro a Ud., señor Ministro, que una sola línea no hemos retrocedido en contra de los planes que se tienen trazados, sino antes bien se ha aterrorizado al enemigo y alentado a los pueblos que lo consideraban como invencible y capaz de imponer al Estado entero.

Las instrucciones que le acompaño fueron tomadas a los enemigos, y el Supremo Gobierno calculará quiénes sean los autores de la facción de Texiguat.

Se me ha asegurado por los espías que el general Casto Fonseca ha auxiliado con armas y parque a los indios, y me parece positivo, porque en los ataques pasados no tenían más que ciento veinticinco, y ahora doscientos cincuenta, y los soldados municionados a dos paradas.

Y lo pongo todo en conocimiento de Ud. para que se sirva elevarlo al del Supremo Gobierno, y aceptar las muestras distinguidas de mi aprecio y consideración.

Santos Guardiola

Las instrucciones a que se refiere Guardiola aparecen certificadas por don Francisco Inestrosa y son las siguientes:

Borrador. De la Municipalidad de Texiguat. Al señor Comandante general de León.

Suplicamos a Ud. rendidamente se sirva dar crédito a cuanto le diga el conductor de esta, que es nuestro enviado ante la autoridad de Ud., a quien reconocemos por un verdadero patriota y amigo de la felicidad de los pueblos. —D. U. L. —Sigue la fecha y las firmas. Otra igual se hará de la Municipalidad de Liure por sí y a nombre de muchos que están aliados secretamente.

Las instrucciones que se den a los comisionados deben ser pedir al Comandante 300 fusiles y el parque correspondiente y un jefe militar de su confianza, siempre que le parezca. Ofrecerle por este auxilio tres mil pesos para composición de las armas de Nicaragua, que se le darán un mes después de conseguido el triunfo; y siempre que les dé 500 fusiles, se le darán cinco mil pesos.

Ofrecerán los mismos comisionados la mayor reserva en todo y los ofrecimientos los harán verbalmente al Comandante. Le asegurarán a dicho Comandante que los pueblos de Honduras en él tienen toda su esperanza para librarse de la tiranía de Ferrera y que, en recompensa, le ofrecen a dicho Comandante la amistad y obediencia de los pueblos que va a libertar con el auxilio que le piden, y que ellos le ofrecen defenderlo y sostenerlo en todo tiempo.

Todas estas instrucciones deben traerlas verbalmente los comisionados. No vayan a poner firma ninguna en la copia del acta que manden al Comandante ni en la que manden a Cabañas, y le dirán al Comandante de León que, hasta que estén con el auxilio en mano, imprimirán y publicarán el acta.

Es conforme. Ministerio de Guerra. Comayagua, junio 11 de 1844.

Francisco Inestrosa.

La prensa de Honduras insultaba a Nicaragua, y El Águila Nicaragüense y otros periódicos contestaban en el mismo lenguaje; de manera que, si el tono oficial era imponente, el extraoficial era agresivo y auguraba una guerra sangrienta entre los dos Estados.

El proyecto de asesinatos a que se refiere Casto Fonseca y que se expresa en la nota preinserta, fraguados según se dice por el padre Ordóñez, el comandante Guardiola y Basilio Salinas, es un cargo terrible que no vemos desvanecido en ningún documento.

No se debe dar asenso a una imputación tan severa solo porque la anuncia el general Fonseca; pero llama la atención que no se hayan empeñado los consejeros de Ferrera en poner en evidencia la falsedad de una acusación que tanto deshonra al Jefe hondureño y a su séquito.

Es indudable que personas muy importantes de Honduras, como don Dionisio y don Justo Herrera, simpatizaban con el movimiento de Texiguat porque deseaban ver a su país fuera del dominio de la oligarquía reinante.

Guardiola era un hombre inculto y cruel. Jáuregui deseaba verlo en la presidencia porque el sacristán de Cantarranas no era joven y no podía conservar por mucho tiempo la energía que los serviles necesitaban. Guardiola, por afinidad, tenía parentesco con Jáuregui y más quería ser el Jefe del Estado que hallarse bajo las órdenes de Ferrera.

Los señores Joaquín Rivera, Máximo Orellana, Ramón Vigil y Miguel Álvarez estaban proscritos. No había papel hondureño en que no se les presentara como salteadores de caminos. Debe suponerse, pues, que la indignación los devoraba.

Se hallaban en Nicaragua, único Estado en que podían poner los pies.

Rivera era uno de esos hombres que, en medio de los disturbios políticos, no pierden de vista la legalidad. Su programa era que el general Ferrera dejase el mando, que se le juzgara conforme lo prevenía la Constitución de Honduras; que Guardiola fuera juzgado por un tribunal recto ante el cual respondiera de los incendios y asesinatos que se le imputaban diariamente.

Rivera decía a los señores Simeón González, Francisco Sancho y a otros de los jefes de la facción de Texiguat en cartas particulares, que era indispensable que a nadie se vejara, que a nadie se le quitara un centavo y que se hiciera ver a los pueblos que había una gran diferencia entre los insurrectos y el comandante Guardiola.

Lo único que don Joaquín Rivera permitía que se tomara para la guerra eran los bienes de las cofradías.

Bajo este plan, el ex—Jefe Rivera enviaba a los insurrectos cuantos elementos de guerra podía obtener en Nicaragua.

En las cartas de Rivera, los rifles que enviaba a Texiguat se llamaban "querubines."

En las cartas de Orellana, las cajas de parque se denominaban "cajas de vino."

Los Vijiles, además de las vejaciones que sufrían por sus ideas políticas, se creían ofendidos por los tribunales de Honduras en sus negocios particulares, con motivo de la influencia que sobre esos tribunales ejercía el Gobierno de Ferrera.

Puede ser que los Vijiles estuvieran alucinados en cuanto a esto; pero todo debe esperarse de un Poder Judicial que desciende en el terreno de la adulación hasta el extremo de comparar a Ferrera con Alejandro Magno y con Napoleón I.

Lindo y el Obispo Viteri se empeñaban en que Malespín auxiliara a Ferrera; pero la guerra con Guatemala no lo permitía.

Ellos deseaban que esa guerra terminara pronto para que el general Malespín no solo contribuyera a destruir la insurrección de Texiguat, sino que marchara con los hondureños a Nicaragua a destruir a un Gobierno que se manifestaba propicio a los Coquimbos.

El 29 de junio, 500 hombres, que de diferentes puntos y también de Nicaragua pudieron reclutar los motores del movimiento, llegaron al punto llamado "Corpus," del territorio hondureño.

Guardiola, con todas las fuerzas de que podía disponer, marchó a ese punto, y el 1.º de julio obtuvo un completo triunfo.

Ferrera, después de la acción del "Corpus," volvió al ejercicio del Poder Ejecutivo y tomó activas medidas para hacer la guerra a Nicaragua.

En el "Corpus" fue tomada la correspondencia de Rivera, Orellana, Álvarez y Vijil, que se publicó comentada en El Descubridor, boletín del Gobierno de Honduras.

El objeto de este periódico era demostrar la participación que Casto Fonseca, general nicaragüense, tenía en los asuntos de Honduras, y, preocupados los redactores con esa idea, no observaban que muchas de las cartas que presentaban al público hacían honor a Rivera, perjudicaban a Guardiola y descubrían los planes de los nobles de Guatemala.

Rivera aconsejaba siempre la más estricta disciplina, la moderación y la honradez para que no se manchara una causa que él creía santa, y puntualizaba los excesos cometidos por Guardiola.

En una carta dirigida por don J. María Cacho a don Gerardo Barrios (número 9.º de El Descubridor), se manifiestan los deseos que don Felipe Jáuregui tenía de hacer Presidente a don Santos Guardiola.

Dice Cacho en esa carta que los serviles de Guatemala sufrieron con motivo del mal éxito de la expedición de Arce sobre El Salvador. Agrega, como testigo ocular, los nombres de algunas personas comprometidas y las cantidades que dieron para la revolución de Arce.

Asegura que cuando don Felipe Jáuregui venía a Guatemala se molestaba por el poco valimiento que tenía aquí.

Esto no debe extrañarse. Los nobles de Guatemala solo daban importancia a los individuos que pertenecían a cuatro familias.

Los demás eran siempre vistos con desdén, aunque fueran reaccionarios netos.

Una prueba presentará en los siguientes libros don José Milla y Vidaurre, quien fue liberal hasta el año de 1846; entonces abrazó el servilismo con más entusiasmo que San Pablo la religión de Cristo. Y por más que escribiera Los Nazarenos, La Hija del Adelantado, El Visitador, Las Memorias de un Abogado y el célebre Don Bonifacio; por más que sostuviera el servilismo en La Revista, reaccionario periódico de la Sociedad Económica, en La Semana y en La Gaceta, fue visto siempre como un dependiente de don Manuel Francisco Pavón, de don Luis Batres y de don Pedro Aycinena.

Ferrera envió al Salvador al canónigo Maestre Escuela Doroteo Alvarenga y al Licenciado Juan Lindo, para que celebraran un tratado, y el 10 de julio se firmó el que con el número 1.º se halla al fin de este capítulo (Documento núm. 1).

Este convenio fue ratificado por ambos Gobiernos.

Es una liga visible contra Nicaragua, aunque no puede decirse que lo fuera ya contra todos los Coquimbos, porque el general Saget y Espinosa se hallaban en las filas de Malespín.

De Espinosa nada debe extrañarse, dados los sucesos que presenta el capítulo 7.º, libro 4.º, de esta Reseña.

El general Saget había combatido hace muchos años en favor de la causa liberal.

El fue compañero de Raoul. Siguió a Morazán a Costa Rica y trajo a sus partidarios a bordo de la barca 'Coquimbo,' y ahora lo vamos a ver tomar servicio contra los Coquimbos.

Saget es disculpable sirviendo a las órdenes de Malespín cuando este jefe ataca a Carrera y a los nobles de Guatemala; pero no tiene disculpa sirviendo a Malespín cuando este enemigo implacable de Morazán hace la paz con Carrera y, unido con Ferrera, combate a Nicaragua, donde se albergaban los mismos hombres que el general Saget trajo a bordo de la Coquimbo.

Saget iba a servir a los hombres que sin piedad lo habían ultrajado; a los que festejaban el infausto suceso del 15 de septiembre de 1842; a los que habían protestado contra su arribo a nuestras playas.

Cuando se ven en la historia veleidades como las de Saget y Espinosa, se presentan más grandes los hombres que, como el venerable general Cabañas, jamás mancharon su frente con la inconsecuencia ni la perfidia.

Don Rafael Francisco Osejo era comisionado del Gobierno de Nicaragua en Honduras.

Coronado Chávez presentó a Osejo las cartas tomadas por Guardiola en el "Corpus" a fin de que se las volviera certificadas.

El comisionado nicaragüense accedió, y no solo accedió, sino que hizo una manifestación al Gobierno de Honduras contra los autores de esas cartas.

Con ellas certificadas, Coronado Chávez dirigió al Gobierno de Nicaragua una nota en que se hallan estos párrafos:

Ya no se apoya el Gobierno de Honduras en informaciones ni en otros documentos, que, aunque prueban a la evidencia cuanto se obraba contra esta Administración, desgraciadamente la política insidiosa las ha calificado de nulas y apócrifas. Son ahora las copias adjuntas, la mera confesión de los criminales; son las cartas firmadas de su puño en que instruyen a sus agentes secundarios, y en que recíprocamente se desarrollan para atenderse en el plan trazado contra la sincera administración de este Estado y contra sus pueblos.

Ellas están en conformidad con las operaciones de los facciosos; y lo que es más satisfactorio, en consonancia de cuantas pruebas hasta hoy se han aducido a ese Ministerio, al del Supremo Delegado, y a la Secretaría del Consejo Consultivo.

Son muchísimas las cartas tomadas que demuestran la asiduidad de los señores Joaquín Rivera, Máximo Orellana, Miguel Álvarez y Ramón Vijil en obrar hostilmente contra Honduras. Cada una de ellas descubre nuevas ideas de combinación y trastorno, pero yo me limito al contenido de las 8 copias que, certificadas por el señor Comisionado de ese Estado cerca de este para su mejor validación, me hago el honor de acompañar.

De ellas se deriva que los señores expresados tienen muy estrechas conexiones con esa Administración; que sus pasos son hostiles contra esta; que el comandante general Fonseca los protege decididamente dándoles un número considerable de fusiles de ese almacén, y que aún se ha avanzado este señor a hacer los nombramientos militares de la plana mayor de los facciosos, en tanto que estos se titulan caudillos del Ejército Constitucional de Honduras.

Y de ellas se deriva, en fin, que en el Estado de Nicaragua está el núcleo de la revolución de Texiguat, trastornadora del orden en este Estado.

El pliego que cerrado le adjunto, del Ministerio de la Guerra, contiene el decreto en que se declara que este Gobierno no consentirá en que por ahora y mientras no se le dé una completa satisfacción de los agravios que ha recibido, no debe pasar tropa alguna por el territorio de este Estado procedente de Nicaragua.

Él me autoriza para hacer esta manifestación al Gobierno de Ud. y para pedirle, en nombre del soberano pueblo hondureño y en cumplimiento del derecho internacional, la satisfacción que merecen los agravios inferidos por el comandante Fonseca y los cuatro individuos mencionados antes.

Del primero exige la indemnización de gastos causados en el sostén del ejército que se ha levantado por su causa; y de este y los señores Rivera, Orellana, Álvarez y Vijil, el condigno castigo que merecen sus crímenes, sin prescindir de que sea este impuesto por la autoridad que el derecho de gentes determina.

En esa nota se manifiesta que por un decreto se ha ordenado no consentir, por entonces, el tránsito de tropas nicaragüenses por el territorio hondureño.

Esta manifestación se puso en conocimiento del Supremo Delegado don Fruto Chamorro, quien a la sazón residía en la ciudad de San Vicente.

Chamorro no puede ser acusado como desorganizador ni como enemigo del orden ni del concierto, expresiones favoritas de Pavón; pero estaba convencido de que el movimiento de Arce al Salvador era una maniobra de los serviles de Guatemala, y quería hacer prevalecer los principios consignados en el Pacto de Chinandega.

Con este motivo, hizo dirigir al Gobierno de Honduras esta nota:

Confederación Centroamericana.— Secretaría del Supremo Delegado. D. U. L. — Salón del Despacho. — San Vicente, agosto 11 de 1844.—Señor Ministro de la Guerra del Supremo Gobierno de Honduras.

El Supremo Delegado, a quien di cuenta con la estimable comunicación de Ud. fecha 30 de julio próximo anterior, ha visto el Decreto que en el propio día ha expedido el señor Presidente de ese Estado negando por el territorio de Honduras el tránsito de las fuerzas auxiliares del de Nicaragua. Bien impuesto de los considerandos que han obligado a dictar una medida de aquella naturaleza, me manda contestar a Ud. en los términos que paso a verificar:

Por el artículo 31 del Pacto de Chinandega, el Gobierno Confederal debe poner término a los disgustos y rencillas que tengan lugar entre los Estados aliados, avisado que sea por el injuriado. La manera de ejecutarlo está terminantemente expresa en el artículo citado. De aquí se viene fácilmente a conocer que la disputa y desacuerdo a que, por desgracia, han venido Honduras y Nicaragua debe ser dirimida por la Confederación.

El decreto emitido por el señor general Presidente de ese Estado es no solo contrario al tenor del artículo Constitucional citado, mas también a varios acuerdos de él mismo en que concedía el pase al ejército leonés. Lo es, asimismo, a la representación dilatada que dirigió a esta Secretaría con fecha 18 del referido mes de julio. En virtud de estas disposiciones anuentes al tránsito de las fuerzas y de las órdenes terminantes que a este propósito he tenido el honor de participar a Ud., se había arreglado la venida de las tropas por el departamento de Choluteca, situando al teniente coronel José María Aguado para que se encargue de pasar las divisiones nicaragüenses, cuidando estrictamente de que no den lugar a la menor queja al Gobierno ni a los habitantes de Honduras. Esta determinación fue muy de la aprobación de ese señor Presidente, y el jefe nombrado para tan importante comisión llenó en absoluto su confianza, según que oficialmente se comunicó a este Ministerio por el de su cargo.

¿Cómo, pues, alterar de una vez este negocio, saltando no solo sobre el cumplimiento de los decretos dictados por ese Gobierno, sino sobre la obediencia debida a las órdenes del Confederal? ¿Cómo dificultar la venida de las fuerzas auxiliares para hacer la defensa de la Confederación, comprometida altamente con Guatemala? Y ¿cómo, en fin, observar esta conducta cuando se han tomado ya las providencias que alejan la desconfianza respecto de Nicaragua o sus tropas, que están ya en marcha?

Es muy notable, señor Ministro, que por parte de Honduras, que con tanta sinceridad ha trabajado para establecer este Gobierno y salvar la República de la anarquía que la amenazara, se pongan obstáculos tan serios como el de las armas para que fuerzas amigas "Vengan a defender al Gobierno Confederal, a este Gobierno que hemos logrado al caro precio de cruentos sacrificios. Hacer esto es dificultar demasiado las cosas, es trastornarlas de un modo riesgoso, es declarar una guerra entre Estados aliados que dará por seguro resultado la desaparición de un Gobierno general, de esta única áncora de salvación en las fluctuantes y turbulentas circunstancias en que nos hallamos.

Hay más: las fuerzas de Nicaragua no pueden venir por agua, supuesto el bloqueo establecido en el puerto de la Unión por la fragata inglesa Daphne. Si por ese territorio no se permite el tránsito y se resiste con las armas, dígase mejor con claridad que no se quiere la existencia de un Gobierno general.

No se persuade el Supremo Delegado que tales sean los sentimientos del señor Presidente de Honduras; pero si, contra toda su convicción, se quisiese llevar adelante el cumplimiento de un decreto como el de que hablo, vendrá indudablemente abajo todo lo que se ha construido y desaparecerán las esperanzas que tan justamente inspiraba a los centroamericanos la creación de un Gobierno Nacional.

De suprema orden tengo el honor, señor Ministro, de decir a Ud. lo expuesto en contestación a su citada, y al hacerlo el de repetirle las seguridades de la alta estimación con que me suscribo de Ud. atento servidor.

M. Aguilar.

Según esta nota, se habían expedido por el Gobierno de la Confederación las órdenes correspondientes para que las fuerzas de Nicaragua vinieran por el departamento de Choluteca, y el teniente coronel José María Aguado estaba encargado del tránsito de las divisiones

El Gobierno de Honduras contestó que se había dado un decreto el 3 de agosto reglamentando el tránsito de las fuerzas nicaragüenses. Desde el 3 hasta el 11 pudo haber llegado muy bien el enunciado decreto de Comayagua a San Vicente; pero es probable que se hayan dificultado las comunicaciones por el bloqueo del puerto de la Unión, el cual coincidió con la invasión de Malespín a Guatemala, pudiendo pensar cualquier suspicaz que estaba así convenido para aumentar las dificultades de los salvadoreños.

El decreto de 3 de agosto dice así:

Art. 1.º Se permite el pase a las tropas del Estado de Nicaragua al del Salvador, bajo las condiciones que expresan los artículos siguientes:

Art. 2.º El ejército de Nicaragua, para pasar por el territorio de Honduras, será dividido en secciones de doscientos hombres cada una, bajo el mando de jefes respetables que puedan impedir los perjuicios que siempre causan, por esta falta, las tropas leonesas en los pueblos del departamento de Choluteca.

Art. 3.º El Comandante General, tan luego como se aproxime la primera sección del ejército de Nicaragua, lo manifestará a los jefes de división en la frontera de este Estado, con el objeto de que transite dicha sección sin ser molestada por las fuerzas de Honduras; pero no podrá mover otra sección mientras que no se le dé aviso por el Jefe Divisionario de Choluteca de que ha salido la primera del territorio de Honduras sin haber causado hostilidad ni perjuicio alguno a los habitantes del Estado.

Art. 4.º Si se verificase la introducción de cualquier número de tropa sin ser previos los requisitos del artículo anterior, será tenida por invasión enemiga y, por consiguiente, repelida con las fuerzas del Estado. De la misma manera se tendrá por tal y tratada del propio modo la sección del ejército de Nicaragua que, después de introducida al territorio de Honduras, cometa algún acto hostil contra las personas y propiedades del departamento de Choluteca o de cualquier otro punto del Estado.

Art. 5.º Los Jefes Divisionarios del ejército de este Estado cuidarán del cumplimiento de los artículos anteriores, para lo cual el General en Jefe de la frontera dictará las medidas oportunas.

Art. 6.º Comuníquese al Supremo Gobierno del Estado de Nicaragua, al Supremo Delegado de la Confederación, a los Supremos Gobiernos del Salvador, Guatemala y Costa Rica, al Comandante General de las armas de este Estado, al General en Jefe de la División de Operaciones de la frontera, y, por la prontitud que exige su conocimiento en la vanguardia de la expresada División, al Comandante de ella, con calidad de mientras le es comunicado por el conducto correspondiente.

Lo tendrá entendido el Jefe de Sección encargado del Ministerio de la Guerra, y dispondrá lo necesario a su cumplimiento.

Dado en la ciudad de Comayagua, en la Casa del Gobierno, a 3 de agosto de 1844.

Francisco Ferrera.

Al señor Francisco Inestrosa

El Supremo Delegado Chamorro dio orden al jefe de la División de Operaciones del Estado de Honduras, J. Trinidad Muñoz, para que no pusiera obstáculo al tránsito de las fuerzas nicaragüenses.

Esta orden estaba dictada por autoridad competente, porque el Supremo Delegado tenía el mando de las fuerzas de la Confederación.

14.— Muñoz desobedeció.

Él tuvo a bien dar una respuesta al Gobierno de la Unión, llena de consideraciones políticas, para concluir asegurando que no se hallaba a las órdenes del Gobierno Nacional y que quien lo mandaba era el general Ferrera (Documento núm. 2).

Si Muñoz se hubiera limitado a decir que no se hallaba a las órdenes del Supremo Delegado y que solo obedecía al general Ferrera, podía ser disculpable; pero no puede disculparse a un jefe militar disertaciones políticas en una respuesta oficial relativa al servicio de las armas.

Muñoz argumentó que las fuerzas de Nicaragua no venían en la forma que prescribe el decreto de 3 de agosto, esto es: divididas en secciones de 200 hombres cada una.

El Supremo Delegado no indicaba al general Muñoz la manera en que debía permitir el tránsito de las fuerzas nicaragüenses. Muñoz pudo muy bien permitirles la entrada en secciones, como estaba prescrito en el decreto de 3 de agosto.

Muñoz dirigió una nota al jefe de las fuerzas de Nicaragua, que ya se hallaban en Choluteca, ordenándole la contramarcha (Documento núm. 3).

El jefe a quien esa nota se dirigía no estaba a las órdenes de Muñoz, que le decía que saliera; estaba a las órdenes de Chamorro, que le mandaba entrar, y, por consiguiente, no se retiró. Pero tampoco dio un paso adelante: permaneció en Choluteca, donde fue atacado y vencido por Muñoz el 19 de agosto.

"División de Operaciones. — General en Jefe. Ahora que son las ocho de la noche, tengo el gusto de poner en conocimiento de Ud., para que sea elevado al del Supremo Gobierno, el detalle de la gloriosa jornada de hoy, por no haberlo podido hacer en el que le dirigí a las 10 de la mañana. El 17 recibí en mi cuartel general la noticia de que el enemigo había llegado a esta ciudad, e inmediatamente le pasé una nota al comandante en jefe intimándole que evacuase el territorio del Estado, retirándose al punto del suyo que le conviniera. Y no habiéndolo verificado, sino más bien propuesto engañarme, según lo acreditan las comunicaciones originales que acompaño, dispuse venir a escarmentarlos y hacerles conocer la bravura de los hondureños.

Con la columna volante y sección vanguardia, los ataqué en sus posiciones por tres direcciones. Tres horas de fuego y algunos lances a la bayoneta fueron bastantes para desalojarlos, poniéndolos en la más completa derrota.

Ciento cincuenta y seis muertos, muchos prisioneros cuyo número no designo por estar en poder de algunas partidas mías que aún no se han incorporado; más de doscientos fusiles, cinco cajas de parque, mil seiscientos y tantos tiros sueltos, siete cajas de guerra, trescientas piedras de chispa, ciento y tantas cartucheras, ciento treinta y seis bayonetas, cuatro baquetones, tres subidores de muelles, más de treinta caballos, casi todos los equipajes de los jefes y oficiales, y tres yuntas de bueyes han caído en nuestro poder.

Entre los muertos se cuentan tres jefes y diez oficiales. De nuestra parte, solo han muerto cuatro infantes y dos dragones, y diez heridos, entre los que se cuentan al valiente sargento 1.º, graduado a subteniente, Miguel Durand, y al subteniente Antonio Pineda.

Creo que es inútil recomendar a los intrépidos que tengo el honor de mandar, pues el triunfo que han adquirido sobre fuerzas triplemente mayores acreditan muy claramente su valor, patriotismo y subordinación. Han operado en los momentos más difíciles de la refriega como viejos veteranos.

No puedo dejar de recomendar al Supremo Gobierno el distinguido y heroico valor del ayudante de órdenes de la columna volante, señor Marcelino Licona, que con siete u ocho cazadores se arrojó sobre cincuenta y tantos enemigos que defendían un paso del río, a quienes llenó de pavor con su bravura y le cedieron el puesto. Asimismo, el sargento Durand, cuyo valor hacía aumentar el de sus compañeros.

Dígnese Ud. felicitar de mi parte al Supremo Gobierno por tan fausto acontecimiento, reiterándole, como otras veces, mis consideraciones. D. U. L. Sobre la marcha, en Choluteca, agosto 19 de 1844.

José Trinidad Muñoz.

Señor oficial mayor encargado del Ministerio de la Guerra.

La acción de Choluteca tuvo una grande influencia en la suerte de Centroamérica, porque alentó a los serviles de Guatemala, haciéndoles comprender que el Supremo Delegado era una sombra y que carecía de fuerza material para hacer ejecutar sus órdenes y dar cumplimiento a sus ideas.

Chamorro no quería ratificar los tratados de Quezada, celebrados el 5 de agosto, porque sus comisionados Viteri y Monterrey, excediéndose en sus instrucciones, humillaban al Salvador, que era el Estado agredido y, por consiguiente, no responsable del movimiento de Jutiapa.

Los serviles sufrían con esta negativa, porque, aunque armaron a Arce y le dieron dinero para que se lanzara sobre el Salvador, querían, contra la evidencia, presentarse como seres inocentes.

La no ratificación de los tratados de Quezada los colocaba en la alternativa de declararse agresores y de tener por un embuste todo lo que habían asegurado en sus notas oficiales, o de continuar la guerra con El Salvador, para la cual no tenían ni dinero, ni prestigio.

La acción de Choluteca avivó los deseos de Malespín de lanzarse sobre el Estado de Nicaragua, que entonces consideraba como el centro de los hombres que lo combatían, y con Ferrera, Carrera, él mismo y algún otro jefe semejante que en Nicaragua se colocara, formar una santa alianza contra los principios republicanos y las instituciones americanas.

La guerra entre Honduras y Nicaragua estaba declarada de hecho, en los campos de Choluteca.

El Gobierno de Nicaragua debía hacer un esfuerzo rápido contra Ferrera, reuniendo todos sus recursos antes de que Malespín, quedando libre de las cuestiones con Guatemala, pudiera auxiliarlo. Pero la situación no era tan próspera como para que el movimiento pudiera realizarse con la rapidez indispensable, y hasta el 23 de octubre se presentaron mil y tantos nicaragüenses en las inmediaciones de Nacaome.

Al día siguiente atacaron al comandante Juan Morales, quien con setecientos y tantos hombres defendía la plaza, y después de dos horas de combate fueron rechazados los nicaragüenses.

Morales dio el siguiente parte:

Comandancia General del Estado de Honduras — D. U. L.

Cuartel General en Nacaome, octubre 24 de 1844.

Señor Ministro de Guerra del Supremo Gobierno del Estado del Salvador.

Para conocimiento del Supremo Gobierno de ese Estado, tengo la honra de participar a Ud. el glorioso triunfo que han alcanzado el día de hoy contra las tropas enemigas del Estado de Nicaragua, que en número de mil ciento y tantos hombres, se presentaron el día de ayer como a cuatro leguas de distancia de esta ciudad, y hoy como a las ocho del día, se presentaron en acción contra las tropas de mi mando, compuestas de setecientos soldados.

El fuego que rompió el enemigo fue muy vivo a las orillas de esta ciudad y duró dos horas, en las cuales, no pudiendo ya sufrir el denuedo con que fueron batidos, huyeron vergonzosamente dejando en el campo de batalla ciento cincuenta y dos muertos, que por lo pronto se han reconocido, dos prisioneros, ocho cargas de parque, dos banderas y algunas armas que se han reunido en el primer reconocimiento que se ha hecho en el campo.

El resto de aquellos inquietadores es perseguido por un número considerable de la división que tengo el honor de mandar.

Sírvase Ud., señor Ministro, manifestar a su Gobierno que tan luego que se explore el campo con la escrupulosidad que corresponde, tendré el placer de comunicarle por el honroso conducto de Ud. el pormenor de la acción de este día, indicándole por último que por nuestra parte solo hemos tenido seis muertos y treinta y un heridos.

Esta ocasión me da el placer de renovarle a Ud. mis servicios antes ofrecidos y que acepte el aprecio de su atento servidor.

Juan Morales.

"Se me olvidaba manifestar a Ud. que el señor General Presidente de este Estado, que aún por las circunstancias permanece en esta ciudad, tuvo la gloria de dirigir la acción indicada, que tuvo el más feliz resultado."

El Consejo de Ministros, al instante, concedió al general Ferrera una medalla de oro con esta leyenda:

A la heroicidad del General Ferrera en la batalla de Nacaome.

Esta heroicidad solo la veía el Consejo de Ministros.

En Liure triunfó Guardiola; en El Corpus triunfó Guardiola; en Choluteca triunfó Muñoz; en Nacaome triunfó Morales.

¿Dónde está, pues, la heroicidad del Benemérito General Ferrera?

El parte de Nacaome, dado por Morales, manifiesta que él lo hizo todo. Pero Ferrera se hallaba en aquella población y, para no ofender al Benemérito de la Patria, Morales puso una postdata que dice así:

"Se me olvidaba manifestar a Ud. que el señor General Presidente de este Estado, que aún por las circunstancias permanece en esta ciudad, tuvo la gloria de dirigir la acción indicada, que tuvo el más feliz resultado."

En virtud de esta postdata, Ferrera fue condecorado por el Consejo de Ministros.

Los tratados de Quezada, hechos por dos comisionados del Supremo Delegado y por tres comisionados del Estado de Guatemala, no fueron ratificados sino en parte y con modificaciones por el Gobierno de la Confederación. Sin embargo, para darse una nueva prueba del orden y del concierto de que tanto hablaba Pavón, Rivera Paz los declaró ley, y ley los declaró también la cristianísima Asamblea de Guatemala que jamás constituyó.

En virtud de este nuevo género de tratados, cuya invención se debe a los nobles de Guatemala, Malespín quedó libre de compromisos de este lado del río de Paz y se hizo la desastrosa expedición sobre Nicaragua.

Se hablará detalladamente de esta guerra sangrienta, una de las más feroces que registran nuestros anales desde el año de 1821, en un capítulo separado.

En Olancho se insurreccionó la tropa contra sus jefes.

El movimiento fue sofocado y Ferrera dictó el decreto que sigue:

Art. 1.º Todos los individuos de tropa del Batallón de Olancho quedan desaforados, sin perjuicio de la causa que debe seguirse oportunamente a los sediciosos para que sean castigados con arreglo a ordenanza, quedando desde luego a disposición de las autoridades civiles para que les exijan toda clase de servicios.

Art. 2.º Los paisanos que hayan incurrido en dichas sediciones serán juzgados como cómplices y castigados como tales.

Art. 3.º Gozan del fuero de guerra los jefes y oficiales del indicado Batallón que no hayan sido comprendidos en las sediciones expresadas.

Art. 4.º Gozarán asimismo el fuero las compañías que, después de reorganizado el Batallón, prestaren algún servicio en campaña o en guarnición fuera de aquel Departamento, que no baje de tres meses; y lo gozan desde ahora todos los sargentos, cabos y soldados que han servido en la campaña fuera del Departamento de Olancho, conservando certificación de la Comandancia General que lo acredite.

Lo tendrá entendido el Jefe de Sección encargado del Ministerio de la Guerra, y dispondrá lo necesario a su cumplimiento.

Dado en la Ciudad de Comayagua, en la Casa del Gobierno, a 13 de diciembre de 1844.

Francisco Ferrera.

Al Señor Francisco Inestrosa.

En medio de esta situación, Ferrera terminaba su período constitucional, se hacían elecciones y se reunió la Cámara, bajo la presidencia de don Felipe Jáuregui.

Era vicepresidente don Victoriano Castellanos y secretarios los señores Garrigó y Zúñiga.

Esto prueba que, en medio de la anarquía y bajo el poder de los tiranos, era preciso dar a la administración un viso de legalidad.

Ferrera debía descender del solio conforme a la ley fundamental pero estaba dispuesto en los consejos de sus directores que continuara al frente de las armas en calidad de Ministro de la Guerra; he aquí la tramoya reaccionaria.

Guardiola había sido declarado Benemérito de la patria, a consecuencia de la acción del "Corpus". Sus amigos íntimos deseaban elevarlo al poder; pero no pudieron obtenerlo.

Para que no hubiera un cambio de Gobierno y continuara todo como antes, se acordó que dos personajes de la escena cambiaran de traje y representaran diferentes papeles. Ferrera y Coronado Chávez componían el Gobierno, llamándose el primero Presidente y el segundo Ministro. Ahora los mismos personajes van a componer el mismo Gobierno, llamándose Chávez Presidente y Ferrera Ministro, con el mando de las armas.

La Cámara dio el siguiente decreto:

"La Cámara de Representantes del Estado de Honduras:

Habiendo hecho el escrutinio debido para la elección de Presidente del Estado, y no resultando electo de hecho el que debiera servir la Suprema Magistratura, usando de las facultades que le son concedidas por la Constitución del Estado, ha tenido a bien decretar y

DECRETA:

Artículo 1.º Se nombra por Presidente del Estado al Señor Coronado Chávez.

Artículo 2.º Se nombra como suplentes del mismo Presidente a los Señores Licenciado Francisco Güell, Leonardo Romero y Manuel Emigdio Vásquez.

Pase al Gobierno para los efectos consiguientes.

Dado en Comayagua, a 8 de enero de 1845.

Felipe Jáuregui, R. P.— Mariano Garrigó, R. S.— Macedonio Zúniga, R. S.

Por tanto: ejecútese.

Lo tendrá entendido el Jefe de Sección encargado del Ministerio de Relaciones, y dispondrá lo necesario a su cumplimiento.

Dado en la ciudad de Comayagua, en la Casa del Gobierno, a 9 de enero de 1845.

Coronado Chávez. —Casto Alvarado. —Al Señor Mariano Aguiluz.

El Supremo Poder Judicial había comparado a Ferrera con Alejandro, con Octavio Augusto y con Napoleón I. Los militares hondureños lo habían comparado con Milcíades, con Temístocles y con Demóstenes, y ahora el periódico oficial lo hace superior a Julio César.

Este nuevo César, que jamás venció ningunas Galias, marchó sobre Nicaragua a las órdenes de Malespín.

Los Ministros de Relaciones, Gobernación y Hacienda, Coronado Chávez y Casto Alvarado, dieron el 5 de enero de 1845 cuenta a la Cámara de los asuntos que pertenecían al ramo militar, porque el

Benemérito de la patria, condecorado con una medalla de honor, general Francisco Ferrera, había salido a campaña.

DOCUMENTOS JUSTIFICATIVOS
NUMERO 1

Convenio celebrado entre los Gobiernos del Salvador y Honduras por medio de sus comisionados respectivos.

Los infrascritos Secretarios de Hacienda y Guerra del Supremo Gobierno del Estado del Salvador, autorizados competentemente, y el señor Maestrescuela Doroteo Alvarenga y el Licenciado Juan Lindo, enviados del de Honduras cerca del primero; con el fin de acordar una regla que estreche más y más su amistad y que asegure de un modo estable sus relaciones, el buen orden y la paz interior de ambos Estados, en atención a que los tratados celebrados anteriormente entre ambos Gobiernos, están refundidos en el Pacto Confederativo celebrado en la ciudad de Chinandega, a 27 de julio de 1842, el cual se ratificó por las Legislaturas. Vistos los poderes respectivos, que hallándolos en buena y debida forma, hemos convenido en el tratado siguiente:

Art. 1.º El Gobierno de Honduras y el del Salvador se ofrecen solemnemente a mantener una franca y amistosa relación en todo lo que tenga atinencia con el interés y buen orden interior de ambos Estados, sin perjuicio de los vínculos sagrados con que están unidos en la Confederación.

Art. 2.º Si por desgracia los enemigos de la soberanía e independencia de ambos Estados promoviesen desconfianzas para trastornar la amistad y buena inteligencia que se ofrecen guardar los Gobiernos del Salvador y de Honduras, aquel que crea que se le ha faltado le informará al otro por menor de todo, para que se le dé una explicación sencilla y franca; y caso que esta no sea bastante para satisfacerlo, sin más progreso por escrito, mandará el primero un comisionado cerca del segundo, para que imponiéndole de todo lo ocurrido, acuerde con el Gobierno las medidas que convengan, a fin de conservar la buena fe y amistad que por este convenio solemnemente se prometen.

Art. 3.º El Gobierno del Salvador y el de Honduras se comprometen a auxiliarse mutuamente para mantener la paz, buen orden y dignidad de sus respectivos Estados, con tropa, fusiles y demás útiles de guerra, con recursos pecuniarios si estuviesen en proporción para hacerlo, y con su amistad y relaciones con los otros Estados, contando siempre para lo que fuese necesario con el Supremo Gobierno Confederal.

Art. 4.º Deseando el Gobierno de Honduras y el del Salvador manifestar de todas maneras los sentimientos de fraternidad con que se hallan animados, ofrecen prestar sus auxilios como se expresa en el artículo anterior a los Gobiernos de los otros Estados Confederados, siempre que sean reclamados a cualquiera de los Gobiernos contratantes o a ambos a la vez.

Art. 5.º El Gobierno del Salvador y el de Honduras solemnemente protestan que no tienen celebrado con ningún Gobierno de otro Estado convenio o tratado que se oponga al cumplimiento del presente; y en caso que lo hubiera, lo declaran nulo para lo sucesivo.

En fe de lo cual, extendemos y firmamos dos ejemplares de un tenor para presentarlos a nuestros respectivos Gobiernos.

San Salvador, a 10 de julio de 1844.

Cayetano Bosque. Doroteo Alvarenga. Juan Lindo.

NÚMERO 2.

División de Operaciones del Ejército del Estado de Honduras. General en Jefe.

Es en mi poder su respetable nota de Ud., fecha 12, en que se sirve manifestarme los deseos del Supremo Delegado para que, con el objeto de que se ingresen al territorio del Salvador las fuerzas de Nicaragua, les permita el pase por el de este Estado, cualesquiera que sean las órdenes que yo tenga de mi Gobierno.

En contestación debo decirle que nada sería para mí más grato que evitar a mi patria alguna desgracia que en mi mano estuviera contener, y puedo decir que este ha sido uno de los motivos por los que me he decidido con gusto a prestar mis servicios en las actuales circunstancias al Estado de Honduras, a quien ciertamente no serviría si en su marcha política descubriera espíritu de egoísmo o de hostilidad contra los demás Estados que componen la República, y cuyos intereses generales no pierdo de vista.

Pero, a pesar de meditar muy detenidamente y con el objeto de obsequiar los deseos del Supremo Delegado, no encuentro otro medio de lograrlo que sujetándome en todo al espíritu del Decreto de mi Gobierno, fecha 3 de este, cuya copia adjunto.

Traspasar la órbita de mis deberes desobedeciendo las órdenes del Gobierno a quien sirvo sería cometer un hecho punible, que está muy distante de mi carácter.

Tomarme la libertad de obedecer cualesquiera otra orden que no emane de este mismo Gobierno sería coadyuvar a entronizar la anarquía que debemos alejar de nuestro desgraciado país.

Por otra parte, no puedo persuadirme de que las fuerzas de Nicaragua, de cuyo tránsito se trata, solo pasen con el objeto de prestar su auxilio a ese Supremo Gobierno, cuando casi han roto los vínculos de fraternidad que a Nicaragua deben unir con este Estado.

Los hechos prueban esta verdad, pues es indudable que, del modo más eficaz, han auxiliado a los que han levantado el estandarte de sangre y de rebelión en el Distrito de Texiguat, y que hoy aquellos sanguinarios componen parte de las fuerzas que existen en la frontera de Nicaragua.

Siendo el principal objeto de las armas que tengo el honor de mandar pacificar el Departamento de Tegucigalpa, haciendo volver al orden a los rebelados, sería incompatible con el cumplimiento de este encargo dejar penetrar al territorio del Estado a sus aliados. Tanto más cuanto que, según los últimos partes que he recibido, combinados han invadido ya el territorio del Estado y ocupan Choluteca, desatendiendo el citado Decreto, que con fecha 7 les comuniqué de Pespire, lo que justificará ciertamente mi conducta, cualquiera que sea, pues es dictada por la que ellos observan.

Sírvase usted elevar esta mi contestación al alto conocimiento del Supremo Delegado, asegurándole mis respetos y consideraciones.— D. U. L.

Cuartel General en Nacaome, agosto 17 de 1844.

J. Trinidad Muñoz.

Señor Secretario General del Supremo Gobierno de la Confederación de Centroamérica.

NÚMERO 3.

División de Operaciones del Ejército del Estado de Honduras.
General en Jefe.

Inmediatamente que reciba usted esta, dispondrá lo necesario para que, sin pérdida de momento y sin causar la más pequeña hostilidad a los pueblos de este Estado, evacúe usted su territorio, situándose en el punto que le convenga del de Nicaragua.

Prevéngole que lo hago responsable, ante Dios y los hombres, del derramamiento de sangre que pueda causar la contravención a esta intimación.

Todo lo que tengo el honor de decir a usted en obsequio de conservar la paz que debe reinar entre el Estado de Nicaragua y este. Pues, para que pasen esas fuerzas, deberá preceder el arreglo que impone el decreto de mi Gobierno, fecha 3 del presente, que tengo comunicado a usted en mi nota fechada el 7 en Pespire, y cuyo arreglo podrá hacerse nombrando usted los Comisionados que juzgue necesarios para que vengan a practicarlo conmigo; debiendo contar en este caso con todas las garantías que el derecho de gentes tiene establecidas. —D. U. L.

Cuartel General en Nacaome, agosto 17 de 1844.

J. Trinidad Muñoz.

Señor Comandante en Jefe de las fuerzas de Nicaragua situadas en Choluteca.

CAPÍTULO SEXTO: EL SALVADOR, HONDURAS Y NICARAGUA

1.—Movimiento de Barrios y Cabañas. 2.—Movimiento del 18 de septiembre. 3.— Guzmán se hace cargo del Poder Ejecutivo. 4.— Marcha de Malespín sobre Nicaragua y tratados de Zatoca. 5.— Inútiles ataques a la plaza de León y tratados del 1.º de diciembre que no ratifican los sitiados. 6.—Movimiento de San Salvador contra Malespín durante el sitio de León. 7.—Pronunciamientos en favor de Malespín. 8.—Movimientos ulteriores. 9.—Toma de la goleta

"Carolina". 10. —Decreto del senador Silvestre Selva. 10.—Acción del 18 de diciembre. 11.— Un episodio sangriento en Honduras. 12.—Movimiento en El Salvador. 13.—Continúa el asedio de la plaza de León y los pronunciamientos de los pueblos nicaragüenses que se hallaban bajo la férula de Francisco Malespín. 14.—Toma de la plaza de León. 15.—Sucesos posteriores. 16.—Saqueo de León y detalles de algunos fusilamientos. 17.—Regocijos en Honduras.

1.—El 5 de septiembre de 1844, los jefes militares Trinidad Cabañas y Gerardo Barrios realizaron en San Miguel un movimiento que tenía por objeto la caída de Malespín, sin que el suelo centroamericano se empapara con la sangre que se derramó en León.

El movimiento fracasó.

El gobernador departamental y los individuos de la Municipalidad, José María Balibrera, Mariano Quiroz, Isidro Batres y Joaquín Bustillos, ante el secretario José Romero, celebraron un acta de adhesión a Malespín en la que se increpa la conducta de Cabañas y de Barrios, quienes tuvieron que salir por el puerto de La Unión para el Estado de Nicaragua.

Don José Antonio Jiménez, Ministro de Malespín, dirigió al Gobierno nicaragüense una nota con fecha 20 de septiembre de 1844, datada en San Miguel, en la cual se encuentran estas palabras:

"Mi Gobierno me ha ordenado reclamar al Director Supremo de ese Estado: 1.° que expulse de su territorio a los rebeldes de este Estado, Trinidad Cabañas y Gerardo Barrios, como cabecillas de la rebelión ejecutada en esta ciudad el 5 del presente; y de no hacerlo así, se sirva mandar entregarlos para que aquí se les juzgue y aplique la pena correspondiente a su delito, sin exigir nada con respecto a los demás oficiales y soldados, cuya suerte antes compadece, porque los cree seducidos y obligados por aquellos jefes.

En Nicaragua se habían reunido muchos liberales, porque no tenían un palmo de tierra que pisar en la América Central.

Honduras proscribía a los Vijiles, a don José Antonio Milla, a Ruiz, a Cabañas y a todos los hombres de la escuela progresista.

Las familias de Vijil, ni en asuntos civiles, podían obtener justicia en Honduras, porque los tribunales se hallaban a los pies de la oligarquía reinante.

Malespín y Viteri habían lanzado del territorio salvadoreño a muchos liberales, y el movimiento de San Miguel arrojó a otros. ¿A dónde irían? No podían venir a Guatemala, porque allí estaban Carrera y la aristocracia triunfantes.

El muy distinguido poeta cubano Palma, hablando de la libertad, recorre el mundo y, al llegar a este país, dice:

> "En Guatemala hechicera,
> en época no distante,
> la vi vejada, expirante,
> bajo el caite de Carrera."

El poeta necesitaba un consonante y hace uso del participio activo del verbo "expirar".

La libertad en Guatemala no se hallaba expirante bajo el caite de Carrera, sino muerta.

Había muerto el 13 de abril de 1839, y continuamente escribían su necrología los señores Pavón y Milla en "El Tiempo," en "La Gaceta," en "La Revista" de la Sociedad Económica, en "La Semana" y en cuantos papeles publicaban esos dos apologistas de Carrera.

La libertad resucitó en Guatemala, no aún a los cuatro días, como Lázaro en Betania, según el Evangelio de San Juan, sino a los treinta años.

Un sepulcro de treinta años es muy prolongado, y de él salió la libertad no llena de vida y lozanía, sino descarnada, lívida, escuálida, cadavérica.

No tenía dónde alojarse, porque treinta años de incesante escuela reaccionaria habían convertido todas las casas en celdas de un gran monasterio, y por todas partes se le miraba como un fantasma pavoroso del cual era preciso huir.

La libertad resucitada pudo decir en Guatemala lo que el anciano francés a quien sepultaron desde joven en la Bastilla y al salir de ella exclamó: "¡Volvedme a la Bastilla porque a nadie conozco en Francia!"

Los liberales proscritos tuvieron que refugiarse en Nicaragua, y desde aquel momento Nicaragua fue el blanco de los tiros de todo el partido servil y el punto objetivo al que se dirigían las hostilidades de los nobles y las maquinaciones de Carrera.

Se aceleró la paz de Quezada para dejar libre a Malespín y poder lanzarlo sobre el asilo de los liberales.

Malespín era un alano y la ciudad de León, la presa sobre la cual se le lanzaba.

Cabañas y Barrios no se desanimaron.

Mantuvieron firme la idea y el propósito de lanzar del Salvador a Malespín.

Estos dos jefes contribuyeron más, como se verá después, a la caída de aquel tirano, que toda la pólvora que se quemó en Texiguat y toda la sangre que se derramó en León.

2.— El 18 de septiembre, la guarnición de Santa Ana, acaudillada por los oficiales Juan Vicente Contreras, Nicolás Méndez y Ezequiel Salabarría, se dirigió a la Comandancia General tocando diana, victoriando al Gobierno y dando mueras al comandante Juan Torres, por creerlo enemigo de Malespín.

Torres y el oficial Marcos Boquín fueron asesinados.

El comandante Ignacio Malespín dio parte de este suceso y dijo que ni Torres ni Boquín eran enemigos del Gobierno.

3. El 25 de octubre de 1844, Malespín dictó un decreto con el fin de colocarse a la cabeza del ejército, y llamó al Vicepresidente, coronel don Joaquín Eufracio Guzmán, al ejercicio del poder Ejecutivo (Documento número 1).

Guzmán tomó posesión aquel mismo día y en el acto emitió un decreto que autoriza omnímodamente al general Malespín para que hiciera la defensa del Estado sin limitación alguna; pero, como las Cámaras no estaban reunidas, el mismo decreto había de ser sometido a ellas en su próxima reunión (Documento núm. 2).

Se deduce de aquí:

1.° Que el general Francisco Malespín no estaba autorizado por el Poder Legislativo para llevar la guerra a Nicaragua.

2.° Que el Vicepresidente Guzmán, no pudiendo darle esa autorización que pertenecía a las Cámaras, se limitó a facultarlo para que hiciera la defensa del Estado.

Malespín no necesitaba esa nueva autorización, porque para defender el Estado lo autorizaba la Constitución.

Pero El Salvador no se hallaba invadido.

Tampoco lo estaba Honduras; la acción de Nacaome había dejado libre de nicaragüenses el territorio hondureño, y Nicaragua, en vez de hacer la guerra, pedía la paz.

La guerra ofensiva que preparaba Malespín era, pues, una infracción completa de todos los principios del Derecho público constitucional salvadoreño.

Pero una serie de circunstancias condujeron a ese jefe desgraciado a perpetrar un crimen que poco después expió con su caída y, más tarde, con la muerte.

La situación de toda la América Central, excepto Costa Rica, era lamentable.

En Guatemala no había más ley que el machete de Carrera.

Los mismos que lo introdujeron el 13 de abril de 1839 y que son responsables de todos los crímenes perpetrados por aquel bárbaro, muchas veces no lo podían soportar y conspiraban contra él.

En San Salvador mandaba Malespín sin más regla de conducta que su voluntad y los consejos de Viteri.

Por todas partes se creía rodeado de enemigos, y en realidad lo estaba.

Para su propia seguridad había nombrado Comandante General a su hermano Calixto Malespín, quien quería dominar a don Joaquín Eufracio Guzmán, lo mismo que Carrera dominó a Rivera Paz.

Calixto Malespín abría la correspondencia de Guzmán y solo la entregaba cuando lo creía conveniente.

Estaba a las órdenes de Malespín su hermano Ignacio, hombre sencillo y hasta bondadoso.

Ignacio Malespín combatió a su hermano en el año de 1840 en Guatemala; pero la fatalidad lo condujo después a servir al jefe de su familia y a seguir su infausta suerte.

Honduras presentaba el cuadro tristísimo que se ha visto en el capítulo anterior.

Nicaragua estaba en oscilaciones.

Don Francisco Castellón, hombre de talento, de ideas liberales y de energía, se hallaba en Europa procurando combatir en aquellas

Cortes las aspiraciones de Chatfield y Pavón en Centroamérica, y con Castellón estaba el doctor don Máximo Jerez.

El Director Manuel Pérez no tenía todo el prestigio que era indispensable para dominar la situación.

El comandante Casto Fonseca había sido declarado gran mariscal.

Este título pomposo, que apenas puede soportarse cuando se dirige al gran mariscal de Ayacucho, ponía en ridículo a Casto Fonseca a los ojos de unos y excitaba celos en otros.

Los beneméritos de Honduras no sufrían que en la América Central hubiera un jefe con el dictado que a Sucre se dio en el Sur.

Tampoco era grato a los jefes militares de Guatemala, que habían estudiado el arte de la guerra en las escuelas de Sansur y Sangüayabá.

Nicaragua estaba dividida en secciones, desde la independencia, por el espíritu de localismo.

Fonseca, en vez de aniquilar ese sentimiento fatal, se encontraba dominado por él.

Todos estos combustibles aglomerados predecían una grande explosión.

El Pacto de Chinandega no daba al Gobierno de la Confederación bastante poder para dominar una situación tan anómala.

Los nobles y Viteri habían dado un golpe a ese Gobierno declarando fútil su oposición para llevar adelante los tratados de Quezada.

Malespín desconoció la autoridad del Supremo Delegado, y don Fruto Chamorro, que estaba en San Vicente, tuvo necesidad de ponerse a salvo.

Algunas personas opinaban por la expedición a Nicaragua para que la América Central se liberara, o del general Malespín o del gran Mariscal Fonseca.

4. Malespín salió de San Salvador para Honduras y en Nacaome publicó la proclama siguiente:

El Presidente del Estado del Salvador y General en Jefe de su ejército de operaciones, al Sr. General Presidente y ejército del Estado de Honduras.

Compañeros y amigos: Al verme entre las huestes de ambos Estados y al lado de vuestro invicto General, mi alma experimenta una de las emociones más dulces y placenteras de la vida. Se me presentan los triunfos gloriosos que acabáis de obtener: yo os felicito, a nombre del Estado del Salvador, del ejército de mi mando y del mío propio, por tan brillantes sucesos. Ellos han salvado la independencia e integridad de vuestro territorio y realzado vuestra nombradía militar.

Hondureños: a la vista tenéis al ejército salvadoreño, ardiendo en deseos de participar en unión vuestra, de la gloria y los peligros de la campaña: quieren escarmentar a los temerarios que han osado profanar el suelo sagrado de Honduras y reducirlos al camino de sus derechos.

Soldados de la patria: la causa que os ha obligado a empuñar las armas es toda vuestra. Los invasores intentarán siempre en vano el restablecimiento de su antigua dominación. Sería preciso, primero, hacinar montones de cadáveres sobre cadáveres, reducir a escombros nuestras ciudades y aniquilar la vitalidad de la República.

Camaradas: poco o nada habríamos conseguido si permaneciésemos a la defensiva, esperando en nuestras fronteras nuevos insultos y agresiones. Nuestros intereses y el de la generación presente nos imponen el deber de no dejar las armas de las manos hasta obtener una paz duradera tan deseada. Juremos, a los pies de las aras de la patria, vengarla de una manera digna del renombre de ambos Estados. Unidos hemos vencido siempre, y la victoria no nos desamparará en los campos de Nicaragua.

Mis amigos: demos gracias a la Divina Providencia por los favores que visiblemente nos ha dispensado, y pidámosle constantemente su protección. Con ella seremos invencibles, y vuestros generales marcharán siempre de victoria en victoria.

Francisco Malespín

Cuartel general en marcha.—Nacaome, octubre 31 de 1844.

El 7 de noviembre tuvo en El Sauce una conferencia con Ferrera.

En esa conferencia se concluyeron los preparativos de la guerra a Nicaragua.

Aquellos dos jefes resolvieron que Malespín tuviera el carácter de general en jefe de los ejércitos que denominaron protectores de la paz.

No solo se hollaban las leyes que no autorizaban a Malespín para hacer una guerra ofensiva, sino la lengua castellana.

Llamar "protectores de la paz" a los que iban a emprender una guerra ofensiva y destructora es un insulto al buen sentido.

Concluido este convenio, Malespín volvió a Nacaome y se embarcó para La Unión.

Allí se reunió con Bertis, que conducía una fuerza, y con Ramón Sabino, que llevaba otra.

Estas divisiones fueron embarcadas en el bergantín Constelación y en algunos bongos.

Malespín se embarcó en una lancha en unión de los generales Espinosa y Muñoz, y esta escuadra, que no se parece a la española que fracasó al frente de Gibraltar, llegó sin novedad a Nacaome.

El teniente coronel León Castillo, uno de los vencedores de Carrera en Villa Nueva y más tarde tercero del Carmen, rezador y fanático, recibió a Malespín con salvas y dianas.

Iban obligados don José María San Martín, el general Cordero y otros salvadoreños que no pertenecían a la causa del tirano.

Malespín colocó a los salvadoreños que le inspiraban desconfianza en puestos por él calculados.

Guardiola fue colocado al frente de una división hondureña, y Muñoz a la cabeza de otra división que era salvadoreña.

La caballería la formaban dragones de ambos Estados y la mandaba Bertis.

La artillería la mandaba un tal don Narciso, llamado el Volatín, por haber llegado al país con una compañía de acróbatas.

El 16 de noviembre salió la fuerza de Nacaome y se dirigió por tierra a Nicaragua.

En Choluteca, recibió Malespín un portapliegos que le conducía de Nicaragua proposiciones de paz.

Malespín contestó que estaba dispuesto a entrar en arreglos; pero continuó su marcha.

En Zatoca se le presentó Quijano, desertor de la plaza de León, con sesenta y cuatro dragones que él mandaba y a quienes indujo a la deserción.

Quijano dijo a Malespín que llegarían don Hermenejildo Zepeda y don Jerónimo Carcache con el fin de celebrar un tratado de paz.

En efecto, al día siguiente se presentaron estos señores, y Malespín los recibió con salvas de artillería.

Malespín se nombró él mismo para tratar, y el 21 de noviembre se celebraron los tratados de Zatoca, cuyo tenor literal es el siguiente:

"El Presidente del Estado del Salvador y General en Jefe de los Ejércitos aliados protectores de la paz por parte de estos y los comisionados del Supremo Gobierno del Estado de Nicaragua por la otra, deseosos de celebrar la paz y restablecer la amistad, unión y buena armonía que siempre han tenido, y después de revisar sus respectivos poderes que han encontrado en buena y debida forma, los canjearon y convinieron en los artículos siguientes:

Art. 1.° El Gobierno de Nicaragua se compromete a satisfacer a los de Honduras y El Salvador todos los gastos causados en la presente guerra, y además al segundo los que expendió en el sostenimiento del Ejército que defendió su soberanía e independencia atacada por el de Guatemala en abril último, por no haber contribuido con su contingente de hombres y dinero, según lo estipulado en el pacto de Confederación celebrado en Chinandega.

Art. 2.° Igualmente a devolver a los Estados aliados las armas, municiones, etc., que existieran en Nicaragua y trajo la facción de Texiguat, pertenecientes a Honduras y al Salvador; las que condujeron del departamento de San Miguel a este Estado los pronunciados Trinidad Cabañas y Gerardo Barrios; asimismo los doscientos fusiles que recibió prestados en la última invasión del General Morazán.

Art. 3.° También se obliga el Gobierno de Nicaragua, en obsequio de la paz, a entregar a los Gobiernos aliados a los facciosos Joaquín Rivera, Máximo Orellana, Miguel Álvarez, Trinidad Cabañas, Gerardo Barrios, Diego y Ramón Vijil, siempre que existan en su territorio, comprometiéndose a no volver a consentirlos sin el allanamiento de los mismos Gobiernos, y a verificarlo a los tres días siguientes desde la ratificación de este convenio.

Art. 4.° También se obliga a satisfacer dentro de veinte días todas las propiedades y dineros que haya tomado en calidad de empréstito forzoso o de contribución a súbditos de los Estados contratantes residentes o no residentes en Nicaragua.

Art. 5.° De la misma manera, a admitir en sus casas o poblaciones y a reintegrar en sus propiedades a todos los expulsos y emigrados de este Estado que hayan tomado parte en favor de Honduras o El

Salvador, quienes gozarán de las garantías legales sin que en tiempo alguno se les pueda inquietar por su conducta política anterior, ofreciendo hacer otro tanto los Estados aliados con relación a los no reclamados por causa de la presente guerra no pronunciados contra sus Gobiernos.

Art. 6.° El primer suscrito se compromete por parte del Estado del Salvador a ceder todos los gastos expresados en el artículo 1.°, sin comprender las armas, municiones y propiedades particulares que deberá siempre devolver el de Nicaragua, todo en consideración al amor y fraternidad que profesan los salvadoreños a los hijos de este Estado.

Art. 7.° Los infrascritos comisionados convienen en que el Estado que representan se obligue a mantener los ejércitos aliados desde el día de la ratificación del presente convenio hasta su llegada a sus respectivas plazas, cuya ratificación deberá recibirse el 24 del corriente en la ciudad de Chinandega o pueblo de Telica, debiendo permanecer en este Estado los expresados ejércitos solamente el tiempo necesario al cumplimiento de dicho convenio.

En fe de lo cual firmamos el presente el veintiuno de noviembre, día de la Paz, en la hacienda de Zatoca, año de mil ochocientos cuarenta y cuatro. —Francisco Malespín. Hermenejildo Zepeda. G. Carcache.

El artículo 3.° es monstruoso.

No debe extrañarse que un conservador como el señor Carcache lo haya suscrito; pero asombra ver al pie de tan infame documento la firma de don Hermenejildo Zepeda.

Por mucho horror que causara a Zepeda la guerra, no debió haber convenido en la entrega de siete centroamericanos para que fueran inmolados por Malespín.

Zepeda pudo disculparse diciendo tal vez que la entrega habría sido eludida y que las personas designadas en el artículo 3.° se hubieran salvado con la fuga; pero ni aun bajo esas restricciones mentales es lícito suscribir un artículo semejante.

No contento Malespín con ese tratado, celebró otro en el mismo día que dice así:

"El Presidente del Estado del Salvador y General en Jefe de los Ejércitos aliados protectores de la paz por parte de estos y los comisionados del Supremo Gobierno del Estado de Nicaragua por la otra, deseosos de celebrar la paz y restablecer la amistad, unión y buena armonía que siempre han observado, y después de revisar sus respectivos poderes, que han encontrado en buena y debida forma, los canjearon y convinieron en los artículos siguientes.

RESERVADO.

Art. 1.° En la ciudad de León o la de Chinandega se tratará precisamente con el mismo Supremo Director o los comisionados que nombre lo conveniente con respecto a funcionarios públicos de la presente administración.

Art. 2.° El Supremo Director por este artículo queda obligado a reconcentrar las fuerzas que hayan de Chinandega a Chichigalpa en todo el día 23 del corriente, por ser las poblaciones designadas, según lo convenido este mismo día, que deben ocupar los Ejércitos aliados el veinticuatro siguiente; en la inteligencia de que si aquellas no lo verificasen serán batidas, y el primer suscrito no será responsable de las desgracias que ocurran y, por el mismo hecho, quedarán rotas las hostilidades.

Art. 3.° Para proporcionar en los pueblos del tránsito a los Ejércitos aliados los recursos que necesiten, el Sr. General Manuel Quijano marchará con el escuadrón de su mando, observando para esto las órdenes del General Presidente y General en Jefe.

En fe de lo cual firmamos el presente el veintiuno de noviembre, día de la Paz, en la hacienda de Zatoca, año de mil ochocientos cuarenta y cuatro.

Francisco Malespín. Hermenejildo Zepeda. G. Carcache."

En la plaza de León se acordó rechazar los tratados, morir con dignidad y no cometer una vil infamia. Pérez depositó en seguida el mando en el senador Emiliano Madrid.

En la noche del 21, los protectores de la paz que hacían la guerra acamparon en la barranca de San Antonio.

Aquella noche el general Guardiola, probablemente por la intemperie, tomó licores fuertes, y en momentos de exaltación profirió insultos y amenazas contra los desertores que llevó Quijano.

Estos se intimidaron y treinta de ellos se pusieron a salvo por medio de una segunda deserción.

Malespín arrestó a Guardiola por sus demasías.

5. El 26, a las ocho de la noche, llegó el ejército protector de la paz al barrio de San Juan, y desde allí saludó a la plaza de León, enviándole algunas bombas que no hicieron daño.

El 27, a las 3 de la mañana, el general Malespín había tomado algunas copas para que no le hiciera daño la mala noche.

El licor produjo algún efecto, y el protector de la paz mandó que el teniente coronel Francisco Campo y el coronel Esteban Salazar dieran un ataque a la plaza, que fue fatal para los invasores.

Irritado, Malespín mandó que Muñoz diera una carga con toda su división.

A la salida del sol, encontró Malespín su campo cubierto de cadáveres y de heridos.

Entre los muertos se hallaba el oficial Cruz Guardiola, hermano del general Guardiola.

El ataque continuó todo el día hasta las cuatro de la tarde.

A esa hora se avisó a Malespín que escaseaba el parque, y dio orden de suspender el fuego, quedando en el campo de los invasores muertos los oficiales Reyes y Funes, y heridos los oficiales Juan José Fajardo, Manuel Fuentes, Francisco Díaz, Antonio Fernández, Juan Choto, José María Campo, José María Castillo, Miguel Escamilla, José Membreño y ochenta soldados.

El mal éxito introdujo la discordia. Guardiola proyectó retirarse con los hondureños; Espinosa quería seguirlo, y lo mismo proyectó Quijano; pero Muñoz, plenamente autorizado por Malespín, calmó a los malcontentos y continuó la lucha.

A favor de la oscuridad de la noche y de una lluvia, hizo construir Muñoz trincheras en toda la línea, y el 28, al amanecer, el ejército protector de la paz se hallaba en disposición de continuar la guerra e hizo fuego, aunque no incesantemente, durante todo el día.

Muchas personas de influencia dirigían cartas a Casto Fonseca, a Muñoz y a Malespín para que se hiciera una capitulación.

Los intereses de los protectores de la paz coincidían.

Ferrera, viejo sacristán de Cantarranas, quería la extirpación de los liberales.

A lo mismo aspiraba Guardiola, según las instrucciones que tenía de Jáuregui.

Aniquilados los liberales, la oligarquía hondureña se perpetuaba en el mando y, desde lo alto del poder, en un Estado que ya había reducido a la miseria y convertido en esqueleto, podía decir: "Ahora sí hay paz, progreso, justicia, decoro."

Muñoz tenía sed de mando, había estudiado en México y quería lucir su ciencia militar.

En Guatemala no podía figurar, porque los jefes militares que habían salido de las escuelas politécnicas de Sansur y San Guayabá no lo habrían permitido.

En el Salvador estaba Malespín, haciendo lo que en cierto período de la historia hacía Fernando VII en España.

El rey Fernando dijo un día: "España es una botella de Champagne y yo soy el tapón."

En el Salvador la libertad estaba en ebullición y, a la caída de Malespín, debía brillar espléndidamente.

Muñoz palpaba esto y, mirando al Salvador, decía: "Mi reino no es de este mundo."

Honduras, exánime, no podía ser tampoco el teatro al que aspiraba Muñoz.

Jáuregui llamaba a Guardiola "el Turena hondureño", aunque no dice quién era en Honduras la duquesa de Longueville, y no quería que nadie disputara el puesto a su héroe.

Muñoz era nicaragüense de origen y eligió a Nicaragua por teatro de sus proezas.

León se habría salvado de Malespín el 27 de noviembre si el general Muñoz no hubiera subsanado las faltas que cometían los sitiadores.

Muñoz es responsable de todo lo acaecido en León.

Los señores canónigo Maestrescuela, Desiderio Cortez, y el cura del Sagrario, Anselmo Alarcón, se presentaron en el campo de Malespín autorizados para tratar a nombre del Gobierno de Nicaragua, que ejercía entonces el senador Madrid.

Malespín nombró a Muñoz y a Espinosa para que celebraran el tratado, y el primero de diciembre se firmó el siguiente:

"Los señores, generales de división y Licenciado Nicolás Espinosa, y general de brigada José Trinidad Muñoz, segundo en Jefe de los Ejércitos unidos, comisionados por parte del Sr. General Presidente del Estado del Salvador, y en Jefe de los mismos Ejércitos unidos de aquel y del de Honduras, protectores de la paz, y los señores canónigo Maestrescuela de esta Santa Iglesia Catedral Desiderio Cortez y cura del Sagrario Anselmo Alarcón, por parte del Gobierno de este Estado de Nicaragua, facultados amplia y competentemente, y deseosos de restablecer la buena armonía, unión y amistad que siempre han existido entre los Estados del Salvador y Honduras y el de Nicaragua, procedieron a revisar sus respectivos poderes, y encontrándolos en buena y debida forma los canjearon, y celebraron el siguiente tratado.

Art. 1.° Se restablece la paz, unión y amistad entre los Estados del Salvador y Honduras y el de Nicaragua, como si nunca hubiese existido entre ellos desavenencia alguna, y será firme, estable y perpetua.

Art. 2.° El Gobierno de Nicaragua se compromete a pagar al Estado de Honduras todos los gastos causados en la presente guerra, y además a devolverle las armas y municiones que existieron en Nicaragua y trajo la facción de Texiguat, pertenecientes a aquel Estado, previa liquidación y justificación de los gastos causados y de las armas ya citadas; y en caso de desavenencia, nombrarán de común acuerdo un tercero que dirima la cuestión que sobre el particular pueda suscitarse.

Art. 3.° Que no habiendo tenido ningún partícipe el pueblo nicaragüense en la guerra que sus autoridades han hecho al Estado de Honduras, y antes por el contrario han sido la víctima de ella, obligándolo a empuñar las armas contra su opinión y voluntad, y vejados con empréstitos forzosos directos e indirectos el clero y los propietarios, y cegadas todas las fuentes de la riqueza pública por causa de la misma guerra; el Estado de Honduras se obliga a no reclamar de presente la cantidad que resulte debérsele, sino hasta cuando hayan cesado las escaseces de su erario público.

Art. 4.° Para la indemnización de que habla el art. anterior, el Gobierno de Nicaragua señalará el ramo que debe soportarla, sin gravitar en ningún caso sobre el pueblo.

Art. 5.° Aunque de igual manera que a Honduras le asiste al Estado del Salvador el derecho de reclamar la indemnización de los cuantiosos gastos que se le han causado, en prueba de su espíritu pacífico y fraternal, los cede al Estado de Nicaragua, quedando este obligado únicamente a pagar lo que se debe al Ejército desde el día 1.° de octubre hasta el del ingreso a su respectivo territorio.

Art. 6.° El Gobierno de Nicaragua se obliga a devolver al Salvador los doscientos fusiles que le prestó en la última invasión del general Morazán, y las armas que trajeron los facciosos Trinidad Cabañas y Jerardo Barrios, previa justificación del número y calidad.

Art. 7.° De igual manera se obliga el mismo Gobierno a reintegrar en sus propiedades a todos los expulsos, emigrados y ausentes de este Estado que hayan tomado parte en favor de Honduras y el Salvador, quienes gozarán de todas las garantías sociales, sin que en ningún tiempo se les pueda inquietar por su conducta política anterior.

Art. 8.° También se obliga a satisfacer las propiedades y dineros que haya tomado con calidad de préstamo forzoso o contribución a súbditos de los Estados contratantes, residentes o no en Nicaragua.

Art. 9.° De igual manera se obliga el Gobierno de Nicaragua a hacer salir de su territorio para fuera de la República al Sr. Gran Mariscal Casto Fonseca, Trinidad Cabañas, Joaquín Rivera, Máximo Orellana, Jerardo Barrios, Miguel Álvarez, Diego y Ramón Vijil, Domingo Asturias, José Antonio Milla, José Antonio Vijil, y José Antonio Ruiz, y a entregar al Gobierno del Salvador a los facciosos hijos del Estado que contra él se pronunciaron en la ciudad de San Miguel el 5 del último septiembre, y que los primeros no pueden volver a este Estado sin el consentimiento del de Honduras y el Salvador.

Art. 10.° El Gobierno de Nicaragua se obliga a mantener el Ejército unido desde la ratificación del presente tratado, hasta su llegada a sus respectivas capitales.

Art. 11.° La ratificación de este tratado y el movimiento de ambos Ejércitos se verificará dentro de veinticuatro horas o antes si fuese posible, en obsequio de la misma paz que por él se sanciona, fiando los comisionados del General en Jefe del Ejército unido en la buena fe y sentimientos patrióticos de los comisionados del Supremo Gobierno de este Estado.

En fe de lo cual firmamos el presente en la ciudad de León, el día primero de diciembre de mil ochocientos cuarenta y cuatro.

Desiderio Cortez—Anselmo Alarcón—Nicolás Espinosa—J. Trinidad Muñoz.

Las exigencias de los hombres que aspiraban a dominar en Centroamérica aumentaban.

La lista de proscripción subía.

Los proscritos en el artículo 9.° del Tratado de León son más que los proscritos en el artículo 3.° del tratado de Zatoca.

Esta capitulación no fue aprobada en la plaza y continuó la guerra.

6. Mientras todo esto pasaba en Nicaragua, en el Salvador continuaba la ebullición contra Malespín.

Un grupo de hombres se apoderó de algunas armas que de Cojutepeque se llevaban a San Salvador.

Calixto Malespin se agitó, dio órdenes severas y en Soyapango fueron dispersados los amotinados; pero no se les quitaron las armas.

Otra sublevación hubo en la villa de Sensuntepeque contra el general malespinista Escolástico Marín.

Marín dictó medidas contra ellos, y estos se retiraron a Ilobasco.

En la misma capital se esparcían voces contra Francisco Malespin, que indignaban a su hermano Calixto.

Este unas veces increpaba a Guzmán, otras le exigía dictar medidas violentas contra los enemigos de Francisco Malespin, y otras interceptaba las cartas del vicepresidente y dictaba en la comandancia general disposiciones que bien demostraban la situación de su ánimo.

Estas noticias llegaban a León, animaban a los sitiados y enfurecían a Malespin.

La situación del Salvador y Honduras eran aparentes para operar un cambio en la política de Centroamérica.

Habían salido de esos Estados los principales jefes, fuerzas y pertrechos, y las oposiciones se exaltaban.

7. El 28 de noviembre había dirigido Malespin una circular a las Municipalidades del Estado de Nicaragua, excitándolas a la insurrección contra su Gobierno.

Rivas y Granada acogieron bien esta excitativa y se pronunciaron en favor del invasor.

El 5 de diciembre, el Prefecto del departamento oriental, dirigió al general Malespin la nota siguiente:

Del Prefecto del departamento Oriental. —D. U. L.

Masaya, diciembre 5 de 1844.

El día de hoy, por impedimento del Prefecto, me hice cargo de este destino como alcalde 1.° que soy de la ciudad de Granada, y a esta hora me veo colocado en un punto que deseaba, cual es el de Jefe de todo el departamento, y dispuesto a llevar al cabo y llenar en su totalidad la voluntad general de estos pueblos.

No estaba bien informado de todos los documentos y relaciones entre Ud. y la Municipalidad de esta Ciudad; pero luego que me impuse de ellos siendo la nota excitativa que Ud. se sirvió dirigirle con fecha 23 y los demás impresos que se han publicado, me hallo en el caso de informar a Ud. con más extensión.

No encuentro términos con que poder manifestar a Ud. el júbilo que causan estas augustas relaciones, porque en ellas se ve la uniformidad de sus pensamientos y las operaciones del Departamento de mi mando y el de Nicaragua. ¡Ojalá nuestros pasos sean dirigidos por la Divina Providencia, para que lleguemos juntos y sin tropiezo al glorioso fin que nos hemos propuesto!

Como la política exige la no precipitación, es por esto que estas corporaciones habían determinado mandar cerca de Ud. y del Ejecutivo que manda en la plaza de León, comisionados a solicitar la cesación de la guerra que nos ha reducido al estado más lamentable que pueda considerarse en la imaginación humana; pero nada de esto nos ha embarazado para poner en ejecución cuantos medios sean conducentes para sacudir un yugo, cuyo peso disforme se aumenta en proporción a nuestra debilidad.

A este intento me ocupo con la mayor actividad en asegurar la quietud de los pueblos, y en reunir la tropa y munición que puedo ofrecer a Ud. en auxilio, lo que se irá acercando con la brevedad que se pueda.

Tales son los sentimientos que me animan, y mientras tanto me ofrezco de Ud. atento servidor.

Seberino Lacayo.

En una carta del general Jeréz, dirigida a don Dionisio Chamorro que se publicó en el núm. 38 de "El Termómetro," periódico de Rivas, se encuentran estas palabras:

"En 1844 los Coquimbos, que así se denominaba al general Cabañas, y a sus leales compañeros, constantes en el propósito de seguir las huellas del general Morazán, lograron, no sé cómo, porque yo me hallaba en Europa, que el Gobierno de Nicaragua, o sea el general Fonseca, se les adhiriese en ese mismo empeño. Vino contra ellos el general Malespin. Granada se pronunció por este jefe. Entonces cesó el acuerdo político entre Uds. y los Coquimbos."

Debe suponerse que los granadinos, al unirse a Malespin, no previeron las atrocidades que este iba a cometer en León.

El pronunciamiento de Granada y la presión que ejercía Malespin sobre todos los pueblos del Estado, produjeron otros pronunciamientos, y el Gobierno nicaragüense puede decirse que solo contaba con la plaza de León, que se defendía heroicamente.

El general Malespin publicó una proclama en la cual atribuye deseos de robos, asesinatos y exterminios, al puñado de valientes que defendían sus hogares (Documento núm. 3).

Los pronunciamientos siguieron.

Todas las actas parecen dictadas por una misma persona, y en todas ellas se manifiesta un ciego empeño de que se apruebe el tratado de 1.° de diciembre. Véase la de San Fernando (Documento núm. 4).

Dcn. José Francisco Montenegro fue comisionado por los departamentos de Rivas y Granada cerca de Malespín.

Esta misión produjo otro Gobierno, sin que hubiera desaparecido el de Madrid que en la plaza sostenía Fonseca.

Malespín y Montenegro declararon Director Supremo de Nicaragua al senador propietario Silvestre Selva.

Se estipuló la ratificación del convenio del 1.° de diciembre, agregando el nombre de don Pío Castellón a la lista de los proscritos. He aquí el documento de que se trata:

F. Malespín, General Presidente del Estado del Salvador y en Jefe del Ejército unido de los Estados aliados, en nombre y con poder bastante de ellos, y José del Montenegro, comisionado por parte de los departamentos Oriental y Meridional para arreglar un convenio que asegure la paz futura de los nicaragüenses y se determine a la guerra que se sostiene con obstinación en la plaza de esta Ciudad.

Después de revisados los poderes, y siendo bastantes, ajustan el siguiente convenio:

Artículo 1.º — Los Estados del Salvador y Honduras reconocen por Director Supremo de Nicaragua, conforme a la proclamación y tratados celebrados por los comisionados de los departamentos Oriental y Meridional el día ocho del presente, al Senador propietario Sr. Silvestre Selva, por ser la persona más adecuada a los deseos e intereses del país: se obligan y comprometen a sostenerlo con sus Ejércitos, hasta que su autoridad sea conocida por todos los pueblos del Estado; debiendo el General Presidente entenderse con él durante la campaña contra los gobernantes que se hallan en la plaza de esta Ciudad.

Art. 2.º — El General Presidente y en Jefe de los Ejércitos unidos ratifica para los departamentos de Oriente y Mediodía, en nombre del Estado del Salvador, los tratados celebrados el día primero del presente por los comisionados nombrados por el Director Supremo del Estado, señores Canónigo Desiderio Cortés, y Cura del Sagrario Anselmo Alarcón, y los nombrados por parte del General Presidente, señores Generales Espinosa y José Trinidad Muñoz, incluyendo en el número de los expulsos al Sr. Pío José Castellón y ofrece su mediación para que los ratifique el Gobierno de Honduras.

Art. 3.º — Los departamentos de Oriente y Mediodía convienen en que el Sr. General Presidente, como protector de los nicaragüenses, sea el General en Jefe de los Ejércitos unidos, incluso el que se levante por los departamentos, hasta la cesación de la guerra.

En fe de lo cual firmamos por duplicado el presente, en la ciudad de León, a los once días del mes de diciembre de mil ochocientos cuarenta y cuatro. — F. Malespín. — José del Montenegro.

El señor don Dionisio Chamorro, contestando al párrafo preinsertado de la carta del general Jerez, dice en el "Centroamericano", periódico de Granada, número 43, lo siguiente:

"Cuando se anunció la venida de Malespín, los hombres que dirigían la política en este Departamento y el de Rivas, vacilaron sobre el partido que debían tomar, porque a la verdad los dos extremos eran peligrosos; y como una medida salvadora acordaron enviar una comisión al Gobierno para que se entendiese con Fonseca y procurase un arreglo, mediante el cual estos departamentos cooperasen a la defensa de León. Don José Francisco del Montenegro, uno de los hombres más salientes del partido conservador granadino, fue el encargado de desempeñar esa comisión. Se le pedía a Fonseca garantías y nada más, haciendo consistir estas en un buen trato a estos departamentos, mediante autoridades adecuadas; pero, ciego en su mal aconsejada política, Fonseca desoyó la voz del deber y de su propia conveniencia, y se negó a conceder las garantías que se le pedían.

Entonces el señor Montenegro se trasladó al cuartel general de Malespín y celebró un tratado por el cual aquel Jefe reconocía al Gobierno provisorio que se organizó en Masaya bajo la Presidencia del muy honorable Senador don Silvestre Selva, de quien el General Espinoza dijo en un saludo que le dirigió en el CLARÍN DEL EJÉRCITO: "que era anciano como el monte Ida, canoso como la Encina de Gargano y respetable como Príamo en medio de sus cincuenta hijos".

El Gobierno provisorio, por su parte, se comprometió a auxiliar a Malespín con todas las fuerzas y recursos de que pudiera disponer. En consecuencia, salieron para León las tropas de estos Departamentos al mando del muy honorable General don Severino Lacayo, y, unidas con las de los barrios de San Felipe, San Juan y otros que eran desafectos al orden de cosas existente, contribuyeron a la caída de Fonseca. Los señores Montenegro y don Juan Ruiz habían vuelto a León, como comisionados del Gobierno cerca del General Malespín; y por más esfuerzos que hicieron no pudieron contener la furia de aquel jefe que obraba apoyado ciegamente por fuerzas de los Estados vecinos. Viendo los comisionados que sus esfuerzos eran inútiles para mantener el orden y la moralidad en el ejército vencedor, se limitaron a procurar que las fuerzas de estos Departamentos no tomasen parte en los robos y demás iniquidades que se cometían, previniendo al señor Lacayo que mantuviese encerrada en sus cuarteles las fuerzas a su mando; orden que tuvo puntual cumplimiento."

Asegura el señor don Dionisio Chamorro que los granadinos no pudieron contener la furia de Malespín.

Pero ese jefe no se presentaba por primera vez en la escena política. Era harto conocido. ¿Cómo pudo esconderse al señor don Francisco del Montenegro, uno de los hombres más salientes del partido conservador granadino, que Malespín era una furia, y que en ciertos momentos nada había respetable ante sus ojos?

Agrega el señor don Dionisio Chamorro que, viendo los comisionados que sus esfuerzos eran inútiles para mantener el orden y la moralidad, se limitaron a procurar que las fuerzas de sus departamentos no tomasen parte en los robos y demás iniquidades que se cometían; que se previno al señor Lacayo mantuviese encerradas en sus cuarteles las fuerzas de su mando, y que esta orden se cumplió.

Nadie acusa a Granada de haber cometido robos e iniquidades en León; pero es sensible que el señor Lacayo, con las fuerzas de su mando, haya visto como frío espectador desgarrar una parte selecta de su patria.

A Malespín lo acompañaban malvados y hombres crueles.

Bajo estos auspicios no se deben extrañar los incendios, robos y asesinatos que hubo en León; lo que extraña es que la ciudad entera no haya sido reducida a cenizas.

Todas las fuerzas del Salvador y Honduras que se hallaban en Nicaragua unidas a las del mismo Estado que se suponía mandaba el senador Silvestre Selva no podían tomar la plaza, y nuevas fuerzas hondureñas venían al mando del coronel Mariano Fernández.

El general salvadoreño Ramón Belloso marchó con 200 hombres a Chinandega con el fin de favorecer la entrada de Fernández.

Una fuerza de la plaza, que se dice era de 400 hombres, salió para impedir la entrada.

Esta fuerza se colocó en el monte de San Juan, donde hubo una acción el 14 de diciembre, y los leoneses fueron derrotados dejando en el campo cadáveres y elementos de guerra.

Este revés se unió a la presa de la goleta "La Carolina".

Un parte de Malespín dice así:

"Cuartel general en León, diciembre 15 de 1844. Al Sr. Ministro general del Supremo Gobierno del Estado del Salvador.

Tengo el placer de participar a U. para conocimiento del Vicepresidente en ejercicio del Supremo Poder Ejecutivo, que el día de ayer hice salir de esta Ciudad al mando del Sr. General de Brigada

Ramón Belloso doscientos hombres en protección de la tropa que conducía el Coronel Sr. Mariano Fernández del puerto del Realejo. Encontró al enemigo emboscado y bien situado en el monte de San Juan; pero en el momento de verlo lo cargó en buen orden y con intrepidez, y a los tres cuartos de hora estaba completamente derrotado y deshecho. De cuatrocientos hombres de que constaba, apenas volvería a ingresar a la plaza la cuarta parte, dejando en el campo de batalla ocho muertos, algunos fusiles y lanzas, y una caja. De nuestra parte tuvimos dos muertes y seis heridos.

A la una de la tarde del día de hoy recibí el parte oficial y lista que tengo el honor de acompañar a U. del General de división Sr. Isidoro Saget, de la presa hecha frente a la costa de Pone la Olla de la goleta Carolina con todos sus enseres.

Al manifestar a U. lo expuesto con el fin indicado, me repito su seguro servidor. — D.U.L.

Francisco Malespín.

El general Saget, a las órdenes de Malespín, combatía a sus antiguos amigos Cabañas y Barrios, a sus antiguos compañeros de felicidad y de infortunio, a los dos hombres que representaban la causa que, sostenida por el mismo Saget, experimentó un gran desastre el 15 de septiembre de 1842.

Saget era una de esas máquinas que obedecen a un gran motor: la conveniencia, la utilidad particular.

Son muy pocos los jefes que, como Bertrand, el bravo granadero, estén dispuestos a arrostrar el infortunio para ser consecuentes con una idea.

Castelar, hablando de esta clase de inconsecuencias, dice: "Bernadotte abandonó a Napoleón; Murat, su gran general de caballería, se pasó al enemigo; Ney le negó tres veces como Pedro a Cristo; Marmont sirvió a los Borbones y Soult a los Orleans."

El parte de Saget a que se refiere Malespín dice así:

"Ejército de operaciones del Estado del Salvador y Honduras. Comandancia general. Del General de la Escuadrilla. A bordo de la Amistad, 14 de diciembre de 1844. Sr. General Presidente en Jefe de los Ejércitos unidos protectores de la paz.

Desesperado de tener noticia cierta del paradero de la Carolina, por ser enteramente contradictorias las que se me daban, dispuse salir anoche en una barca. Al amanecer la avisté en el lugar llamado Pone la Olla. Ella se hizo a la marcha; y como su marcha es muy superior, le mandé un recado verbal en una piragüita con el Sr. Miguel Romana. Me contestaron por escrito la nota que, bajo el núm. 1.°, tengo el honor de acompañar, y dio lugar al oficio núm. 2, siguiendo siempre mi ruta para cortarle la retirada.

A poco la teníamos entre dos fuegos, arreó su bandera, y su lancha trajo la comunicación núm. 3.

A consecuencia de ella mandé un oficial que tomó posesión de la Goleta, y antes que un soldado nuestro pisara su cubierta, se formó un inventario de cuanto existía a bordo, a presencia de su propio dueño y capitán.

Recomiendo a U., mi General, los prisioneros, cuya lista adjunto, pues ellos podían haberse defendido y prefirieron evitar el derramamiento de sangre.

A los soldados del Salvador he resuelto armarlos: U. dispondrá de lo que se deba hacer con los del Estado de Nicaragua, que no tienen más diferencia entre nosotros que la de no andar armados. Pido también órdenes para volver las espaldas a los señores Jefes y oficiales prisioneros. Remito el Estado de la fuerza, armamento y municiones que existían a bordo de la Goleta rendida. Soy de U. como siempre, su atento servidor.——Isidoro Saget."

La lista de los jefes oficiales, tropa y elementos de guerra que pertenecían a "La Carolina" es la siguiente:

"Coronel Manuel Bonilla, Comandante. — Id. Simeón González, enfermo sin destino. — Capitán J. María Arbilc."

TROPA.

Sargento 1.° Bartolo Serrano. Id. 2.° Lucas Alas. — Cabo 1.° Florencio Casaus. — Id. 2.° Felipe Cubilla.

Soldados: Luis Rodríguez. — Feliciano Ramos. — Leandro Alvarado. — J. María Cortez. — Clemente Reyes. — Hipólito Estrada. — Rafael Laínez.

TRIPULACIÓN.

Capitán, Tomás Ermida. — Contramaestre, Antonio Deber. — Guarda, Pedro Laitres. — Cocinero, Félix Baltazar. — Mayordomo, Juan Barón.

Marineros: Santos Espinoza. — Francisco Quiñgana. — Simón Ferro. — Calixto Martínez.

Mozos: Antonio Díaz. — J. María Catín. — Antonio Feliciano.

Útiles de guerra a bordo de la Carolina.

4 Piezas de artillería con sus útiles. — 42 fusiles. — 27 cartucheras. — 10 lanzas. — 9 cajones parque de cañón. — 1 caja de guerra.

Sin embargo de las recomendaciones del general Saget, Malespín trató cruelmente a los prisioneros, y algunos fueron fusilados.

En medio de esta situación, el senador Silvestre Selva y el licdo. don José María Estrada osaron dictar el decreto siguiente:

"Art. 1.° Declárase facción la reunión de hombres que con mano armada, o de cualquier otra manera, resista el cumplimiento exacto, tanto de los tratados celebrados el día 1.° del corriente por los comisionados del ex Director Supremo del Estado, señores Canónigos Desiderio Cortéz, y Cura del Sagrario Anselmo Alarcón, y los nombrados por parte del Sr. General Presidente de los ejércitos unidos protectores de la paz, señores Generales Nicolás Espinoza y José Trinidad Muñoz; como de los que fueron ajustados el día 11 del presente entre el mismo Sr. General Presidente y el comisionado por los departamentos de Oriente y Mediodía, Sr. José del Montenegro.

Art. 2.° Son responsables los facciosos a los gastos de la guerra y a los perjuicios que por ella se hayan causado y se causaren en lo sucesivo.

Art. 3.° Fuera de los sujetos comprendidos expresamente en los tratados referidos en el art. 1.° del presente decreto y de los generales que figuran en la plaza de León, quedan exentos de ser reputados facciosos, y de responder por los gastos y perjuicios indicados, todos aquellos que, abandonando el punto de la citada plaza, se presenten dentro de ocho días de notificado este decreto, al Jefe de las armas, o al Sr. General Presidente, o a cualquiera de los Prefectos del Estado, reconocidos por la dirección suprema, quienes tomarán las medidas convenientes para asegurarse de su buena conducta y comportamientos arreglados; dando cuenta inmediatamente al Ministro general."

Art. 4.° Para la notificación del presente decreto a los facciosos de la plaza de León, se excita al Sr. General Presidente a fin de que se digne hacerla, tan pronto como le sea posible, de la manera que le parezca más segura y conveniente.

Dado en San Fernando a 17 de diciembre de 1844. — Silvestre Selva. — Al Secretario del despacho general Licenciado Sr. José María Estrada.

El 18 de diciembre hubo las sangrientas acciones que expresan los partes que se ven a continuación:

"Del 2.° en Jefe de los Ejércitos unidos protectores de la paz.

Son las diez de la mañana, hora en que tengo el honor de dar parte a U. de las novedades siguientes.

A las seis de la mañana, después de haber salido el Sr. General Presidente del recinto del cuartel general, me cargó el enemigo por la derecha, en número de cuatrocientos hombres, mandados por el General Cabañas, y, habiéndose encontrado con nuestras descubiertas, estas vinieron batiéndolo en retirada hasta la plazuela de San Juan, a donde salí a encontrarlos con la sección de reserva de la ala izquierda, de donde los arrollé completamente hasta reducirlos a sus atrincheramientos. El choque fue sangriento, y el enemigo ha tenido en él una pérdida considerable: entre sus muertos se cuenta al bandido Cecilio Paniagua, sin haber de nuestra parte más que dos heridos.

Después de esta carga, y habiendo replegado mis fuerzas en la misma plazuela de San Juan, de nuevo el enemigo me atacó con un impulso decisivo, y yo destaqué algunas guerrillas a encontrarlo con orden de retirar a paso veloz, mientras por mi derecha con la caballería y alguna infantería, le arrollaba su izquierda: en efecto, el enemigo no conoció el movimiento falso, y fue envuelto completamente, haciéndole más de veinte muertos, y según se ha dejado ver, los heridos que lleva, y la dispersión que se le ha hecho, es en gran número.

Por parte nuestra, en esta segunda refriega, solo hemos tenido seis heridos, entre los que se cuenta el valiente oficial José Chico. El enemigo ha recibido un escarmiento y persuadídose que a campo raso, los valientes de los Ejércitos unidos los vencerán siempre. Ochenta y cuatro hombres han sido bastantes para ponerlos hoy en completa fuga.

Todos los señores Jefes y oficiales que han operado a mis órdenes han llenado sus deberes; nada ha dejado que desear su valor y subordinación; pero debo recomendar a la consideración del Sr. Presidente y General en Jefe el esforzado valor del teniente coronel Ramón Sabino, y el de igual título Sr. Juan Felipe Mayorga, quienes con las muy pequeñas guerrillas que les confié, han aterrorizado al enemigo de la manera más intrépida. De igual manera, recomiendo al comandante de caballería Sr. Narciso Herrera, pues ha operado con ella de una manera muy satisfactoria.

Felicito a U., Sr. General Presidente y en Jefe, por este nuevo lustre que han adquirido nuestras armas, y le reitero como otras veces mis protestas de subordinación y aprecio.

D. U. L. — Cuartel general en León, diciembre 18 de 1844. — José Trinidad Muñoz. — Sr. General Presidente y en Jefe de los Ejércitos protectores de la paz.

Nota: La herida del oficial José Chico es leve. — Muñoz."

"Comandancia general de la 3.ª división. León, diciembre 18 de 1844. — Sr. General de división Jefe de Estado Mayor General.

Hoy a las siete de la mañana se presentó el enemigo en número de trescientos hombres, atacando la línea de la izquierda. Hizo dos empujes por tomarse las fortificaciones del mando del Sr. teniente coronel José María Lozano, en donde me hallaba; se aproximó a tiro de pistola y ocupó las casas del atrincheramiento de la derecha. Los fuegos fueron muy vivos y obstinados por ambas partes; pero por medio de los fuegos oblicuos y de frente que le hice dirigir, logré desalojarlo de aquellas.

Fue rechazado constantemente y con pérdida de veinte muertos y de cuarenta heridos calculados por las huellas de sangre y de diez hombres que vimos caer y de muchos heridos conducir en hombros. Entre los primeros se cuenta un jefe de mayor graduación que aseguran algunos soldados ser el General faccionario Trinidad Cabañas, que pasó de la derecha a atacar la izquierda.

El enemigo no habría podido recoger a un muerto y heridos, a no ser por la orden superior que recibí de hacer cesar los fuegos por nuestra parte, mientras aquel no volviese a cargar.

De nuestra parte no tuvimos un herido.

Los señores comandantes Esteban Salazar y José María Lozano, oficialidad y tropa se portaron con valor y serenidad.

El fuego comenzó a las siete de la mañana, como llevo dicho, y cesó a la una.

Todo lo que tengo el honor de decir a U. para conocimiento del Sr. General en Jefe, suscribiéndome su atento seguro servidor q. b. s. m. — D. U. L. — José Miguel Montoya."

Los sitiados, en medio de su situación aflictiva, contaban con una decisión absoluta.

Las fortificaciones de la plaza eran capaces de resistir muchos días de combate.

Sobre la extensa y sólida Catedral había piezas de artillería que producían bajas a los sitiadores e indignación a Malespín.

La ira de este se hacía inmediatamente sentir en las casas donde había parientes y amigos de los hombres que ocupaban el recinto de la plaza.

Malespín publicó el 20 de diciembre la proclama siguiente:

"El General Presidente del Estado del Salvador, y en jefe de los Ejércitos unidos protectores de la paz, a los granadinos.

¡HIJOS DE LA LIBERTAD!

En la que es hoy Confederación de Centro—América, fuisteis los primeros en dar el glorioso grito de independencia. El Septentrión y la América del Sur comenzaban a luchar contra las huestes del coloso de la Península española. Lidiasteis como héroes y solamente con ofertas falsas y fingidas, se os pudo desarmar, para luego mandar a vuestros padres a los cadalsos y presidios. Proclamada y jurada la libertad de este Estado, os negasteis a pertenecer al fantástico imperio mexicano, se os hizo por ello una guerra cruel, y a pesar de vuestro aislamiento y pocas fuerzas, triunfasteis de los realistas. Rotas las cadenas de la nueva esclavitud, habéis sido los más celosos defensores de los principios y garantías sociales. La historia os ha colocado entre los hijos más dignos y beneméritos del nuevo mundo.

¡Compatriotas! Muchas y repetidas pruebas habéis dado de vuestras virtudes cívicas. El solo nombre de la opresión os ha irritado. ¿Cómo no volaréis ahora a destruir la que se habrá entronizado en vuestro propio suelo? Esfuerzos repetidos habéis hecho por restituir a vuestro Estado el imperio de las leyes; fundado en la libertad política y civil y la igualdad ante la ley; pero la falta de armas y de otros elementos indispensables han retardado la grande obra de la transformación gubernativa de Nicaragua.

¡Granadinos! Los Estados aliados de Honduras y el Salvador deseaban ardientemente prestaros apoyo y auxilios. Llegó la ocasión, y solamente por esperaros no se ha operado decisivamente sobre la plaza, en donde gimen de impotente rabia los restos inmundos del terrorismo y ciega ambición.

¡A las armas, campeones ilustres! Demos lecciones a la América de que en nuestro país, la tiranía nunca podrá establecerse, y que el hermoso jardín de Nicaragua no abrigará serpientes, sino dulces y encantadoras calandrias que hacen detener al presuroso caminante con sus suaves y melodiosos acentos.

¡Viva la unión de Honduras, el Salvador y Nicaragua, y que su unísona voz y potentes esfuerzos triunfen de cualesquiera obstáculos que intenten estorbar su marcha grandiosa al establecimiento y consolidación de esta misma unión de la paz y amistad, que siempre debe entre ellos existir!

Francisco Malespín.

Cuartel general en León, diciembre 20 de 1844.

Esta proclama era un nuevo insulto a la razón humana.

Que hable Washington de libertad es muy justo.

Lo es también que en determinados momentos haya usado Bolívar esa palabra.

Pero que un Malespín unido a Guardiola invoque el augusto nombre de libertad, es un ultraje a la razón humana.

12.— Don Joaquín Rivera, cuya cabeza con tanto afán se pedía, no estaba inactivo. Él salió de Nicaragua con dirección a Honduras para favorecer a los pueblos sublevados contra el Gobierno hondureño y hacer en aquel Estado la guerra a los mismos que a la sazón la hacían en Nicaragua.

Publicó una proclama en que dice que se hallaba al frente de una división hondureña, decidida a dar libertad a su país o a morir en el campo del honor.

Atribuye a Ferrera, a Guardiola y a Jáuregui los males de Honduras.

Dice que esos señores deben ir a buscar tronos absolutos en países extranjeros y dejar a Honduras; y manifiesta que al desaparecer esos tres hombres brillaría la libertad.

Rivera hizo circular su proclama, y el pueblo hondureño no la siguió porque su gran mayoría estaba muy bien avenida con lo que se le había enseñado y continuaba enseñándosele.

Se dice que con grandes sacrificios pudo reunir 750 voluntarios y ocupar con ellos la población de Danlí.

No pueden ser tantos, porque en la situación en que estaba Honduras, Rivera con 750 hombres habría entrado a Comayagua.

Fuerzas hondureñas se hallaban en Nicaragua y su marcha había disminuido la guarnición de las plazas de Honduras.

Ferrera, Muñoz, Guardiola, Quijano y otros jefes asediaban a León.

Los momentos eran oportunos para destruir en Comayagua el Gobierno de Coronado Chávez; y esto era lo que se proponía Rivera.

Pero la suerte le fue adversa.

El Gobierno envió sobre Danlí una división al mando del General don Tiburcio Zelaya, y Rivera fue completamente derrotado.

Él huyó hacia la frontera de Nicaragua; pero la desgracia lo seguía.

Intentó pasar con algunos de los suyos los ríos Guayape y Guayambre, en su confluencia, sobre una balsa.

Esta se hundió; no pudo rehacerla, y el 23 de diciembre fue aprehendido juntamente con Francisco Martínez y Calixto Landa en un valle de Olancho llamado La Sacualpa.

El 4 de enero, el ex—Jefe del Estado de Honduras, don Joaquín Rivera, entró a la ciudad de Comayagua con esposas y grillos.

Le acompañaban Martínez y Landa, a quienes se trataba como a dos grandes malhechores.

A su lado se hizo entrar a Julián Díaz.

El periódico oficial de Honduras (número 96 de "El Redactor") anunció que Rivera iba a ser juzgado, y que caería sobre él la cuchilla de la ley.

Esto quiere decir que estaba condenado a muerte antes de ser oído y sentenciado.

No se necesita tener a la vista ese periódico oficial para comprender que la sangre de Rivera iba a empapar el cadalso.

La saña que contra él manifestaban los documentos oficiales; el empeño de proscribirlo que se expresa en los tratados de 21 de noviembre, 1.° y 5 de diciembre; y la circunstancia de que el Consejo de guerra iba a estar a las órdenes de Coronado Chávez aseguraban la muerte de uno de los ciudadanos que con más honradez habían gobernado a Honduras.

Rivera quiso que lo defendiera Jáuregui; probablemente para desarmar a su más peligroso enemigo, y Jáuregui aceptó.

Se siguió el proceso; y la confesión con cargos dice así:

"El Señor Juez fiscal, ante mí el presente escribano, le previno al reo Joaquín Rivera hablar la verdad en todo lo que se le interrogue.

Preguntado si sabe el motivo de su prisión, dijo: Creo que será por haber estado a la cabeza de las tropas que fueron derrotadas en Danlí el 20 de diciembre del año que acaba de finar.

Preguntado: si es cierto que nunca ha reconocido la actual Administración y jurádole obediencia, dijo: Es positivo y así lo tengo declarado.

Hícele cargo, si ese es un motivo para tener derecho a promover facciones contra el Gobierno, o ha renunciado ser hondureño, dijo: No es un derecho el de promover facciones contra ningún Gobierno; y no he renunciado ni renunciaré jamás mi calidad de hondureño.

Preguntado: si es cierto, según lo ha declarado, que como Coronel efectivo de las milicias de Nicaragua, vino facultado por aquel Gobierno para dar proclamas e imponer leyes a los hondureños, dijo: Vine facultado por aquel Gobierno para favorecer a todos los pueblos de Honduras pronunciados contra la presente Administración.

Se le hace cargo: ¿Cómo siendo hondureño admitió una comisión contra el Estado, introduciendo tropas extrañas para oponerse a un Gobierno independiente? Dijo: Admití la comisión, no porque el

Estado de Nicaragua tenga derecho a imponer al de Honduras, sino porque siendo hondureña la mayor parte de mi División, me creía más fácil evitar los males que hubiera causado otra compuesta de hijos de otro Estado; porque siendo muchos los pueblos de Honduras que reclaman la protección de Nicaragua, creí hacer un servicio a mis compatriotas apoyando su pronunciamiento; porque me vi expulsado de mi propio suelo, perseguido en los otros Estados por reclamación del Gobierno de Honduras, y exasperado por la más dura persecución a pesar de la conducta pasiva que guardé mucho tiempo; porque traje la mejor intención de ver si lograba entrar en un acomodamiento con este Gobierno para dar garantías a los pueblos pronunciados y para evitar la continuación de la guerra entre Nicaragua y Honduras.

Se le hace cargo: ¿Cómo quería conseguir tales fines haciéndose reo de traición en el hecho de atacar al Gobierno establecido? No ignoro, dijo, que el que ataca con armas a las autoridades supremas es reo de traición; pero los pueblos mismos se habían ya levantado, y no hice más que adherirme al pronunciamiento. Además, para ser yo traidor se necesitaba que hubiese servido antes algún destino de este Gobierno.

Preguntado: ¿Cómo, si vino a evitar desórdenes, no impidió los que cometían la tropa de Patricio Jiménez que estaba a sus órdenes? Dijo: Jamás he alimentado las pasiones de los perversos: este cargo no estoy obligado a responderlo.

Se le hace cargo: ¿A qué venía lo de mandarle decir a Simeón González que tenía tantos querubines: qué diablos hacía que no mandaba por ellos; que no dejasen de trabajar por una causa tan justa, como también que tenía para los ángeles, y que en este caso todos estos recursos o bien se los mandaría a Dios para socorro de sus ángeles o con el fin de romper al Estado y al mismo Gobierno, según lo demuestran los documentos que hay bajo su firma? Dijo: El aconsejar a González lo que se refiere, no prueba que él estuviese a mis órdenes: ya he dicho que fue mandado con consentimiento del General Fonseca: no he tenido interés en hacer la guerra a Honduras sino al Presidente Ferrera, contra quien se habían pronunciado los pueblos por acusársele de estar ligado a la aristocracia de Guatemala. Si yo hubiera querido hacer la guerra a Honduras, hubiera aprovechado la ocasión que me presentó el General Malespín, y la que nos proporcionaba a mí y al General Cabañas el Presidente Guzmán."

Se le hizo cargo sobre si duda que el resultado de su misión no ha hecho más que arrebatar con tal crimen a Honduras, la parte más esencial de su soberanía. Dijo: "En mi concepto no ha sido así, porque siendo popular el Gobierno, pertenece a los pueblos la soberanía. Esta verdad queda justificada en muchos casos. Como el más celoso hondureño quisiera poner a Honduras bajo la protección de la más poderosa entre otras naciones, a fin de ponerla a cubierto de la intriga y la dominación de la aristocracia de Guatemala, cuyas proditorias miras son notorias, y si la desgracia hoy me conduce a la indigna condición de un reo de infidencia, protesto que mis intenciones han sido las más sanas y patrióticas." Que lo dicho es la verdad. Se ratificó en su confesión y firmó. — Nasario Gharai — Joaquín Rivera — José María Aviléz."

Rivera, en esos momentos supremos, mira la aristocracia de Guatemala como la causa de los males de Centroamérica, y próximo al cadalso, con frente serena lo declara así ante sus jueces.

Jáuregui hizo y leyó la siguiente defensa que los lectores juzgarán.

Consejo de Guerra.

La revolución que con su mano de hierro conmueve el edificio social por sus cimientos, nos ha presentado esta escena que a la verdad es dolorosa y patética. Ella convence de la inestabilidad de las cosas humanas y de que nunca será infalible el poder de los hombres; es además una de aquellas útiles, pero espantosas advertencias con que a la vez nos instruye el único Ser que hay realmente grande en la naturaleza.

Aquí veis reo, sentado en un banquillo, el mismo que, en otro tiempo, ocupaba la silla del Poder. Sus manos que manejaban las riendas del Gobierno, vedlas allí aprisionadas con férreas esposas; sus pies, cuyas huellas tantos seguían, hoy no pueden dar paso porque una barra de grillos se lo impide; y en fin, su persona, todo nos indica que ese reo no es ya aquel hombre que vimos feliz y poderoso, sino un ser desgraciado que existe solamente bajo la salvaguardia de la ley. El último resto de su fortuna consiste en haber caído prisionero entre hombres que odian la barbarie y que cifran su bienestar en el cumplimiento de sus deberes. Sí: nuestro Gobierno es de leyes, cuyo texto augusto acatan desde el Supremo Magistrado hasta el último de los funcionarios públicos, y es cabalmente este respeto a la ley el que asegura la libertad del pueblo.

Si yo compareciese ante un tribunal despótico, mi lenguaje sería otro; y si yo sospechara que estabais afectados por vuestros padecimientos, os diría que si es más difícil, es también más heroico ser vencedor de nuestras pasiones que del enemigo en el campo de batalla. Pero no, yo comparezco ante un tribunal formado por soldados de la libertad que han sabido defender la ley.

Fuera de esta virtud que os distingue, Señores Capitanes, yo os contemplo como los Generales romanos, que si nunca transigían con el enemigo en cuyas manos brillaba el acero, jamás sepultaban la espada en el pecho de aquel que se presentaba desarmado.

Advirtiendo, pues, en este Consejo las virtudes individuales que deben caracterizar al Juez; convencido de que ninguno de ellos procurará sino el cumplimiento de la ley, cualquier acto contra ella sería horrible a los ojos de la posteridad, paso a examinar esta causa según el texto mismo de la ley, como única regla de todas las decisiones judiciales.

Dos clases de documentos se encuentran en esta causa: cartas confidenciales, un Decreto y una nota oficial que, como Coronel del Ejército de Nicaragua y autorizado por aquel Gobierno, dictó Rivera. Las cartas nada prueban, pues que de ellas solo pudiera hacerse uso en el delito de traición, y el de Rivera no lo es. Se conceptúa traición la falta de fidelidad al Soberano; y para ser traidor de algún Gobierno, es indispensable ser súbdito suyo o haber obtenido de él algún destino o comisión.

Mas, Rivera hace nueve años que abandonó el Estado y que juró domicilio en otro: no tenía comisión ninguna del Gobierno de Honduras; luego es evidente que su delito, sea el que fuere, no es el de traición.

Ahora, pues, la correspondencia epistolar interceptada no hace fe en juicio, según nuestra Constitución fundamental, que hace personalmente responsables a los jueces que la admitan en juicio, sin otra excepción que la del artículo 110 en orden al delito de traición. Siendo así que Rivera no lo ha cometido, es incuestionable que son nulas, y el reo no está obligado a responder los cargos que de ellas pudieran deducirse; si esos documentos pudieran servir de fundamento a medidas preventivas de seguridad, no pueden servir de fundamento a una sentencia judicial."

En cuanto al Oficio y al Decreto antes mencionados, ellos mismos justifican que Rivera era un Coronel del Ejército de Nicaragua y que obraba con órdenes e instrucciones del Gobierno. Sí, Señores del Consejo, yo no quisiera ni insinuar esa especie; pero siendo interesante para llamar vuestra atención en favor del prevenido, es necesario hacer uso de ella. Reparad, pues, que la misma voz que él querría quizá ahogar en el sepulcro, es la única que hoy habla en su favor.

No hay un solo documento que acredite que Rivera es el autor de la facción de Texiguat, pues de ellos solo se deduce que él se propuso únicamente regularizar la facción que ya existía.

Los documentos que únicamente merecen fe solo hacen aparecer a Rivera como subalterno de otro Gobierno, y su prisión es el resultado de una batalla campal en que fue vencido. Sea Rivera lo que fuere, la ley solo debe estimarlo como un prisionero de guerra. Reconocerlo como tal es el segundo punto que se debe examinar.

Creo, y lo digo con placer, que si el Gobierno de Honduras, cansado de sufrir bruscos ataques del de Nicaragua, le declaró la guerra, ha sido como se verifica en los países civilizados; es decir, conforme al derecho de gentes. Según él, no se puede decapitar a los prisioneros de guerra; de consiguiente, la vida de este prisionero debe respetarse, pudiendo retenerle para un canje o también expulsarlo fuera de Honduras.

En casos como este, las responsabilidades de la guerra existen en los Gobiernos contendientes y no en sus subalternos a quienes solo les es permitido obedecer. Un ejemplo tenemos en nuestra misma revolución y corrobora mis asertos. El Supremo Delegado dictó una orden al General Muñoz, antes nicaragüense, que se hallaba a las órdenes de este Gobierno; y dicho jefe la desobedeció, manifestando que solo a este mismo Gobierno debía obedecer. Si este General hubiera sido prisionero por tropas de la Confederación, y se le hubiese hecho el cargo de la ciega obediencia que prestaba a su Gobierno, ¿qué hubiéramos dicho nosotros? Hubiéramos condenado tal injusticia. Este principio, pues, que hubiéramos proclamado en otras circunstancias, es el que yo os recomiendo en esta ocasión.

Es verdad que las expediciones del Coronel Rivera sobre Honduras han sido ruinosas al Estado, y que son incalculables los males que hemos sufrido; pero no es mi cliente el autor de ellos, es el Gobierno de Nicaragua que le armó y le lanzó sobre nuestro territorio.

No es incompatible, Señores del Consejo, el proceder legal con el que dicta la seguridad pública. Si aquel prohíbe imponer al prisionero de guerra la pena de muerte, esta permite sacarlo fuera del país donde ha causado daños, y ¿qué más pena puede dársele a un hombre pensador que obligarlo a mendigar un pan en país extraño? ¿Pensáis acaso que no es peor que el suplicio, el último y amargo adiós que en tales circunstancias un hombre da a su patria?

¿Qué haremos, pues, para castigar las faltas sin ofender la ley y a la pública seguridad? Extrañar a Rivera conservándole la existencia, para que esta sea el reproche eterno de las inculpaciones que nos ha hecho, para que sea el glorioso testimonio de nuestro recto proceder, para que sea la prueba inequívoca de la humanidad de los tribunales hondureños, y en fin, para que sea el argumento de vuestra jurisdicción.

No dudando yo de ella, Señores militares que componéis el Consejo:

A este suplico se sirva sentenciar esta causa en los términos que he dicho, porque lo manda la ley, cuyo cumplimiento pido.

Comayagua, enero 23 de 1845.

Felipe Jáuregui.

Esta defensa nos demuestra la crueldad con que se trataba a Rivera en presencia del Consejo de guerra.

"Aquí veis, dice Jáuregui, sentado en un banquillo al mismo que en otro tiempo ocupaba la silla del Poder. Sus manos, que manejaban las riendas del Gobierno, están, vedlas ahí, aprisionadas con férreas esposas; sus pies, cuyas huellas tantos seguían, hoy no pueden dar un paso porque una barra de grillos lo impide."

Como era de esperarse, el ex—Jefe don Joaquín Rivera fue condenado a muerte, y la sentencia se ejecutó. Don Francisco Cruz en la "Paz de Tegucigalpa" refiere los últimos momentos de Rivera de la manera siguiente:

"El acto fue imponente y doloroso. Rivera marchaba con un valor extraordinario atrás de sus infortunados y fieles compañeros. Dos compañías de veteranos cerraban los flancos. Cada reo iba auxiliado de un Sacerdote. La música marcial ejecutaba una lúgubre marcha; la esquila parroquial tocaba agonía, y en medio de ese tétrico aparato, los reos llegaron al fatídico sitio."

Tres banquillos se habían situado al pie de un fragmento de muralla, parte occidental de la Iglesia de las Mercedes. Allí los reos: la fuerza armada cerró el cuadro, y se promulgó el bando de ordenanza prohibiendo toda súplica de perdón para ellos.

Rivera, el primero, intentó sentarse en el banquillo a la derecha, y como el Oficial ejecutor le señalara el de en medio, la egregia víctima dijo con heroica sonrisa: "¡Bien! Como al maestro, U. me confiere ese puesto." Entretanto, como Landa y Martínez tardasen en ocupar los suyos, Rivera en tono de mando los invitó a ello. Se sentaron al fin, y una nutrida descarga de fusilería los dejó instantáneamente sin vida; pero inclinados lateralmente Landa y Martínez sobre el cadáver de Rivera como abrazándose por la última vez, hasta la eternidad.

13.— Mientras los hondureños estaban engolfados con la prisión, proceso y muerte de Rivera, el Estado del Salvador continuaba conmoviéndose, y Calixto Malespín dictaba disposiciones arbitrarias, sin conocimiento de don Joaquín Eufrasio Guzmán, vice—Jefe del Estado en ejercicio del Poder Ejecutivo, para mantener a todos los salvadoreños bajo la ciega obediencia del general don Francisco Malespín, que sitiaba la plaza de León.

El 30 de diciembre, a medianoche, fue sorprendida en San Salvador la guarnición del principal por un tumulto de hombres.

Estos tomaron las armas y pusieron en libertad a 85 presos que se hallaban en la cárcel.

Los serenos quisieron impedir el movimiento; fueron rechazados y murió su Comandante Pedro Luben en el Portalito de San Francisco.

Entre los presos puestos en libertad estaban don Marcos Idígoras, el capitán Rosalío Molina, el teniente Dolores Rosí y Tomás Mariana, que se hallaban presos por complicidad en una causa de conspiración contra Malespín.

Calixto Malespín da parte al Gobierno de este suceso y manifiesta un gran temor de que con las armas tomadas, que no se habían podido recoger, y con los presos salidos de la cárcel, que no se habían podido recapturar, se produjera una completa revolución. (Parte de 31 de diciembre de 1844.)

La revolución continuaba.

Calixto Malespín tuvo aviso de que se trataba de atacar los cuarteles.

Inmediatamente hizo que salieran patrullas por toda la ciudad, presentando una actitud amenazadora que auguraba sucesos importantes.

Como a las siete de la noche del 1.º de enero de 1845, salió el Gobernador, con don Ignacio Malespín, a la cabeza de ocho o diez hombres y se encaminó hacia el barrio del Calvario. Cerca de la iglesia estaba un grupo de siete armados, que hizo fuego.

Los soldados de la patrulla huyeron, quedando solos el Gobernador e Ignacio Malespín, quienes tuvieron necesidad de replegarse al cuartel.

Media hora después, un grupo considerable de gente se aproximó al cuartel por la esquina del atrio de Santo Domingo.

Los centinelas dieron el "quién vive", y los hombres del grupo, sin contestar, siguieron avanzando.

Hubo un tiroteo; los revolucionarios se retiraron, y Calixto Malespín no se atrevió a perseguirlos.

A las diez de la noche volvieron a presentarse algunos hombres por la calle de Mejicanos. Se les hizo fuego y desaparecieron; pero tampoco se les persiguió.

Volvieron a medianoche en mayor número. No los detuvo el "quién vive", continuaron avanzando hasta el cuartel del Congreso por la calle de San Francisco, y por la plaza principal hasta la esquina de Idígoras.

Fue preciso contenerlos a balazos.

Los agresores contestaron el fuego y se retiraron sin ser perseguidos.

Calixto Malespín, con presencia de todo esto, dice al Ministro general en parte de 1.º de enero de 1845:

"Yo creo que el Supremo Gobierno se convencerá positivamente de que la población se halla en una crisis bastante funesta y triste, pues no puede menos el Señor Vicepresidente de haber oído los gritos y algazara de los facciosos cuando cargaron la última vez, y en obsequio de la quietud pública, de la sangre salvadoreña y de la seguridad de las armas del Gobierno, tomará providencias activas y vigorosas para cortar los males que amenazan, y en consecuencia la Comandancia queda aguardando órdenes. Sírvase U., Señor Ministro, ponerlo en conocimiento del Supremo Gobierno para el fin expresado, suscribiéndome su atento servidor. —— D. U. L. —— Calixto Malespín".

La casa del vice—Jefe Guzmán no fue atacada.

No hubo ninguna manifestación contra Guzmán. Todas las manifestaciones que se hacían eran contra los Malespines.

El 2 de enero a las 9 de la noche hubo un repique en el Calvario y otro en Santa Lucía, sin saberse la causa.

Calixto Malespín creyó que aquellos repiques eran señal de que iba a estallar una revolución, y envió una fuerza considerable al mando de los coroneles Ignacio Malespín y Ciriaco Choto.

Esta fuerza recorrió el centro y los barrios de la ciudad, y no encontró una sola persona.

Un imponente silencio reinaba por todas partes. Los amotinados se habían retirado hacia Cojutepeque y el vecindario se hallaba en absoluta inacción.

El célebre Ciriaco Choto e Ignacio Malespín salieron al otro día a perseguir a sus enemigos, y en las inmediaciones de Cojutepeque hubo una función de armas que Malespín y Choto refieren en el parte siguiente:

"Comandancia expedicionaria.— Cojutepeque, Enero 5 de 1845.— Señor Comandante general del Estado. Ayer a las 7 de la noche inesperadamente nos encontramos con los facciosos en las orillas de esta Villa, los cuales habiéndonos sentido rompieron sus fuegos desde la loma en donde hicieron muy poca resistencia, en virtud de no poder sufrir los fuegos de nuestra tropa, y la carga que se les hizo a la bayoneta: se tomó este punto, y se retiraron a otra segunda loma, en donde por la oscuridad de la noche, y a causa de su ventajosa posición pudieron dilatar un momento; pero una guerrilla de la izquierda los desalojó de su posición, retirándose al plan llamado Jucuapa en donde como había más facilidad de que obrase nuestra fuerza fueron inmediatamente derrotados huyendo por todas direcciones, dejando siete muertos entre los cuales el Jefe de Estado mayor Dolores Rosi, el capitán Rosalío Molina, y otros infelices soldados no conocidos: dos cajas de guerra, un corneta, nueve carabinas, seis lanzas de cuchillos, cinco caballos y dos espadas. De nuestra parte tuvimos un muerto y doce heridos levemente.

Se ha cumplido con el deber de verdaderos salvadoreños. Ponemos en sus manos las notas número 1.° y 2.° de los cabecillas rebeldes Esteban Pardo y Dolores Rosi, e igualmente noticiamos a U. que estos facciosos a su llegada a esta Villa exigieron las mesadas de los estancos y contribuciones forzosas a algunos particulares, según lo comprueba la nota número 1.° de Pardo. Tenemos la honra, Sr. General, de asegurar a U. que la facción de criminales extraída de las cárceles de esa Ciudad con los demás reos políticos que engrosaron la facción es concluida aunque con el doble sentimiento de haberse derramado la sangre de nuestros hermanos que era lo que habíamos querido evitar. A los facciosos en esta Villa no se les ha prestado ninguna clase de auxilios, y lejos de todo evitaron cooperar con aquellos, y sí obraron a favor del Supremo Gobierno en cuanto pudieron. Todo lo que tenemos el honor de comunicar a U. para su inteligencia y conocimiento de todos los salvadoreños.—D.U.L.— Ignacio Malespín.— Ciriaco Choto."

Bajo tales auspicios continuaba el asedio de la plaza de León, y los pronunciamientos de los pueblos que se hallaban bajo la férula de Francisco Malespín, de Quijano y de Guardiola.

Nagarote y el Sauce levantaron actas en favor de Malespín autorizadas por los secretarios Sixto Vega y Manuel María Parrilla.

Pero si se pronunciaban las municipalidades para impedir vejámenes a los pueblos que el invasor tenía en sus manos, también se manifestaban simpatías en favor de los sitiados.

Con mucho secreto y grandes precauciones se introducían víveres a la plaza y aún elementos de guerra; se sabían los planes del enemigo y las iniquidades que se cometían fuera de las trincheras.

En la plaza había imprenta y escritores.

Se imprimía todo lo que podía hacer daño a Malespín, a Quijano, a Guardiola, a Muñoz.

De los primeros muy poco podía añadirse a lo mucho que contra ellos se había escrito en Centroamérica.

Muñoz era un hombre nuevo, había hecho sus estudios en el extranjero y tenía una reputación que manchar.

La prensa lo presentó entonces como un ambicioso que derramaba la sangre de sus conciudadanos para obtener un puesto elevado, que no solo veía como frío espectador asesinatos, robos e incendios en su propio país, sino que a ellos contribuía auxiliando al tirano y prestándole su cooperación.

Muy altas posiciones obtuvo después el general Muñoz; pero estos cargos inmensos pesarán siempre sobre su tumba.

Malespín fusiló el 24 de diciembre a Simeón González y Lucas Alas, tomados por Sageta a bordo de "La Carolina", sin embargo de que se rindieron bajo la palabra de honor que el general Sageta les dio de garantizar sus vidas.

Fusiló también a Dionisio Ángeles, joven de Sonsonate a quien había absuelto un consejo de guerra estando acusado del crimen de haber dicho que Malespín se embriagaba.

Malespín estaba dispuesto a fusilar al coronel Manuel Bonilla y al teniente Clemente Reyes, aprehendidos también a bordo de "La Carolina"; pero se salvaron de las garras del tirano por medio de la fuga.

El coronel Manuel Lascasas, comandante de la escuadrilla, los tenía bajo su custodia.

Lascasas fue reducido a prisión por el general Malespín, sufrió vejaciones y estuvo a punto de ser fusilado.

La cólera de Malespín iba en escala ascendente a medida de las dificultades que se le presentaban para tomar la plaza, y de las bajas que a los aliados hacía la metralla que lanzaban las fortificaciones.

Malespín bajo esta impresión dictó el decreto siguiente:

Art. 1.°—Se prohíbe a todos los habitantes de este Estado de Nicaragua, cualesquiera relaciones o comunicaciones con las autoridades desconocidas y sitiadas en esta plaza, sus tropas y súbditos sin permiso expreso del General en Jefe de los Ejércitos Unidos.

Art. 2.º—Se prohíbe igualmente recibir impresos, cartas o noticias de palabra o por escrito de las dichas autoridades, sus tropas o súbditos, o difundir especies que puedan favorecerles.

Art. 3.º—También se prohíbe introducir a la plaza armas, municiones, pólvora, caballos, ganado y víveres, o cualesquiera otras cosas que puedan mejorar la situación del enemigo, tanto por agua como por tierra.

Art. 4.º—Cualquiera individuo o persona de uno u otro sexo que fuese convencida de haber incurrido en la violación de alguno de los artículos anteriores, será juzgada en consejo de guerra y pasada por las armas, como enemigo de los Gobiernos aliados de Honduras y El Salvador, y traidor a su patria.

Por tanto: publíquese por bando, insértese en el Clarín del Ejército, y ejecútese por los Jefes militares a quienes corresponda.

Dado en el cuartel general.— León, Diciembre 26 de 1844.

Francisco Malespín.

Desde que se publicó este decreto la situación de los leoneses fue aún más aflictiva.

Bastaba una infame delación, un chisme, una errónea conjetura, para que se procediera contra las personas y contra las familias en presencia del senador Silvestre Selva, que se titulaba Director Supremo, de don José María Estrada que se decía Ministro y del general Trinidad Muñoz.

Es imposible recordar hoy a estos tres hombres sin ver sus frentes manchadas con la sangre de los leoneses.

Mucho han hablado los nobles de aquellos tres días de abril de 1829 en que el general Morazán sitiaba la plaza de Guatemala.

Ténganse a la vista estos tres días y se palpará que Morazán observaba, tanto como le era posible, las leyes de la guerra, y que Malespín y Guardiola las quebrantaban todas.

Malespín tuvo noticia en León de las agitaciones de San Salvador y hubo momentos en que se dispusiera a contramarchar para defender su puesto; pero un parte de Calixto Malespín en que le anunciaba el triunfo de Ciriaco Choto en Cojutepeque le dio algunos momentos de calma.

Esas noticias fueron fatales para los leoneses, porque el invasor comprendió el peligro en que se hallaba y para salvarse dispuso tomar la plaza sin economizar sangre ni horrores.

El fuego era continuo.

Los hospitales estaban llenos de heridos, y no eran más que casas de putrefacción y de dolor, sin médicos, sin medicinas y casi sin asistentes.

Malespín estaba vencido el 27 de noviembre a las cuatro de la tarde, hora en que mandó suspender el fuego después de una gran matanza porque le faltaba parque.

Muñoz pudo regularizar el ejército y hacer trincheras aquella noche; pero no podía convertir la tierra en pólvora, como se asegura se convirtió el agua en vino en las bodas de Caná de Galilea.

Del Salvador no iba auxilio a Malespín, porque la guerra era impopular en el Estado, porque en vez de desear su triunfo, se deseaba que sucumbiera para no verlo más en la silla del poder Ejecutivo, y porque Calixto Malespín apenas podía mantener quietos a los pueblos que se conmovían contra él.

El Gobierno de Honduras habría mandado al invasor de León miles de hombres y millones de pesos; pero no tenía un centavo, ni podía disponer de las trompetas con que se dice que los sacerdotes de la ley antigua derribaron los muros de Jericó.

Los primeros pronunciamientos que hubo en Nicaragua en favor de los invasores salvaron a Malespín y produjeron no solo los desastres de León, sino la guerra de Honduras que se verá después hasta los tratados de Sensenti, y las desgracias que deplora El Salvador hasta la muerte de Malespín, con todas sus consecuencias.

El general Malespín, haciendo un esfuerzo supremo, se lanzó a la cabeza de una división sobre las fortificaciones de Sutiaba.

El jefe Gerardo Barrios las defendía; y después de algunas horas de reñido combate Malespín fue rechazado dejando el campo empapado en sangre y regado de cadáveres y heridos.

Pero en el interior de la plaza faltaba la unidad.

Casto Fonseca, valiente y denodado, no era, en concepto de otros jefes, "bastante apto para continuar dirigiendo por sí solo las maniobras de defensa".

José María Valle, llamado el Chelón, uno de los nicaragüenses más interesados en el triunfo de la plaza, se atrevió a proponer a Casto Fonseca que nombrara primer jefe al general Cabañas.

Fonseca no solo no admitió la indicación, sino que la tuvo por una ofensa.

Valle se retiró y Cabañas fue mirado de reojo.

Malespín creyó conveniente un día abrir brecha por la casa de Carcache que estaba bien fortificada, y dispuso que Juan Felipe Mayorga y Tiburcio Paredes clavaran en esa casa lanzas con camisas embreadas.

Mayorga y Paredes cumplieron; pero inmediatamente la fuerza que defendía la casa se puso en movimiento, arrojó al suelo las camisas embreadas y comenzó un fuego vivísimo.

Cuando el fuego calmó, el general Malespín tuvo a bien repetir la misma orden y eligió para ejecutarla a Mayorga y a Paredes, de quienes probablemente quería salir, y mandó a dos soldados para que los fusilaran si no cumplían.

En seguida dio orden al benemérito general Guardiola para que marchara con una escolta atrás de ellos y fusilara a todos si desobedecían.

A continuación hizo salir a Muñoz con otra escolta para que fusilara a Guardiola si se retiraba, y al instante previno al capitán de artillería, José María Castillo, que hiciera fuego a Muñoz si lo veía flaquear.

Por último, el general Malespín tomó el botafuego y se puso tras un cañón para ametrallarlos a todos si no se clavaban lanzas con camisas embreadas bajo el alero de la casa de Carcache.

Mayorga y Paredes cumplieron su consigna; pero la casa no se incendió porque antes de que las camisas embreadas devoraran el alero, fueron otra vez arrojadas al suelo por los leoneses.

En la estratégica maniobra murieron algunos soldados; salieron heridos otros y algunos oficiales, entre los cuales se cuenta a don Narciso el Volatín.

Los medios de que se valía Malespín para incendiar la casa de Carcache prueban la carencia de elementos de guerra que había en su campamento.

Bajo el sistema adoptado por él no habría corrido riesgo la torre de Malakoff.

La manía de Malespín era la casa de Carcache.

En otra ocasión dio orden al general Cordero para que con doce hombres la tomase.

La fortuna de Cordero quiso que en aquellos momentos bebiera Malespín algún licor.

Cordero conocía al jefe y aprovechando la situación se ocultó.

Un testigo presencial asegura que el general Muñoz censuraba a Malespín, que lo llamaba bárbaro y se compadecía de los salvadoreños por estar gobernados por él.

El sencillo testigo presencial dice:

"El honrado general Muñoz, buen militar, de talento, juicioso y valiente, no podía convenir con estas locuras de Malespín, y en las conversaciones reservadas que tenía con sus amigos, censuraba estos procedimientos tan bruscos, y lamentaba la suerte de los salvadoreños."

Sería Muñoz buen militar comparativamente; pero no es posible llamar honrado al hombre que auxilia a Malespín en la perpetración de tantos crímenes.

Sería el general Muñoz valiente, pero no es posible llamar hombre de juicio al que se presta a proteger a malhechores para satisfacer ambiciones personales.

Los crímenes desaparecen, por el momento, bajo el brillo de la victoria; pero más tarde viene la calma, se juzgan los acontecimientos como son en sí mismos, y lo execrable desvanecido por una gloria pasajera, vuelve a aparecer execrable en toda su plenitud, y así permanece a los ojos de todas las generaciones.

La disculpa de Muñoz era no ya Pérez, que se había retirado dejando en el Poder Ejecutivo al senador Emiliano Madrid, sino Casto Fonseca, a quien Muñoz deseaba fusilar.

En la situación en que Nicaragua se hallaba, Muñoz, de acuerdo con los pueblos nicaragüenses que se habían unido a los invasores, pudo haber prescindido de Malespín, que más de una vez quiso retirarse (lo que no permitió el mismo Muñoz), y hacer en seguida un arreglo para que Casto Fonseca abandonara el mando militar.

Dice el testigo presencial que Honduras era el único interesado en el éxito de aquella campaña.

Por desgracia, no fue así.

El general Muñoz tenía sed de mando militar, y había elegido por teatro a Nicaragua.

El espíritu de localismo que separaba a un pueblo de otro pueblo, y especialmente a León y a Granada, y que tantos males había hecho a Nicaragua desde la independencia del Gobierno español, figuraba en primera línea y ha continuado figurando hasta conducir la capital a Managua.

La oligarquía hondureña no hacía más que explotar la situación y sacar buen provecho de ella.

Don Pedro Zeledón, costarricense, que hacía mucho tiempo residía en Nicaragua, estaba avecindado en Chichigalpa, escribió una carta al general Muñoz en que le pinta los horrores de aquella guerra y la necesidad de hacer la paz.

Malespín vio la carta, dijo a Muñoz que llamara a Zeledón para conferenciar con él, y cuando llegó lo redujo a prisión.

En seguida le exigió mil pesos por su libertad, como una contribución voluntaria para la guerra.

Zeledón era un hombre de talento y sagaz.

Tenía arte para eludir compromisos de este género, y logró que Malespín lo pusiera en libertad sin darle un centavo.

Llegó al Realejo un buque cargado de armas que los sitiados habían pedido.

El inglés Maning dio inmediatamente aviso a Malespín.

En las circunstancias de actualidad aquel armamento era un grande hallazgo para los sitiadores.

Era preciso atrapar el armamento sin robarlo, porque el buque que lo llevaba pertenecía a extranjeros que no se dejaban robar.

Silvestre Selva, director de Nicaragua por la gracia de Muñoz y Malespín, había mandado al licenciado Abaunza y a don Fulgencio Vega cerca de los sitiadores, con el fin de proporcionarles recursos para vencer.

La circunstancia no podía ser más propicia para Malespín, y supo aprovecharla.

Abaunza y Vega tomaron bajo su propio crédito mil fusiles, doscientos rifles, doscientos barriles de pólvora, doscientos quintales de plomo, doce mil piedras de chispa y doscientos tahalíes.

Cualquiera que vea los efectos que este armamento produjo, no podrá menos de maldecir la memoria de los dos nicaragüenses con cuyo crédito se adquirió.

El espíritu de partido se hace muchas veces superior a todos los demás sentimientos humanos.

En determinados momentos parece que todos los partidos se unen; pero en el instante en que esos momentos pasan cada partidario vuelve a tomar su puesto.

Las sociedades están divididas y las pasiones, venganzas y odios personales son la ley suprema que en ellas impera.

Por más que se disculpe a los señores Abaunza y Vega, presentando de relieve cuanto malo hizo Casto Fonseca desde su nacimiento hasta su muerte, las disculpas no alcanzarán a paliar el crimen de dos nicaragüenses que dan su nombre y dan su firma para adquirir un armamento, que pocos días después produjo una hecatombe, no de cien bueyes sino de centenares de leoneses inmolados en el altar de un infame localismo.

Malespín, con la abundancia de elementos de guerra que ya tenía, apresuró los movimientos militares.

El 22 de enero de 1845 es uno de los días más horribles de la historia de Centroamérica.

Malespín dio orden a Quijano y a Belloso para que tomaran a cualquier costa las fortificaciones de Sutiaba, sin perdonar a nadie.

Quijano era un malvado; nadie lo pone hoy en duda en toda la América Central; pero muchos serviles creen o aparentan creer que Belloso era un santo.

Este santo, el 22 de enero se presentó en Sutiaba como un digno hijo del partido reaccionario.

Las fortificaciones de Sutiaba carecían de los elementos de guerra que un prolongado sitio había aniquilado, y bastaron cuatrocientos hombres para tomarlas después de algunas horas de fuego y de haber sufrido muchas bajas los agresores.

La población fue incendiada y pasados a cuchillo hombres y mujeres de todas condiciones y de todas edades.

"Era un espectáculo doloroso, dice un testigo presencial, los escombros, las cenizas, los cadáveres, de ancianos, de niños y de madres con sus hijos en los brazos, amontonados y sirviendo de alimento a las aves y a los perros".

La toma de Sutiaba hizo comprender a los bravos defensores de la plaza que era ya imposible la defensa, y las atrocidades inauditas, en aquel vecindario perpetradas, les dieron a conocer la suerte que les aguardaba.

Los sitiadores contaban con los pueblos pronunciados y extraían por la fuerza cuanto necesitaban.

En la plaza había bajas, faltaban los víveres y se agotaba el parque.

El sitio había comenzado en noviembre, y el 24 de enero era ya imposible sostener la plaza por más tiempo.

Llegó por último la hora fatal para los sitiados. La plaza sucumbió. Quijano dice lo siguiente:

"León, Enero 24 de 1845. — El General que suscribe tiene el honor de participar a U. para conocimiento del General Presidente, que en virtud de las órdenes reservadas que tenía de este alto funcionario, y después de ser atacado flojamente por los enemigos en los puestos de las primeras manzanas del centro de esta Ciudad que ocupaba, cargué sobre aquel con la división de mi mando, y encontrando facilidad para hacerlo desalojar de sus atrincheramientos y casas de la derecha e izquierda de su línea, lo verifiqué con rapidez por la calle real hasta llegar a San Francisco en donde se me incorporaron con algunas tropas, los bravos General de Brigada Sr. Santos Guardiola y capitán Sr. Fernando Bruno, en unión de los cuales continué mis operaciones hasta ocupar la plaza principal de esta Ciudad, haciendo al enemigo sobre sesenta muertos, muchos más heridos, y tomándole toda su artillería, municiones y muchos fusiles.

De nuestra parte tuvimos cinco muertos y diez heridos en las varias cargas que dieron a la bayoneta los valientes que me acompañaban.

Todos los Jefes, oficiales y tropa cumplieron con su deber; pero en particular recomiendo al expresado General Guardiola, Coronel Sr. Ciriaco Bram y capitán Fernando Bruno, quienes con admiración se presentaban en todos los peligros y hacían portarse a cada soldado como un héroe. Estos señores darán los nombres de otros Jefes, oficiales, clases y soldados que se condujeron de la misma manera, lo que yo no hago por ignorar sus nombres.

Y al manifestarlo expuesto con el objeto indicado, me suscribo su muy atento servidor. D.—U.—L.

Manuel Quijano.

El capitán Bruno dio al Jefe de Estado Mayor un parte que dice así:

"Sr. General Jefe de E. M. J. — León, Enero 24 de 1845. — Del capitán que suscribe. — Tengo el honor de poner en conocimiento del Sr. General Presidente por el honroso y respetable conducto de U. que a virtud de las órdenes superiores que tenía, me hallaba ocupando la Plazuela de la iglesia de Zaragoza; y como el enemigo estaba parapetado a tiro de pistola, me avoqué al Sr. teniente coronel Telésforo Araus, que defendía otro punto inmediato al mío, y dispusimos salir a desalojarlo.

En efecto, fue con la tropa de sus órdenes, y yo con veinticinco o treinta, entre patriotas y hondureños, inclusive siete de la sección de honor.

Tomada la segunda trinchera que nos molestaba, fue herido el teniente coronel Araus, y entonces incorporé a la mía la fuerza que él mandaba, y continué el movimiento por la calle de San Francisco hasta reunirme con el Sr. General Quijano, con quien ocupamos la plaza principal.

Todas las piezas de artillería que tenía el enemigo en las trincheras de la calle que trajimos, fueron tomadas por nuestras tropas, lo mismo que los fusiles y cajas de parque que dejaba en los puntos que se quitaban.

El enemigo dejó más de veinticinco muertos, y de consiguiente el número de heridos ha de haber sido mayor; mientras que de nuestra parte solo fue herido el comandante Araus.

No hubo un soldado que no peleara con valor e intrepidez, y si me es permitido, debo recomendar al teniente Sr. Manuel Campos, y al oficial de patriotas Matías Carbajal.

Me repito de U., Señor General, su más afectísimo servidor. D.—U.—L. Fernando Bruno.

Fue fusilado don Emiliano Madrid, senador encargado del poder Ejecutivo, por haberse hecho cargo conforme a la Constitución del Gobierno que en sus manos depositó Pérez.

Fue fusilado el Licdo. Cresencio Navas, por haberse encargado del Ministerio siendo jefe de sección.

Fueron fusilados el coronel Francisco Lacayo y el capitán Valle, hermano de José María Valle.

Malespín fue informado de que en las bóvedas de la Catedral estaban ocultos algunos bienes del templo y de particulares, y mandó poner centinelas en las puertas para que nadie entrara.

El general Malespín dio una orden bárbara: mandó saquear la ciudad y toda su tropa se entregó al pillaje, con excepción de los centinelas de la Catedral.

Los soldados con las armas en la mano rompieron casi todas las puertas de la ciudad y aprehendieron cuanto era posible sustraer, y lo que no podían llevarse lo hacían pedazos.

En honor del coronel Ciriaco Bram debe decirse que hizo esfuerzos, aunque inútiles, para impedir algunas atrocidades.

El padre Crespin, cura de Sutiaba, se hallaba en la puerta de la iglesia de San Juan de Dios, donde existía el hospital de heridos leoneses.

Un hospital de heridos es respetado hasta por los hombres más salvajes; pero Quijano, de la escuela de Carrera y de Guardiola, ejercía su saña hasta contra los hospitales y los panteones.

Se presentó en San Juan de Dios con una escolta.

El padre Crespín salió al encuentro del famoso asesino con el fin de suplicarle que no hiciera daño a los moribundos.

Quijano tuvo aquellas súplicas por un crimen, ultrajó al clérigo, lo redujo a prisión y lo llevó preso a Malespín como un trofeo.

Malespín, sin más consejo de guerra que su voluntad suprema, dio una orden para que Crespín fuera fusilado, y la orden al instante se ejecutó.

¿Habrá quien crea en el cristianismo del partido reaccionario?

Ese partido llama impío al general Morazán por el fusilamiento del padre Durán.

Este eclesiástico tenía armas ocultas.

Enviaba elementos de guerra a Carrera, cuando este jefe era un salteador de caminos.

El padre Durán figuraba como uno de los principales agentes de la facción de Carrera.

Él escribía cartas a los jefes que se hallaban sirviendo al Gobierno para que abandonaran sus puestos y se unieran a Carrera.

El padre Durán venía al lado de Carrera en septiembre de 1848 y fue aprehendido por el general Salazar en Villa Nueva.

Compárense estos cargos con el cargo que se hacía al padre Crespín.

Este cargo fue haber pedido a nombre de la humanidad que no fueran fusilados los heridos que se hallaban en un hospital de sangre.

El padre Durán fue juzgado por cuatro consejos de guerra y, después de haberse agotado las formas legales, se ejecutó la sentencia de muerte. Véase, al fin de este capítulo, el estado que manifiesta las votaciones de los cuatro consejos de guerra (Documento núm. 5).

Al padre Crespín nadie lo oyó; nadie lo juzgó; fue al cadalso sin crimen y sin más falta que haber pedido, a nombre de la civilización y de la humanidad, que los infelices que sufrían y estaban moribundos en un hospital de sangre no fueran asesinados.

Los fusilados este día fueron el padre Crespín, el coronel Balmaceda, un señor Madrid y el oficial salvadoreño José María Osegueda, a quien se detestaba por haber sido partidario de Morazán.

Al siguiente día Quijano dijo que el Canónigo don Desiderio Cortez era cómplice de los que habían defendido la plaza.

Malespín hizo conducir a su presencia al padre Cortez. Lo ultrajó y dio orden al alférez García, de la guardia de honor, para que al instante fusilara al Canónigo.

García dudaba. La duda indignó a Malespín, quien sacó la espada y dio un buen cinchazo al pobre alférez.

Este elocuentísimo idioma convenció a García y preparó las armas para hacerse miserable cómplice de un vil asesinato.

Pero en aquellos momentos se presentó el cónsul inglés, Tomás Maning, e hizo serias observaciones a Malespín.

Los tiranos son cobardes en presencia de fuerzas mayores. Malespín no sabía palabra de Derecho internacional, tuvo miedo a Inglaterra y el canónigo Cortez se salvó.

Don Mariano Buitrago estaba prisionero. Malespín exigió mil pesos por su vida. La esposa de Buitrago pidió rebaja de esta suma alegando que no la tenía. Malespín, indignado, ordenó que en vez de mil pesos se le dieran cuatro mil.

Aquella infeliz señora pudo reunir la cantidad en dinero y en alhajas y salvó a su marido.

La principal víctima no se había inmolado. El mariscal Fonseca aún vivía, y su vida inquietaba a Malespín.

Una feliz noticia para él calmó su inquietud. Casto Fonseca había sido aprehendido en la costa y fue presentado al tirano.

Malespín formó un Consejo de guerra según las leyes militares que él tenía en la cabeza, y Fonseca fue fusilado.

Un testigo presencial, enemigo de Fonseca, dice que fueron veinticuatro las personas a quienes Malespín fusiló en León.

Honduras estaba de gala.

Si al general Ferrera, sin haber vencido a nadie y después de haber huido muchas veces, lo comparó el Tribunal Supremo de Honduras con Alejandro Magno, con Augusto César y con Napoleón I; si la oficialidad hondureña lo puso en paralelo con Milcíades, con Temístocles y con Demóstenes, sin embargo de que Ferrera jamás coordinó dos ideas en público, ¿cuántos elogios se tributarían al general Guardiola, después de haberse cometido tantos crímenes en Nicaragua?

Guardiola fue, en los papeles públicos de Honduras, el Agamenón que venció a Troya.

Guardiola eclipsaba a los Fabios y Escipiones.

Para que se vea una pequeñísima parte de lo que se le dijo entonces, se inserta la composición siguiente, que bien se comprende no fue escrita por Martínez de la Rosa.

Y vos, valiente y formidable Atleta,
Invicto Guardiola, Aquiles hondureño,
Del Dios Marte prosélito admirable,
Muy amante al Gobierno y a su cargo,
Vuestro nombre será sin duda inscrito
En las páginas de oro de la historia,
Porque vuestras hazañas corresponden

A la fama inmortal que merecéis.

DOCUMENTOS JUSTIFICADOS
NUMERO 1
El general presidente del Estado del Salvador

CONSIDERANDO:

1.°— Que como tal Presidente su deber lo obliga a hacer la defensa del Estado contra las armas de Nicaragua que intentan invadirlo.

2.°— Que aunque la ley lo faculta para nombrar General en Jefe del Ejército, los sentimientos de su corazón le obligan a no confiar a otro los más caros intereses de la patria, experimentando placer en sacrificar su vida, si es necesario, para salvarlos, ha tenido a bien decretar y

DECRETA

Art. 1.°— A las ocho de la noche de este día en acto público se hará cargo del mando del Estado, el Sr. Vicepresidente Coronel Joaquín Eufrasio Guzmán, llamado por la ley a ejercerlo en tales casos.

El Ministro de Relaciones y Gobernación dispondrá lo conveniente a su cumplimiento, y lo comunicará a quienes corresponda.

Dado en la ciudad de San Miguel, a 25 de Octubre de 1844.

F. Malespín.

Al Sr. José A. Jiménez.

NÚMERO 2

"Art. 1.° Se autoriza omnímodamente al Sr. General Presidente Francisco Malespín, General en Jefe del Ejército de operaciones del Estado, para que haga la defensa de este, usando sin limitación alguna de las facultades del Gobierno, que por este decreto le transmite; y además para obrar como el mismo Gobierno debiera hacerlo prudencial y razonablemente en todo lo que conduzca a la salvación del Estado según los casos que pueden ocurrir.

Art. 2.° El presente decreto, que desde luego producirá sus efectos, queda sometido a la aprobación de la Asamblea general en su próxima reunión.

Lo tendrá entendido el Ministro de Relaciones y Gobernación, y hará se imprima, publique y circule.

Dado en San Miguel, a 25 de Octubre de 1844.

Joaquín E. Guzmán.

Al Sr. José A. Jiménez.

NÚMERO 3
"PROCLAMA

El General Presidente del Estado del Salvador, y en Jefe de los Ejércitos unidos protectores de la paz, a los departamentos y distritos pronunciados de este Estado de Nicaragua.

Compatriotas: habéis proclamado la causa de la justicia, de la ley y de la razón. Los valientes que me acompañan han secundado mi voz para no desampararos hasta que hayáis logrado derrocar la tiranía del centro de vuestra Capital, y restablecer el orden y la paz.

Por los tratados que corren impresos en el Clarín oficial, os impondréis de las condiciones con que concedíamos la paz a vuestros opresores. En todas convinieron, menos en la de expulsar a Casto Fonseca y sus directores; y los salvadoreños y hondureños hemos preferido emplear todos nuestros recursos y derramar nuestra sangre antes que dejarlos gobernando. La opinión está porque desaparezcan de vuestro territorio y sabremos morir o hacer cumplir vuestro propósito.

El grito glorioso que habéis dado contra la tiranía y la perversidad, declarándoos en favor de los verdaderos principios, no nos permite dudar que concurriréis con todos los recursos que la opinión sabe prestar en defensa de los mismos principios.

No extrañéis que los miserables mercenarios que existen en el estrecho recinto de la plaza, tengan la temeridad de seguir sosteniendo al tirano y sus favoritos. Ellos viven del saqueo, del asesinato y de los más horrendos crímenes: tienen vinculada su suerte en la de su caudillo; pero los pronunciamientos simultáneos de casi todos los pueblos de este Estado, las considerables fuerzas que vienen en marcha del Ejército de reserva y la constancia y valor de las divisiones

311

que asedian esta plaza, los hará de grado o por fuerza rendir las armas a discreción. Entonces los mismos pueblos sabrán castigar con arreglo a las leyes a los autores de los terribles crímenes, de tanta sangre derramada, pillaje y devastación. Sin duda sus delitos e inmoralidad los conducirán a su último término.

Leoneses: imitad el heroico ejemplo de los otros departamentos, y si queréis ser libres y vivir en paz, dejad de temer a la tiranía y de hacer comparaciones con lo acontecido en la época aciaga del Cantón de San Juan. Los Ejércitos unidos no retrocederán una sola línea sin probar a nuestros enemigos comunes, su valor e intrepidez. Sería preciso que todos muriésemos para que os faltase el apoyo de nuestras armas. Jamás hemos dejado un pueblo comprometido sin volar en la primera ocasión a salvarlo.

Deseo ardientemente que debáis más a vosotros mismos la restauración de vuestra carta fundamental, de vuestra dicha y paz futura, que a las fuerzas que dirijo, y es por esto que aspiro a organizar el Ejército nicaragüense. Volad a seguir vuestras banderas y vuestro conciudadano os ofrece, venciendo, colocarlas en las almenas más elevadas de vuestra Santa Iglesia Catedral.

F. Malespín.
León, Diciembre 6 de 1844.

NÚMERO 4

Manuel Avilés, alcalde 1.° constitucional de esta Ciudad, certifico y juro: que del folio 41 al 42 del libro de actas municipales se encuentra la que dice:

En la ciudad de San Fernando, a seis de diciembre de mil ochocientos cuarenta y cuatro. La Municipalidad, convocada extraordinariamente por el Sr. alcalde 1.° a pedimento de los vecinos, con objeto de tomar en consideración las actas celebradas en Rivas y Granada, relativas a desconocer la actual administración residente en León, y los tratados celebrados el día 1.° del corriente entre los señores Canónigo Desiderio Cortés, Presbítero Anselmo Alarcón y

Generales Licenciado Nicolás Espinoza y José Trinidad Muñoz, y convencida:

Que la guerra actual ha sido provocada y sostenida por el Sr. Casto Fonseca por pasiones mezquinas y sugestiones de los sujetos que le han rodeado, restos de la comparsa del General Morazán: que las miras de estos, según se manifestaban, no eran otras que las de dominar a discreción toda la República: que los pueblos todos reprueban tan injustas pretensiones: que el actual Director no tiene libertad para obrar, y por consiguiente se encuentra en incapacidad para restablecer la paz y procurar la felicidad común, por la nulidad a que se halla reducido:

Considerando que la no ratificación de tratados tan equitativos para el Estado hacen más ostensibles las intenciones de continuar la guerra a costa de los pueblos que tanto la detestan y quieren terminarla; y deseando que se establezca un Gobierno que haga efectivo el goce de las garantías, ha tenido a bien acordar de conformidad con la opinión pública:

1.° Se desconoce la actual administración ejecutiva residente en León hasta tanto que el Supremo Director pueda obrar con la libertad necesaria, y con arreglo a la Constitución y leyes.

2.° Apruébanse por parte de esta Municipalidad los tratados celebrados el 1.° del corriente, a reserva de la ampliación que puedan merecer, según las instrucciones que se darán a los comisionados.

3.° Para que los pueblos estén regidos con la regularidad posible, proponen a las demás municipalidades el medio de llamar a uno de los Senadores para que gobierne interinamente, conforme a la Constitución, y su voto recae en el Senador Sr. Pedro Aguirre, o en el que señale la mayoría de los pueblos, a quienes se dirigirá copia de esta acta que firman ante mí el infrascrito Secretario.

Manuel Avilés, Miguel Osorno, Sebastián Núñez, José Antonio Pérez, Tomás Abaunza, Francisco Torrealba, J. Francisco Valenzuela, Felipe Herrera, Domingo Alemán, Srio.

CAPÍTULO SEXTO: GUATEMALA

SUMARIO

1.— Sublevación militar 2. —Observancia de los días de fiesta 3.—Tratamientos 4.—Uniformes 5.—Revolución en la Antigua 6.—Nuevos proyectos sobre la venida de los jesuitas 7.—Anarquía ministerial 8. —Instalación del Consejo Constituyente 9. —Obispos 10. —Revolución de febrero

En septiembre de 1844 el tesoro se hallaba exhausto, por la mala administración, por la guerra de Malespín y por las indemnizaciones que en favor de los serviles se habían decretado, y la tropa estaba sin prest.

Rivera Paz se encontraba en el mismo conflicto de don Venancio López cuando dictó el célebre acuerdo de ocupación de los bienes de la testamentaría del canónigo Martínez (capítulo 15, libro 6.° de esta Reseña).

Asegúrase que Rivera Paz, con angustias y dificultades, conseguía el prest de la tropa y que este no llegaba a manos del oficial ni del soldado.

Sea de esto lo que fuere, la tropa no estaba pagada.

Carrera, según confesión de sus víctimas, ejecutó entonces un acto de increíble barbaridad y salvajismo.

Él estaba acostumbrado a las más inmorales ficciones.

La de Atescatempa le produjo el título de caudillo adorado de los pueblos. Véase el núm. 43, capítulo 1.°, libro 6.° de esta Reseña.

La ficción de que José María Andrade había pretendido asesinarlo le produjo grandes honores (capítulo 16, libro 6.°).

La ficción de que se sublevaban los pueblos que batió en Pinula produjo efusión de sangre y honores para Carrera (capítulo 17.° de este libro).

La ficción de las capitulaciones de la villa de Guadalupe (capítulo citado) afianzaron los proyectos del salvaje y coronaron una vez más sus sienes de laureles.

Pero todo se lo perdonaban los nobles en cambio de que les conservara sus preeminencias opresoras, haciéndoles olvidar la inmensa pérdida que sufrieron con el pronunciamiento de Casa—Mata y la caída de Agustín I.

La tropa sin prest ocurrió a Carrera y este la envió al Gobierno. Aquel día no fue pagada.

Carrera dijo que había dinero para muchas cosas y que faltaba para su tropa, la cual continuó haciéndole reclamos.

Carrera tuvo conversaciones privadas y muy alarmantes con algunos jefes y el 20 de septiembre de 1844 se sublevó el batallón permanente.

Salió la tropa en bandadas, atacó los cajones de la plaza (1) y algunas tiendas; saqueó largamente e hizo desaparecer algunas fortunas.

Rivera Paz no estuvo exento de ultrajes; pero solo se le infirieron los que eran indispensables para inspirarle terror. Sobre sus puertas y ventanas hubo algunos tiros.

El caudillo adorado de los pueblos montó a caballo, recorrió las calles y acuarteló la tropa sublevada.

Al día siguiente, sin proceder juicio, sin tomarse declaración a nadie, Carrera fusiló a seis personas.

Algunos dicen que fueron más; pero de solo seis habla el número 173 de la Gaceta.

Entre las víctimas se hallaba Ricardo Catzum, jefe de influencia y que había servido mucho a Carrera en sus correrías de 1837 y 38.

Fueron también fusilados el oficial de artillería, Sebastián Martínez, el sargento Saturnino Díaz y algunos soldados.

Catzum decía a gritos, marchando al cadalso, que era inocente, porque no había hecho más que cumplir órdenes del general Carrera.

Todos en aquella espantosa marcha repetían los mismos conceptos y suplicaban que se les permitiera hablar a Carrera, cuyas órdenes aseguraban haber cumplido fielmente. Descargas de fusiles los hicieron callar para siempre.

Era Ministro de Relaciones, Gobernación y Guerra don Manuel Francisco Pavón, y de Hacienda don José Antonio Azmitia.

¡He aquí el orden y el decoro decantados!

¡He aquí la paz de que acababa de hablar Echeverría en su discurso de septiembre!

Cuando se ofendía a un noble en lo más mínimo se declamaba contra el desorden y el desconcierto.

Cuando Carrera asesinaba inhumanamente a los hijos del pueblo, no había más que tranquilidad pública, orden, concierto y decoro.

Pavón disculpa el hecho así:

"Seis de los principales promotores de la sublevación y desórdenes fueron pasados por las armas: algunos de estos eran reos de otros delitos y estaban sentenciados por los tribunales, habiendo sido agregados a las armas últimamente, con motivo de la invasión hecha al Estado."

Dice Pavón que algunos eran reos de otros delitos.

En tal concepto, no eran todos reos de otros delitos, sino solo algunos y Carrera no queda disculpado habiéndolos fusilado a todos.

Estarían algunos sentenciados por los tribunales, lo cual no prueba el señor Pavón; pero no estaban sentenciados a muerte.

Catzum, si era criminal, había delinquido al lado de Carrera en las correrías de este, y en tal caso Carrera debió también sufrir pena de muerte.

Catzum, en la sublevación de la noche del 20, cumplía una orden superior, y si por tanto merecía la muerte, merecíala también el jefe que la había dictado.

¿Qué sindéresis guía, pues, al señor Pavón bendiciendo a uno y execrando a otro?

Un personaje del partido aristocrático, don Antonio Palomo Valdez, era corregidor del departamento y en nota dirigida a Pavón hace gala de haber dictado providencias salvadoras tan pronto como supo los atentados de la noche del 20 y de haber dispuesto se averiguara el número de cajones y tiendas saqueadas.

La indemnización costó al Gobierno sumas que pueden verse en el libro de emisión de vales de tres por ciento, que se halla en la Contaduría mayor.

El señor Pavón disculpaba los asesinatos, deificaba al asesino; pero como buen cristiano no podía soportar que no se guardaran los días de fiesta.

En uno de tantos días festivos, el arzobispo García Peláez, pasando pontificalmente de una iglesia a otra, vio algunas tiendas abiertas.

Su Señoría Ilustrísima se escandalizó en presencia de aquel desorden y dirigió una nota a Pavón para que remediara el mal.

El cristianísimo señor Pavón al instante dictó el acuerdo siguiente:

"Palacio de Gobierno.

Guatemala, septiembre 23 de 1844.

El Supremo Gobierno, con vista de la excitación que antecede del muy Reverendo Prelado de esta Santa Iglesia sobre la inobservancia de los días de fiesta: siendo conforme a las leyes civiles el que en estos días no se trafique ni hagan negocios: con el objeto de que dichas leyes tengan puntual cumplimiento, ha tenido a bien acordar:

Que por circular a los corregidores de los departamentos se les prevenga dicten sus órdenes para que en su respectiva comprensión hagan se observe la guarda de los días de fiesta, y esta misma prevención se hará a los administradores de aduanas para que den sus órdenes a los guardas de las garitas, recomendándoles el mayor celo en el cumplimiento de esta disposición respecto de las casas de comercio; y al Ilustrísimo Señor Arzobispo se le contestará que el Gobierno, apreciando su excitación, ha dado las órdenes correspondientes para que sean respetados los días de guarda.

Pavón.

Este acuerdo se comunicó por circular a los corregidores.

Se distinguieron en darle cumplimiento: Sotero Carrera, Francisco Cáscara, Braulio Cividanes, Manuel Figueroa y algunos otros de los más piadosos.

Pavón tenía sed de monarquía y deseaba afianzar el orden, el concierto y el decoro invistiendo a Carrera, personaje a quien in pectore tenía como Presidente de Guatemala, con el ropaje de la monarquía.

En tiempo del desorden se habían abolido los tratamientos, y era preciso que el orden y el decoro, que a Catzum quitaron la vida, los restableciera.

Pero, ¿cómo darse el señor Rivera Paz por sí mismo el tratamiento de Excelencia, que por las leyes no tenía?

Pavón arregló el asunto muy fácilmente. Discurrió que el Comandante general Rafael Carrera derogara el decreto de la Asamblea Nacional Constituyente, emitido el 23 de julio de 1823, que había existido hasta entonces, y que abolía los tratamientos, para obsequiar a Rivera Paz con el tratamiento de Excelentísimo señor.

Rivera Paz no podía rehusar el obsequio, ni quedarse con él sin hacer otro igual.

Debía, pues, aceptar, y regalar a Carrera otro tratamiento igual.

La idea de que un Comandante general derogue leyes vigentes, siendo estas liberales, cabía perfectamente en el Derecho público de don Manuel Francisco Pavón, y Carrera dictó la resolución siguiente:

COMANDANCIA GENERAL

Señor Ministro general del Supremo Gobierno del Estado.
Guatemala, octubre 12 de 1844.

Como por la fatalidad de los tiempos han perdido las Supremas autoridades del Estado aquel prestigio que tanto influye en los pueblos para mandar y ser obedecidas con buen éxito; y deseando que al señor Presidente se le trate con el decoro y dignidad correspondientes a su empleo, hoy he prevenido en la orden general y en oficios circulares, se le dé el título de Excelentísimo cuando de palabra o por escrito tengan que dirigirse a él todos los señores comandantes, jefes, oficiales y soldados que componen el Ejército.

Lo que me hago el honor de comunicar a U. para que lo haga saber a S. E. el Presidente del Estado, a quien lo mismo que a U. reitero mi distinguida consideración.

Rafael Carrera.

Rivera Paz no se hizo esperar. Tres días después firmó el acuerdo siguiente, redactado por Pavón:

"Guatemala, octubre 15 de 1844.

Conviniendo a la respetabilidad de las autoridades que en los actos públicos y oficiales sean tratados los funcionarios que las representan con la distinción que exige el buen orden social, conforme se practica en todas las naciones: en uso de las facultades que competen al Gobierno, y mientras se da una ley que arregle este particular, ha tenido a bien acordar:

1.° Que en todos los actos oficiales, al Presidente del Estado se le dé el tratamiento de Excelencia.

2.° Que al Teniente general Sr. Rafael Carrera, por su empleo de tal Teniente general, se le dé el mismo tratamiento.

3.° Que a los magistrados de la Suprema Corte, a los generales y jefes superiores del Ejército de Coronel arriba, y a los demás funcionarios y dignidades Eclesiásticas, se les dé el mismo tratamiento que tenían antes de la ley que los abolió, entendiéndose que esta ya no rige en el Estado.

4.° Que se ponga en ejecución la orden de la Asamblea Constituyente del Estado y prevenciones dadas a consecuencia por el Gobierno sobre uniformarse las corporaciones.

5.° Que se circule este acuerdo a las Autoridades, y se publique en la Gaceta para observancia general.

Mariano Rivera Paz.
El Secretario de Relaciones M. F. Pavón.

Los serviles se contradicen. El marqués de Aycinena, en uno de los folletos que publicó en los Estados Unidos contra la Federación, dijo que los liberales habían formado una República con los andrajos de una monarquía.

Dijo muy bien porque los liberales conservaron el patronato, debiendo haber establecido, como en los Estados Unidos de América, la independencia entre la iglesia y el Estado.

Ese patronato los conducía a sentarse bajo doseles en los templos, a ser incensados por los clérigos, a conducir solemnemente el Jueves Santo la llave del sagrario sobre el pecho, y a rezar por las calles en medio de antorchas encendidas y al son de la música militar.

Todo esto lo hacían porque se contemplaban legítimos herederos y sucesores de los derechos que, en los asuntos eclesiásticos, tenían los reyes de Castilla.

Pero cuando los serviles subieron al poder, no solo conservaron esos andrajos, sino que exhumaron otros verdaderamente ridículos, para condecorar a Rafael, a Sotero Carrera, a Jerónimo Pais, a Pedro León Velásquez.

El artículo 4.° del acuerdo preinserto manda que se ponga en ejecución la orden de la Asamblea cristianísima que se instaló el año de 39.

Esta orden fue dada el 27 de septiembre de 1841, y corresponde al catálogo de disposiciones que, derogando las leyes liberales, restablecieron el fuero eclesiástico y el Consulado de comercio, los diezmos y las capellanías, la Sociedad Económica y la Compañía de Jesús.

Pero había alguna novedad en los uniformes decretados por la Asamblea, que los hacía todavía más ridículos.

El Presidente del Estado debía usar uniforme color verde oscuro con una bordadura de oro ancha en el cuello, en las vueltas de las mangas y carteras; botonadura de lo mismo, galón de oro en el sombrero y borlas de lo mismo en la espada y bastón; el centro blanco y una banda ceñida en la cintura de los colores del pabellón del Estado, con tres bordados en sus extremidades.

Rivera Paz jamás se atrevió a presentarse en esta facha ante sus conciudadanos.

No solo el Presidente del Estado debía estar vestido de verde, sino también los corregidores, a quienes otra ley de la misma Asamblea había dado el carácter de señores feudales.

Estos debían usar un bordado de plata en el cuello y en las mangas, borlas en el bastón y cucarda de plata en el sombrero.

Las municipalidades no debían quedarse sin ser engalanadas.

La Asamblea las facultó para acordar ellas mismas el uniforme que debían usar los individuos que las componían.

La Corte de Justicia no fue olvidada en la distribución de uniformes. El Regente, Magistrados y Fiscal debían usar en el Tribunal y en los actos oficiales traje talar y toga.

La misma Corte, por un acuerdo, estaba obligada a señalar el uniforme de los jueces de 1.ª instancia y de los abogados.

Los Magistrados más tradicionalistas usaron el traje talar y la toga; otros no se atrevieron a arrostrar el ridículo que a esos trajes se hacía entonces.

Los abogados, entre los cuales se hallaban muchos de la escuela del doctor Gálvez, nunca se vistieron de farsa, y las aspiraciones de don Manuel Francisco Pavón encontraban por todas partes el choque de los usos y de las costumbres que habían creado las leyes liberales emitidas desde el año de 23.

Todavía el país no había llegado al grado de postración en que más tarde lo colocaron los jesuitas y las leyes de enseñanza dictadas por Pavón, y de cuando en cuando se veían aspiraciones de emancipación. En la Antigua hubo un movimiento que reprimió a balazos el corregidor Sotero Carrera.

Don Eduardo Evans, Secretario del Cónsul inglés, fue herido.

Chatfield dirigió a Sotero Carrera la nota siguiente:

Antigua Guatemala, 13 de noviembre de 1844.

Al Señor General Sotero Carrera, Corregidor y Comandante militar del Departamento de Sacatepéquez.

Señor:

Con referencia a lo ocurrido anoche, cuando el señor Eduardo Evans, secretario de este Consulado general, fue herido de gravedad por una partida de tropa de esta ciudad, cuyo suceso U. en parte presenció, es mi deber, en consideración de los justos derechos de un súbdito británico, instar que una investigación cuidadosa sea inmediatamente instituida, con respecto a la conducta de la dicha tropa en esta ocasión.

Estas son las circunstancias del caso: El Sr. Eduardo Evans, volviendo a caballo a este Consulado general anoche entre las horas de 9 y 10, al llegar a la esquina de la calle en que está situada mi habitación y a veinte pasos de ella, fue preguntado "¿Quién vive?" por una partida militar bajo las órdenes de un oficial.

El Sr. Evans contestó como de costumbre, cuando recibió orden de hacer alto, obedeció y permaneció al lado de un Sereno, quien le conoció.

Sin hacer caso de su obediencia, ni de sus repetidos gritos manifestando su nombre, su calidad y el lugar de su residencia, ni que el oficial que mandaba a los soldados también reconoció al señor Evans y les dio orden de detenerse, ni que estaban tan cerca de él que podían haberle hecho prisionero, aun en el caso de resistencia de su parte (que no hubo).

Todos hicieron fuego y cayeron sobre él con las bayonetas, hiriéndole severamente.

Por la gracia de la Providencia el señor Evans escapó con la vida, pero no antes que recibió un balazo que atravesó el brazo izquierdo, otro que le causó una contusión fuerte en las costillas y una estocada con una bayoneta en el cuerpo. Su caballo, siendo también herido.

Con toda disposición de conceder mucho al deplorable estado del país, y a su sistema relajado de disciplina militar, no puedo menos que demandar que este asunto sea investigado con esmero, y que los que han excedido o han faltado a sus deberes en esta ocasión sean castigados como merecen.

Tengo el honor de ser de U. atento seguro servidor.

Federico Chatfield.

Cónsul general de S. M. B. en

Centro—América.

Era preciso que Chatfield inspirara mucho respeto para que Sotero Carrera pudiera sufrir esta nota.

Chatfield dice en ella exactamente la verdad; pero Sotero no estaba acostumbrado a oírla, ni la podía soportar.

Si algún guatemalteco hubiera dicho a Sotero Carrera que el estado del país era deplorable y que la disciplina militar estaba relajada, la respuesta habría sido unos balazos; pero quien decía la verdad era Chatfield y el Corregidor de la Antigua tenía miedo a la Inglaterra.

Este señor Carrera, hermano del teniente general, era talabartero, oficio honroso como lo son las artes mecánicas; pero haciendo arreos de caballos, no se aprende a escribir notas.

Sotero era incapaz de formular dos líneas, y sus mentores le escribieron la contestación siguiente:

Secretaría del Corregimiento.

Al Señor Cónsul general de S. M. B. en Centro—América.

Antigua, noviembre 15 de 1844.

El general de brigada, Corregidor y Comandante general de este Departamento, tiene el honor de acusar recibo al oficio del señor Cónsul general de S. M. B. en Centro—América, fecha 13 del corriente, en que pide se instruya inmediatamente una investigación sobre lo ocurrido la noche del 12 entre el secretario del consulado señor Eduardo Evans y un piquete de tropa que fue a reconocerlo, en ocasión que llegaba a la esquina de la casa de su habitación. Tal acontecimiento ha sido obra de las circunstancias, pues que estando amenazada la tranquilidad pública con motivo de una conspiración que se tramaba por vecinos de esta ciudad, había sido preciso dictar medidas severas que diesen toda seguridad. Sin embargo de que el señor Cónsul manifiesta que con toda disposición de conceder mucho al deplorable estado del país, y a su sistema relajado de disciplina militar, no puede menos que demandar que este asunto sea investigado con esmero, y que los que han excedido o han faltado a sus deberes en esta ocasión sean castigados como merecen, es terrible que el señor Cónsul se exprese en estos términos, cuando más de una vez se le ha acreditado que se sabe guardar en la tropa de esta guarnición orden y regularidad, y que lo sucedido con el señor Evans no prueba esta aseveración, sino que debe contarse como uno de aquellos hechos inevitables en circunstancias que llevo expuestas.

No obstante, obsequiando los deseos del señor Cónsul, he mandado con esta fecha seguir la conveniente información sumaria, y del resultado pasaré a U. el debido testimonio, no dudando que si apareciese culpabilidad en la tropa, será castigada como corresponde.

Tengo el honor de ser etc.

(Firmado.) — Sotero Carrera.

Chatfield respondió en esta forma:

Al Señor General Sotero Carrera, Corregidor y Comandante general militar de este Departamento.

Antigua Guatemala, 15 de noviembre de 1844.

Señor:

Acabo de recibir la nota que U. me hizo el honor de dirigirme con esta fecha, en contestación a la mía de 13 del presente, y siento que no puedo mirar la violencia hecha por la tropa al señor Eduardo Evans, como un hecho inevitable en las circunstancias como las que U. se sirve exponer, pues es más presumible que la persona del señor Evans fue plenamente reconocida por todos, visto que la preservación de su vida debe atribuirse en mucha parte a los esfuerzos del oficial señor Domingo Gutiérrez, quien le reconoció, y se empeñó fuertemente en moderar la perversidad de la tropa, entre la cual se oían ciertos gritos que indicaban suficientemente que para ella era cosa indiferente quién fuese el asaltado.

Al referirme al sistema relajado de disciplina militar, no deseaba designar la guarnición de esta ciudad en particular, pero de significar con sentimiento, que ordinariamente en este país, el primer impulso de la fuerza armada en servicio, es de herir y matar, aun a individuos indefensos, que sería fácil tomar prisioneros en su caso.

Celebro que U. se ha servido mandar seguir la conveniente información, para que los culpables sean debidamente castigados, y es de esperarse que este paso dará a entender generalmente que la moderación y la humanidad son compatibles con el verdadero valor y denuedo militar, y que el soldado disciplinado nunca debe olvidar sus deberes como ciudadano. El Supremo Gobierno del Estado, habiéndome dirigido una nota sobre este asunto, voy a comunicarle copias de esta correspondencia. Tengo el honor etc.

Federico Chatfield, Cónsul de S. M. B. en Centro—América.

Sin embargo de la amistad de Chatfield y Pavón, y de las afecciones del cónsul por los serviles, él dice que ordinariamente en este país, el primer impulso de la fuerza armada en servicio era herir y matar aun a individuos indefensos.

Si estas palabras fueran de Barrundia, podrían tacharlas los serviles; pero siendo de Chatfield, ¿qué podrán decir contra ellas?

Todo se redujo a disculpas y a satisfacciones, y el asunto, aunque alarmante, no llegó a un grado que pudiera colocar en conflicto a los serviles.

En la capital hubo el 13 de noviembre por la noche una alarma.

Se aseguraba que algunas personas, en combinación con gente de la Antigua, pretendían dar un golpe a los cuarteles.

El 14 a mediodía entró a la capital un piquete de tropa con presos de los Altos.

Se esparció la voz de que era gente de la Antigua, y las vendedoras de la plaza, que entonces se hallaban bajo sombras de petates, enfrente de la Catedral, corrieron en todas direcciones.

Los ánimos estaban agitados y Carrera, para hacerse más importante, dijo que abandonaría el país.

El 15 a las dos de la tarde se reunió el Consejo en Palacio. Concurrieron los presidentes de corporaciones y otros funcionarios.

Carrera manifestó las medidas que había tomado para salvar el país, pues así se dice siempre que se combate una revolución, y dijo que convenía a sus intereses retirarse a la vida privada.

Aquella respetabilísima reunión manifestó que la ausencia del señor general en jefe don Rafael Carrera, a quien la Divina Providencia nos había enviado para hacernos felices, nos hundiría en un abismo de infortunios, y se comisionó a los señores Regente de la Corte don Marcial Zebadúa y Consejeros don Luis Batres y don José de Coloma, para que se dirigieran a la casa del teniente general a disuadirlo de su viaje.

Los comisionados se presentaron al instante en casa de Carrera. Zebadúa dijo al teniente general que su persona era indispensable en Guatemala, y para persuadirlo mejor, concluyó citándole algunos sucesos de la historia de Inglaterra.

Don Luis Batres dijo que en todas partes había hombres que aspiraban a la anarquía a quienes se debía reprimir y escarmentar; que el general Carrera contaba en Guatemala con el apoyo de los padres de familia y de todos los hombres de bien a quienes no debía abandonar.

Don José de Coloma, jactándose de ser rico, habló a nombre de los ricos. Dijo que los hombres que tenían que perder deseaban hallarse bajo la protección del teniente general don Rafael Carrera; que los léperos, los descamisados, los que deseaban medrar a río revuelto eran solo los hombres que tenía en contra.

Carrera, después de tan elocuentes discursos, se manifestó satisfecho.

Todo el mundo veía que el proyecto de ausentarse era una farsa.

Un hombre de inteligencia y de cultura como el doctor Gálvez, como Barrundia, como Molina, puede vivir en todas partes. Sus cualidades personales le abren todos los salones y su propia inteligencia es un capital.

Un hombre inculto como Carrera, ¿qué figura hubiera hecho fuera de su país natal?

Carrera fuera de Guatemala, donde tenía tantas simpatías, era un pez fuera del agua.

Su exhibición en otros países habría sido una mengua para los guatemaltecos, porque se habría medido su cultura por la cultura de aquel hombre que había podido disponer a su antojo de la suerte del país por tantos años.

El Consejo Constituyente estaba convocado para el 9 de junio, y en seguida lo fue para el 11 de noviembre; pero no había podido reunirse en las fechas designadas.

El 25 de noviembre se anunció al Gobierno una junta preparatoria.

Las elecciones habían favorecido a algunos liberales, vana ilusión, que animó a muchas personas que no pertenecían al partido servil aristocrático, y comenzaron a hablar fuertemente contra el Ministro Pavón.

Este señor vio entonces como una necesidad imperiosa para su partido la venida de los jesuitas, llamados por la Asamblea Constituyente que se disolvió en Pinula, y por don Mariano Rivera Paz en cumplimiento de aquella augusta resolución.

El padre Muñoz, clérigo ultramontano que se hizo notable escribiendo en favor del arzobispo Casaus, cuando este prelado se hallaba en pugna con el cabildo metropolitano, dirigió a Pavón una carta escrita en latín por el padre jesuita José Walle.

En ella se felicita al Gobierno y a Guatemala, por la venida de los jesuitas, y se dice lo siguiente:

"Mucho he rogado por Guatemala en los sepulcros de San Pedro, y San Pablo, y en los de N. N. P. P. San Felipe Neri, y San Ignacio, y de San Luis Gonzaga, y San Estanislao de Kostka."

Viéndose estas palabras de un jesuita se puede exclamar con Dante: "¡El mundo se pierde por falta de lógica!"

Los jesuitas no tienen lógica. Es fácil demostrarlo.

Ellos dicen que creen firmemente en todo lo que, como puntos de fe, declaró el Concilio Tridentino que denominan santo.

Este Concilio declaró como dogma de fe la transustanciación y la presencia real.

Un jesuita debe creer firmemente que, siempre que un sacerdote pronuncia sobre pan ázimo estas palabras: "hoc est enim Corpus meum", Jesucristo baja del cielo y el pan ázimo se convierte en Dios, así es, que el pan deja de existir, para que exista allí el cuerpo, la sangre y la divinidad de Jesucristo.

Este es el mayor portento imaginable. El que, según el Credo católico, ascendió a los cielos y está sentado a la diestra de Dios Padre, baja siempre que un sacerdote pronuncia las expresadas palabras.

Aquel cuya gloria, según el prefacio que se canta en la misa, alaban los ángeles; aquel a quien adoran las dominaciones, y ante el cual tiemblan las potestades, se encuentra entre nosotros, está en el copón de cada iglesia: se halla en todas las hostias consagradas y en cualquiera partícula.

¿Qué necesidad tiene, pues, Guatemala de que los jesuitas rueguen por ella sobre los sepulcros de San Felipe Neri y de San Ignacio, que se convirtieron en polvo como todos nos hemos de convertir?

¿Por qué es respetable San Pedro ante los católicos?

Porque Jesucristo, según dice el Evangelio, le dio la facultad de atar y desatar en Cesarea de Filipo, y porque a las márgenes del mar de Tiberíades, lo facultó para apacentar sus corderos y sus ovejas.

Pues bien, si aquí está en cuerpo y alma, en espíritu y en verdad, el mismo que dio esas facultades a San Pedro; ¿qué necesidad tiene esta católica población de que los jesuitas rueguen por ella sobre el sepulcro de San Pedro?

En la asombrosa Catedral de Roma, cuya fábrica contribuyó a la gran revolución del siglo XVI, se encuentra un sepulcro que sirvió de modelo para el sepulcro de Napoleón en los Inválidos: se dice que es el sepulcro de San Pedro, en cuyo alrededor arden siempre ochenta y seis lámparas.

He aquí otra falta de lógica. Al copón, donde, según la creencia católica, está Dios, solo arde una lámpara; a la custodia, cuando se exhibe una hostia consagrada con toda solemnidad, solo es preciso que ardan doce velas, y en torno del sepulcro de un hombre, es indispensable que ardan día y noche ochenta y seis lámparas.

Muy pocos de los que no pertenecen al clero, creen hoy en Roma que en aquel sepulcro se halla el cadáver de San Pedro.

Si tantas cuestiones ha habido para decidir dónde se halla el cadáver de Cristóbal Colón, cuya muerte es reciente, comparada con la muerte de San Pedro, y si a pesar del voluminoso libro que ha publicado la Academia de la Historia y de los volúmenes que sobre el particular han salido de la isla de Santo Domingo, la cuestión no está resuelta; ¿qué sucedería si con la misma profundidad discutieran hoy los que creen que en el centro de las ochenta y seis lámparas está el cadáver de San Pedro, y los que niegan la verdad de ese aserto?

La publicación de la carta del padre Walle indignó a los liberales, quienes redoblaron sus ataques a don Manuel Francisco Pavón.

Rivera Paz anunció que renunciaría inmediatamente que se instalara el Consejo Constituyente.

La próxima reunión de éste, la decisión de Rivera Paz a renunciar, la opinión pública manifestada en algunos departamentos en favor de los liberales y las acerbas censuras contra los nobles, determinaron a don Manuel Francisco Pavón a presentar su dimisión.

Pero los serviles, cuando parecen más caídos, están más afianzados.

Ellos buscan poderosos apoyos, y al que puede decidir de la situación, lo halagan de todos modos, sin omitir medios por más tristes y humillantes que fueren.

Pavón se apoderó del ánimo de Carrera.

En medio de aquella crisis, en que algunos ilusos esperaban un rayo de luz, y creían que Carrera había conocido el abismo a que conducía al país la política de los nobles, apareció el número 182 de la Gaceta Oficial con un artículo firmado por Carrera en loor de don Manuel Francisco Pavón.

Ese artículo debió haber hecho comprender a los liberales, que no podía variarse la política inaugurada por el padre Durán, el padre Aqueche, el padre Lobo, el padre Arellano, el padre Aguirre, mientras no desapareciera de la escena el guerrillero de Mataquescuintla, que no podía amar la civilización habiendo sido elevado por la barbarie y estando protegido por ella.

La renuncia de Pavón fue admitida, y el Contador Mayor don Manuel Cerezo quedó autorizado para firmar las providencias del Gobierno, mientras se reorganizaba el ministerio.

Cerezo se excusó diciendo que esta autorización envolvía el nombramiento interino de Ministro, incompatible con el cargo de Contador.

Entonces fue nombrado Sub—Secretario General el Licdo. don Manuel Echeverría, provisionalmente y mientras se nombraban ministros del despacho.

Este nombramiento infería una ofensa a Echeverría.

Él era un joven que ya se había hecho notar, y a quien en circunstancias mejores se había pretendido, aunque privadamente, hacerlo Sub—Secretario del Gobierno.

En noviembre de 1844 no se le llamaba al ministerio, creyéndose que por su edad era incapaz de tan alto puesto, sino a la Sub—

Secretaría, y no definitivamente, sino mientras había quienes, queriendo ser ministros, arreglaran el Gabinete.

Echeverría no admitió diciendo que aunque el cargo que se le confiaba es de segundo orden, sería el más difícil y más comprometido en el supuesto, que daba por cierto, de que no se encontrasen personas que entrasen al ministerio.

Él dijo también que Rivera Paz iba a separarse del Poder y que no estaría bien aceptar un destino para dejarlo tal vez en los mismos momentos de su admisión. No se equivocaba; la separación de Rivera Paz era un hecho en que se había convenido.

El dos de diciembre don Joaquín Durán fue nombrado Ministro de Relaciones, y de Hacienda lo fue don José Nájera.

Durán se excusó alegando pretextos frívolos y fue nombrado en su lugar don Miguel Larreynaga quien también se excusó pretextando enfermedad.

El 4 de diciembre fue nombrado Ministro de Relaciones el Licenciado don Manuel Arrivillaga quien se excusó presentando razones de modestia, entre las cuales se veía claro el pensamiento de no contraer ningún compromiso en aquellos momentos.

Viendo don José Nájera que todos se excusaban, él también rehusó el Ministerio de Hacienda.

Nájera era el hombre que más convenía a Pavón en el Gobierno, y este personaje, protegido por Carrera, influyó para que Rivera Paz no admitiera la renuncia de don José; pero fue repetida.

Rivera Paz la admitió y tuvo a bien nombrar Ministro de Hacienda al español don José de Coloma.

Coloma se excusó y fue nombrado en su lugar el Licenciado don José María Urruela.

Urruela también se excusó quedando la secretaría en manos del Jefe de Sección don Vicente Casado a quien se autorizó para firmar pasaportes.

El Gobierno de Rivera Paz estaba en agonía. Los mismos nobles que lo elevaron en abril de 1839, querían derribarlo en diciembre de 1844.

El año de 1839 Carrera acababa de ser mirado como un salteador de caminos, y su nombre inspiraba horror.

Solo los Aycinena, Pavón, Batres y fray Bernardo Piñol confiaban en él, porque aunque lo conocían estaban seguros de poderlo dominar haciéndolo instrumento de los intereses de tres o cuatro familias.

Que los nobles conocían a Carrera lo prueba el discurso que pronunció Piñol el 14 de septiembre de 1838.

Lo prueban las pastorales del canónigo Larrazábal, y otros documentos de aquella época.

El público también lo conocía, y por lo mismo pensaba que iba a lanzarse sobre él, como una fiera.

Para inspirar confianza al público, los nobles sacaron a Rivera Paz de su casa y lo sentaron bajo el dosel, colocando a su lado a don Pedro Nolasco Arriaga.

Bien pronto los fastidió Arriaga, y lo enviaron al Consulado de comercio, de donde pasó a la Corte Suprema de Justicia.

Allí, unido a los serviles más definidos, era de los colaboradores del partido aristocrático.

El año 44 se aseguraba que Carrera estaba ya civilizadísimo: que había aprendido mucho y que era un grande hombre de Estado.

Entre la fecha en que los serviles llamaban a Carrera antropófago, salvaje y bárbaro, y ofrecían la dictadura a Morazán para que los salvara de Carrera, y la fecha en que los mismos serviles llamaron a Carrera hombre civilizadísimo y gran político, no corrió el tiempo que se necesita para que un salvaje se civilice y convierta en grande hombre de Estado; lo cual prueba que los nobles pretendían engañar al público.

Pruébanlo también los últimos actos de Carrera.

El 20 de septiembre inspiró a los jefes del batallón permanente la idea de insurrección. Se cumplió su voluntad aquella noche, y al siguiente día fusiló a los que lo habían complacido.

Este hecho es tan salvaje como la mayor parte de las acciones de Carrera ejecutadas en las montañas.

¿Podrían decir los nobles que Carrera se civilizó e hizo grande hombre de Estado, desde septiembre de 1844 hasta diciembre del mismo año?

Con más franqueza hablaban entre sí. Ellos decían: "Carrera no comprende las dificultades del Gobierno y exige demasiado al Presidente, hasta el extremo de ponerlo preso cuando no lo complace:

es preciso que él mismo sea presidente y palpe las dificultades de la administración, y así cesará ese continuo choque entre el Gobierno y la Comandancia."

El 8 de diciembre se reunió el anhelado Consejo Constituyente. He aquí el acta de instalación:

"Nosotros los representantes de los pueblos del Estado de Guatemala en Centro—América, reunidos en bastante número a consecuencia de la convocatoria mandada hacer por el decreto de 14 de marzo del presente año; después de haber examinado nuestros respectivos poderes, y habiéndolos hallado conformes, declaramos:

El Consejo Constituyente del Estado de Guatemala, libre y soberano, está solemnemente instalado.

Comuníquese al Supremo Gobierno para su publicación.

Guatemala, en el salón de sus sesiones, a ocho de diciembre de mil ochocientos cuarenta y cuatro.

José Venancio López, Presidente.

Rafael de Ariza y Lavairu. Manuel Gálvez. Ignacio María Ponciano. Rodrigo Arrazola. Félix Juárez. Plácido Flores, secretario. M. J. Arango, secretario."

El día 11 el Consejo admitió la renuncia de Rivera Paz y nombró Presidente del Estado al teniente general Rafael Carrera. El decreto dice así:

"El Consejo Constituyente del Estado de Guatemala.

Teniendo en consideración que se halla vacante la Presidencia del Estado por dimisión que de ella ha hecho el señor Mariano Rivera Paz, decreta:

Se nombra Presidente del Estado, electo por el Consejo, al Excmo. señor Teniente General Rafael Carrera, quien prestará el juramento que corresponde ante el mismo Consejo.

Pase al Gobierno para su cumplimiento. Dado en Guatemala, en el salón de sesiones, a once de diciembre de mil ochocientos cuarenta y cuatro. J. Venancio López, Presidente. Plácido Flores, secretario. M. J. Arango, secretario.

Aquel mismo día Carrera tomó posesión del mando que de hecho ejercía desde el 13 de abril de 1839.

¡Qué triste espectáculo era para los hombres de progreso, para los que vieron tomar posesión a Gálvez, a Barrundia, a Morazán y habían tenido por candidato a Valle, mirar en la silla del poder Ejecutivo de su patria a un montañés que no tenía más regla que su voluntad ni más guía que las aspiraciones de cuatro familias que deseaban que todo se anonadara para elevarse sobre la postración del país.

Entre los individuos del Consejo había progresistas que dieron su voto a Carrera. ¡Qué tristeza!

Más triste aún fue mirar en el Consejo individuos de los Altos, que votaban por el verdugo de Quezaltenango.

Ellos creían, sea dicho en honor de su sinceridad, pero no del acierto de sus cálculos, que podían arrancar a Carrera de manos de los nobles para conducirlo por una senda liberal y progresista, mientras se regularizaba el país; y algunos actos extraordinarios que parecieron felices los afianzaron más en esta creencia. ¡Qué error!

¿Cómo era posible que Ariza, Gálvez, Ponciano, Arrazola, Juárez Flores y Arango, arrebataran la presa de las garras de los nobles?

Los Aycinenas, Pavones, Batres y Piñoles contaban con ramificaciones, con un clero atrevido y audaz, con las costumbres tradicionales y con otros elementos de que carecía aquel diminuto Cuerpo Legislativo.

Se ha dicho que algunos actos en que no se sofocó la voz de los representantes alucinaron más a estos, y es preciso ir poniendo esos actos de manifiesto.

Era Regente de la Corte don Marcial Zebadúa, suegro de don Manuel Francisco Pavón.

Era Magistrado don Pedro Nolasco Arriaga, el mismo que apareció como Ministro de Rivera Paz el 13 de abril de 1839.

Era Magistrado don Santiago Milla, desterrado de San Salvador por Lindo el año de 1841, halagado por Pavón en Guatemala, para convertirlo a su partido y colocado por influencia del mismo Pavón en la Corte de Justicia.

Eran también Magistrados don Matías Martínez, sobrino del doctor Méndez, sacristán mayor y cura del Sagrario, y don Liberato Valdéz.

La Corte, así organizada, se consideraba como una gran columna del servilismo.

Muchas acusaciones se habían presentado a la Asamblea, con razón o sin ella, contra los magistrados.

Estos señores no solo habían sido acusados por los plebeyos, sino también por los nobles.

Entre las acusaciones más fuertes contra los magistrados figuran algunas de la casa aristocrática de Ortiz Urruela.

Los acusadores siempre salieron mal, y los magistrados muy bien.

Es probable que hayan salido siempre bien porque siempre tenían razón; pero no todos los ciudadanos pensaban del mismo modo.

El doctor don Andrés Andreu tenía un pleito importantísimo en que se ventilaban intereses de partido.

Convenía al doctor Andreu, para ganar su pleito, que la Corte subsistiera tal como se hallaba organizada.

Convenía a las personas que contra Andreu litigaban que otros hombres compusieran el tribunal supremo de justicia.

Había, pues, una grande excitación acerca de magistrados, y en medio de ella el Consejo dictó el siguiente decreto:

"El Consejo Constituyente del Estado de Guatemala.

Habiendo tomado en consideración la proposición hecha por uno de sus representantes sobre renovar los individuos que componen la Corte Suprema de Justicia, y lo que en su virtud expuso la comisión respectiva, decreta:

1.° Se halla por Regente de la Suprema Corte de Justicia al Ldo. señor Miguel Larreynaga.

2.° Por Magistrados a los señores Ldos. José Antonio Larrave, José Mariano González, Francisco X. Valenzuela y Manuel Rivera.

3.° Por Fiscal al señor Ldo. Juan Diéguez, y por magistrados conjueces a los Ldos. señores José María Urruela, Juan Taboada y Raymundo Arroyo.

Pase al Gobierno para su publicación y cumplimiento. Dado en el salón de sesiones. Guatemala, a trece de diciembre de mil ochocientos cuarenta y cuatro. J. Venancio López, Presidente. Plácido Flores, secretario. M. J. Arango, secretario.

Aquel día los serviles abandonaron su habitual gazmoñería y públicamente hablaban contra el Consejo Constituyente.

Hubo servil que dijera en los corredores de la Universidad, edificio donde se reunía el Consejo: "Ya estamos como el año de 29."

De manera que era preciso que el tribunal de justicia pudiera ser siempre manejado en política por don Manuel Francisco Pavón.

Los nobles esperaban la protección de Carrera y en aquellos momentos, por una excepción de la regla general, les faltó. Carrera puso el cúmplase al decreto.

Desde aquel momento, no en público, porque los nobles saben lo que hacen, sino muy en privado, Carrera volvió a ser antropófago en los círculos aristocráticos.

La muerte de Gorris, de Cerda, del marimbero, la ficción de Atescatempa y todo lo que Carrera había hecho contra la humanidad, eran virtudes; pero el cúmplase al decreto en que se nombraban otros magistrados era un atentado inaudito y una ingratitud sin límites.

Volvióse a hablar de la farsa de Pinula que dio por resultado la caída de la cristianísima Asamblea Constituyente, incapaz de hacer con el partido servil semejante cosa, y de los supuestos tratados de la villa de Guadalupe, que tantas amarguras traían al partido servil aristocrático; pero nada bastó: el golpe estaba dado.

El 14 de diciembre dos individuos del Consejo Constituyente se presentaron en la Corte, y dijeron que iban a poner en posesión de sus destinos al señor Regente Larreynaga y a los Magistrados Larrave y Valenzuela.

Zebadúa, Arriaga, Milla, Martínez y Valdez tomaron sus sombreros y salieron para sus casas.

Larreynaga, Larrave y Valenzuela quedaron en posesión del tribunal; y el nuevo Regente, con mucha calma y como si nada extraordinario hubiera ocurrido, pronunció estas palabras:

"Continúan las sesiones de la Corte Suprema de Justicia sin interrupción." (Documento núm. 1.°)

Los señores José Mariano González, Manuel Rivera, Juan Diéguez, José María Urruela y Raymundo Arroyo renunciaron y fueron subrogados en esta forma:

"Se halla por magistrado 3.° al Ldo. Manuel Arrivillaga; por 4.° magistrado al Ldo. Juan Taboada; por fiscal al Ldo. Manuel Beteta; por 2.° conjuez al Ldo. Luis de la Roca y por 3.° al Ldo. Felipe Pedrosa."

La reputación de don Miguel Larreynaga, a quien se consideraba como un sabio, mortificaba a los nobles y a sus sirvientes.

El doctor Andreu no perdía ocasión de herir a Larreynaga, Regente de la nueva Corte, y a don Venancio López, Presidente del Consejo Constituyente.

Una serie de diatribas se lanzaban contra el Consejo y contra la Corte.

El Consejo cambió de nombre, decretando que en lo de adelante se llamara Congreso Constituyente.

Uno de los oficiales de la Secretaría, llamado Benito Araus, hombre muy jocoso y del gusto entonces dominante en Guatemala, se entretenía en buscar apodos para complacer a los nobles.

A don Venancio López le llamaba el achotado, porque su semblante no era pálido, y desde entonces el doctor Andreu jamás dio en las tertulias y corrillos otro nombre a uno de los jurisconsultos que más honran a la América Central.

El Consejo, llamado después Congreso, se instaló el 8 de diciembre, día de Concepción, presidido por don Venancio López, y el jocoso Araus dijo que no se debía llamar Consejo, ni Congreso, sino Concepción López.

Esta ocurrencia pareció feliz a los serviles, y Andreu en todos los círculos y corrillos se burlaba del Cuerpo Constituyente llamándolo Concepción López.

Tenía razón Andreu de estar incómodo: aquel diminuto Congreso, pulverizando un trinquete de los serviles, había averiado la orgullosa nave aristocrática.

Beteta era fiscal de la vieja Corte: cayó con Zebadúa, y fue subrogado por el joven poeta Juan Diéguez, quien no aceptó.

A Beteta se le volvió a nombrar Fiscal, y no rehusó el nombramiento.

Era uno de esos hombres que se llaman prácticos, y decía, para herir al Congreso sin dejar de ser fiscal:

"Yo tenía mi título de hijo legítimo; me lo quitaron para darme un título de hijo espurio que he aceptado, porque llevo la cabeza sobre los acontecimientos, como dice Pavón."

Don Domingo Diéguez, uno de los signatarios de los tratados de Quezada, acababa de morir, y era Magistrado cuando murió.

Juan Diéguez, hijo de don Domingo, decía:

"Si mi padre hubiera vivido habría caído con sus compañeros, y yo no debo ir a ocupar un sitio de donde mi padre habría sido lanzado."

Parece increíble que ideas tan nobles y elevadas pudieran existir en medio de tanto cinismo.

Juan Diéguez era pobre, muerto su padre quedaba de jefe de una numerosa familia, necesitaba el sueldo de Fiscal para vivir. Sin embargo, Juan Diéguez lo rehusó, porque aceptándolo creía ofender una memoria muy querida.

He aquí una prueba que justifica una vez más que el oro es incapaz de influir en los hombres que tienen un alma grande, aun cuando estos se hallen sumergidos en el infortunio.

Muchos nobles se consolaban mirando todo lo que la Asamblea cristianísima había restablecido.

Unos días hablaban del Consulado de comercio, compuesto de los reaccionarios más completos; otros de la Sociedad Económica, cuyas deudas habían hecho pagar al Gobierno; otras veces se jactaban de los diezmos, de las capellanías, de los tratamientos de excelencia; pero muy particularmente se jactaban de tener muchos obispos y de esperar todavía otros.

El 31 de diciembre entró a Guatemala para consagrarse el señor Campoy, obispo de Comayagua.

Con motivo de esa fecha encontraron los serviles un portento.

El 31 de diciembre de 1814 entró a Guatemala el señor Rodríguez del Barranco, último obispo de Comayagua, que venía a consagrarse, y el 31 de diciembre de 1844 entró con el mismo fin el señor don Francisco de Paula Campoy. ¡Qué maravilla! El milagro era tan patente que no podía menos de hacer buenos católicos romanos a los libres pensadores.

Otro milagro tan claro como este se acababa de mirar.

Los arneses en que entró montado el ilustrísimo señor don Francisco de Paula García Peláez, se habían mandado hacer, hacía entonces sesenta años, por el venerable Cabildo Metropolitano, para obsequiar al ilustrísimo señor doctor don Juan Félix de Villegas, personaje ilustre que fue inquisidor de Cartagena, e hizo su entrada solemne en Guatemala el 27 de julio de 1794.

Esos arneses habían tenido la honra de ser montados por el ilustrísimo señor doctor don Luis Peñalver y Cárdenas en su entrada solemne que a esta Metrópoli hizo el 3 de junio de 1802.

Podían gloriarse los mismos arneses de haber servido al ilustrísimo señor doctor don Rafael de la Vara, quien entró a Guatemala en ellos el 4 de enero de 1808.

La fatalidad, para dichos arneses, quiso que los despreciara el ilustrísimo señor doctor y maestro don fray Ramón Casaus y Torres, quien prefiriendo un coche, hizo su entrada solemne el día 30 de julio de 1811.

Pero de este desaire fueron los arneses indemnizados por el ilustrísimo señor doctor don Francisco de Paula García Peláez.

Sin embargo de los sesenta años y de haber servido a los señores Villegas, Peñalver, la Vara y García Peláez, los arneses se conservaban en buen estado. ¿Podrá haber un milagro más patente?

He aquí los milagros con que los nobles, alucinando a pueblos ignorantes, han vencido a los liberales.

El 12 de enero de 1845 hubo una gran función más política que religiosa en la Catedral de Guatemala. Se consagró el señor Campoy. Fue obispo consagrante el señor Viteri. Fueron asistentes el Arzobispo coadjutor y el Obispo de Comana.

Fueron padrinos el Presidente del Estado don Rafael Carrera, sus secretarios don Joaquín Durán y don José Nájera, el señor corregidor y comandante general de la plaza, brigadier don Vicente Cruz, el señor licenciado don Pedro Nolasco Arriaga, paisano del señor Campoy, y el señor corregidor de Chiquimula don José Domingo Vázquez.

La conversación favorita de los serviles, después de aquel día, fueron los Obispos, hasta el extremo de fastidiar con esa conversación perenne a las señoras de sus mismas familias.

Se hablaba incesantemente de lo que hacían y pensaban el ilustrísimo señor don Francisco de Paula Campoy, obispo de Comayagua; el excelentísimo e ilustrísimo señor don Jorge de Viteri y Ungo, obispo del Salvador; el ilustrísimo señor doctor don Francisco de Paula García Peláez, arzobispo de Bostra y coadjutor de Guatemala, y el ilustrísimo señor doctor don Antonio Larrazábal, canónigo de esta Santa Iglesia y obispo de Comana.

Se decía que la diócesis de Nicaragua se hallaba viuda; que pronto tendría obispo y que este nuevo ilustrísimo señor vendría también a consagrarse a Guatemala.

Se afirmaba que Costa Rica pronto sería diócesis, y que tendríamos también la gloria de que se consagrara aquí su obispo.

Se divulgaba que había otros obispos in pectore con mitras in partibus infidelium que después se fueron mirando.

A Carrera no le valió haber sido padrino del señor Campoy, y haber soportado aquella luenga festividad, haciendo genuflexiones y recibiendo a cada rato, como patrono de la iglesia, el humo del incienso. Habían caído de la Corte Zebadúa, Arriaga y Milla; habían subido Larreynaga, Arrivillaga y Valenzuela, y esta subrogación era para los nobles insoportable.

Les recordaba además la caída de la Asamblea, que ellos dominaban a sus anchas, y les hacía temer otros nombramientos que aniquilaran el orden, el concierto y el decoro de que tanto hablaba Pavón.

Ellos se propusieron unirse a los liberales para aniquilar a Carrera, como se habían unido a estos para aniquilar a Gálvez; y destruido Carrera, vencer a los liberales como los vencieron después de la caída de Gálvez.

Don José Francisco Barrundia conocía perfectamente estos sucesos, porque con él se tocó para todo, y fue testigo de todo. Él nos dice en la Revista de los partidos:

"La Corte Suprema de Justicia de que hacía años estaba apoderada esta facción, fue renovada por un efecto preciso de la disolución de la Asamblea; y a esto se agregaba que Carrera algunas veces fingía inclinarse al partido liberal. Por tales motivos el servilismo hizo un esfuerzo sobre sí propio, y se determinó a destruir a Carrera, disponiéndose a luchar después solo contra el partido progresista. Comenzó a conspirar profundamente, aparentó unirse a los liberales, y estos aparentaron creerle, y se unieron a su empresa.

La conspiración se ramificó, pues, en todas las clases, en todos los partidos, en los más altos funcionarios; y era el fenómeno político más singular, que estando enlazada con la mayor parte de la sociedad y aun del poder público, tal era ya su extensión y su fuerza, el salvaje la ignorase, y se mantuviera aún dominando. Mas el desconcierto, la mutua desconfianza entre contrarios partidos, hizo abortar siempre la común empresa. Varios golpes se prepararon y se frustraron, hasta que Carrera fue informado de su peligro por la declaración de un moribundo. La sociedad se halló entonces en una crisis. Los dos partidos estuvieron en vísperas de una colisión violenta, que acaso se habría verificado luego que Carrera hubiera caído, pues nunca estos elementos, ni entonces ni después, podrán jamás combinarse. Carrera no pudo penetrar hasta los resortes de esta conspiración; persiguió vagamente y por sospechas. Él tuvo consideraciones, o ignoró las personas que se hallaban en ella más complicadas de la facción servil; toda su saña la empleó sobre su antiguo compañero Monterrosa y sobre esta desventurada familia. Sus bienes fueron destruidos."

El 17 de enero, el Presidente Carrera pidió licencia, temporalmente al Congreso, para separarse del mando, pretextando enfermedad.

La solicitud pasó a una comisión compuesta de los señores Flores, Gálvez y Ariza.

La comisión opinó por que se otorgara la licencia, quedando el Gobierno a cargo del Ministro más antiguo, que lo era don Joaquín Durán, y derogándose el decreto de 4 de octubre de 1841, dado por la Asamblea Constituyente, que establece el orden de la sucesión.

El dictamen fue aprobado y se emitió el decreto de 25 de enero de 1845.

Don Joaquín Durán era hermano del padre Durán, que tanto auxilió a Carrera en sus correrías de montaña, que tantas veces cayó en manos de los liberales y fue perdonado, que fue aprehendido por Salazar el 11 de septiembre en Villa Nueva y salvado por el Gobierno de la excitación popular que había contra él, y que después fue condenado a muerte por un Consejo de guerra, cuya sentencia se ejecutó.

Don Joaquín Durán jamás perdonó a los liberales la muerte de su hermano. Era amigo íntimo de Carrera. A Durán se debe la denominación de "Caudillo adorado de los pueblos", que se dio a Carrera, porque así lo llamó en una nota dirigida al Gobierno del Salvador, después de la sangrienta farsa de Atescatempa.

Durán acompañó a Carrera a San Salvador en mayo de 1840, facilitó allá la consecución de sus miras, contribuyendo a que se firmara el convenio que cerraba a los salvadoreños enemigos de Carrera las puertas de la patria, y colocando a Malespín al lado de Cañas.

Durán salvó entonces a Carrera de un movimiento que contra él preparaban los barrios de San Salvador, y en momentos difíciles siempre había estado a su lado como un genio tutelar.

La derogatoria del decreto de 4 de octubre era un golpe terrible para los nobles.

Ellos habían creado un consejo áulico; y en caso de muerte o imposibilidad del Presidente, el Consejo debía llamar por un decreto a hacerse cargo del Gobierno a un Consejero.

Durán no podía inspirar horror a los serviles; pero les espantaba la derogatoria de un decreto que tanto habían meditado, y en el cual tanta fe tenían.

Carrera se ausentó en virtud del decreto de 25 de enero, y don Joaquín Durán quedó al frente del Estado.

La ausencia de Carrera excitó todo género de reacciones, y en la noche del 1.º de febrero estalló una revolución.

Se hallaba mandando la guardia de la cárcel el oficial Mariano Méndez, quien abriendo las puertas de las prisiones puso en libertad a 260 presos, entre los cuales se hallaban muchos con el carácter de reos políticos.

Méndez se dirigió a casa de Carrera, donde se hallaba el armamento y muchos elementos de guerra.

Armó allí a los presos que había puesto en libertad, sacó de otra prisión al brigadier Monterrosa y lo proclamó Jefe del movimiento.

Tomó los cuarteles, excepto el de San Francisco, que mandaba el teniente Coronel Manuel María Bolaños, y quedó dueño de la ciudad.

En la mañana del 2 de febrero, Bolaños, y otros jefes, entre los cuales se distinguió Paredes, intentaron batir a los sublevados; pero no pudieron triunfar, y tuvieron necesidad de salir de la ciudad, permaneciendo en sus inmediaciones a las órdenes de don Joaquín Durán. La capital quedó en manos del general Monterrosa.

Monterrosa y Méndez convocaron a los hombres más influyentes y a los liberales más netos, para que organizaran el Gobierno; pero no tuvieron energía para conducir a un calabozo a don Joaquín Durán, mientras el horizonte se despejaba, y pretendieron transigir con él.

Durán era hombre práctico, y no teniendo elementos para dominar por entonces a Monterrosa y a Méndez, aparentó transigir con ellos y permaneció en su casa, como centro del partido que se llamaba cachureco, dando disposiciones secretas para hacer fracasar la revolución.

Hubo juntas de notables y el doctor Andreu pronunció un extenso discurso, ante centenares de espectadores, que contribuyó a desconcertar el movimiento.

Andreu habló virulentamente contra Carrera por la caída de la vieja Corte, a la cual prodigó todo género de elogios y tuvo a bien presentar como gran programa de Gobierno su restablecimiento.

El discurso de Andreu hizo ver, a los liberales, cuál era la idea dominante del partido servil y comenzó el desaliento.

Andreu, además del interés de todos los serviles para restablecer la Corte caída, tenía un interés inmediato, directo y pecuniario en el asunto.

Andreu defendía a una señora llamada María Josefa Retes de Bustamante, quien reclamaba unas casas valiosas, vendidas por el Gobierno liberal a consecuencia del decreto de 23 de noviembre de 1829.

Los señores Zebadúa, Arriaga y Milla no habrían expresado como jueces su opinión en el asunto, porque la ley se los prohibía; pero el doctor Andreu sabía muy bien que votarían en su favor.

De Larreynaga, Arrivillaga y Valenzuela desconfiaba mucho Andreu.

Varias recusaciones que existen contra ellos en los archivos, presentadas por Andreu, lo comprueban.

Nada podía herir más a Barrundia que aquel ataque a la Corte, que ponía en exhibición las miras de interés propio de un hombre, y el espíritu reaccionario de un partido.

Barrundia estimaba a Larreynaga como amigo y lo respetaba como sabio.

Era primo hermano de Arrivillaga y entonces íntimo amigo suyo.

Coincidía en muchos puntos de política con Valenzuela, quien era dueño de una imprenta, donde se publicó el periódico liberal titulado "La Aurora."

Barrundia dice, hablando de este suceso:

"El doctor Andreu, después de hacer por escrito una fuerte excitativa contra Carrera, y preparar a todos a hacerle una vigorosa resistencia, concluyó por punto cardinal: que era menester destituir a los magistrados y renovar la Corte Suprema de Justicia. Tal era su gran programa de revolución."

Se ha dicho que esta revolución fue improvisada; pero el discurso escrito de Andreu prueba que estaba preparada.

Méndez dio el golpe de hecho que produjo aquel movimiento, la noche del 1.° al 2 de febrero, y Andreu leyó su discurso contra Carrera en la mañana del dos.

Si Andreu no sabía lo que Méndez iba a ejecutar, ¿qué tiempo tuvo para escribir un largo discurso?

Se puede hablar extensamente en medio de circunstancias aflictivas, que muchas veces sirven para inspirar al orador; pero no se puede escribir un discurso frío que supone meditación y calma cuando se están oyendo las detonaciones de la artillería.

El doctor Andreu no solo habló aquel día improvisadamente. También leyó, y la parte leída de su discurso era extensa, furibunda contra Carrera por el cambio de los magistrados.

Monterrosa y Méndez mantuvieron una disciplina estricta que les hace honor.

Acordaron alistamientos y se preparaban para una gran defensa; pero el vecindario no los auxilió, y la ciudad, en medio de aquel suceso extraordinario, era un simple espectador.

Durán, en un manifiesto que dio al público pocos días después, atribuye esta conducta al deseo de paz que dominaba a los guatemaltecos.

Algunas otras causas determinantes debió haber tenido presentes el señor Durán.

Los departamentos no habían secundado el pronunciamiento.

Sotero Carrera, corregidor de la Antigua y hermano del Presidente, tenía fuerzas a sus órdenes.

Las tenían los brigadieres Antonio Solares, Vicente Cruz y el mismo Rafael Carrera, que se hallaban fuera de la ciudad.

Era preciso emprender una lucha defendiendo una plaza que no se parece a la de Granada en Nicaragua, pues atacada formalmente jamás ha triunfado.

La tomó Morazán el año de 1829; la tomó Carrera el año de 1838; la tomó Morazán el 18 de marzo de 1840 y la volvió a tomar Carrera el día siguiente.

La presencia de Monterrosa desanimaba.

La juventud veía que no se trataba de la libertad, del derecho ni del progreso, sino de resolver por medio del cañón, si debíamos tener por amo a don Rafael Carrera o a don Doroteo Monterrosa.

Un esfuerzo heroico de los jóvenes pudo haber dado un resultado favorable a la libertad y adverso a los dos caudillos; pero la juventud guatemalteca no estaba educada en la escuela que forma héroes.

La escuela de las sotanas y manteos forma hipócritas; pero no da virtudes cívicas.

Cubierta Guatemala por los hábitos monacales, cada casa era una celda donde no se oían las doctrinas que Cornelia inculcó a los Gracos.

Cada madre de familia decía a sus hijos desde que estos comenzaban a tener uso de razón: "No te metas en política, no te comprometas en nada, al que no toma parte en ninguna revolución nada le sucede."

Esta enseñanza formaba egoístas y hombres afeminados, matando las aspiraciones y la elevación de ideas de la juventud.

No había enseñanza de historia ni de política, y por lo mismo no tenían los jóvenes ejemplos que imitar.

Se les había dicho que Carrera era un hombre necesario, y muchos lo creían a pie juntillas.

El triste estado en que se hallaba la juventud lo demuestra otra conspiración contra Carrera verificada en julio de 1846, de la cual se hablará en el tomo 5.°

El 2 de febrero de 1845, después del discurso del doctor Andreu, no hubo más que frialdad y retraimiento.

La posición de Durán cambió del todo. Los hombres más comprometidos lo buscaron para pedirle garantías, y él se las prometía, asegurándolas más sólidas y eficaces a los principales aristócratas, a los servidores de estos y a sus parientes.

En medio de esta situación don Pedro Nolasco Arriaga dio un banquete al obispo Campoy.

La mayor parte de las sillas quedaron vacías, porque nadie estaba para banquetes en aquellos días.

Pocos momentos después de haberse tomado la sopa, llegó Monterrosa a casa de Arriaga, con algunos oficiales.

Como había sillas desocupadas, Arriaga pudo invitarlos, y Monterrosa tomó asiento al lado del señor Campoy.

Antes de que se sirvieran los postres, Arriaga, el obispo Viteri y Monterrosa se levantaron de la mesa para conferenciar a solas, y Monterrosa se retiró en seguida con su comitiva.

No se sabe lo que se acordó en aquella conferencia, a la cual se dieron mil interpretaciones.

Arriaga era uno de los magistrados caídos, cuya desgracia lamentó Andreu en su discurso, y debe suponerse que estaba de acuerdo con la revolución; pero el mal éxito de esta, por la frialdad con que la veía el vecindario y por la firmeza inquebrantable del Presidente interino don Joaquín Durán, es probable que haya dado lugar a que los consejos de Viteri y de Arriaga a Monterrosa hayan sido esas medidas que los hombres de orden llaman de alta prudencia y que tienden a que cada uno se ponga en salvo como pueda.

Méndez y Monterrosa conferenciaron con don Joaquín Durán, y el resultado fue celebrar con él un convenio por el cual los sublevados debían evacuar la ciudad, bajo la solemne promesa de que no serían hostilizados, si ellos no hostilizaban.

Durán, en cumplimiento de este convenio, dio orden a los jefes de las fuerzas que venían en su auxilio, para que evitaran un encuentro con las fuerzas de Méndez y Monterrosa, que al instante desocuparon la ciudad para dar cumplimiento exacto a lo estipulado.

Los sublevados se retiraron bajo la fe de este compromiso, y el 6 de febrero, como a las 5 de la tarde, entraron a Guatemala, al frente de sus respectivas divisiones, Sotero Carrera, Antonio Solares y Vicente Cruz.

Carrera llegó después y fue recibido en triunfo.

Él dio una proclama que revela su ira contra los revolucionarios y su sed de venganza.

Él atribuye el movimiento, no al orador del 2 de febrero ni a su partido, sino a los liberales contra quienes exhibe saña.

La proclama de Carrera es digna de estudio. Carrera no da en ella las gracias a Durán ni le atribuye ningún mérito. Todos los elogios se dirigen a Solares, a Cruz y a Sotero.

Estos militares aparecen en esa proclama como los únicos vencedores de la revolución, y como tres únicos salvadores de la patria.

Tal ingratitud al hombre que tantas veces había salvado a Carrera es muy lógica. Carrera no podía sufrir la sombra de un hombre civil; y un acto de pública gratitud a Durán podía levantar su reputación. Los hombres civiles de inteligencia debían aparecer como seres secundarios, y como simples colaboradores bajo el poder augusto de su Señor.

Carrera era hombre que respetaba poco la fe de los contratos. Sus panegiristas dicen que había llegado al colmo de la civilización; pero el convenio de Durán con Méndez y Monterrosa, celebrado cuando ya Carrera estaba civilizadísimo, fue tan respetado por él como el que celebró con Guzmán en el Rinconcito antes de civilizarse.

El discurso de Andreu prueba extensamente y con una serie de hechos que la barbarie de Carrera en 1845 era la misma barbarie que lo dominó el año 1837.

El orador del 2 de febrero desmiente, pues, y confunde a su propio partido.

Las promesas de Durán fueron vilmente holladas por Carrera. La sangre y el exterminio pusieron término al drama de febrero.

Sotero Carrera se lanzó como una fiera sobre las fuerzas que en dispersión salieron de la plaza, y se encaminaban hacia los Altos; y dio alcance a Méndez, quien con pocos soldados se defendió con bizarría.

Varias partidas cayeron en manos de aquel hermano feroz del Presidente, y todos fueron asesinados sin piedad.

Un pobre hombre iba de camino, ignorando todo lo que pasaba, y fue también asesinado.

En San Pedro Sacatepéquez Sotero Carrera encontró a nueve soldados de los que habían estado con Méndez, sin armas ya, sin intención de combatir y bajo las garantías del convenio de Durán, y fueron fusilados inmediatamente.

En Ostuncalco cayeron en manos de los verdugos Tomás Garín y Rafael Martínez y fueron asesinados.

La saña de los esbirros se ostentaba contra los liberales. La capital fue teatro de persecuciones contra estos. Los serviles no sufrían. Los principales revolucionarios de ellos, entre los cuales se hallaba el orador del 2 de febrero, se ocultaron aparentemente, porque todos sabían dónde se hallaban y nadie los perseguía.

Sotero, no satisfecho con la matanza y cansado de asesinar, trajo a Guatemala 23 prisioneros, entre los cuales había algunos heridos de gravedad, que sufrieron y experimentaron los más atroces ultrajes.

He aquí la patria bajo la administración del caudillo elevado por los nobles y por el clero el 13 de abril de 1839.

He aquí el régimen que se aseguraba debía imperar para que existiera la paz, el orden y el decoro que pedían los nobles.

DOCUMENTO JUSTIFICATIVO
NUMERO PRIMERO Y UNICO
CORTE SUPREMA DE JUSTICIA
Señor Secretario del despacho del Supremo Gobierno.

Guatemala, diciembre 17 de 1844.

La Corte Suprema de Justicia, compuesta de los señores Regente Ldo. Miguel Larreynaga y magistrados Ldos. José A. Larrave y Francisco X. Valenzuela, el día 14 del corriente se ha servido dictar el acuerdo siguiente:

"En Guatemala, a 14 de diciembre de mil ochocientos cuarenta y cuatro. Hallándose formada como a las 12 del día la Corte Suprema de Justicia, compuesta de los señores Regente Zebadúa y magistrados Arriaga, Martínez, Valdez y Milla, entró una comisión de dos individuos del Consejo Constituyente y manifestó que venía a poner en posesión a los nuevos individuos, Regente Larreynaga, y magistrados Larrave y Valenzuela, nombrados en virtud del artículo 13 del convenio de 11 de marzo del presente año, aprobado y mandado ejecutar por la Asamblea Constituyente, en cuyo artículo se previno que se renovasen los individuos de la Corte de Justicia, y en virtud de él se habían electo los nuevos que venían a tomar posesión. Y entendidos de esto los antiguos señores magistrados dijeron: que los nuevos podían pasar a tomar los asientos, como en efecto así lo hicieron, retirándose ellos. Y el señor Regente Larreynaga, en voz alta, dijo: 'que continuaban las sesiones del despacho de la Corte Suprema de Justicia sin interrupción.' Y quedando en acuerdo los señores nuevamente nombrados, mandaron extender esta acta: que se pase un testimonio de ella al Supremo Gobierno para su conocimiento y circulándose a las autoridades que corresponda. Seguidamente se empezaron a despachar los negocios diarios. Y lo firmaron conmigo el Secretario. Larreynaga, Larrave, Valenzuela, José María Bosque, oficial mayor."

Y en cumplimiento de lo mandado lo comunico a U. S. para que se sirva elevarlo al conocimiento del Supremo Gobierno, aprovechando esta oportunidad para ofrecer a U. S. las consideraciones de mi particular aprecio.

José María Bosque, oficial mayor.

CAPÍTULO SÉPTIMO: BARRIOS Y EL GENERAL CABAÑAS

Caída de Malespín, triunfo del partido liberal en El Salvador e inútiles esfuerzos de Honduras para restablecer la tiranía.

SUMARIO

1. —Llegada de Barrios y Cabañas al Estado del Salvador. 2.— Dos de febrero de 1845. 3.— Se reúne la Asamblea y declara nula la elección de Malespín. 4. —Viteri excomulga a Malespín. 5.— Guerra entre Honduras y el Salvador. 6.— Legaciones. 7.— Irregularidades del Gobierno de Honduras. 8.— Reunión de las Cámaras. 9.— Acciones de Comayagua y Sensenti. 10. —Comisionados de Honduras en Guatemala. 11. —Nuevas hostilidades de Honduras. 12. —Acciones de Monterredondo y Obrajuelo. 13. —Muerte del general Carballo. 14.—Causas de la suspensión de armas decretada en Comayagua el 16 de agosto y contestación de una calumnia. 15. — Honores tributados a la memoria del general Carballo. 16. —

Negociaciones de paz. 17. —Asesinato de Carrillo. 18. —Tratados de Sensenti. 19. —Conclusión del capítulo.

Los jefes Gerardo Barrios y Trinidad Cabañas pudieron salvarse de la carnicería humana que había en Nicaragua y llegaron al puerto de La Unión.

Barrios era yerno de don Joaquín Eufracio Guzmán, vice—Presidente del Salvador en ejercicio entonces del Poder Ejecutivo.

Barrios y Guzmán no siempre estaban de acuerdo en política, y más de una vez, no obstante el parentesco, habían tenido serias desavenencias; pero comprendía Barrios que Guzmán deseaba derribar a Malespín, y que lo único que al efecto le faltaba eran estímulos que produjeran un acto de arrojo y de valor.

Don Gerardo Barrios, fiando en sus vínculos de familia con Guzmán, se atrevió a penetrar en territorio salvadoreño de donde había sido lanzado.

Barrios, para decidir a los salvadoreños contra Malespín, tenía el propósito de hacer creer que este jefe había sucumbido en León.

El general Cabañas, cuya veracidad era admirable, resistía tal pensamiento por descansar sobre un supuesto falso.

Barrios dijo a Cabañas que, alterándose su idea, no se haría un esfuerzo repentino y salvador, y que el país permanecería indefinidamente bajo la férula de los Malespines, Guardiolas y Carreras.

El general Cabañas se comprometió por fin a no contradecir a Barrios; pero sin apoyarlo verbalmente.

Barrios y Cabañas entraron a San Miguel el 28 de enero de 1845.

Barrios saludaba al entrar a todos sus amigos, felicitándolos por la derrota de Malespín; Cabañas guardaba silencio.

Todo el departamento se conmovió y llovieron cartas a Guzmán excitándolo para que diera el grito sonoro de libertad.

Los ciudadanos perseguidos por los Malespines levantaron la frente creyendo que había llegado la hora bendita de la más santa de las insurrecciones que ha visto la América Central.

Calixto Malespín se espantaba al oír aquel ruido, semejante a los imponentes rugidos del león, y sin orden, sin concierto y sin guía, ejecutaba actos ilegales.

Guzmán comprendió que era indispensable arrebatar las armas al Comandante General. Pero era preciso verificarlo con precauciones, para no ensangrentar una vez más el suelo de la patria.

Los agentes de Barrios impedían que de Nicaragua llegaran noticias contrarias a las que se habían difundido.

Sin embargo, comenzó la duda; pero ya había tantas personas comprometidas que no se podía volver atrás en la empresa.

El 2 de febrero de 1845 el vice—Presidente reunió a muchos ciudadanos en su casa, los armó con pistolas, pues no podía disponer de un fusil, llamó a Calixto Malespín y al mayor de plaza Antonio Arévalo, y se les intimó prisión.

Estos dos agentes de la tiranía se intimidaron en presencia de aquella muralla de hombres armados y decididos a morir.

No importaba ya que se supiera que Francisco Malespín triunfante se bañaba en la sangre de los leoneses. El golpe estaba dado, pero la victoria de la libertad no se había completado. Los cuarteles estaban todavía a las órdenes de Malespín.

El vice—Presidente Guzmán se dirigió al cuartel de San Salvador, y en voz imponente dijo que era la legítima autoridad del Estado, y que reasumía en aquel momento el mando de las armas.

La hora era suprema, y muchos amigos del vice—Presidente esperaban que la contestación fuera una descarga; pero no fue así; aquellos soldados ciudadanos, dignos hijos de un pueblo libre, victoriaron al patriota esclarecido que con tanta intrepidez desafiaba la muerte.

Reunióse la oficialidad y parte de la tropa.

Guzmán se presentó en frente de ella y pronunció un discurso enérgico y conmovedor, en el cual con vivísimos colores hizo una breve reseña de las iniquidades de Malespín y de la necesidad de que cesara ese choque perenne entre los pueblos y el Gobierno.

Los jefes y oficiales, entre los cuales se hicieron más notables el coronel José Rosales y el teniente coronel Ruperto Trigueros, manifestaron su adhesión al vice—Presidente; pero el alférez Bernardino Vaquero guardó silencio.

El vice—Presidente dio orden para que salieran oficiales con escoltas a colectar tropa.

Vaquero tomó la suya, se dirigió a casa de Guzmán y puso en libertad a Calixto Malespín y Antonio Arévalo.

Inmediatamente que la escolta comprendió que Vaquero procedía contra el Gobierno, lo abandonó y fue capturado.

Arévalo y Malespín fueron perseguidos por el pueblo.

El primero sufrió una herida y se le aprehendió; el segundo logró escaparse.

El Gobierno dirigió una exposición de todo esto a los gobernadores departamentales (Documento núm. 1.°).

Guzmán publicó la siguiente proclama:

El Vice—Presidente en ejercicio del Supremo Poder Ejecutivo del Estado del Salvador, a sus habitantes.

Compatriotas: Deprimido el Gobierno por el comandante general Calixto Malespín en términos de desobedecer sus órdenes, atropellando a los salvadoreños, oprimiendo y maltratando sus personas y arrebatándoles sus propiedades, y haciendo la guerra a los mismos pueblos por sostenerse en su poderío absoluto, me resolví hoy quitarle el mando de las armas, y reasumirlo yo. Así se ha verificado, y tanto este pueblo como la tropa están llenos de gozo por tal acontecimiento que les restituye su libertad y sus derechos.

Salvadoreños: Ya tenéis patria, pero para conservarla y no dejarosla arrebatar es necesario todavía un esfuerzo. Cuando un pueblo quiere ser libre lo es, pero necesita para ello unirse y pronunciar su voluntad. Decid, pues, la vuestra: ¿queréis ser gobernados por la Constitución y las leyes, o por la arbitrariedad? Yo no dudo de vuestra respuesta, y oigo que queréis libertad y leyes. Manifestadlo, pues, expresad vuestros sentimientos; vuestra voluntad soberana será respetada y con vuestra cooperación el Gobierno que tenéis sabrá ejecutarla.

Yo os felicito, queridos compatriotas, y me felicito a mí mismo porque he sido el medio de que hayáis reconquistado vuestra libertad, mas en ello no creo que he hecho un favor, sino que he cumplido con mi obligación, y esto es lo que me satisface. Haced también vosotros vuestro deber: ayudad al Gobierno con vuestros brazos a defender la libertad recobrada, para tener después la seguridad y el gusto de no volverla a perder. Esto es todo lo que anhela, y por lo que está pronto a sacrificar su propia vida, vuestro conciudadano y amigo.

Joaquín E. Guzmán
San Salvador, febrero 2 de 1845.

Acta de la municipalidad:

La municipalidad, los alcaldes de los barrios y vecinos de la capital celebraron un acta en que, reconociéndose a Guzmán, se desconoce la autoridad del Presidente Malespín. Se acuerda que la misma acta se eleve a la Asamblea a fin de que haga responsables a Malespín, y se pide al Gobierno que ponga en seguridad los bienes de este para que haya sobre qué hacer efectivas las indemnizaciones (Documento núm. 2).

No se debe confiar en las actas municipales, porque el vecindario de cada pueblo se presta a suscribir lo que el vencedor le presenta.

Cuando Carrillo derribó a don Manuel Aguilar, hubo actas y el pronunciamiento no era grato a los pueblos de Costa Rica; cuando los serviles de Guatemala rompieron la Constitución de 1825, hubo actas que redactó el doctor Andreu y dos o tres personas más; cuando Carrera vilipendió a los Altos, hubo actas firmadas y redactadas en Guatemala, en obsequio del protector de Quezaltenango; cuando Malespín quiso establecer una Constitución teocrática, hubo actas pidiéndose una Asamblea Constituyente; cuando Malespín ocupó Nicaragua, hubo actas de adhesión a él.

Pero existe una diferencia inmensa entre las actas que firman cuatro partidarios y que aprueban estúpidamente tres o cuatro pueblos de indios bárbaros o muchos ciudadanos tímidos, para no caer bajo la cuchilla del verdugo, y las actas libres y espontáneas en las cuales todos los vecinos desean consignar sus firmas.

En febrero de 1845 los pronunciamientos contra Malespín eran rápidos y espontáneos.

Al acta de San Salvador siguió la de Santa Lucía, y luego San Juan Talpa, Panchimalco, Analco, Santiago Nonualco, San Juan Nonualco, Quezaltepeque, Apopa, Sonsonate, Cojutepeque, Ahuachapán, Nahuizalco, Santo Tomás, Tejutla, Sensuntepeque, Santa Ana, Suchitoto, etc.

El Gobierno salvadoreño dirigió una circular a los gobiernos de Centroamérica manifestándoles el cambio acaecido el 2 de febrero.

Costa Rica reconoció la nueva administración aun antes de recibir la circular de San Salvador. Felicitó a los salvadoreños por el triunfo de la civilización y dio muestras de un verdadero júbilo.

He aquí la nota:

Ministerio de Relaciones y Gobernación del Supremo Poder Ejecutivo del Estado de Costa Rica.

Casa de Gobierno: San José, febrero 26 de 1845.

Sr. Secretario de Relaciones del Supremo Gobierno del Estado del Salvador:

Por correspondencia particular que condujo la Barca Sonsonate procedente de Acajutla, y por las noticias que comunican los pasajeros, se ha informado el Senador Jefe Supremo de este Estado del importante suceso que tuvo lugar en ese el día 2 del corriente, sacudiendo la depresión que sufría no solo el Gobierno sino el pueblo del Salvador por los avances del comandante general sobre las autoridades y las leyes, en términos de haberse erigido en tirano contra los principios establecidos en esa hermosa sección de Centroamérica.

Celebra el Jefe de Costa Rica el progreso de la civilización del país, da la enhorabuena a los salvadoreños por la libertad que han adquirido a consecuencia de la heroica resolución que puso en práctica el digno Vicepresidente que los gobierna; desea que esa misma libertad no se les usurpe en ningún tiempo ni por persona alguna, y se congratula de que las buenas disposiciones del Sr. Vicepresidente del Salvador estén trazadas al nivel de las ideas del siglo.

Soy feliz, Sr. Ministro, al manifestar a U. lo expuesto para conocimiento del Sr. Vicepresidente de ese Estado, y me hago un deber en protestarle que soy su afectísimo amigo y reverente servidor.

J. B. Calvo.

El país, increpado por algunos liberales, celebra el triunfo de la libertad; se anima por la caída de la barbarie y felicita a don Joaquín Eufracio Guzmán por los nuevos horizontes de progreso y de ventura que en el Salvador se abrían.

El Gobierno de Nicaragua, cuya existencia era debida a Malespín, reconoció el Gobierno de Guzmán.

Los nobles de Guatemala tuvieron necesidad de reconocerlo; pero, como se creían hombres de gran seso, agregaron algunos consejos, dados con el aplomo que usan los pedagogos.

Solo Honduras, patria de Morazán, no reconoció al Gobierno del 2 de febrero y abrió una desastrosa campaña para restablecer la tiranía en el pueblo tantas veces vencedor de los reaccionarios.

El 15 de febrero se reunieron las Cámaras del Salvador. Guzmán pronunció ante ellas un discurso enérgico y eminentemente histórico.

Aquellas Cámaras no solo desconocieron a Malespín, sino que declararon nula su elección, por haber estado investido con el mando del ejército cuando se hizo, y por carecer de la propiedad que al efecto exigía la ley fundamental.

Sin embargo de todo esto, Honduras apoyaba al tirano caído.

Con el apoyo moral y material de Honduras, los partidarios de Malespín se animaron, y las armas del Gobierno, al mando de Cabañas, sufrieron un golpe en Quelepa.

Ese triunfo alentó a los reaccionarios, quienes, en número de 300, se presentaron en las inmediaciones de San Vicente.

La opinión estaba tan pronunciada contra Malespín que el obispo Viteri se reconcilió con el padre don Ignacio Zaldaña, lo hizo canónigo y secretario de la Curia diocesana.

Viteri, lo mismo que los serviles de Guatemala, tenía entonces esperanza de dominar a Guzmán y lo halagaba para fascinarlo.

4 — Viteri se olvidó de que cuando intentaba lanzar de la silla del Poder Ejecutivo a otro Guzmán (don Juan José) presentó a Malespín como un formidable atleta que llevaba en un hombro la Iglesia de Dios y en otro el Estado del Salvador, y ahora lanza contra él los rayos de la Iglesia.

El 23 de febrero de 1845, Viteri excomulgó a Malespín en estos términos.

"Nos, Dr. Jorge de Viteri y Ungo, por la Misericordia Divina y gracia de la Santa Sede Apostólica, Obispo de San Salvador, Prelado Doméstico de su Santidad, Asistente al Sacro Solio Pontificio y Delegado Apostólico.

Vista la información seguida, de orden nuestra, por nuestro Provisor y Vicario General, y constando de ella ser cierto que Francisco Malespín, súbdito nuestro, depuesto de la Presidencia del

Estado por las Cámaras Legislativas, por decreto de 15 del presente mes, y separado del mando de las armas, ha cometido el horrendo atentado de mandar fusilar, en la ciudad de León, a los sacerdotes Manuel Crespin y a otro cuyo nombre se ignora; de los cuales solamente se salvó el segundo, por intercesión de algunas personas piadosas, obligándolo, no obstante, a que fuese a pedirle perdón hincado de rodillas; y que el primero fue pasado por las armas con la mayor ignominia, sin las solemnidades que previamente previene el Derecho Canónico y Civil en semejantes casos: teniendo presente que este horrible crimen y horrendo atentado tiene anexa excomunión mayor, en que se incurre en el mismo hecho de perpetrarse, impuesta por los Sagrados Cánones, y especialmente en el Canon 15 del Concilio Lateranense, en tiempo de Inocencio II, que dice: si alguno, por persuasiones del Demonio, pusiere manos violentas en algún Clérigo o Monje, quede ligado con la pena del Anatema; y siendo de nuestra más estrecha obligación denunciar las personas que hubieren incurrido en tan formidable pena, según se colige del Canon Curæ, Causa segunda, Cuestión 3.ª y del Capítulo Conquestide sententia excommunicationes: por exigirlo así el honor de Dios, cuyo nombre Santísimo sería blasfemado, y la Religión cristiana despreciada de los herejes e impíos si viesen cometerse en el cristianismo tan graves crímenes, y quedarse sin el castigo que la Santa Iglesia les impone: porque se observe, en nuestra Diócesis, la disciplina Eclesiástica, cuya justa severidad tiene por objeto el de apartar, caritativamente, a los fieles de cometer semejantes delitos; para preservar a nuestros amados diocesanos del contagio con que pudieran inficionarse, comunicado con el excomulgado; y, en fin, para que este desgraciado, aterrorizado con el formidable golpe del Anatema, viéndose, por una parte, privado de los bienes comunes de la Iglesia, de la recepción de los Sacramentos y de la comunicación con los demás fieles, y por otra, hecho por lo mismo el objeto de la maldición de Dios y la execración de todos los fieles cristianos, se arrepienta de su delito, se reconcilie con Dios, busque la misericordia de la Iglesia y se salve.

Con tan paternales intenciones y por tan justas y poderosas causas, en uso de la grande potestad de atar y desatar, que como Pastor de este rebaño nos ha conferido Jesucristo, aunque sin mérito nuestro; en cumplimiento de nuestro ministerio pastoral, debemos declarar y declaramos excomulgado a Francisco Malespín, por el execrable delito de haber dado con desprecio un empujón y mandado fusilar, como se verificó en León, al señor Presbítero Manuel Crespin; y también por haber mandado hacer lo mismo con otro sacerdote que, aunque no se verificó, el hecho solo de mandarlo fusilar es bastante para incurrir en la censura, en cuya consecuencia fulminamos contra él la terrible pena del Anatema, y mandamos se declare con el espantoso aparato con que la Iglesia acostumbra hacerlo en tan tristes y dolorosos casos, y con entrañable dolor de nuestro corazón lo separamos del gremio de los fieles y lo entregamos a la potestad de Satanás para la condenación de su carne, a fin de ganar por este medio al infeliz que se atrevió a poner manos violentas en los Cristos que Dios nos manda respetar como a las niñas de sus ojos; y lo hacemos así, repetimos, para que su espíritu se salve en el día de Ntro. Sr. Jesucristo, como lo verificó el Apóstol S. Pablo con el incestuoso de Corinto.

Practicamos esto con arreglo a los Sagrados Cánones y leyes civiles aún vigentes, especialmente la ley 13, título 9, Part. 1.ª, mandando, en su consecuencia, a todos los fieles cristianos estantes y habitantes en nuestro Obispado, que ninguno se atreva a tratar ni comunicar, por escrito o de palabra, con el expresado Francisco Malespín, ni tomar armas para defenderlo, so pena de incurrir en la excomunión impuesta en los Sagrados Cánones contra los que comunican con los excomulgados vitandos.

Y para que esta nuestra terrible, pero laudable, sentencia tenga su debido cumplimiento y llegue a noticia de todos, mandamos que este auto se inserte en un edicto que leerán y explicarán los párrocos y se fijará en todas las Iglesias de este nuestro Obispado, firmado por Nos, sellado con nuestras armas y autorizado por nuestro Secretario de Cámara y Gobierno, y que además se imprima, publique y circule, comunicándose a los Gobiernos Eclesiásticos de esta República cristiana, para su inteligencia, en el caso de que el execrable Francisco Malespín transite por sus respectivas Diócesis.

Dado, en cumplimiento de nuestro Ministerio Pastoral, en el Palacio Episcopal de la Ciudad del Salvador, a veintitrés de febrero de mil ochocientos cuarenta y cinco.

Jorge, Obispo de San Salvador.

Por mando de S. E. Y. José Ignacio Zaldaña, Secretario.

La ceremonia de excomunión se hizo con toda pompa en la Basílica de San Salvador.

El Obispo, vestido de pontifical, tenía a sus lados doce clérigos, quienes hicieron el acto lo más solemne y aterrador que les fue posible.

Se tocaron las campanas de una manera imponente, y se pronunciaron estas palabras: "Entréguesele al poder de Satanás."

Según el Canon 15 del Concilio Lateranense, que cita Viteri, si alguno, por persuasiones del demonio, pusiere manos violentas en algún clérigo o monje, queda ligado con la pena del anatema.

De manera que se necesita no solo la existencia del demonio, asunto que no es muy claro para todos, sino también que por persuasiones de él se hayan puesto manos violentas en el clérigo o monje.

Así podrá explicarse las diferencias que hacen los serviles en determinados casos.

Cuando el padre Perdomo, con una vela de cera que llevaba en las manos, en medio de una procesión solemne, dio golpes a don Carlos Fedriani y, en seguida, fue golpeado por este (Capítulo décimo, libro 3.° de esta Reseña), Fedriani procedió por persuasiones del demonio, puesto que se le tuvo por excomulgado.

Cuando el general Carrera, protector de los Altos, dio machetazos al cura Ugarte, que le pedía, por la religión de Jesús, tratara benignamente a los quezaltecos (Capítulo 7.°, libro 6.° de esta Reseña), no procedía por persuasiones del demonio, puesto que no fue excomulgado.

Dedúcese de aquí que siempre que se vapulea a un clérigo es preciso, antes de procederse al anatema, averiguar qué papel representó el demonio en la escena.

Vamos a ver ahora una de las guerras más inicuas que registran los anales de Centroamérica: la que hizo Honduras al Salvador para restablecer la autoridad de Malespín.

Cuando Honduras hacía la guerra al Salvador para derribar al general Morazán y cuando se preparaba para invadir a San Salvador después de la acción del 19 de marzo de 1840, ¿qué disculpa tenía?

Pues menos la tiene haciendo la guerra al Salvador, ya no para derribar a Morazán, que está en la tumba, sino para levantar a Malespín, que acaba de caer.

Cuando el Gobierno hondureño supo que Barrios y Cabañas habían llegado a San Miguel, intentó invadir el Estado y, con fecha 31 de enero, envió una comunicación al Gobierno salvadoreño anunciando la marcha de Ferrera sobre San Miguel.

El 5 de febrero el Gobierno del Salvador hizo al de Honduras una extensa manifestación de lo acaecido.

El 7 de febrero, teniéndose ya a la vista en San Salvador la nota hondureña del 31 de enero en que se anunciaba la marcha de Ferrera sobre San Miguel, se envió a Comayagua otra nota en que se dice que el auxilio no era oportuno, porque el pronunciamiento de San Miguel se había extendido a todo el Estado; que por lo mismo las fuerzas de Honduras debían retirarse o disolverse, si no tenían más fin que sofocar el movimiento de San Miguel (Documento número 3).

Sin embargo, los hondureños no se contuvieron: Guardiola desembarcó con 200 hombres en el puerto de La Unión, siguió su marcha hasta el interior y ocupó la ciudad de San Miguel.

La oligarquía hondureña predicaba la doctrina de que un Estado no debía intervenir en los negocios de otro Estado, y se contradecía con los hechos siempre que así lo creía conveniente.

La invasión de Guardiola es un atentado contra la soberanía del Salvador, al cual se pretendía imponer un gobernante que el pueblo salvadoreño heroicamente había lanzado del solio.

Sin embargo, el Vice—Presidente no pretendió declarar la guerra a Honduras, no hostilizó a los hondureños, ni tuvo el menor conato de injerirse en su política interior.

Guzmán supuso benévolamente que la incalificable conducta de la oligarquía hondureña procedía de falta de un conocimiento completo y exacto de la situación del Salvador, y con fecha 12 de febrero se envió a Honduras una nota más extensa y explicativa que las anteriores, las cuales no habían sido contestadas, pero ni aun por urbanidad se había acusado recibo de ellas. Esto era una nueva prueba de que Coronado Chávez, Jáuregui, Ferrera, Guardiola y compañeros no querían en el Gobierno del Salvador a hombres como don Joaquín Eufracio Guzmán, sino a hombres como Francisco Malespín.

En la nota de 12 de febrero se dice que el Salvador no ha invadido ni invadirá a Honduras; que no ha hecho más que hacer uso de un derecho sagrado, libertándose de un tirano; y que Honduras no debe procurar ahogar la voz del pueblo salvadoreño invadiendo el territorio del Estado (Documento núm. 4).

Esta nota tampoco fue contestada.

Entre tanto, Malespín, con beneplácito de Honduras, y no de Nicaragua, que se declaró neutral en el asunto, se daba el título de General en Jefe de los ejércitos del Salvador, Honduras y Nicaragua, y llamaba traidor a don Joaquín Eufracio Guzmán por haber reasumido el mando en San Salvador, a las Cámaras por haber declarado ilegítima su elección, por haber admitido las acusaciones y haber resuelto que había lugar a formación de causa, y a los pueblos por haber celebrado actas adhiriendo al pronunciamiento del 2 de febrero, las cuales ascendían ya a más de 100.

El 24 de febrero el Gobierno del Salvador dirigió otra nota a Honduras.

Le hace ver que no se han recibido contestaciones a las notas de 5, 7 y 12; se incluye copia del decreto del 15 en que se declara nula la elección de Malespín, y el acuerdo del Senado expedido el 17, en el cual admite la acusación hecha por la Cámara de Representantes contra Malespín por excesos cometidos en ejercicio de sus funciones (Documento núm. 5).

Esta nota fue dirigida por medio de un correo particular que llevaba instrucciones de ponerla en manos del Ministro de Relaciones de Honduras en Comayagua.

El porta—pliegos cumplió su misión y pedía respuesta. No se le dio ninguna. Volvió a instar y entonces, para salir de la dificultad en que aquel hombre colocaba al Gobierno de Coronado Chávez, se escribieron estas palabras sobre la cubierta rota de una de las notas:

"Ministerio de Relaciones del Supremo Gobierno del Estado de Honduras.—Queda recibida en este despacho la correspondencia que condujo este esprofeso.—Comayagua, marzo 1.° de 1845.—Cisneros."

Después de todas estas faltas de urbanidad y de cortesía, y después de todos estos ataques a los principios del Derecho de Gentes, don Felipe Jáuregui aseguraba, y le hacía coro su círculo hondureño, que el Gobierno que faltaba a sus deberes internacionales, y el que provocaba la guerra, era el Gobierno salvadoreño!!!

Don Joaquín Eufracio Guzmán se hallaba en medio de fieras.

Lo eran algunos colaboradores de Malespín que habían quedado en San Salvador; lo eran los militares que en Comayagua rodeaban a Coronado Chávez; lo era Muñoz, quien deseaba dar una manotada a los liberales que se escaparon de las matanzas de León; y lo era Carrera, Presidente ya de Guatemala, que, aunque solía adular a los liberales, sus garras estaban siempre dispuestas a despedazarlos.

Se necesitaba un hábil domador. Guzmán temía entonces a la pantera, que se hallaba aquende el río de Paz, y le envió dos comisionados: don Cayetano A. Molina y don Juan Antonio Alvarado.

La fiera guatemalteca no podía soportar el nombre de Morazán ni de su partido, y Guzmán les mandó a Molina y Alvarado, que no eran morazanistas.

Carrera estaba hambriento de elogios y adulaciones, y los señores Molina y Alvarado lo saciaban adulándolo, para podérsele acercar, como un domador arroja a una pantera pedazos de res despedazada para poderle tocar la frente.

Con estas precauciones no solo se atrevieron los comisionados a solicitar la inactividad de Carrera, sino su cooperación en favor de Guzmán.

El asunto lo dejó Carrera al Ministerio, y los señores Molina y Alvarado fueron engañados como niños de escuela.

Se les hizo creer que el Poder Ejecutivo no tenía facultades y que era preciso pedirlas al Poder Legislativo, el cual no había podido reunirse en aquellos días por falta de número.

Los comisionados salvadoreños, sin observar que Carrera jamás había necesitado el Poder Legislativo para ejercer su voluntad, escribieron al Salvador con fecha 6 de marzo de 1845 en términos muy satisfactorios.

Entonces, el periódico oficial del Salvador dijo que la revolución no era de coquimbos ni de serviles, ni de fiebres, ni de ninguna otra de las denominaciones odiosas que se daban los partidos, sino de hombres de bien, de orden, de juicio.

Sin haber dado el Gobierno de Honduras contestación alguna a las cuatro notas salvadoreñas de que ya se ha hablado, circuló una proclama de Coronado Chávez en favor de Malespín.

A consecuencia de haberse dispersado en Quelepa las fuerzas del Gobierno, que mandaba el general Cabañas, don Joaquín Eufracio Guzmán, a la cabeza del ejército, marchó sobre San Vicente, donde se hallaba Belloso con cerca de 300 hombres en favor de Malespín.

El Vice—Presidente, en Montero, derrotó a Belloso y siguió su marcha rápidamente sobre San Miguel, donde ya se hallaba Malespín protegido por Honduras, dando órdenes como Presidente legítimo del Salvador.

Las fuerzas de Malespín eran las mismas que habían estado en León. Venían agobiadas de cansancio, con deseos de reposo, y con el recuerdo de las escenas de sangre y de exterminio de que habían sido actoras.

Al acercarse Guzmán a San Miguel, las fuerzas de Malespín se disolvieron, y el pretendiente a la presidencia del Estado tuvo necesidad de huir a Honduras con una porción de jefes y oficiales que lo siguieron.

La municipalidad de San Miguel se dirigió a Guzmán en esta forma:

La Municipalidad de San Miguel, al Sr. Vice—Presidente del Estado, General en Jefe del Ejército Protector de la Constitución.

Señor:

Nada es tan satisfactorio para los que tenemos el honor de componer esta corporación, como el vernos constituidos en el plausible deber de dirigir a U. nuestros votos esta vez, por el grande motivo con que lo hacemos: el de protestarle nuestro reconocimiento por los bienes inmensos que ha derramado sobre el pueblo salvadoreño, como el instrumento electo por la providencia para salvar al Estado de la tiranía que lo aniquilaba, y de la anarquía en que debía sumirse, como el natural resultado de la situación violenta a que lo tenía reducido una mano atrevida.

Un heroico esfuerzo fue bastante. U. levantó el estandarte de la ley en el momento mismo en que debía recibir el golpe mortal, el pueblo respiró, las cadenas se hicieron pedazos a los pies de la víctima, y brilló un día de gloria y de honor para los salvadoreños.

¡Día feliz, y de eterno recuerdo en los anales de la libertad!

¡Loor eterno al caudillo del pueblo, al discreto conquistador de sus derechos!

Esta corporación, que reconoce todos los favores con que el Ser Supremo, por medio de U., ha enriquecido al Estado, habría sido la primera en manifestarle sus sentimientos de eterna gratitud y reconocimiento, si no fuera porque se disolvió por el justo terror que inspiraba la aparición repentina del tirano, del bárbaro y sanguinario opresor, que al mando de una pequeña división quería abrirse paso hasta el solio sobre la muerte y devastación de los verdaderos patriotas salvadoreños.

Mas ya que, por la destrucción de aquel motivo, le ha sido posible volver a unirse, ella no puede menos que llenar el más agradable de sus deberes felicitando a U. y dándole la enhorabuena por haber alzado la causa del pueblo, y puesto la primera piedra al edificio de la regeneración del Estado.

San Miguel, marzo 1.° de 1845

Miguel Lurdizábal.—Miguel Palacios.—José María Balibrera.—Regino Paniagua.—Simón Bran.—Ramón Jirón.—R. Molina.—Francisco Álvarez.—José Romero, secretario.

Malespín y los jefes que lo seguían ocuparon el puerto de San Lorenzo, y considerándose inseguros, se embarcaron a bordo de varias goletas porque los perseguía el general Angulo.

Guzmán nombró a don Baltazar Somarriba comisionado para que fuese a Honduras a informar al Gobierno acerca de los motivos que las fuerzas salvadoreñas habían tenido para moverse sobre la frontera.

Somarriba llevaba instrucciones para asegurar al Gobierno hondureño que no había la menor intención de hacerle la guerra, como lo comprobaba el hecho de haberse retirado los que perseguían a Malespín al tocar la línea divisoria.

Malespín comprendió su posición y se dispuso a verificar un arreglo con Guzmán. Hizo que Belloso dirigiera con tal fin una nota al Vice—Presidente, la cual fue bien admitida, y se verificó el convenio llamado del Jocoro, por el cual Malespín entregaba el armamento que de San Salvador llevó a Nicaragua, la imprenta y todos los objetos nacionales que se hallaban bajo sus órdenes, y se retiraba del país.

Este convenio salvaba a Malespín y libertaba de la guerra al Estado del Salvador; pero los hombres que manejaban la política en Honduras no querían la paz, y sugirieron a Malespín la idea de que no terminara ningún asunto sin aprobación de ellos.

Malespín envió a Ferrera una copia del convenio del Jocoro, que no fue ratificado y continuó la guerra.

El señor Somarriba no llegó a Comayagua porque el Gobierno no le permitió la entrada, y tuvo necesidad de retirarse.

El Vice—Presidente autorizó a don Braulio Carrillo, ex—Jefe del Estado de Costa Rica, y al coronel Aguado para hacer un arreglo de paz.

Honduras presentó, como base, que si al Salvador llegaban los restos de la facción de Texiguat serían desarmados y que en ningún caso se les permitiría inquietar al Gobierno de Coronado Chávez.

En reciprocidad, Honduras se comprometía a desarmar a Malespín y a no permitirle inquietar al Gobierno salvadoreño.

Al mismo tiempo que se ofrecía esto, el Gobierno de Honduras se preparaba para la guerra y emitió el decreto siguiente:

"Decreto del Gobierno de Honduras"

Art. 1.° El Gobierno de Honduras toma bajo su protección al Sr. General Francisco Malespín y a los demás jefes y oficiales que le acompañan, cuya protección se limita a estimarlos y considerarlos en el rango militar que obtienen en todo lo que no se oponga a las leyes y disposiciones del Estado.

Art. 2.° Estos señores quedarán al servicio del Estado si ellos manifestasen anuencia o les conviniese; pero en manera alguna se pondrán por sí a la cabeza de fuerza armada para hostilizar al Salvador, si aquel Gobierno diese a este solemnemente garantías de reciprocidad según se ha estipulado con los comisionados del Vice—Presidente General en Jefe del ejército salvadoreño, fijando esta circunstancia esencial como base de un convenio posterior que debe celebrarse.

Art. 3.° De la misma manera se toman en calidad de depósito los buques y objetos que contengan de ajena propiedad, los cuales serán entregados, previo un arreglo y demás requisitos legales que se hagan con quien los reclame con derecho.

Art. 4.° Estos objetos se custodiarán en la plaza de Nacaome bajo la responsabilidad del General en Jefe o del jefe militar que este nombre en su ausencia; pero se recibirán por medio de formal inventario, tratando de que existan en el mejor pie los que no correspondan al Estado, y pudiendo disponer del resto según convenga.

Art. 5.° El Gobierno de Honduras responderá de sus desfalcos; pero no del arruinamiento consiguiente al tiempo que dilaten en su poder, ni menos en el caso de que una fuerza extraña invada aquella plaza y se eche sobre ellos.

Lo tendrá entendido el Jefe de Sección encargado del Despacho de la Guerra, y dispondrá lo necesario a su cumplimiento. Dado en la Ciudad de Comayagua, en la Casa del Gobierno, a 23 de marzo de 1845. Coronado Chávez — Al Sr. Francisco Inestrosa.

De estas falsedades y de estas inconsecuencias abunda desgraciadamente la historia de todos los países; pero los hombres que se llaman de orden y que tanto blasonan el decoro, deberían proceder con más decoro.

La oligarquía hondureña se proponía entretener y ganar tiempo para destruir al Gobierno salvadoreño.

Apetecía una escisión en el Estado del Salvador y se proponía obtenerla. Entre muchas pruebas que justifican estos asertos se encuentra la carta que sigue:

Sr. General Ramón Belloso.

Nacaome, marzo 12 de 1845.

Muy Sr. mío y estimable:

Sería una lástima que el vencedor en Nicaragua y en el mismo Estado del Salvador, imaginase alguna vez someterse a la férula de sus cobardes y traidores enemigos. En el Estado de Honduras tiene U. y sus compañeros un eterno asilo y protección para librarse de las maquinaciones de aquellos perversos, mientras que con buen éxito podemos hacerles una guerra ofensiva, que debe ser, cuando podamos, apoyada en uno de los partidos en que van a dividirse precisamente. Sobre esto deseo que hablemos en el puerto de San Lorenzo, a donde iré mañana con tal objeto.

Entre tanto, deseo a U. felicidad y me ofrezco con placer su muy afectuoso amigo y atento servidor q. b. s. m.

F. Ferrera.

Si Honduras esperaba una oportunidad para hacer la guerra al Salvador, si el Gobierno salvadoreño lo sabía, si para atacarlo con mayores ventajas se procuraba una división en el Estado, el Salvador tenía derecho de invadir a Honduras antes de que la oligarquía hondureña estuviera en estado de destruir al Gobierno del 2 de febrero.

Esto lo comprendió muy bien don Enrique Hoyos, quien en una carta que vio la luz pública dijo que era preciso no quedar mano sobre mano.

Ferrera envió al Coronel José Antonio Flamenco y al oficial Rebelo con el fin de revolucionar el Estado del Salvador.

Reservada
Sr. Comandante Leandro Gallardo
Nacaome, abril 2 de 1845
Estimable amigo:

El teniente coronel José Antonio Flamenco y el oficial Revelo fueron con pasaporte mío hasta ese punto, y con fecha de ayer lo he librado, también, a más de treinta jefes y oficiales salvadoreños, hasta las fronteras de este Estado, con la mira de que se introduzcan al del Salvador por La Unión, por ese punto y por Guarita u Ocotepeque, pues he tenido partes seguros de que aquellos pueblos están descontentos con la actual administración y estos oficiales pueden hacer mucho en su respectivo vecindario. Aquellos de quienes Cabañas tiene más confianza pueden introducirse por Santa Rosa a San Miguel, y, si se le presentaren a U., ya sea con mi pasaporte que les he dado a todos juntos para ir a Comayagua a sacar los parciales, o ya sea con estos, puede U. permitirles seguir su ruta auxiliándoles en lo que pueda.

Si U. juzgase que las fuerzas del departamento de San Miguel se están reuniendo en algún punto para invadir el Estado, me lo avisa con prontitud para reunir las mías, que puedo hacerlo en 24 horas, y darles un golpe decisivo, persiguiéndolas hasta el Lempa, porque si me cogen desprevenido por falta de avisos de U., aunque no temo un triunfo de los enemigos, sentiré no perseguirlos como es debido para alentar los pueblos del Salvador.

Entre tanto, puede U. ir formando más trincheras en los pasos reales del río inmediatos a ese pueblo, y en los puntos que guarnecen el mismo pueblo, para poner una división que garantice ese vecindario de las invasiones enemigas, a cuya cabeza irá Guardiola tan pronto como llegue a este cuartel general, que lo espero por momentos.

Acabo de recibir una comunicación de Ocotepeque, en que me dicen dos amigos de toda confianza, que diputé cerca del General Carrera, que han hablado con él sobre la guerra actual de San Salvador, en la cual se ha manifestado casi indiferente, a pesar de las exigencias del Obispo, porque conoce que las miras de éste y de los nobles de Guatemala son darle el golpe a él primero que a nadie; y por medio de dichos amigos me ofrece que, tan luego como las tropas de Cabañas ingresen a este Estado, lo hace él con las suyas al del Salvador, de suerte que es preciso que U. vigile constantemente para ver si pasa siquiera un soldado armado de aquel Estado a éste, con lo cual comprobaremos que está agredido el territorio y sacaremos ventajas muy grandes, debiendo U. poner un parte claro y circunstanciado con los comprobantes necesarios para que se publique.

A nadie enseñe ésta, principalmente entre 15 días.

Le desea felicidad su afmo amigo q. b. s. m.,

F. Ferrera.

Preparado todo así, el Gobierno de Honduras nombró pérfidamente comisionados, y en Chinameca se hizo un convenio de paz y amistad, firmado por los señores Sebastián Salinas y Leonardo Romero, representantes de Honduras, y los señores Félix Quiroz y Nicolás Angulo, representantes del Salvador. (Documento núm. 6)

El mismo día 18 de abril, en que se firmaban los tratados de Chinameca, el general Ferrera daba las siguientes órdenes:

Comandancia General del Ejército de Honduras
Nacaome, abril 18 de 1845
Sr. Comandante Leandro Gallardo:
De acuerdo con el teniente coronel Enrique Ochoa, dispondrá U. que para el 20 del corriente estén preparadas veinte reses de matar, y que haya las tortillas necesarias para racionar la tropa dos días, previniendo también maíz y pasto para las bestias, y estas cuantas puedan reunirse para escoger las mejores, debiendo haber precisamente separadas veinte de carga.

Investigará U. reservadamente si de San Antonio del Norte hay algún buen camino para salir a San Carlos sin tocar con El Sauce, Santa Rosa y Jocoro, pues necesito mandar por allí un correo con un negocio interesante.

Juzgo que ya estarán atrincherados los puntos de ese río que defienden el pueblo. Soy de U., como siempre, afectuoso servidor.

F. Ferrera.

Los tratados de Chinameca fueron ratificados en el Salvador, a pesar de todas las maquinaciones de Honduras, que conocía perfectamente el Gobierno salvadoreño, haciéndose solo una adición que propuso don Francisco Dueñas, Ministro de Guzmán, contraída a que se disolvieran las fuerzas de uno y otro Estado cuando se verificara el canje. (Documento núm. 7)

Honduras, que procedía de mala fe en el asunto, negó la ratificación. (Documento núm. 8)

Pero hay una inconsecuencia mayor:

El Gobierno de Honduras propuso nuevas conferencias que debían celebrarse en Gualcince, y al mismo tiempo dispuso que por aquel punto marchara Malespín a la cabeza de 900 hombres.

El general Malespín se dirigió a los alcaldes constitucionales de los pueblos que señala al margen de una nota datada en Comayagua a 27 de mayo de 1845, ordenando que tuvieran víveres, alojamientos y forraje para 800 hombres de infantería y 100 de caballería. (Documento núm. 9)

¿Será posible imaginar que la mala fe y la perfidia del partido reaccionario lleguen a tan alto grado?

El decreto de 23 de marzo, en que se coloca al general Malespín bajo la protección de Honduras, dice terminantemente en el artículo 2.° que no se le permitirá ponerse a la cabeza de ninguna fuerza para hostilizar; y el 27 de mayo, Malespín se hallaba a la cabeza de 900 hombres, dando órdenes a nombre del Gobierno de Honduras, por las fronteras del país y hostilizando al Salvador.

Desde febrero, Honduras había cometido agresiones en el territorio salvadoreño.

Una de las partidas que penetró al Salvador tuvo que dejar los caballos en un lugar conocido con el nombre de Ceiba, hecho notorio que la oligarquía hondureña no pudo negar.

El general Ferrera, como una medida de buen gobierno, tuvo a bien apalear a unos salvadoreños que iban a Nacaome con negocios de comercio.

Nada debe extrañarse, porque Ferrera provocaba de todos modos una invasión a Honduras, para que Carrera invadiera al Salvador.

Tantos atentados de la oligarquía hondureña hicieron creer indispensable agredir a los agresores; pero antes se reunieron las Cámaras.

Reunida la Asamblea General, el Ministro don Francisco Dueñas presentó la situación.

Él habla de un tratado de paz, amistad y alianza celebrado con el Gobierno de Guatemala.

Fue suscrito por don Cayetano Molina y don Juan Antonio Alvarado, comisionados por el Salvador; don Miguel Larreynaga y don Manuel Ubico, comisionados por Guatemala.

Dueñas cuenta con que de este lado del río de Paz se le mandaría un auxilio.

Entonces, el Licenciado don Francisco Dueñas (aún no había recibido el grado de doctor) era considerado como liberal, no tenían confianza en él los serviles de Guatemala y procuraban engañarlo.

A Dueñas se le tenía como liberal, sin embargo de que era fraile de Santo Domingo cuando se verificó la expulsión de los monjes en 1829.

Don Carlos Salazar fue encargado de sacar a los dominicos, y no quiso sacar a Dueñas, porque era salvadoreño y joven que podía retroceder de la senda monacal en que se le había colocado.

Dueñas entonces se dedicó a la carrera de las letras bajo los auspicios liberales, y el año de 1836 se recibió de abogado. Regresó al Salvador, obtuvo destinos importantes y una numerosa clientela.

Fue diputado al Congreso Federal, en cuya tribuna no brilló porque carece del don de la palabra, y hasta de un aspecto parlamentario.

Pero, hablando en voz baja en las comisiones y en los pequeños círculos, introducía con habilidad sus ideas, y muchas veces las hizo triunfar.

Dueñas es uno de los diputados al Congreso Federal que votaron contra el fatal decreto que declaró libres a los Estados para constituirse del modo que tuviesen por conveniente, sin más restricción que conservar la forma republicana, popular y representativa.

Dueñas ha alabado la nacionalidad centroamericana, y más de una vez se le vio sostenerla con tanto calor como Barrundia.

Dueñas tiene calma y tino para llevar adelante sus ideas, cualesquiera que sean los medios que a sus fines conduzcan.

No hiere abiertamente la opinión pública cuando la cree absurda.

Si dominan las ideas de unidad, es más unionista que Jerez.

Si dominan las ideas de separación de Estados, es más separatista que Aycinena.

Halagando los pensamientos que prevalecen en la atmósfera política, él se reserva in pectore, como los sumos pontífices, la tendencia de hacer triunfar los suyos en los momentos de la ejecución.

En esos momentos supremos comienza a ver dificultades, que finge no haber previsto.

Esas dificultades van aumentando y siguen en escala ascendente hasta aparecer como indispensable que se modifique en una pequeña parte la idea que ha prevalecido.

Entre tanto, surge un nuevo obstáculo, que conduce a otro, y por fin el pensamiento dominante sucumbe y triunfa lo que él tenía in pectore.

Dueñas, el año de 1845, no era todavía tan profundo ni estaba tan versado en este sistema; pero ya sabía lo bastante para ir poco a poco y lentamente, según los vientos dominantes, abriéndose paso hacia la Jefatura del Salvador, que ambicionaba desde que el general Salazar le quitó el vestido de fraile en la portería del convento de Santo Domingo.

El año de 1845, en el Salvador dominaban ideas contra Malespín. Dueñas, pues, estaba en su elemento combatiéndolo.

Convenía halagar a Carrera para que aquel salvaje no auxiliara a Ferrera, y este papel lo desempeñaba Dueñas perfectamente.

Era imposible que Guzmán hubiera podido tener en aquellos días un ministro más adecuado a las circunstancias.

Dueñas da cuenta a las Cámaras de que el Director de Nicaragua había recibido bien a dos comisionados del Salvador: el doctor Aguilar y el padre Monterrey.

Nicaragua debía estar indignada contra Malespín, porque acababa de despedazarla; pero, por una de esas anomalías que diariamente se ven en los países hispanoamericanos, el general Trinidad Muñoz, que marchó al lado de Malespín sobre León y que lo ayudó a triunfar, era el hombre prominente en aquel Estado.

Aguilar y Monterrey aseguraron a Muñoz que la oposición nicaragüense no tenía ninguna simpatía en el Gobierno del 2 de febrero, y el Comandante General de Nicaragua quedó tranquilo.

Dueñas habla con la justa y debida satisfacción que debe inspirar la nota del Gobierno de Costa Rica, que sin ningún interés, pues aquel país se hallaba fuera del movimiento revolucionario, felicita a los salvadoreños por el triunfo que había obtenido la civilización.

Dueñas, para halagar a Carrera, atribuye a Malespín toda la culpa de la guerra que terminó con los tratados de Quezada.

Presenta lo ocurrido con Honduras hasta los tratados de Chinameca y la maquiavélica y pérfida invitación para las conferencias de Gualcince.

Las Cámaras, con vista de todo lo ocurrido y de la conducta leal, sincera y enérgica del Vicepresidente, lo declararon Benemérito de la Patria.

He aquí el decreto:

La Cámara de Senadores del Estado del Salvador.

CONSIDERANDO:

1.° Que así como es un deber sagrado de los representantes del pueblo hacer frente a la tiranía y aterrar a los tiranos con el rayo de la

Ley, así también les incumbe manifestar la gratitud pública a los patriotas esclarecidos por sus virtudes y servicios relevantes; y

2.° Que el Vicepresidente, coronel Joaquín E. Guzmán, se ha hecho acreedor a la estimación respetuosa de sus conciudadanos, por una acción noble y llena de civismo y valor republicano, presentándose ante bayonetas amenazadoras, con riesgo inminente de su vida, a restablecer los derechos sagrados del Pueblo y el imperio de la Ley, hollados atrevidamente por los tiranos militares.

DECRETA:

Art. 1.° Se declara Benemérito de la Patria al Vicepresidente Joaquín Eufracio Guzmán.

Art. 2.° Se confiere al mismo Guzmán el empleo de General de división del Ejército del Estado.

Art. 3.° Usará sobre el pecho una medalla de oro del diámetro de medio peso, pendiente de un lazo de los colores nacionales: en el anverso tendrá esculpido el busto de la libertad con este mote: "El Pueblo libre el dos de febrero de 1845", y en el reverso esta leyenda rodeada de laureles: "Al Benemérito Ciudadano Joaquín Eufracio Guzmán".

Dado en el salón de sesiones del Senado, a 19 de mayo de 1845. —Gregorio Mejía, S. P. —José María Castro, S. Srio. —Juan Balver, S. Secretario.

Sala de sesiones de la Cámara de Diputados – San Salvador, mayo 30 de 1845. —Al Poder Ejecutivo: —Anselmo Pais, D. P. —Francisco Zaldívar, D. Secretario. —Ignacio Ramírez, D. Secretario.

Por tanto: Ejecútese. —Lo tendrá entendido el Srio. General del despacho, y dispondrá se imprima, publique y circule. —San Salvador, mayo 31 de 1845. —Joaquín E. Guzmán. —Al Sr. Licenciado Francisco Dueñas.

Y lo comunico a U. para su inteligencia y fines consiguientes. —D. U. L. —San Salvador, mayo 31 de 1845.

Dueñas.

Aquellas Cámaras declararon nulos los despachos de coroneles y generales que el Gobierno había librado, sin aprobación del Cuerpo Legislativo, desde la publicación de la ley fundamental.

Las Cámaras facultaron ampliamente al Poder Ejecutivo para que hiciera la defensa del Estado, usando de todos los medios que creyese conducentes a la soberanía e integridad del territorio.

No permiten que se invada otro territorio sin previa declaratoria del Poder Legislativo; excepto en el caso en que, según las disposiciones del Derecho de Gentes, deba usarse de represalias. (Documento núm. 10).

9. Las incesantes agresiones de la oligarquía hondureña sobre el Salvador, la protección dada a Malespín y la actitud de este al frente de gente armada, hicieron creer al Gobierno de Guzmán que se hallaba en el caso de cortar el mal de raíz.

El Obispo Viteri, a quien en el libro siguiente veremos abrazar a Malespín y lanzarlo a la muerte, dirigía entonces pastorales contra él.

Una expedición salvadoreña marchó sobre Honduras, colmada de bendiciones episcopales, y sucumbió el 2 de junio en Comayagua.

Ferrera se jacta de haber sido derrotados los salvadoreños en Santa Rosa; pero su parte es falso.

El 7 de junio, el general Indalecio Cordero, hallándose con una pequeña fuerza en Santa Rosa, fue atacado por fuerzas superiores de Honduras, y las rechazó.

Los hondureños se albergaron en las casas de los señores Victoriano Castellanos, José María Cobos y Felipa López, y fueron desalojados.

No pudiéndose sostener como una victoria la derrota, dijo Jáuregui que Cordero había hecho grandes daños en Santa Rosa; con este motivo, el general salvadoreño publicó una ligera defensa que se halla al fin de este capítulo. (Documento núm. 11)

Los documentos que en ella cita son certificaciones de Juan Silverio Tábora y de Julio Bueso, que dicen exactamente lo mismo que Cordero expresa.

Pero el 10 de junio los salvadoreños fueron derrotados en Sensenti, donde las tropas de Honduras inmolaron inhumanamente a todos los heridos salvadoreños que habían quedado fuera de combate en Comayagua y en Santa Rosa.

Ferrera, con vista de esos triunfos obtenidos por los hondureños, creyó que podía dictar la ley al pueblo del Salvador y cambiar el mapa de Centroamérica, como Napoleón I cambió el mapa de la Europa continental después de las batallas de Marengo y Austerlitz.

Ferrera se atrevió a presentar proposiciones de paz que ningún salvadoreño podrá leer hoy sin indignarse.

Comandancia general del ejército de Honduras—D.U.L.— Comayagua, julio 11 de 1845.

Señor Ministro general del Supremo Gobierno del Estado del Salvador:

Autorizado por mi Gobierno para exigir del de U. una completa satisfacción a la injuria que le ha inferido con la injusta agresión verificada por los militares Trinidad Cabañas e Indalecio Cordero con órdenes expresas del encargado del Supremo Poder Ejecutivo del Salvador, y a los gastos y perjuicios originados de aquella; tengo el honor de dirigirme a U. manifestándole que, a pesar de los agravios indicados y de la obstinación de los enemigos comunes de Centroamérica, que actualmente dirigen los destinos del Salvador, la administración de Honduras, siempre generosa y filantrópica, aún persiste en proponer al Gobierno de U. medidas conciliatorias y armoniosas para establecer la paz alterada entre dos Estados hermanos, que poco hace marchaban por la senda de la ley y de sus intereses comunes.

Tal es el motivo que me obliga a hacer a U., para conocimiento de ese Supremo Gobierno, las proposiciones siguientes, bajo las cuales, si fueren aceptadas, quedará para siempre asegurada la tranquilidad de los dos Estados, y aún la paz general de Centroamérica, pendiente únicamente de los caprichos de sus antiguos enemigos, acogidos por el Vicepresidente de ese Estado, a pesar de la lección que acaba de recibir en la historia del Gran Mariscal de Nicaragua, idéntica con la suya.

Propongo, pues, al Supremo Gobierno, por el honroso conducto de U., y a nombre del mío:

1.° Que, dándose por recibido el Estado de Honduras de los elementos de guerra depositados por el señor General Francisco Malespín, en pago de los gastos y perjuicios que le ha originado la agresión del ejército salvadoreño, se le den, además, para llenar una justa indemnización, cien mil pesos en plata u oro asegurados con la hipoteca del puerto de la Unión, cuyos productos irán pagando paulatinamente aquella suma; o que se le ceda a Honduras el departamento de San Miguel por sus límites reconocidos, en cuyo caso el mismo Estado de Honduras devolverá al del Salvador los cien mil pesos referidos, en los mismos términos que propone recibirlos en la Unión.

2.° Que, si al Supremo Gobierno del Salvador no le fuere posible pagar los cien mil pesos referidos en el artículo anterior, ni conveniente ceder el departamento de San Miguel en los términos propuestos, ceda al Estado de Honduras la parte del departamento de Cuscatlán que se halla fuera del territorio que encierra el Lempa por el Sur y Sur Oeste, en cuyo caso Honduras no tendrá que devolver cosa alguna al Salvador.

3.° Que, para asegurar la paz de los Estados, y que estos queden en libertad de proveer a la creación de una autoridad general, decrete el Supremo Gobierno del Salvador la expatriación fuera de Centroamérica de los individuos contenidos en la lista que tengo el honor de acompañar.

4.° Que el Gobierno del Salvador garantice al de Honduras la paz y seguridad que le reclama con una caución solemne de indemnidad dada por los Estados de Nicaragua y Guatemala.

Estas son las condiciones que, a nombre del Supremo Gobierno de mi Estado, propongo al Supremo del Salvador, sin que pueda interpretarse esta solicitud como un acto de conquista que detesta mi Gobierno, sino que es dictada por la prudencia y la política para asegurarse de nuevos ataques del mismo Estado del Salvador, que no serán tan súbitos ni seguros con una frontera como la que proporciona el caudaloso Lempa.

Sírvase U., señor Ministro, contestarme lo que resuelva el Supremo Gobierno de quien U. depende, y admitir las consideraciones con que me firmo de U. obediente servidor.

Francisco Ferrera

Esta nota se halla impresa en el núm. 15 de La Gaceta oficial de Guatemala, correspondiente al 28 de agosto de 1845.

El general Ferrera se equivocaba. El pueblo heroico que desde 1811 combate por la libertad jamás será patrimonio de sacristanes.

Todo el Salvador se puso en movimiento, haciendo esperar por su imponente actitud que un espléndido triunfo borraría las sombras que sobre sus armas arrojaban los fracasos de Comayagua y de Sensenti.

Don Felipe Jáuregui y don Pablo Orellana se dirigieron a Guatemala con el carácter de comisionados de Honduras.

Jáuregui estaba en su elemento al lado de Pavón, Aycinena y Batres, aunque no se les tributaban las consideraciones correspondientes a los altos servicios por él prestados al partido reaccionario.

Jáuregui encontró en Guatemala una apariencia de liberalismo que lo alarmó.

Estaba reunido el diminuto Congreso Constituyente, que subrogó a la Asamblea, destruida por la farsa de Pinula y por las imaginarias capitulaciones de la villa de Guadalupe.

En ese Congreso Constituyente había liberales, y decretaron el auxilio al Salvador; pero ¿cómo se había de auxiliar a don Joaquín Eufracio Guzmán en lucha con Ferrera, siendo Carrera Presidente de Guatemala?

Sin embargo, la noticia de que el Congreso Constituyente había decretado el auxilio produjo favorable impresión.

Don José Antonio Azmitia, Ministro de Carrera, tranquilizó a Honduras por medio de una nota que se publicó en Comayagua.

Esa nota dice que solo se daría auxilio al Salvador para sofocar su revolución interior, separándose de la administración los enemigos de Honduras.

Esto era lo mismo que decir: se dará auxilio al Salvador si triunfa Honduras, porque lo que Honduras quería era separar a esos hombres y elevar a otros, de la escuela del padre Garín, maestro del general Ferrera.

Esto era lo mismo que decir: se dará auxilio al Salvador si triunfa Honduras, porque lo que Honduras quería era separar a esos hombres y elevar a otros, de la escuela del padre Garín, maestro del general Ferrera.

El que vea al Salvador atravesar períodos tan difíciles, en medio de enemigos implacables, no podrá menos de formar una idea elevadísima del pueblo salvadoreño, idea que dominaba a Morazán en aquellos momentos supremos en que al Salvador legó sus restos.

374

Jáuregui, aun a sabiendas de que la resolución del diminuto Congreso de Guatemala no tendría efecto, y constándole que de ella se burlaban los nobles, hizo una manifestación al Gobierno contra lo resuelto por el Congreso.

Honduras dio un decreto declarándose en estado de guerra defensiva.

Este decreto quería decir que no se traspasarían las fronteras; y, sin embargo, el Estado del Salvador fue invadido.

Guardiola ocupó el puerto de La Unión y cometió excesos que obligaron a Dueñas a dirigir a los cónsules extranjeros la protesta siguiente:

"Protesta del Gobierno del Salvador a los Cónsules y Agentes extranjeros de S. M. B., del rey de los franceses, del de los belgas, de las ciudades Anseáticas, y de Norteamérica; al futuro gobierno nacional y a los de los Estados de Guatemala, Nicaragua, Costa Rica y Honduras.

D. U. L.—Casa de gobierno: San Salvador, julio 25 de 1845.

El infrascripto Secretario General de Estado y del despacho de relaciones del Supremo Gobierno del Estado del Salvador, de orden del Sr. general Vicepresidente en ejercicio del S. P. E. y en vista de los últimos acontecimientos ocurridos en el puerto de La Unión, por consecuencia de la ocupación que del dicho puerto hicieron las tropas del gobierno de Honduras, y del saqueo de los intereses extranjeros depositados en sus bodegas, según todo consta latamente de los documentos adjuntos con los números 1, 2 y 3, protesto de la manera más solemne a nombre de mi gobierno:

1.° Que los efectos y mercaderías que existían en los almacenes y bodegas de la aduana marítima del puerto de La Unión, han sido extraídos por un acto de piratería la más escandalosa de parte del gobierno de Honduras, porque estando autorizado únicamente por su decreto que acompaño en copia con el número 4, para hacer la guerra defensiva, se entiende prohibida de una manera implícita toda agresión sobre ajeno territorio, a no ser en caso de una ofensa actual, posterior a la publicación del tal decreto.

2.° Que el gobierno del Salvador no ha prestado motivos para un atentado semejante, ni provocado represalias de esta naturaleza, supuesto que durante el curso de la campaña ha respetado las propiedades del Estado de Honduras y de sus súbditos, limitando las operaciones militares de su ejército a la reparación legal del agravio anterior que Honduras ha hecho al Salvador apoderándose del armamento, imprenta, etc., pertenecientes a este Estado, a cuya devolución se niega aquel gobierno con frívolos pretextos.

3.° Que por todas estas causas el Estado del Salvador no es responsable al valor de los sobredichos efectos y mercaderías pertenecientes a súbditos de otras naciones que existían en los almacenes de la aduana marítima de La Unión, y que han sido extraídos por tropas hondureñas sin que por parte del gobierno de Honduras hayan precedido reclamaciones de ninguna especie al gobierno del Salvador.

4.° Que habiendo mi gobierno comprometido solemnemente su palabra de honor al de Guatemala sobre no introducir fuerzas a Honduras ni aun a pretexto de represalia, se ha visto en la imposibilidad moral de perseguir a la división hondureña que acometió repentinamente al puerto de La Unión, cuyo comandante, que tenía a sus órdenes una guarnición muy limitada, desocupó aquella plaza para evitar los excesos consiguientes a una acción de guerra, y salvar por este medio indirecto los intereses públicos y del vecindario; en la esperanza de que el comandante hondureño respetando los principios del derecho de gentes, se abstendría de saquear una plaza en que no había encontrado resistencia; y

5.° El infrascrito Ministro General desmiente a nombre del Gobierno del Salvador cualesquiera relaciones, informes o escritos que tiendan a contradecir o desfigurar los hechos que dejo referidos.

En estos términos me ha prevenido el Sr. Vicepresidente dirigirme a Ud. y al hacerlo, tengo el honor de suscribirme su muy atento y obediente servidor.

Francisco Dueñas.

Consta en los documentos que cita Dueñas, que Guardiola ocupó el puerto de La Unión al frente de 350 hondureños: que el Gobernador Departamental de San Miguel, don Gerardo Barrios, hizo salir 600 hombres para recuperar el puerto, y que el 20 de julio huyó Guardiola dejando en La Unión terribles huellas.

Pero los hondureños volvieron a la carga. Todo el Estado del Salvador allende el Lempa fue ocupado a principios de agosto, y las fuerzas de Honduras se hallaban también en el partido de Chalatenango.

El Salvador estaba invadido por diferentes puntos.

En las plazas ocupadas, deponían los hondureños a las autoridades del Estado y nombraban otras, mirando ya al Estado del Salvador como a un país conquistado.

El jefe más execrable del partido servil, Manuel Quijano, era uno de los invasores. La división salvadoreña le salió al encuentro y fue batida el 14 de agosto en Monterredondo.

Este triunfo hizo creer a la oligarquía de Honduras que podía continuar su marcha, a paso de vencedores, hasta la capital heroica que tantas veces humilló a la aristocracia; pero pocos momentos después una nueva noticia cambió los ánimos.

El 15 de agosto la división de vanguardia y una parte de la del centro ocupaba la hacienda del Obrajuelo.

Guardiola, a la cabeza de 900 hondureños, atacó la hacienda, y después de dos horas y media de fuego, fue completamente derrotado.

Esta derrota debía producir una fatal impresión en el ánimo de los hondureños. Ferrera estaba ya desacreditado. Guardiola era en la guerra el hombre de energía, de valor y de prestigio.

Una derrota al frente de 900 hombres de la tropa más escogida de Honduras debía considerarse como un inmenso descalabro para la oligarquía reinante.

Guardiola procuró disminuir la mala impresión achicando los sucesos.

Dijo en su parte que él envió 200 hondureños al Obrajuelo, los cuales se retiraron.

Guardiola, en persona, mandó la acción del Obrajuelo al frente de 900 combatientes.

Allí sucumbió todo su Estado Mayor.

Allí el mayor general quedó muerto.

Allí la caballería hondureña tuvo que volver caras.

Allí quedaron 300 fusiles y muchos prisioneros, que fueron tratados conforme a las leyes de la guerra, y no como el general Guardiola trataba a los vencidos.

Al Obrajuelo llegaron cuatro secciones de 200 hombres cada una, y parte de otra.

Atacaron por todas direcciones durante dos horas, y fueron rechazadas por todas partes.

Por último, formaron en columna, acometieron el centro y fueron desbaratados completamente, pudiendo escaparse Guardiola con 300 hombres que logró reunir.

Se reconocieron en el campo cuarenta y tantos hondureños muertos.

Después se encontraron otros muchos entre los espinales que circundaban la hacienda.

Guardiola desocupó la ciudad de San Miguel a la medianoche, dejando en ella muchas de las huellas marcadas en la Unión.

Los papeles oficiales del Salvador presentaron los hechos tal como habían pasado.

Ferrera, en su Memoria a la Cámara de Honduras, reprocha esta sinceridad. Él dice: "Para probar el triunfo del Obrajuelo, no necesitaban confesar tres derrotas." Se refiere a las acciones de Comayagua, Sensenti y Monterredondo.

Esto prueba la diferencia entre el Gobierno de Honduras y el Gobierno del Salvador.

Para la oligarquía hondureña, el misterio, la reserva, el embuste eran elementos de Gobierno, y con ellos se conducía a los pueblos unas veces a la victoria, otras a las derrotas y siempre a las matanzas.

Los salvadoreños decían al pueblo lo que pasaba, con franqueza y sinceridad.

Guzmán había dicho el 2 de febrero, que todos los salvadoreños podían hablar y escribir; y a un pueblo que goza de esos derechos no se le puede engañar.

El 16 de agosto se decretó una suspensión de armas, en estos términos:

Art. 1.° — Con el objeto de conseguir la paz que se desea por ambos Gobiernos contratantes, el ejército que ocupa el Departamento de San Miguel y cualquiera otra división que ocupe parte del territorio del Salvador, lo evacuarán precisamente; a cuyo fin se darán las órdenes correspondientes, comprometiéndose el Gobierno de

Honduras a remover cuantos obstáculos se opongan a la consecución de la paz.

Lo tendrá entendido el Jefe de Sección encargado del Ministerio de Relaciones, y dispondrá se remita original de este Decreto al Sr. Comisionado de este Gobierno residente en Guatemala, para su canje; al general del ejército situado en San Miguel, y al de la División que obra por el Departamento de Gracias; haciendo se imprima, publique y circule.

"Dado en la Ciudad de Comayagua en la casa del Gobierno, a 16 de agosto de mil ochocientos cuarenta y cinco. — Coronado Chávez — Al Sr. Francisco Cruz — El encargado del despacho de relaciones, — F. Cruz."

En virtud de este decreto se firmó en Sumpúl un armisticio.

El jefe Estevez salió de San Miguel para el puerto de la Unión con una pequeña fuerza. El 18, no obstante el decreto preinserto, desembarcaron 200 hondureños y fueron batidos.

No se les persiguió, porque los salvadoreños tenían orden de no traspasar la frontera.

El general Carballo creyó que el desembarco de los 200 hombres se había verificado porque no sabían el 18 de la suspensión de armas decretada en Comayagua el 16, y teniendo en sus manos el decreto hondureño de esta fecha, marchó al puerto de la Unión con 39 hombres, y fue sorprendido por el general Guardiola el 27 de agosto.

Guardiola, a la cabeza de 350 hondureños, atacó a Carballo que solo contaba con 39 valientes salvadoreños.

Carballo hizo prodigios de heroísmo, pero sucumbió ante el número, y fue asesinado. ¡He aquí la conducta de los hombres de orden!

Los hombres que, según Pavón, solo apetecen el orden, el concierto y el decoro, asesinan infamemente en medio de un armisticio.

¿Cómo esa camarilla después de un crimen como este se atreve a hablar de decoro?

¿Qué significa la palabra decoro en el diccionario de Ferrera y de Batres, de Guardiola y de Pavón, de Quijano y compañía?

Este es el decoro con que Pavón y Milla llenaban los números de La Gaceta, con que Pavón y Milla llenaron los números de la reaccionaria Revista de la Sociedad Económica y de La Semana.

¿Qué joven de inteligencia, qué hombre de honor podrá seguir, sin estar engañado por miserables supercherías, las huellas de esos políticos que asesinan después de publicada una suspensión de armas?

Ferrera dio cuenta como Ministro de la Guerra a la Cámara de Honduras presentando el asesinato de Carballo como una de las glorias del general Guardiola.

14 — La suspensión de armas del 16 de agosto la produjo la mediación de los gobiernos centroamericanos, solicitada en circunstancias difíciles por el mismo Honduras, y fue reducida a un completo armisticio en el convenio de Sumpúl.

La prensa de Honduras aseguraba que el Gobierno del vice— Presidente Guzmán asesinaba prisioneros y que habían sido asesinados en el Salvador el teniente Rafael Ordoñez, tomado en la Unión, el subteniente Juan Torrealta, de Olanchito, tomado en el Obrajuelo, el correo Pedro Guevara, de Camasca, tomado en San Miguel, el correo Manuel Castro, el soldado Antonio Rodríguez y algunos otros.

El Vicepresidente Guzmán desmintió estas falsedades con una elocuencia asombrosa.

Inmediatamente que se firmó el armisticio de Sumpúl, Guzmán envió a Honduras sanos y muy bien tratados a los prisioneros que expresa la siguiente lista:

NOMBRES.	DESTINOS.	PATRIA.	LUGAR
Rafael Ordoñez	Teniente.	Juticalpa....	Union.
Victor Castro.	Soldado	Comayagua...	Id.
Irineo Colindres	Id.	Tatatumbla.	Id.
Lino Juares.	Id.	Olancho.	Id.
Gregorio Muñoz..	Id.	Choluteca....	Id.
Pedro Guevera........	Correo..	Camasca	Id.
Juan de Dios Péres..	Soldado	Lauterique..	Id.
Benito Peres........	Id.	Jocon........	1d.
Juan Torrealta.	Subteniente.	Olanchito	Id
Nicolas Garcia.	Soldado.	Sta. Bárbara.	Id.

Antonio Rodriguez.	Id.	Iguala.......	Id.
Juan Vasquez.........	Id.	Lauterique..	Id.
Antonio Pleites.	Id.	S. Francisco.	Id.
Marcelino Contreras	Id.	Tegucigalpa..	Id.
Pascual Chavarria	Id.	Gracias..	Id.
Marcelino Munguia	Id.	Zapote..	Id.
Hilario López.	Id.	Erandique....	Id.
Francisco Suaso.......	Id.	Comayagua.	Id.
Benigno Velazquez...	Id.	Id.	Id.
Feliciano Oviedo.	Id.	Id.	Id.
Ponciano Cardona.	Id.	Id.	Id.
Manuel Castro.	Correo.	Id.	Metapán.

Todos estos se hallaban en la ciudad de San Salvador. Otros muchos estaban en diversos puntos del Estado, y todos fueron enviados sanos y sin haber experimentado más sufrimiento que la distancia de sus respectivos hogares.

¡Qué diferente era con los vencidos la conducta de los locos, de los revolucionarios, de los forajidos, como llamaban Pavón y Jauregui a los liberales, y la conducta de los hombres de orden, de madurez, de juicio, que defendían el ornato y el decoro, entre los cuales se hallaban entonces Guardiola y Quijano, que no daban cuartel a los vencidos!

15—Dueñas, Ministro de Guzmán, dirigió a la viuda de Carballo la carta siguiente:

"A la Sra. P.ª María Teresa Porras de Carballo.

San Salvador, octubre 20 de 1845.

Sra.: El Gobierno Supremo me ordena cumplir respecto de usted con un deber bien triste para mi corazón. El Benemérito Coronel Carballo no existe ya para la patria ni para usted: murió como soldado valeroso dejando en la División que mandaba un vacío que no es fácil llenar, y ejemplos saludables de subordinación, de disciplina y de patriotismo que pronto tendrán imitadores entre los jóvenes militares que pelearon bajo sus órdenes y oyeron por algún tiempo sus prudentes y útiles lecciones.

Una estrella fatal, el destino que guía los pasos de los hombres, condujo al caudillo de la Vanguardia salvadoreña hacia el lugar de su sacrificio; y el día aciago en que vio la última luz fue día de luto para la patria y de llanto para sus compañeros de armas. Así que usted debe persuadirse de que en su dolor es acompañada por todo un pueblo.

No habiendo quedado en esta ciudad persona que representase legalmente al finado Coronel, el Gobierno ha mandado liquidar sus haberes y ordenado a la Mayoría recoja algunos enseres que puedan existir de su pertenencia.

Puede usted, por su parte, constituir en esta capital un encargado que perciba lo que haya de alcance por sueldos en la Tesorería General y que dé algunos otros pasos que puedan serle convenientes.

Al manifestar a usted lo expuesto por orden del General Vicepresidente me suscribo con toda consideración su más atento y seguro servidor.

Francisco Dueñas.

El Ministro Dueñas llama Coronel a Carballo; pero la campaña contra Carrera la hizo en calidad de Mayor General, y cuando las fuerzas ministeriales y de oposición se unieron para resistir a Carrera, la prensa guatemalteca decía que en la plaza había cuatro generales: Carballo, Carrascosa, Prem y Salazar.

El General Carballo fue uno de los jefes que comprendieron que al General Salazar, siendo jefe del Estado de Guatemala, lo engañaba Pavón y otros aristócratas.

La fatalidad quiso que no se adoptaran las indicaciones de Carballo, y Salazar fue una de las víctimas de su imprevisión.

El 27 de septiembre hubo en San Salvador solemnes exequias, tributadas a la memoria del Benemérito general Carballo y de todos los salvadoreños que murieron en la campaña que abrió Honduras contra el Salvador, para restablecer al Gobierno del general Malespín.

Guatemala y Nicaragua mediaban en la cuestión.

No debe extrañarse la actitud de Guatemala. En el diminuto Congreso Constituyente existía una mayoría de liberales, quienes habían adoptado el sistema de halagar a Carrera, para que no impidiera la acción progresista, y de atribuir los males de la patria, no a él, que se suponía no podía engañarse ni engañarlos, sino a sus viejos consejeros.

Siguiendo este sistema, el Congreso decretó en marzo un auxilio para Guzmán, y el Gobierno se negó a prestarlo.

Visto el carácter desastroso de la campaña y la excitación de los ánimos, el Congreso Constituyente volvió a decretar el auxilio el 25 de junio, y el Gobierno rehusó darlo.

Los comisionados del Salvador en Guatemala pidieron entonces que se permitiera el paso por territorio guatemalteco a una cantidad de fusiles que el señor Camoyano había comprado en Belice, y venían por Izabal, y en orden legislativa, el Congreso accedió a la solicitud.

Los liberales que se hallaban en el Congreso emplearon todos los medios directos e indirectos para que Carrera no pusiera obstáculo a que el armamento comprado por los salvadoreños en Belice atravesara el territorio de Guatemala, y obtuvieron el resultado apetecido.

Los fusiles llegaron a San Salvador el 17 de julio a las cinco y media de la tarde; pero no se pudieron poner en mano inmediatamente, porque tenían el oído cerrado, y fue preciso una compostura en que se emplearon cuatro a cinco días.

Esta medida del Congreso, a que accedió Carrera, desagradó mucho a los comisionados de Honduras e indignó a Guardiola y a Ferrera, quienes dijeron que el general Carrera se había hecho desorganizador, esto es, liberal.

No debe extrañarse tal apreciación, porque don Carlos María Isidro de Borbón llamaba rojo a su querido hermano don Fernando VII.

El 22 de julio hubo en Chinandega un movimiento revolucionario que sirvió a Jáuregui, comisionado de Honduras en Guatemala, para desacreditar la disposición del Congreso Constituyente, que permitió el paso de las armas que venían de Belice.

El teniente coronel José María del Valle, llamado el Chelón, asaltó el 22 de julio las armas que el Gobierno de Nicaragua tenía en Chinandega.

El comisionado de Honduras, en una publicación, quiso hacer creer que esas armas eran las mismas que habían pasado por Guatemala, y que el Benemérito General Vicepresidente del Salvador las había enviado a Chinandega para que las asaltara Valle.

El plan no era malo para Honduras. La revolución de Valle no tenía probabilidades de buen éxito. Muñoz era comandante general en

Nicaragua, y persuadido de que el Gobierno del Salvador auxiliaba a Valle, las fuerzas del general Muñoz auxiliarían a Honduras.

Muñoz cayó en la red. El Registro Oficial, periódico que se publicaba en San Fernando, con fecha 16 de agosto de 1845, lanzó un artículo fulminante contra el Gobierno salvadoreño.

No hay injuria imaginable con que en ese artículo no se pretendiera ultrajar a los liberales.

Inmediatamente se dio un decreto en Managua que, precedido por severos considerandos, dice:

1.° No hay asilo en el Estado para los que pertenecieron a la última facción acaudillada por el general Morazán.

2.° Se exceptúan los que actualmente están al lado del Gobierno y sean de su confianza.

3.° El que contraviniere al presente decreto, ya sea porque permanezca más de ocho días después de publicado, o porque se introduzca en cualquier tiempo al Estado, queda fuera de la protección de las leyes.

El artículo 2.° prueba que hasta en las filas del general Morazán hubo traidores.

Saget, Espinosa y algunos otros a la sazón hostilizaban al Salvador, a las órdenes de Coronado Chávez.

En medio de aquella situación aflictiva, Dueñas dirigió al Gobierno de Nicaragua una nota enérgica, pidiéndole satisfacción por el ultraje que se había hecho al Gobierno del Salvador.

Se demostró que, por los malos caminos, las armas se demoraron, desde Guatemala hasta San Salvador (que dista de sesenta a sesenta y cuatro leguas), muchos días: que llegaron el 17 de julio a las cinco y media de la tarde, que comenzaron a componerse el 18, que la compostura duró cuatro o cinco días, habiendo terminado el 21 o el 22, y que, por consiguiente, no pudieron ser las que asaltó Valle el 22 de julio en Chinandega.

Entonces no había vapores ni buques de vela disponibles. Habría sido preciso conducirlas a San Miguel, y de allí a la Unión, y que se embarcaran en algún buque de vela con dirección al Realejo; para desembarcarlas allí y enviarlas a Chinandega. ¿Sería posible, a vista de esto, que esas armas hubieran sido las que tomó Valle el 22 de julio?

El general Muñoz se convenció de la falsedad de la imputación, y de Nicaragua se mandó un agente mediador entre el Salvador y Honduras.

Otra calumnia del mismo origen se lanzó contra el Gobierno del Salvador. Don Braulio Carrillo, ex—Presidente de Costa Rica, fue asesinado, y al Gobierno salvadoreño se le imputó la muerte.

17— Para impedir equivocaciones de redacción, que varíen los sucesos en una materia tan delicada e importante, se inserta íntegra una relación que en El Salvador Regenerado, número 11, correspondiente al 4 de junio de 1845, se hace de este suceso. He aquí:

ASESINATO

Para conocimiento del público se imprime una compendiada relación del proceso seguido en el Ejército contra el reo capitán, Domingo Lagos, por el asesinato ejecutado en la persona del Licenciado Braulio Carrillo; y se inserta también la sentencia pronunciada por el Consejo de guerra de oficiales generales, condenando a aquel criminal a sufrir la pena de muerte, después de la degradación formal de su empleo. A pesar de que se procedió con velocidad en la instrucción de la causa, conforme previene la ordenanza cuando el Ejército está en campaña, y lo demanda la vindicta pública en un atentado tan escandaloso, no falta ningún trámite sustancial; y lejos de eso, se recibieron declaraciones más que suficientes, y se practicaron diligencias no de mucha necesidad para no dar lugar a decir que se obró con violencia al juzgar un delito de tan grave consideración. El relato es como sigue:

Se dio comisión al capitán Lagos para que persiguiera a unos soldados que desertaron del cuartel general la noche del 7 del corriente, poniendo bajo sus órdenes una escolta de veinte infantes y otra de diez dragones; persiguió a los prófugos hasta los límites del Estado de Honduras, a donde no tenía instrucciones para pasar, y se regresó sin haber logrado más que recoger diez carabinas que aquellos abandonaron.

Del punto de su regreso, pudo tomar varios caminos que venían directamente a este pueblo; pero dejó todas las vías rectas, y dio vuelta por el pueblecito de la Sociedad, a donde llegó el 14 en la tarde. En la noche del mismo día preparó una pequeña escolta al mando del subteniente Máximo García, y la ocultó a la sombra de un árbol inmediato a la casa del Lic. Carrillo, procurando indagar en seguida si este señor estaba allí, con el preciso objeto de matarlo entonces mismo; pero no sucedió así porque este salió fuera del pueblo a esconderse, temeroso de que la llegada de Lagos, que era su enemigo particular, le trajese algún mal resultado.

Frustradas por esta vez sus negras tentativas, dejó un vigía por aquellos puntos para que se indagase si había salido dicho Licenciado, y ordenó al oficial García que al siguiente día 15 tomase una escolta y fuese a capturarlo, obligando a su criado, si aquel no estaba, a que dijese el lugar a donde había ido, y fuese personalmente a enseñarlo. García cumplió con tales órdenes apremiando con golpes y amenazas a Juan Luna (que es el nombre del sirviente) hasta romperle la cabeza para que mostrara el punto en donde estaba su señor, como lo verificó llevándolos media legua distante del pueblo.

De esta manera hicieron preso al Lic. Carrillo, y lo condujeron a pie con dirección a este cuartel general: manifestaba el pasaporte del Gobernador para que lo dejasen en libertad; y García le contestó que obraba según instrucción de su capitán, a quien podía hablarle sobre el particular luego que se reunieran. En la marcha se juntaron con el resto de los infantes que habían salido del pueblo un poco después y se hizo alto para aguardar al capitán.

Este salió últimamente de la Sociedad con los dragones, y al saber en el camino, por los informes de un hombre, que el Lic. Carrillo estaba prisionero, mandó al sargento Florentino Chávez que se adelantase y previniese a García hiciese alto para fusilarlo. Cuando Chávez cumplía con esta orden refiriéndola al oficial, se presentó Lagos que llegó corriendo y dispuso en el momento que se tirara, sin atender al pasaporte que el finado le presentaba, y victoriando al Gobierno para ejecutar con más facilidad aquel atroz asesinato.

Pero todavía se hizo más considerable por haber despojado el cadáver de algunos muebles que llevaba consigo, y de unos cinco o seis pesos que distribuyeron entre los soldados; y también porque, después de derramar la sangre de una persona indefensa, lejos de ocuparse Lagos en dar sepultura a sus restos, dirigió una carta al alcalde constitucional de la Sociedad, previniéndole embargar los intereses del Lic. Carrillo, y haciéndolo responsable si no lo verificaba, porque sin duda creía este asesino quedar impune de su delito y disponer de la propiedad de su víctima.

Todos estos hechos están comprobados de una manera positiva y evidente en el proceso: más de siete testigos lo declaran fuera de la deposición del sirviente Juan Luna, que refiere lo que pasó con él. Además de esto, dos personas atestiguan y el mismo reo confiesa que aborrecía al Lic. Carrillo porque litigaban la propiedad de una mina. El cuerpo del delito se justificó plenamente porque se exhortó al alcalde de la Sociedad a fin de que siguiese información que acreditara el lugar donde fue encontrado el cadáver, las heridas que tenía, y el punto, rumbos y vestido con que fue enterrado, cuyas diligencias fueron practicadas y corren en el proceso. El Consejo de guerra, con vista de tantos delitos cometidos a un tiempo y tan bárbaramente, pronunció la sentencia que sigue:

"Habiéndose formado este proceso de orden del Sr. General en Jefe por el Fiscal específico coronel José María Aguado para averiguar el autor de la muerte del Lic. Braulio Carrillo y sus cómplices, ejecutado el 15 del corriente entre las nueve y diez de la mañana, y a inmediaciones del pueblo de la Sociedad. Estando concluso y traído al Consejo de guerra de oficiales generales para su conocimiento: observando que por el dicho conteste de más de cinco testigos y otros adminículos que aparecen en la causa, consta probado hasta la evidencia que el capitán Domingo Lagos, comandante de una escolta de infantes y dragones que se le confió únicamente para perseguir a los desertores del cuartel general, abusando de la fuerza armada asesinó al referido Carrillo, despreciando el pasaporte que presentaba y sin que precediera ningún motivo justo o razonable; sino más bien por prevenciones particulares, lo cual da un carácter alevoso al homicidio.

Considerando que a este atentado se agregan como circunstancias agravantes: 1.° de haber sido en despoblado; 2.° el victoriarse al Supremo Gobierno y a las primeras autoridades cuando se ejecutaba; 3.° despojar el cadáver de los muebles útiles y del dinero que le encontraron, permitiendo que se distribuyera entre los soldados; y 4.° los muchos balazos que se aseguraron al finado hasta el extremo de poner muy desfiguradas sus facciones, lo cual hace más atroz el asesinato.

El Consejo, compuesto de los vocales mencionados anteriormente y con asistencia del Auditor de guerra, fundado en los artículos 64 y 88, tratado 8.°, título 10 y en los 15 y 13, tratado 2.°, títulos de las ordenanzas; en nombre del Estado del Salvador, condena al citado Domingo Lagos a sufrir la pena de ser pasado por las armas, por unanimidad de votos, precediendo la degradación en forma, porque con un asesinato semejante deshonró su carácter de Capitán; absolviendo al subteniente Máximo García y sargento Florentino Chávez de toda culpa y pena, por estar sujetos a la obediencia como subalternos, conforme al artículo 5.° ya citado, y al 72 de la Constitución: debiendo pasar el proceso al Sr. General en Jefe del Ejército para lo que convenga."

Sauce, 20 de mayo de mil ochocientos cuarenta y cinco.

Indalecio Cordero, Brigadier — Eduardo Avilez, Coronel — Justo Rubí, Coronel — Juan P. Barela, Teniente Coronel — Francisco Rivas, Teniente Coronel — José M. Espinar, Teniente Coronel — Rafael Padilla Durán, Teniente Coronel — Pedro Escalón, Teniente Coronel — Rafael Pino, Teniente Coronel — José Francisco Sancho, Teniente Coronel — Pedro R. Negrete, Teniente Coronel — Anastacio Arjeñal, Teniente Coronel.

Los autos se remitieron a la Cámara de 2.ª instancia en cumplimiento del artículo 9.° de una ley vigente, emitida el 24 de julio de 1840. La sentencia se confirmó, pero no fue ejecutada por la fuga del reo. Esta fuga sirvió de base para la calumnia que se fulminaba contra el Gobierno salvadoreño.

La calumnia era muy útil a la oligarquía hondureña, porque, además de infamar al Gobierno de Guzmán, prevenía contra él al Estado de Costa Rica.

De aquel Estado, Carrillo se hallaba desterrado, no solo por los tratados del Jocote, que aprobó una Asamblea Constituyente, sino por decreto del Gobierno que sucedió al general Morazán, aprobado por otra Asamblea Constituyente. Pero un asesinato era preciso que indignara a todos los hombres de bien, por más enemigos que de Carrillo hubieran sido.

Esta indignación era lo que se deseaba promover contra el Gobierno de Guzmán.

La prensa del Salvador demostró que Domingo Lagos estaba ofendido por Carrillo con motivo de cuestiones acerca de una mina, y que aprovechó un momento oportuno para vengarse.

Se atribuyó el crimen malignamente a influencias de Barrios y Cabañas, a quienes se supuso deseos de vengarse de Carrillo.

Esta imputación, digna del partido servil aristocrático, deja profundas huellas en Costa Rica. Todavía existen allí personas respetables que le dan crédito.

Ni Barrios ni Cabañas tenían ya ofensas que vengar en la persona de Carrillo.

Morazán lo tuvo en sus manos y, en vez de tratarlo como Carrera y Guardiola trataban a los vencidos, le dio toda clase de garantías en los convenios del Jocote.

Carrillo fue peor tratado por los sucesores de Morazán en Costa Rica, que por el ex—Presidente de Centroamérica.

El destierro que pesaba sobre Carrillo no procedía del general Morazán; procedía de los decretos de Alfaro, aprobados por la Constituyente que se instaló el año de 1843.

Jamás la prensa liberal de Centroamérica trató a don Braulio Carrillo como don Félix Mora, don Manuel Zeledón y algunos otros costarricenses.

Las publicaciones de estos señores contra don Braulio son tan violentas que no ha sido posible insertarlas en esta reseña al censurarse la conducta de Carrillo en el poder.

El año de 1845, Barrios y Cabañas estaban indignados, no contra Carrillo, que ninguna parte tuvo en el desastre del 15 de septiembre de 1842, sino contra don Luz Blanco, contra el padre Blanco y contra el pequeño círculo que hizo creer al general Pinto indispensable la orden de muerte que redactó Herrera.

Barrios, Cabañas y Carrillo departían frecuentemente acerca de esos sucesos desgraciados.

Don Braulio estaba lleno de encono contra los hombres que después de la caída de Morazán lo acribillaban en Costa Rica, y ningún enojo manifestaba ya contra el vencedor de Gualcho, quien jamás lo ultrajó.

Hubo voces un día y manifestaciones en San Miguel contra Carrillo, se le condujo a San Salvador y se le hospedó en casa del Vicepresidente Guzmán, su paisano y amigo.

Si de las altas consideraciones descendemos a los intereses mezquinos, que son la única guía del criterio de ciertos hombres, veremos que si Barrios y Cabañas hubieran estado animados por esos sentimientos, tampoco hubieran procurado la muerte de Carrillo.

Si Barrios y Cabañas solo hubieran apetecido una venganza, en vez de procurar la muerte de don Braulio, habrían tratado de favorecer sus proyectos de revolución en Costa Rica. Carrillo triunfante habría vengado sus propias injurias; y vengando estas habría fusilado a Alfaro y a otros de los hombres de septiembre de 1842, que tanta dureza ostentaban contra él.

Carrillo había prestado ya servicios al Gobierno de Guzmán, procurando hacer tratados para cortar la desastrosa guerra que le hacía Honduras.

¿Qué interés había de tener don Joaquín Eufracio Guzmán, ni los hombres de su círculo, en matar a una persona que en vez de ofenderlos procuraba libertar al Salvador de una guerra destructora?

Muy poco conoce el corazón humano quien no comprende que la injuria mayor posterior deshace las impresiones de la menor que le ha precedido.

La injuria mayor para Barrios y Cabañas era la muerte del general Morazán. La menor eran las ofensas personales que antes les había inferido Carrillo. Don Braulio condenó tanto como el general Cabañas la muerte de Morazán; y muchas veces dijo que sus grandes enemigos no eran los morazanistas, sino los hombres que a Morazán sucedieron en el Gobierno de Costa Rica.

Las simpatías de Muñoz no estaban hacia el lado del Salvador; pero acababa de experimentar Nicaragua una guerra de exterminio y los nombres de Malespín, de Quijano y de Guardiola inspiraban espanto, no solo en León sino en Granada, en Rivas y en todas las poblaciones del Estado.

Muñoz tenía necesidad de decir y de repetir a cada instante, que él había ido a Nicaragua al lado de Malespín, para evitar los excesos de aquel jefe, y para hacer felices a los nicaragüenses quitándoles a Casto Fonseca.

En Nicaragua se palpaba que el móvil de Muñoz había sido subrogar a Fonseca y que nada hizo ni pudo hacer para regularizar la guerra más irregular que se había visto desde el año 21.

El general Muñoz no podía, pues, levantar un ejército en Nicaragua, y salir con él a proteger a Malespín y demás verdugos del pueblo nicaragüense.

Muñoz vio con tanto júbilo como Ferrera el triunfo de los hondureños en Comayagua, en Sensenti y en Monterredondo; y con tanto pesar como Coronado Chávez la victoria de los salvadoreños en el Obrajuelo.

Muñoz no se empeñó en que se hiciera la paz entre el Salvador y Honduras mientras los salvadoreños sufrían golpes.

La derrota de Guardiola en el Obrajuelo y los fusiles que los pocos liberales del Congreso Constituyente de Guatemala pudieron hacer pasar por el territorio guatemalteco, hicieron temer al general Muñoz.

Él imaginó entonces que el Salvador vencería a la oligarquía hondureña, que ascendería al poder en Comayagua el ilustre ciudadano Dionisio Herrera, quien había sido jefe constitucional de Honduras, jefe constitucional de Nicaragua y jefe electo constitucionalmente en el Salvador.

Los hombres como don Dionisio Herrera, aunque jamás manejen las armas por sí mismos, son el espanto de los hombres como el general Muñoz.

Vista la situación, Muñoz se empeñó en que se hiciera un tratado de paz entre el Salvador y Honduras, y comisionó a don Sebastián Escobar cerca de ambos Gobiernos, para que se esforzara en hacer la paz a cualquier costa.

Escobar se presentó en Honduras, debidamente autorizado por el Gobierno nicaragüense, y desde Comayagua dirigió notas a San Salvador para que se hiciera la paz.

Los hombres que en Guatemala no opinaban por el tránsito de los fusiles, se creían en peligro como Muñoz si triunfaba el Salvador en Honduras; no porque hombres de la escuela de don Dionisio Herrera atacaran sus personas ni propiedades, sino porque indudablemente atacarían sus ideas.

Dada la situación de Centroamérica, a los nobles de Guatemala les convenía que entre el Salvador y Honduras se firmara la paz, para que la oligarquía hondureña continuara con las armas en la mano, y los gobiernos mediadores propusieron conferencias en Esquipulas.

El Gobierno de Honduras quiso que se verificaran en Comayagua, pretensión a que el Salvador se negó.

Se designó entonces el pueblo de Sacatecoluca, a donde los salvadoreños enviaron sus comisionados; y estando allí, los hondureños determinaron que las conferencias fueran en Sensenti, donde se firmó el tratado que se ve al fin de este capítulo. (Documento núm. 12.)

Para concluir el tomo, es conveniente presentar el siguiente epílogo.

Morazán fue Presidente legítimo del Salvador, después de haberlo sido de la República durante dos periodos constitucionales.

Él aspiraba a la unión centroamericana, que los nobles combatían.

Estos triunfaron en Guatemala, ayudados por el clero, por el cólera y por la infame superchería del envenenamiento de las aguas; y se proponían invadir al Salvador, ligados con Honduras, arrastrando al combate a Nicaragua.

Morazán comprendió que solo podría salvarlo un movimiento rápido sobre el foco del servilismo anidado en Guatemala; y con 900 hombres marchó contra los serviles y ocupó la plaza el 18 de marzo de 1840, tomando todos los elementos de guerra que ahí tenía Carrera.

La Antigua y otras poblaciones del Estado simpatizaban, como el año de 29, con el vencedor de Gualcho; pero no tenían armas, y el 19, Morazán, contrasitiado por millares de salvajes de las montañas a quienes Carrera dominaba llamándose protector de la religión y enviado de Dios, rompió las filas haciendo estratégicas maniobras, salió por la garita del Incienso y volvió al Salvador.

El general Morazán comprendía que el machete de Carrera, manejado por los nobles y apoyado por Honduras, haría en San Salvador las atrocidades que perpetró en los Altos; y Morazán, para evitarlas, abandonó el Estado, y subió al poder el inocente don Antonio José Cañas.

Entonces comenzó en el Salvador la era de las tinieblas.

Carrera y Durán se dirigieron a San Salvador, donde se hizo un tratado ignominioso, que ratificó Cañas, aceptando en seguida a

Malespín, personaje que Carrera le impuso en calidad de jefe de las armas.

El gobernante era, pues, el general Malespín y no don Antonio José Cañas.

Malespín se fastidió de la cooperación de Cañas, y lo arrojó del mando.

Por combinaciones de Malespín subió al poder don Norberto Ramírez, quien de jefe solo tenía el nombre, porque el Comandante general lo subyugaba. Una Asamblea Salvadoreña, dominada por Malespín, elevó al poder al hondureño don Juan Lindo; quien disolvió las Cámaras, engrilló a los Representantes y Magistrados y los envió presos a Guatemala.

A Lindo sucedió don Juan José Guzmán, a quien Malespín arrojó del poder, después de haber hollado todas las garantías, para elevarse él mismo a la silla del Ejecutivo.

Un año duró Malespín en el mando, y en ese año se vieron escenas de sangre y de dolor, siendo las más cruentas aquellas de que fue teatro León de Nicaragua.

El 2 de febrero de 1845 los salvadoreños dieron el grito de insurrección.

Hasta entonces la patria del Doctor Delgado pudo pulverizar el yugo ominoso que en 1840 le impusieron los nobles, apoyados por el guerrillero de Mataquescuintla y por el Gobierno de Honduras.

Ese triunfo de la libertad y del derecho arrojaba una luz que no pueden soportar los búhos, que solo en medio de las tinieblas viven.

Ferrera, Guardiola y Quijano, desembainaron la espada para restablecer en el poder a una persona de toda su confianza: el general Malespín; y la sangre de los salvadoreños corrió a torrentes en Telepa, en Comayagua, en Sensenti, en Santa Rosa, en Monterredondo, en el Obrajuelo y en la Unión.

Los reaccionarios, temiendo un triunfo definitivo del Salvador sobre la oligarquía hondureña, procuraron hacer la paz y se firmaron los tratados de Sensenti; pero la guerra quedaba latente.

Ferrera y Guardiola no podían soportar la idea de haber hecho tantos sacrificios inútiles.

La prensa hondureña, después del armisticio de Sumpúl y de los tratados de Sensenti, continuó ofendiendo al Gobierno del Salvador, como no es permitido ofender a ningún Gobierno en medio de los rigores de la guerra.

El general Ferrera, en una Memoria que dirigió al Poder Legislativo de Honduras, ultraja al Gobierno con quien acababa de hacer la paz, empleando expresiones que parecen proferidas en una taberna, no contra un Gobierno constituido y respetable, sino contra una infame meretriz.

CONTENIDO